MAGIE

LE COURS COMPLET

Joshua Jay

MAGIE

LE COURS COMPLET

Traduit de l'américain
par Marielle Gaudreault

LES ÉDITIONS DE L'HOMME
Une compagnie de Quebecor Media

Design : Janet Parker et Kate Lin
Illustrations : Kagan McLeod
Infographie : Chantal Landry
Traitement des images : Mélanie Sabourin
Révision : Jocelyne Dorion
Correction : Sylvie Tremblay
Permission de photocopier la page 269.

Crédits
Photo de la couverture: Rafael Fuchs
Styliste: Tina Latonero
Maquillage et coiffure: Dina Kinion
Photo de la 4e de couverture: David Arky
Photos : David Arky Photography

Autres photographes
p. vi (d.) Richard Faverty/Beckett Studios, p. x H. Armstrong Roberts/Getty Images, p. 11 Anne White Photography, p. 21 Mike Caveney's Egyptian Hall Museum, p. 25 The Nielsen Magic Poster Collection, p. 28 Richard Faverty/Beckett Studios, p. 30 Gary O'Brien, p. 47 The Nielsen Magic Poster Collection, p. 68 Mike Caveney's Egyptian Hall Museum, p. 78 (b.g.) Richard Faverty/Beckett Studios, p. 93 Courtoisie de Simon Aronson, p. 99 Mike Caveney's Egyptian Hall Museum, p. 102 Jeff Davis, p. 114 Richard Faverty/Beckett Studios, p. 122 Mike Caveney's Egyptian Hall Museum, p. 127 Courtoisie de Gregory Wilson, p. 141 Mark J. Terrill/AP Images, p. 149 Anne White Photography, p. 161 Mike Caveney's Egyptian Hall Museum, p. 183 Mike Caveney's Egyptian Hall Museum, p. 186 Shutterstock, p. 187 (g.) The Nielsen Magic Poster Collection, (d.) The Houdini Museum, p. 189 Courtoisie de Peter Martin, p. 210 Courtoisie de David Regal, p. 218 Courtoisie de Barrie Richardson, p. 225 Courtoisie de Gene Anderson, p. 237 Courtoisie de Tom Frank, p. 251 (h.g. et d. arrière-plan) Shutterstock, p. 251 (b.) Mike Caveney's Egyptian Hall Museum, p. 254 Courtoisie de Andi Gladwin, p. 268 The Nielsen Magic Poster Collection. p. 271 autres crédits: (g.) Anne White Photography, (c., h. en b.) Richard Faverty/Beckett Studios, Gary O'Brien, Courtoisie de Banachek, (d., h. en b.) Courtoisie de Simon Aronson, Mike Caveney's Egyptian Hall Museum, Mike Caveney's Egyptian Hall Museum, p. 272 (g., h. en b.) Jeff Davis, Richard Faverty/Beckett Studios, Courtoisie de Gregory Wilson, Courtoisie de Daniel Garcia (c., h. en b.) Courtoisie de Clive Grewcock, Courtoisie de Curtis Hickman, Anne White Photography, Courtoisie de Barry Richardson, (d.) Courtoisie de Andi Gladwin.

Suivez les Éditions de l'Homme sur le Web
Consultez notre site Internet et inscrivez-vous à l'infolettre pour rester informé en tout temps de nos publications et de nos concours en ligne. Et croisez aussi vos auteurs préférés et l'équipe des Éditions de l'Homme sur nos blogues!
www.editions-homme.com

Catalogage avant publication de Bibliothèque et Archives nationales du Québec et Bibliothèque et Archives Canada

Jay, Joshua
Magie : le cours complet
Traduction de: Magic.
Comprend un index.
ISBN 978-2-7619-2699-7

1. Prestidigitation. 2. Tours de cartes. 3. Manipulations de pièces de monnaie (Prestidigitation). I. Titre.

GV1547.J3914 2010 793.8 C2010-940769-5

03-10

L'ouvrage original a été publié
par Workman Publishing Company, Inc.
sous le titre : *Magic The Complete Course*

Dépôt légal : 2010
Bibliothèque et Archives nationales du Québec

ISBN 978-2-7619-2699-7

DISTRIBUTEURS EXCLUSIFS :

Pour le Canada et les États-Unis :
MESSAGERIES ADP*
2315, rue de la Province
Longueuil, Québec J4G 1G4
Téléphone : 450 640-1237
Télécopieur : 450 674-6237
Internet : www.messageries-adp.com
* filiale du Groupe Sogides inc.,
filiale du Groupe Livre Quebecor Media inc.

Pour la France et les autres pays :
INTERFORUM editis
Immeuble Paryseine, 3, Allée de la Seine
94854 Ivry CEDEX
Téléphone : 33 (0) 1 49 59 11 56/91
Télécopieur : 33 (0) 1 49 59 11 33
Service commandes France Métropolitaine
Téléphone : 33 (0) 2 38 32 71 00
Télécopieur : 33 (0) 2 38 32 71 28
Internet : www.interforum.fr
Service commandes Export – DOM-TOM
Télécopieur : 33 (0) 2 38 32 78 86
Internet : www.interforum.fr
Courriel : cdes-export@interforum.fr

Pour la Suisse :
INTERFORUM editis SUISSE
Case postale 69 – CH 1701 Fribourg – Suisse
Téléphone : 41 (0) 26 460 80 60
Télécopieur : 41 (0) 26 460 80 68
Internet : www.interforumsuisse.ch
Courriel : office@interforumsuisse.ch
Distributeur : OLF S.A.
ZI. 3, Corminboeuf
Case postale 1061 – CH 1701 Fribourg – Suisse
Commandes :
Téléphone : 41 (0) 26 467 53 33
Télécopieur : 41 (0) 26 467 54 66
Internet : www.olf.ch
Courriel : information@olf.ch

Pour la Belgique et le Luxembourg :
INTERFORUM BENELUX S.A.
Fond Jean-Pâques, 6
B-1348 Louvain-La-Neuve
Téléphone : 32 (0) 10 42 03 20
Télécopieur : 32 (0) 10 41 20 24
Internet : www.interforum.be
Courriel : info@interforum.be

Gouvernement du Québec – Programme de crédit d'impôt pour l'édition de livres – Gestion SODEC – www.sodec.gouv.qc.ca

L'Éditeur bénéficie du soutien de la Société de développement des entreprises culturelles du Québec pour son programme d'édition.

Le Conseil des Arts du Canada
The Canada Council for the Arts

Nous remercions le Conseil des Arts du Canada de l'aide accordée à notre programme de publication.

Nous remercions le gouvernement du Canada de son soutien financier pour nos activités de traduction dans le cadre du Programme national de traduction pour l'édition du livre.

Nous reconnaissons l'aide financière du gouvernement du Canada par l'entremise du Fonds du livre du Canada pour nos activités d'édition.

Table des matières

Introduction ix

Chapitre premier | **L'ÉCOLE DE MAGIE** | *Le débinage ou comment faire disparaître un éléphant*

Le test d'observation . . . 3
À propos de ce livre . . . 10

Chapitre deux | **MAGIE IMPROMPTUE** | *Comment rendre l'ordinaire extraordinaire*

L'échauffement . . . 16
La flexibilité des doigts . . . 16
L'empalmage . . . 17
Le faux transfert . . . 18
Les allumettes phénix . . . 19
La baguette allumagique . . . 22
Coup fourré . . . 26
L'ampoule qui disparaît . . . 29
La coordination de la main et de l'œil . . . 31
Le jeu . . . 35
Les quatre éléments . . . 37

La baguette allumagique

Chapitre trois | **DÉCEPTION À DÎNER** | *Faire de la magie à table*

L'échauffement . . . 42
Le lapping . . . 42
Machine à changer . . . 44
Transformer le sucre en sel . . . 48
Échange de cuillères . . . 50
Une pincée de sel (VIEUX SINGE, NOUVEAU TOUR : SE SERVIR D'UN FAUX POUCE) . . . 52
Tour sensationnel de la salière . . . 54
Incrédulité en suspens . . . 57
Sorcellerie et ustensile . . . 61
La carte dans le pain . . . 63
La banane ensorcelée . . . 66

Échange de cuillères

Chapitre quatre | **LES DIX MEILLEURS TOURS DE CARTES DE TOUS LES TEMPS**
| *Devenez un as des cartes*

L'échauffement ... 72
Le thumbing ... 72
Battre les cartes : mélange à queue d'aronde sur table ... 73
Battre les cartes : mélange français ... 74
Forçage d'une carte ... 74
Un monde à part ... 76
À la recherche des quatre as ... 78
Dans la main de la reine ... 80
L'ordre après le chaos ... 81
Le jeu de cartes invisible (VIEUX SINGE, NOUVEAU TOUR : SE SERVIR D'UN JEU DE CARTES INVISIBLE) ... 85
Sa carte, son nom ... 88
Fais comme moi ... 91
Cendres sur le bras ... 94
Les quatre rois ... 97
Cinq cartes sur demande ... 100
La carte montante ... 103
La carte trouée par balle (VIEUX SINGE, NOUVEAU TOUR : SE SERVIR D'UN JEU DE CARTES RADIO) ... 106
Pacte avec le diable ... 111

À la recherche des quatre as

Chapitre cinq | **PRESTIDIGITATION POUR ENFANTS** |
La magie pour et par les jeunes

L'échauffement ... 118
Produire un objet ... 118
Couper un enfant en deux ... 120
Boules de gomme sortant de la bouche ... 123
Pouce à travers la chemise (VIEUX SINGE, NOUVEAU TOUR : SE SERVIR D'UN FAUX POUCE) ... 126
Disparition d'un animal de compagnie ... 128
Manches et mouchoirs ... 131

Couper un enfant en deux

Chapitre six | MIRACLES AU TRAVAIL | *Magie et facéties au bureau*

L'échauffement 136
Les grands gestes cachent les petits gestes 136
Opération Crayon 138
Télékinésie et trombone 142
Mathémagie 146
Disparition du stylo 150
Le feuillet autocollant plié 154
Pensée de groupe 156
Actions psychiques 158
Magie autour d'un café 162
Argent mental 165
Ceinture noire du trombone 168
Magie virtuelle 170

Chapitre sept | MAGIE ET ARGENT | *Prestidigitation avec de l'argent*

L'échauffement 178
L'empalmage des doigts 178
La production 179
La substitution 180
La disparition complète 180
Le rêve de l'avare 181
Profits inattendus 184
Blanchiment d'argent 188
Problème de table 190
Sou écrasé 192
D'ordure à trésor 195
Pièce de monnaie au fond d'une bouteille (VIEUX SINGE, NOUVEAU TOUR : SE SERVIR D'UNE PIÈCE PLIANTE) . . 199
Rouleau de billets de banque 202
Cascade de pièce 204
Le tour de pièce de grand-papa 207

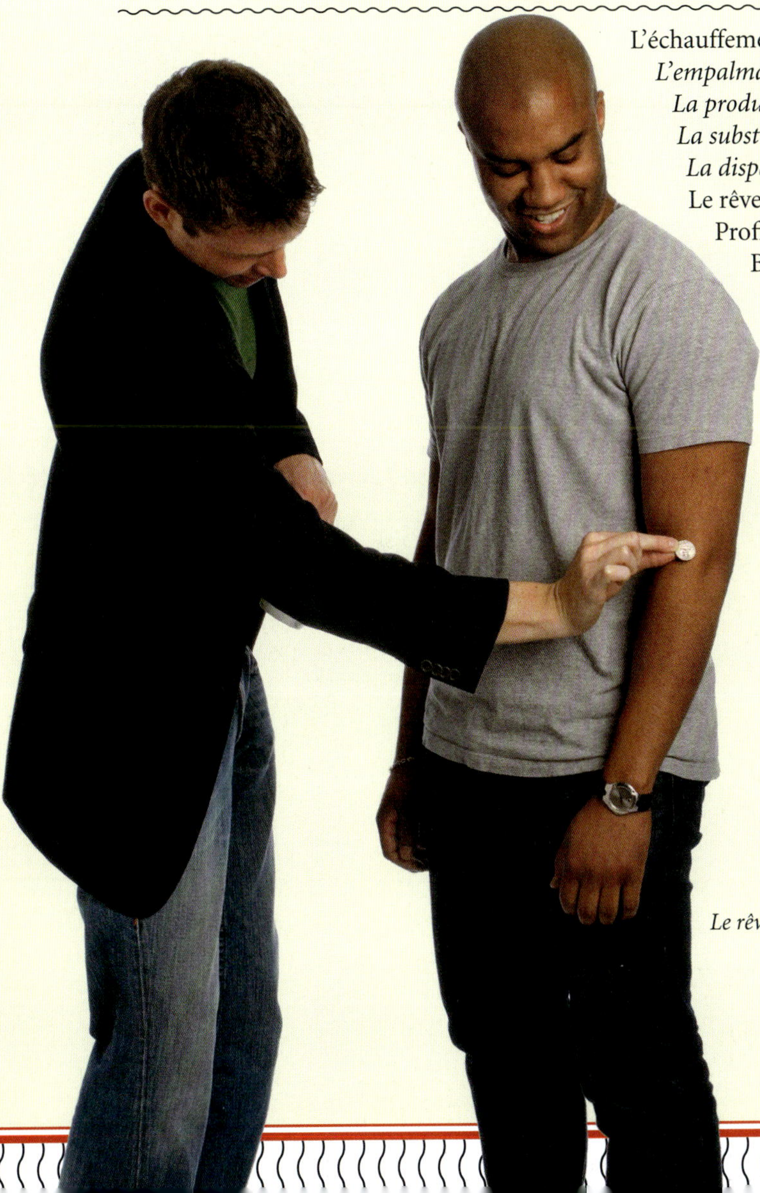

Le rêve de l'avare

Chapitre huit | **PRESTIDIGITATION DE SALON** |
Vaincre le trac et donner votre spectacle devant une foule

Détournement de fonds

L'échauffement 214
Faites votre numéro à hauteur de poitrine 214
Remplissez l'espace que vous occupez 214
Projetez votre voix 214
Comment faire une ovation 215
Méli-mélo de mains 219
Journal déchiré et restauré 221
Choisissez un mot 226
Caillou dans le soulier 228
Le seigneur des anneaux (VIEUX SINGE, NOUVEAU TOUR : SE SERVIR DES ANNEAUX CHINOIS) 230
Détournement de fonds 238

Chapitre neuf | **MYSTIFICATION TÉLÉPHONIQUE** | *Magie sans frontières*

Le mélange australien 244
Sorcellerie cellulaire 246
Prédire un numéro de téléphone 248
Vacances de rêve 250
Whatisyourcard.com (« Quelleestvotrecarte.com ») 252
Osmose téléphonique 254
Schéma de l'anagramme progressive 255
Code Da Vinci décodé 256

Chapitre dix | **MONTEZ VOTRE SPECTACLE** |
Cinq spectacles complets pour épater la galerie

Magie rapprochée 262
Cartomagie 263
Magie de salon 264
Spectacle pour enfants 265
Spectacle sur scène 266

EN GUISE DE CONCLUSION

Crédits et références 271
Index 273
Remerciements 278
À propos de l'auteur 278

Introduction

La plus belle expérience que nous puissions faire est celle du mystérieux. C'est une émotion fondamentale qui est à l'origine de l'art et de la science véritables.

— ALBERT EINSTEIN

Quelle est l'utilité d'un magicien ? Il se présente, vous trompe, vous fait sentir stupide et hop, le spectacle est déjà terminé.

— JERRY SEINFELD

La magie a besoin de renouveau. Remisez la queue-de-pie, le haut-de-forme et libérez le lapin, sans oublier de raser cette barbichette. Renoncez à ces mises en scène de femmes emprisonnées dans des boîtes ainsi qu'à ces injures mille fois ressassées. Assez, c'est assez !

De tous les arts de la scène, la magie est le plus mystérieux. Pourquoi cette forme d'art est-elle devenue si quelconque ?

Quant aux tours, à peu près tout le matériel utilisé par les magiciens est dépassé ou inadéquat. Prenons l'exemple du lapin-qui-sort-du-chapeau. Aucun anniversaire digne de ce nom n'est complet sans ce tour, et pour une poignée de dollars, l'Incroyable Larry se fera un plaisir de l'exécuter. Et chaque fois qu'un lapin sort d'un chapeau, une nouvelle douzaine de jeunes de neuf ans ne peuvent s'empêcher de penser que la magie, c'est de la foutaise.

Mais, comme le souligne Einstein, la magie peut être émouvante. À l'instant où nous faisons l'expérience d'un tour merveilleux, nous redevenons instantanément des enfants. Pendant un court instant – après que la magie a opéré et avant que la logique n'intervienne –, le monde devient infini et tout est possible. Seule la magie a ce pouvoir.

Magie contient une foule d'effets stupéfiants et ils le sont encore plus compte tenu de leur simplicité. La bonne magie se décrit et se retient facilement : « Elle a fait apparaître un billet de 100 dollars » ou « Il a coupé une femme en deux ».

Prenons le numéro classique de la corde coupée et restaurée – une version qui apparaît dans tous les mauvais livres pour débutants. Vous passez une corde dans une paille..., puis vous placez la paille dans un tube..., puis, dans certains cas, vous recouvrez le tube d'un mouchoir... avant de couper le tout en deux... pouf... Tout est restauré. La paille ? Le tube ? Le mouchoir ? Trop compliqué, merci.

Vous êtes sur le point d'apprendre plus d'une centaine d'effets de magie. Faire apparaître une pièce de monnaie. Faire disparaître votre animal de compagnie. Simple. Vous n'avez qu'à lire la phrase-résumé qui accompagne chaque tour et vous saurez exactement ce qui vous attend.

Mais attention, simple n'est pas synonyme de facile. Alors que la plupart des effets de ce livre peuvent être immédiatement exécutés après lecture, certains requièrent de l'entraînement. Le coefficient de difficulté, de 1 à 5, vous aidera à choisir le tour que vous voulez maîtriser en premier.

Ce qui distingue cette collection d'effets de magie de beaucoup d'autres est sa pertinence. C'est-à-dire que chacun des effets proposés possède une accroche émotionnelle pour l'assistance. Quelquefois, le lien est évident. En fait, vous trouverez plusieurs façons de faire apparaître de l'argent au bout de vos doigts. C'est un talent que nous *tous* rêvons d'avoir.

Les magiciens ont un terme pour exprimer l'idée qu'on peut ajouter une signification à la magie : la théorie du sandwich au jambon. Selon cette théorie, si je fais apparaître devant vous un sandwich au jambon, vous n'en ferez pas de cas. Mais si vous me dites : « Josh, j'ai faim », et que je fais alors apparaître un sandwich au jambon, vous serez stupéfait. La magie comble votre désir. Elle est donc pertinente.

Un exemple : déchirer et restaurer un bout de papier quelconque est un tour dépourvu d'intérêt, car l'assistance ne s'intéresse pas à un bout de papier. Mais, dans le tour « D'ordure à trésor », vous restaurez un billet de banque déchiré. Les gens ne supportent pas de voir de l'argent gaspillé, il y a donc un lien émotionnel avec la restauration du billet.

Tous les effets décrits dans ce livre ont une portée, grâce, entre autres choses, à l'utilisation d'objets empruntés afin d'exécuter des effets qui comblent les désirs de l'assistance : deviner les pensées et les numéros de téléphone des gens, faire apparaître des billets de banque, contrôler la décision d'un participant et démontrer une mémoire surhumaine. Les scénarios sont d'actualité, les accessoires, familiers, et la magie, incroyable. Tout y est, prêt pour le spectacle.

Voici le livre dont je rêvais lorsque j'ai commencé à m'intéresser à la magie. À l'âge de huit ans, j'ai consulté tous les livres de magie à la bibliothèque, mais l'information contenue dans chacun d'entre eux était incomplète. Comment pouvez-vous enseigner la magie – un art visuel – sans photos ? Les effets, dans ces livres, étaient décrits de façon sommaire et sans qu'on mette l'accent sur la partie la plus importante : l'exécution. Expliquer comment un tour est fait et expliquer comment exécuter ce tour est bien différent.

Grâce au livre *Magie,* vous apprendrez à la fois la mécanique *et* la présentation afin de donner un spectacle époustouflant. Seule la maîtrise de ces deux éléments fera de vous un vrai magicien. Peu importe la qualité du répertoire, si votre présentation n'est pas au point, la magie ne se sera pas au rendez-vous. Vous trouverez dans ces pages, traités avec le même souci de clarté et de précision, ce que vous devez faire et comment vous devez le faire. Aucune connaissance ni aucune habileté préalables ne sont requises. Ce livre constitue un cours complet de magie.

De plus, chaque explication d'effet est suivie d'une section intitulée « Classe de maître », où vous apprendrez les nuances subtiles et professionnelles, qui donnent vie à ces effets dans l'esprit de vos participants.

LE LAPIN DU CHAPEAU

Sortir un lapin d'un chapeau n'a pas toujours été un mauvais tour. Il a été consigné pour la première fois en 1836, dans un livre de prestidigitation. Imaginez l'époque : tous les hommes portaient un chapeau, les plus riches arborant un haut-de-forme. Vous faites partie de cette dernière catégorie, évidemment, et vous conviez John Henry Anderson – le grand magicien du Nord – dans votre salon pour divertir vos invités. Au cours de la soirée, celui-ci s'empare de votre haut-de-forme et en retire l'impensable : un lapin vivant !

Aujourd'hui, sortir un lapin d'un chapeau est la relique d'une autre époque. Les lapins et les hauts-de-forme décorent toujours les cartes professionnelles et les affiches des magasins d'accessoires de magie, mais le tour lui-même est passé de mode à peu près à la même époque que les hauts-de-forme.

CHAPITRE PREMIER

L'ÉCOLE DE MAGIE

DANS CE CHAPITRE

Le test d'observation

À propos de ce livre

LE DÉBINAGE OU COMMENT FAIRE DISPARAÎTRE UN ÉLÉPHANT

Vous avez entre les mains un livre de secrets. De puissants secrets. Et, fidèle à ma profession, je sais ce que vous pensez : ne va-t-il pas à l'encontre du code des magiciens ? Ou quelque chose du genre. Le débinage représente l'éléphant dans la pièce et, en guise de premier tour, je le ferai disparaître.

Il existe une différence entre le débinage et l'enseignement. La nature de cette différence fait l'objet d'un débat chez les magiciens depuis fort longtemps. Elle se résume à ceci : l'effort. Ce livre n'est pas du débinage, parce que vous l'avez ouvert pour apprendre l'art de la magie.

Vous n'êtes pas un amateur d'émissions de télévision ou de vidéos sur Internet où les secrets des tours sont révélés. Vous faites des efforts pour apprendre la magie.

Voilà. L'éléphant est disparu.

LE TEST D'OBSERVATION

Dans 60 secondes, vous exécuterez votre premier effet de magie. Ne soyez pas nerveux. Vous vous en sortirez bien.

Vous serez à la fois le magicien et le public et, si vous suivez mes instructions à la lettre, vous en resterez baba. Lorsque vous tournerez cette page dans un instant, vous verrez une scène de la plus grande ville au monde, New York – c'est tout ce que je peux vous dire. Être magicien requiert un sens aigu de l'observation, étudiez donc le dessin avec soin. Vous aurez besoin d'un minuteur ; accordez-vous 30 secondes. Une fois les 30 secondes écoulées, tournez la page et répondez aux questions à propos de ce que vous aurez observé.

Prêt ? Rappelez-vous : vous avez seulement 30 secondes. Allez-y.

New York
Hi Mom!
Cortlar
Statio
N R

95
WELCOME TO NEW YORK
TAKI 183
ROCK
WORLD PEACE
BROADWAY!
HOTDOG
HOTDOG
HOTDOG
I

BIENVENUE DE NOUVEAU

Vous aviez beaucoup de choses à mémoriser en très peu de temps. Sans retourner la page, répondez aux questions suivantes à voix haute (ne trichez pas) :

1. Il y a un message écrit sur la fourgonnette. Quel est ce message ?

2. Il y a deux drapeaux dans le dessin, un devant la statue de la Liberté et l'autre devant l'Empire State Building. Que trouve-t-on sur chaque drapeau ?

Vous avez presque terminé ce test. Vous devez tourner cette page pour une dernière question. Bien sûr, vous ne revenez pas à la page précédente.

New York
Hi Mom!
Cortlan
Statio
N
R

3. Terminons avec une question facile. Voici le même dessin que vous avez étudié, mais un élément est manquant. Est-ce :

A) l'homme à la bicyclette ?
B) l'Empire State Building ?
C) la statue de la Liberté ?
D) Ellis Island ?

RÉPONSES

1. « Paix mondiale » (World Peace) est ce qui est écrit sur la fourgonnette. Il faut admirer l'optimisme de ces hippies.

2. Un des drapeaux est celui des États-Unis. L'autre drapeau arbore un fier « Allô maman » (Hi Mom !).

3. La troisième question, qui semble la plus facile, est pourtant plus épineuse qu'il n'y paraît. Avez-vous répondu : la statue de la Liberté, comme 98 pour cent des lecteurs ?

Si oui, félicitations, vous venez d'exécuter votre premier tour de magie ! Vous vous apprêtez à faire vos premiers pas dans un monde plus vaste.

Vous avez réussi l'illusion la plus célèbre des 30 dernières années – celle qui a fait de David Copperfield une vedette internationale. Vous avez fait disparaître la statue de la Liberté !

La statue de la Liberté n'a jamais été présente sur le dessin que vous deviez mémoriser. Je vous ai conditionné à la voir, tant par implication que par explication. C'est la raison pour laquelle David Copperfield s'en est servi. Vous avez simplement tenu pour acquis qu'elle était présente avec les gratte-ciels habituels.

J'ai aussi triché. « Il y a deux drapeaux sur le dessin », ai-je dit, ce qui est vrai, « l'un devant la statue de la Liberté, l'autre devant l'Empire State Building ». Je ne vous ai pas demandé si la statue de la Liberté y était ; j'ai donné à entendre qu'elle y était en camouflant le tout par une autre question. J'ai implanté un faux souvenir dans votre tête.

Les mêmes techniques qui ont servi à vous duper vous serviront à duper vos amis.

Avant même que vous ayez tourné la page, le faux souvenir avait été implanté dans votre esprit. Non seulement vous pensiez que la statue de la Liberté était dans le dessin, mais vous auriez même parié que tel était bien le cas.

À PROPOS DE CE LIVRE

Quelques notes au sujet de son utilisation

Lorsque vous aurez fini de lire ce livre, vous aurez à la fois le matériel et les connaissances nécessaires pour exécuter des numéros de magie époustouflants de calibre professionnel. Mais n'allons pas trop vite et commençons par le commencement.

MOTS MAGIQUES

Il y a trois mots que vous devrez éliminer immédiatement de votre vocabulaire :

1. Tour,

2. Détournement d'attention,

3. Spectateur.

Et voici pourquoi :

1. Les chiens font des tours, les magiciens font de la magie.

Les tours de magie appartiennent au casier de l'oxymoron, avec la crevette géante et le politicien honnête. Ce qui est magique n'est pas un tour et ce qui est un tour n'est pas de la magie. L'apparition d'un tigre est de la magie pure. Mais si vous apercevez la porte de la trappe, vous assistez au tour qui vise à faire apparaître un tigre.

Les tours ont une connotation négative. Je déteste qu'on me joue des tours. Servez-vous plutôt du mot « effet ». Les magiciens utilisent le mot effet pour décrire le moment fort de leur numéro. Quel effet veut-on transmettre ? Une disparition ? La télépathie ? Le synchronisme ? Tous les numéros de magie de ce livre peuvent se résumer à leur plus simple expression, leur essence. C'est ce que l'on appelle l'effet.

2. L'attention est dirigée plutôt que détournée.

Le mot détournement est un autre terme chargé de négativité, souvent mal compris et mal employé. « Dis, Ricky, sais-tu où est passée cette pièce de monnaie ? – Je ne sais pas. Mon attention a été détournée. » Ricky ne sait peut-être pas où est passée la pièce, mais une chose est sûre, il sait qu'il a été manipulé. Si vous avez ainsi conscience d'avoir été manipulé, c'est que le détournement d'attention n'a pas fonctionné. L'effet est donc ruiné. C'est la même chose que l'ingrédient secret de maman : il apporte une touche si subtile au plat que vous n'avez pas conscience de sa présence jusqu'à ce qu'elle vous le fasse remarquer. Mais aussitôt qu'elle vous révèle son secret, le plat vous semble un peu moins attirant.

Pour sa part, le magicien Tommy Wonder opte pour le terme de direction. Bien qu'il ne soit pas le premier, il remarque que la philosophie du détournement d'attention présente un vice de forme : celui de forcer quelqu'un à détourner les yeux d'une action ou d'un mouvement secrets. Nous devrions plutôt diriger l'attention des gens vers un objet d'intérêt. Il propose donc d'utiliser le terme « direction » pour décrire chacun des moments pendant un effet, non seulement ceux où nous souhaitons créer une diversion. La façon de penser révolutionnaire de Tommy Wonder a transformé la façon dont les effets magiques sont structurés. La magie d'aujourd'hui adhère à ce nouveau cadre théorique. Vous entendrez parler assez souvent de direction plutôt que de détournement d'attention.

3. Les spectateurs n'existent pas.
Dans le langage du théâtre, le quatrième mur est la barrière invisible qui sépare le magicien du public. La magie traverse ce quatrième mur. Les films, les pièces de théâtre, les spectacles de jonglerie, de danse se déroulent toujours de la même façon sans égard aux spectateurs. Par contre, chaque représentation de magie est unique. Les meilleurs spectacles de magie réussissent à nous donner le sentiment, à nous qui assistons au spectacle, que nous avons le pouvoir d'influencer la façon dont les effets se déroulent.

La magie n'existe pas sans l'assistance – une assistance active. Dans cet esprit, nous avons remplacé le mot « spectateur » par celui de « participant » dans l'espoir que vous accorderez à votre assistance autant d'importance qu'à la magie que vous exécutez devant eux.

LES LEÇONS

Je commence chaque chapitre avec une section « Échauffement » qui aborde les concepts dont vous aurez besoin pour pratiquer et maîtriser les effets adéquatement. Ne vous inquiétez pas – nous y allons lentement mais sûrement.

Soyez patient ; la magie requiert beaucoup d'entraînement. Tous les effets décrits dans ce livre ont un coefficient de difficulté de 1 à 5. D'un seul regard, vous connaîtrez le degré d'habileté technique requis par chacun des effets.

- À la portée de tous. Ces numéros sont absolument infaillibles.
- Encore à la portée des enfants. Vous pouvez axer votre entraînement sur la présentation de ces effets.
- Simple tour de passe-passe ; un peu d'entraînement requis.
- Une combinaison de manipulations et de principes ; beaucoup d'entraînement requis.
- Extrêmement difficile ; on se revoit dans 200 heures !

PLEINS FEUX SUR TOMMY WONDER

Le monde de la magie regorge de virtuoses dont vous n'avez jamais entendu parler et le magicien hollandais Tommy Wonder (1953-2006) en est, sans conteste, l'exemple moderne le plus éclatant. Sa connaissance des arts de la scène et ses aptitudes techniques lui confèrent une dextérité absolument extraordinaire.

Ses numéros ne sont pas le seul cadeau qu'il a laissé en héritage aux magiciens. Il était l'un des penseurs les plus critiques du monde de la magie. Dans un essai majeur, il écrivait : « Il est malheureux qu'en magie nous ayons plusieurs termes et expressions qui n'expriment pas adéquatement ce qu'ils doivent traduire. C'est dommage parce que l'utilisation d'une terminologie claire et précise nous aide à formuler nos pensées et simplifie grandement la communication entre les magiciens. »

Des photos en couleurs illustrent tous les effets. Certaines étapes sont désignées comme des « vues cachées » – étape durant laquelle l'action est dissimulée au participant (quelquefois, au magicien). Répétez vos effets devant un miroir afin de vous assurer que les gestes qui ne doivent pas être vus ne le seront pas lorsque vous donnerez un spectacle.

Les effets décrits dans ce livre ont été conçus pour des droitiers. Les gauchers pourront adapter sans problème les techniques expliquées, et en aucun cas ils ne seront pénalisés en tant que magiciens. Comme neuf personnes sur 10 sont droitières, j'ai simplement appliqué la loi du plus grand nombre. Toutes mes excuses aux pattes gauches du monde entier.

La magie a toujours été dominée par les hommes et n'a pas la réputation d'être très ouverte aux femmes. Toutefois, les choses changent peu à peu. En 1948, la magicienne britannique Paula Baird a été la première femme à obtenir un prix (la deuxième place dans la catégorie manipulation) au Championnat mondial de la magie. Dans les années qui ont suivi, la Fédération internationale des sociétés magiques (FISM) a honoré au moins 17 femmes, les femmes faisant partie d'équipes n'étant pas comprises dans ce nombre. Les magiciennes se voient de plus en plus récompensées dans des concours comme celui de la Confrérie internationale des magiciens (International Brotherhood of Magicians) où la magicienne Jade, entre autres, a remporté, en 1990, la très convoitée médaille d'or. J'ai utilisé le féminin autant que le masculin dans ce livre pour décrire l'archétype du magicien ainsi que les participants.

INSUFFLER UNE NOUVELLE VIE AUX VIEUX ACCESSOIRES

Tous les samedis, lorsque j'avais huit ans, je me rendais au magasin de magie de mon quartier, où je rencontrais d'autres magiciens en herbe pour échanger des effets et des idées. Nous n'étions pas différents des enfants qui fréquentent un magasin de bandes dessinées ou participent à une réunion de scouts, juste un tantinet plus bizarres. Et, tous les samedis, je dépensais tout mon argent de poche à un nouveau tour. Avec l'aide de mes amis magiciens, j'en apprenais tous les rouages.

L'avènement de l'Internet a tout changé, y compris la magie. Aujourd'hui, les magiciens font du clavardage et « achètent » de la magie en téléchargeant des vidéos. Les magasins de magie en briques et en mortier deviennent de plus en plus chose du passé.

Les gens achètent toujours de la magie, mais les professeurs se font de plus en plus rares. Les instructions qui accompagnent les accessoires de magie qui nous parviennent par la poste sont notoirement peu explicites, personne ne sait donc comment s'en servir. Inévitablement, ces accessoires finiront au fond du placard, à côté de la centrifugeuse annoncée à la télé que vous aviez commandée sur un coup de tête.

Mais je veux que cela change. Tout au long de cet ouvrage, sous la rubrique « Vieux singe, nouveau tour », je présente des instructions détaillées sur la façon de se servir d'accessoires classiques comme les anneaux chinois, le faux pouce et les jeux de cartes truqués. J'explique aussi quelque chose qui ne s'achète pas en ligne : la présentation qui rend ces effets *divertissants*.

52 MAGIE : Le cours complet

Vieux singe, nouveau tour : se servir d'un faux pouce

Une pincée de sel

MATÉRIEL
Un faux pouce de magicien
(disponible dans tous les magasins

L'EFFET Faites disparaître une pinc
banque auquel vous donnez la forme d'un c
vous déplierez le billet de banque, le sel aura c

RECEVOIR DE L'AIDE

La magie est un art de collaboration et tous les magiciens ont besoin d'un environnement sûr pour grandir. Pour certains, cela signifie inviter en soirée le reste de la famille au sous-sol pour assister à un spectacle. Mais pour réellement parfaire votre technique, vous devrez rechercher la compagnie de magiciens accomplis.

La meilleure façon est peut-être de vous joindre à votre club local de magie. Il existe deux associations de magie qui ont des clubs à travers le monde : la Confrérie internationale des magiciens (International Brotherhood of Magicians ou IBM) et la Société des magiciens américains (Society of American Magicians ou SAM). Ces associations, qui regroupent des magiciens professionnels, des magiciens amateurs, des collectionneurs, des historiens et des amoureux de la magie, organisent des rencontres mensuelles.

Tous les magiciens ont besoin des impressions et des remarques des autres et rien ne remplace l'enseignement personnel. Votre club de magie local peut remplir ce rôle – et vous pourriez, de plus, vous y faire de bons amis.

CHAPITRE DEUX

MAGIE IMPROMPTUE

Dans ce chapitre

Les allumettes phénix

La baguette allumagique

Coup fourré

L'ampoule qui disparaît

La coordination de la main et de l'œil

Le jeu

Les quatre éléments

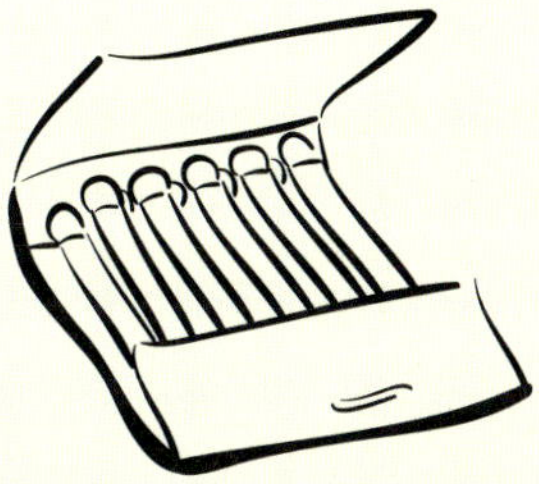

COMMENT RENDRE L'ORDINAIRE EXTRAORDINAIRE

Pour devenir un magicien, vous devez apprendre à penser comme un magicien. Oubliez l'idée de devoir faire de la scène; vous en faites déjà. Le restaurant du coin, la classe, la cour avant, la cuisine, au bureau – la magie est partout. C'est à vous de faire en sorte que les autres la voient. Pensez magie.

Ce chapitre vous aidera à voir le potentiel de magie que recèlent les objets usuels. Il vous propose sept des effets de prestidigitation les plus puissants. Non seulement chacun d'eux a la qualité de pouvoir vous faire acquérir de la réputation, mais vous pouvez tous les exécuter dès maintenant. Aucune préparation n'est nécessaire.

Pensez à ce chapitre comme à la trousse de survie du magicien sur une île déserte. Vous accomplirez des miracles à partir de rien, vous ferez disparaître des objets, contrôlerez les choix que vos participants feront. Ces outils ont des applications illimitées si vous arrivez à penser magiquement.

Vous apprendrez comment faire apparaître toutes les allumettes d'une pochette dans une paille, enduire de craie la main d'un participant et restaurer une serviette déchirée. J'ai aussi inclus l'effet appelé «les quatre éléments» qui est sans conteste le plus grand pari de bar de tous les temps. Servez-vous de ce coup monté au pub ou à la cafétéria et vous n'aurez jamais plus à payer pour un verre ou un beigne.

Comme le contenu de ce chapitre ne nécessite que des objets empruntés, vous n'avez donc qu'à tourner la page. Ce qui suit est un cours intensif sur l'art de transformer l'ordinaire en quelque chose d'absolument extraordinaire.

L'ÉCHAUFFEMENT

La flexibilité des doigts

Voici un simple exercice d'étirement, la façon idéale d'échauffer vos doigts pour qu'ils demeurent souples et flexibles avant de présenter un spectacle ou d'exécuter un effet.

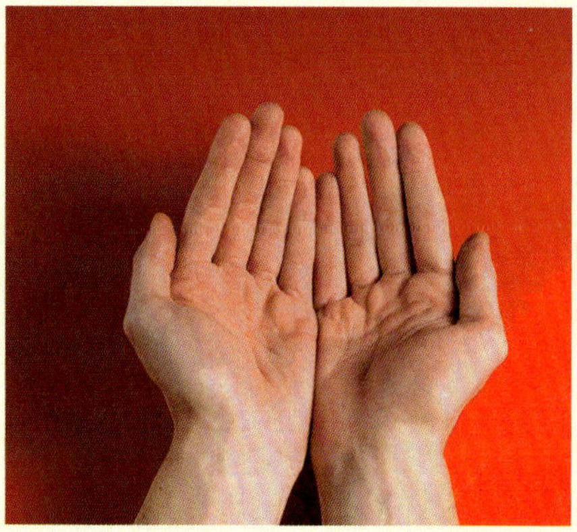

❶ Accolez les mains, paumes vers le plafond. Les auriculaires doivent se toucher.

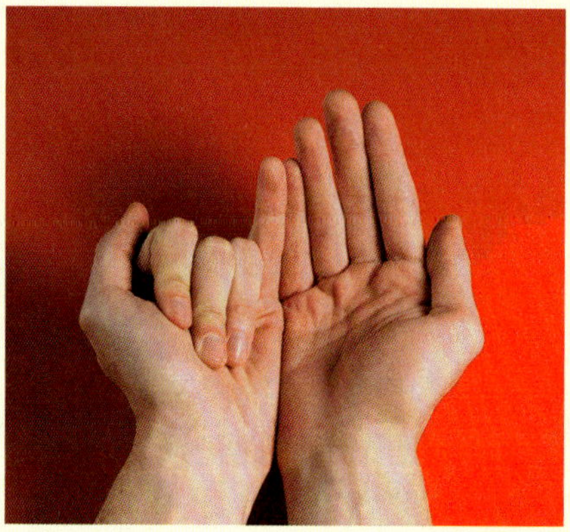

❷ Pliez d'abord l'index gauche. Puis, dans une succession fluide, pliez le majeur, l'annulaire et l'auriculaire gauches.

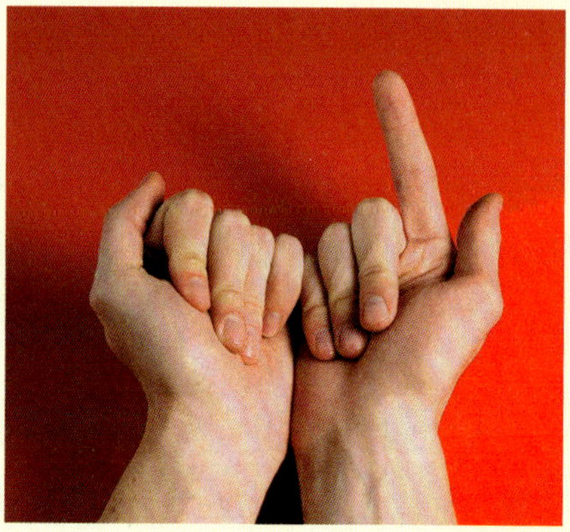

❸ Continuez cet exercice de « vague » en pliant vos index, majeur, annulaire et auriculaire droits.

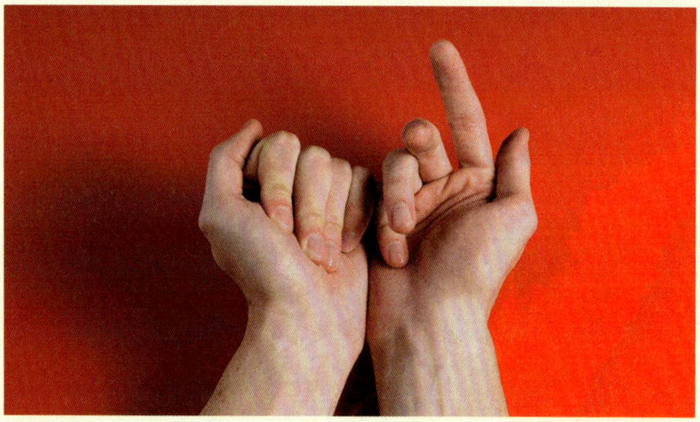

❹ Refaites le mouvement à l'envers, c'est-à-dire en dépliant votre index droit, suivi du majeur, de l'annulaire et de l'auriculaire droits. Poursuivez ce mouvement avec votre main gauche. Refaites ce mouvement de va-et-vient en vous efforçant d'acquérir vitesse et grâce. Il ne doit pas y avoir de pause entre le changement de main.

❺ Une fois que vous aurez maîtrisé « la vague », refaites ce mouvement avec une pièce de monnaie dans chaque paume. La magie requiert souvent de bouger les mains tout en camouflant un objet.

L'empalmage

L'empalmage est une technique qu'il faut répéter avec un petit objet en tout temps. Comme tout effet de base, on peut s'en servir dans bien des situations pour exécuter une variété d'effets.

❶ Mettez un petit objet – comme une pièce de monnaie – dans votre main droite. Placez la pièce à la base des doigts, entre le majeur et l'annulaire. Courbez légèrement les doigts vers l'intérieur de façon que la pièce reste en place. Il est évident pour vous que vous tenez une pièce.

❷ Mais si vous retournez votre main paume vers le bas, tout semble tout à fait naturel. Le but de l'empalmage est d'apprendre à vivre sans culpabilité (ce qui a quelques avantages marginaux). Souvenez-vous que vous êtes la seule personne à savoir que vous tenez une pièce dans votre main droite, et vous n'allez pas laisser ce secret influencer la façon dont vous vous exécutez.

❸ Maîtrisez cette culpabilité en répétant souvent l'empalmage. Exercez-vous pendant que vous marchez jusqu'à votre auto ou pendant que vous êtes assis à votre bureau. Empalmez une pièce pendant que vous parlez avec des amis ou que vous lisez au lit. Une fois que vous serez à l'aise avec la façon dont vos gestes clandestins passent inaperçus, commencez à effectuer des tâches tout en maintenant une pièce en position dans votre paume. Déverrouillez des portes, ouvrez des paquets et répondez au téléphone. Vous aurez tôt fait de constater que votre majeur et votre annulaire sont toujours fonctionnels bien qu'ils vous servent à dissimuler une pièce.

Le faux transfert

Que vous vous serviez de pièces de monnaie, de serviettes de table ou de boules de gomme, vous aurez besoin de la technique suivante dans votre répertoire afin de faire disparaître ces objets par magie.

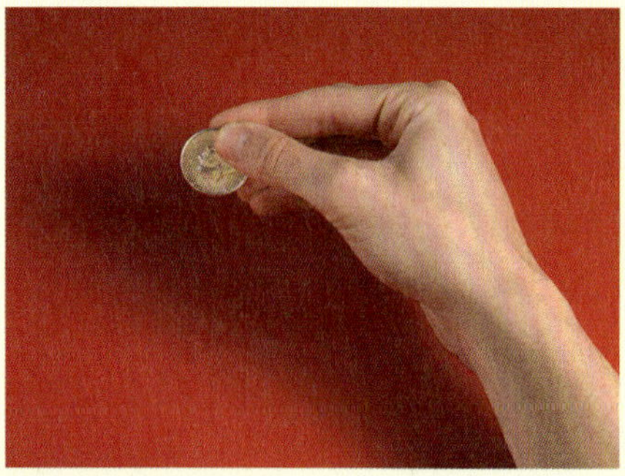

❶ Placez une pièce de monnaie dans la paume de votre main droite, puis manœuvrez de façon à tenir la pièce entre votre pouce et votre index droits. Remarquez que le majeur, l'annulaire et l'auriculaire droits, sous la pièce, sont en extension.

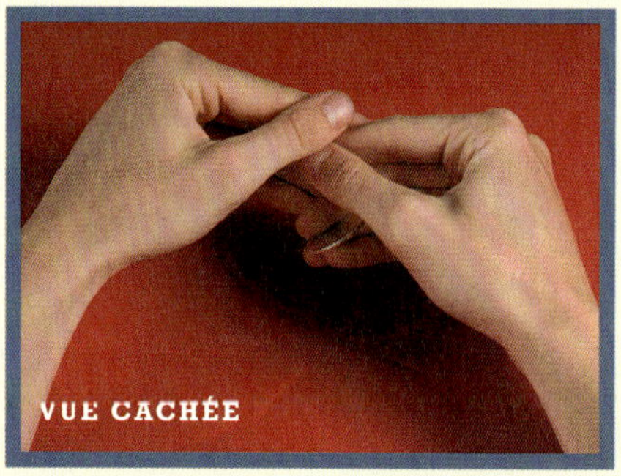

❷ Approchez votre main gauche, les doigts pointés vers le sol et la paume orientée vers vous, dissimulant la pièce à la vue de l'assistance.

❸ À la faveur du paravent que constitue votre main gauche, saisissez secrètement la pièce entre le majeur et l'annulaire de votre main droite. Les doigts de la main droite servent de pinces et leur prise doit soutenir la pièce de façon indépendante de l'index et du pouce. En continuant à camoufler la pièce, courbez le majeur et l'annulaire de la main droite.

❹ Fermez la main gauche et éloignez-la, en apparence avec la pièce de la main droite. Regardez avec insistance votre poing gauche pour donner l'impression que la pièce s'y trouve vraiment. Laissez retomber votre main droite le long de votre corps. Lorsque personne ne regarde, laissez tomber la pièce sur le bout des doigts recourbés, où elle demeurera dissimulée grâce à l'empalmage (voir « L'empalmage », page 17).

S'EXERCER

Le *faux transfert*, comme la magie en général, est une habileté acquise. Vous devez le répéter jusqu'à ce qu'il devienne une seconde nature tout en gardant les conseils suivants en tête :

1. La magie est un art de la dissimulation. Votre faux transfert ne doit pas apparaître comme un tour de passe-passe. Il doit apparaître exactement comme l'action que vous simulez : le transfert d'une pièce d'une main à l'autre. Lorsque vous vous exercez, alternez l'action de passer effectivement la pièce d'une main à l'autre et le faux transfert. Lorsque ces deux actions sembleront identiques, vous aurez maîtrisé le mouvement.

2. L'entraînement ne vous rendra pas parfait, il vous rendra systématique. Plutôt que de risquer d'apprendre le mouvement de façon incorrecte, répétez-le devant un miroir afin de voir ce que votre assistance voit.

3. Ne regardez pas vos mains. Le faux transfert, comme la plupart des tours de passe-passe, simule une action simple. Au cours d'une journée normale, nous accomplissons des gestes semblables des dizaines de fois sans regarder ce que font nos mains. Si vous regardez vos mains, vous attirez l'attention de votre assistance sur celles-ci.

Les allumettes phénix

MATÉRIEL
Un carton d'allumettes (les allumettes en bois ne conviennent pas).

PRÉPARATION Avant d'exécuter ce numéro, pliez vers le haut une allumette de la première rangée. L'allumette doit être perpendiculaire aux autres et séparée des celles-ci. Détachez ensuite une allumette de la pochette, grattez-la et utilisez-la pour enflammer l'allumette que vous venez de plier. Éteignez les deux allumettes et jetez celle que vous aviez détachée.

DIFFICULTÉ

L'EFFET Alors que vous vous apprêtez à allumer une chandelle, à table, vous rassemblez tous les gens autour de vous et vous leur racontez l'histoire du phénix, un oiseau mythique qui a le pouvoir de renaître de ses cendres. Pour illustrer votre propos, **vous faites disparaître l'allumette brûlée (votre phénix), avant de montrer qu'elle vit de nouveau sous sa forme antérieure, bien attachée à la pochette d'allumettes.**

LE SECRET Les allumettes phénix reposent sur un simple effet de disparition jumelé à votre habileté à dissimuler une allumette déjà consumée alors que vous exhibez le carton d'allumettes.

LA PRÉSENTATION

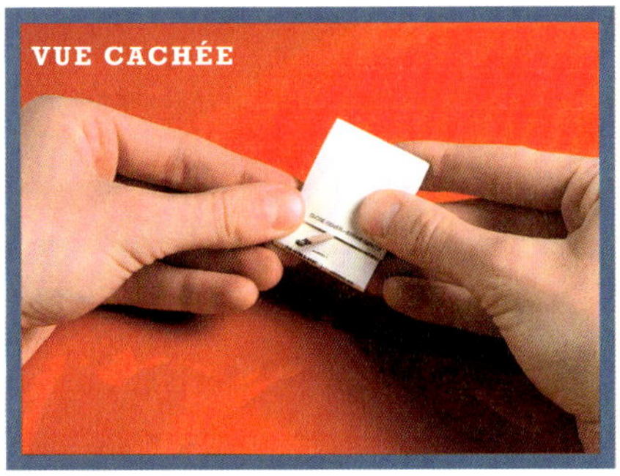

1 Refermez le carton d'allumettes en veillant à ce que l'allumette que vous avez enflammée à l'étape de la préparation et qui est toujours rattachée au carton demeure à l'extérieur.

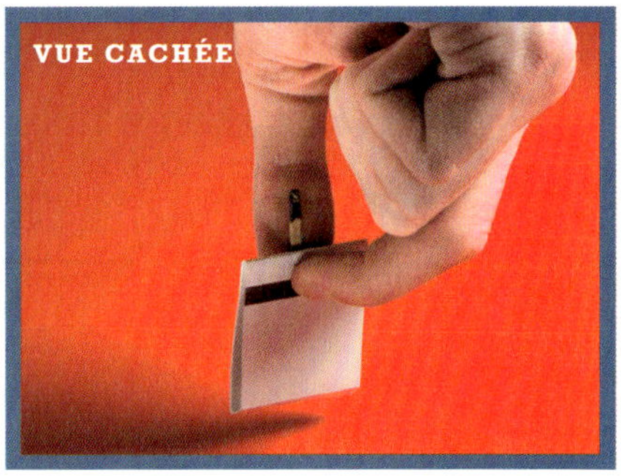

2 Saisissez le carton entre le pouce et l'index de votre main droite, en cachant l'allumette consumée avec votre pouce droit.

3 Avant d'allumer une chandelle ou pendant que vous conversez autour d'un verre de vin, montrez le carton d'allumette à vos participants: « L'oiseau sacré d'Égypte, le phénix, direz-vous, est l'une des plus célèbres icônes de tous les temps et c'est aussi l'une de mes histoires favorites. »

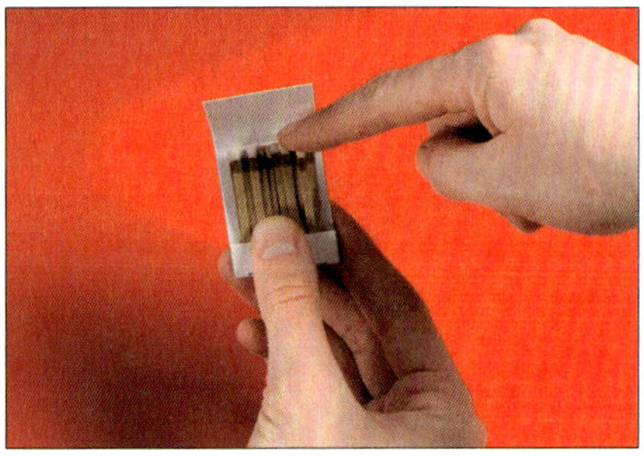

4 Gardez votre pouce droit par-dessus l'allumette consumée pendant que vous ouvrez le carton d'allumettes avec le pouce et les doigts de la main gauche. « Pourriez-vous choisir un phénix ? » demanderez-vous en montrant les allumettes dans le carton et en invitant l'un de vos participants à en toucher une.

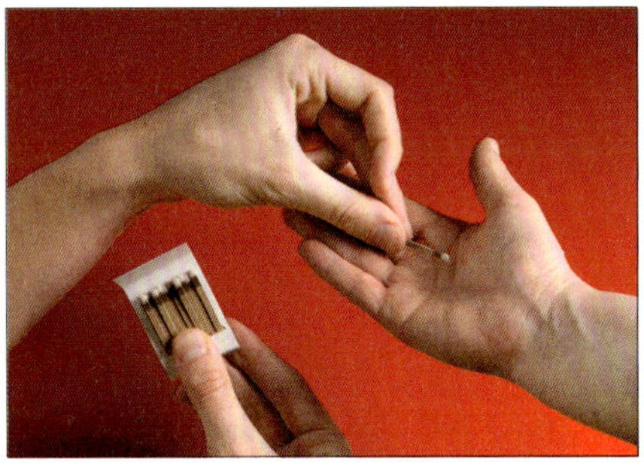

5 En gardant votre pouce droit par-dessus l'allumette consumée, déchirez l'allumette choisie et donnez-la à votre participant. C'est un sentiment exaltant que d'attirer l'attention de votre participant sur les allumettes contenues dans le carton, tout en camouflant une allumette éteinte. Elle est juste sous son nez…, mais il ne s'en rendra jamais compte !

VUE CACHÉE

6 Orientez l'arrière du carton vers votre participant. Pendant que vous refermez le carton d'allumettes avec vos deux mains, remettez secrètement en place avec les autres allumettes celle que vous cachiez.

« Le phénix, direz-vous en reprenant l'allumette choisie, atteint la fin de son cycle de vie et construit son nid. Soudain, le nid et l'oiseau prennent feu. »

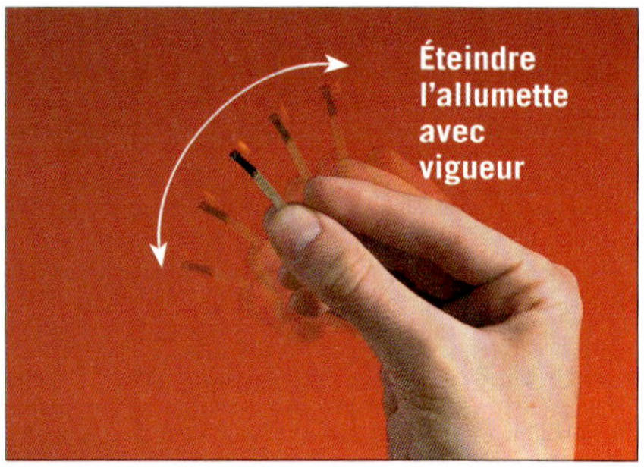

7 Saisissez l'allumette entre le pouce et les doigts de votre main droite et enflammez-la en la frottant sur le grattoir. Placez le carton d'allumettes dans la paume tendue du participant. Éteignez l'allumette dans un mouvement de va-et-vient rapide. Lorsque vous voyez de la fumée, continuez à la balancer dans de grands gestes de droite à gauche tandis que vous vous apprêtez à jeter secrètement l'allumette éteinte par terre.

VUE CACHÉE

8 Pendant que vous secouez l'allumette vers la gauche (vers vous), abaissez votre main sous la surface de la table.

À l'instant où vos doigts plongent sous le bord de la table, laissez tomber l'allumette au sol. Gardez vos doigts fermés comme si vous teniez toujours l'allumette et continuez à faire de grands mouvements de la main comme pour secouer l'allumette jusqu'à ce qu'elle soit refroidie.

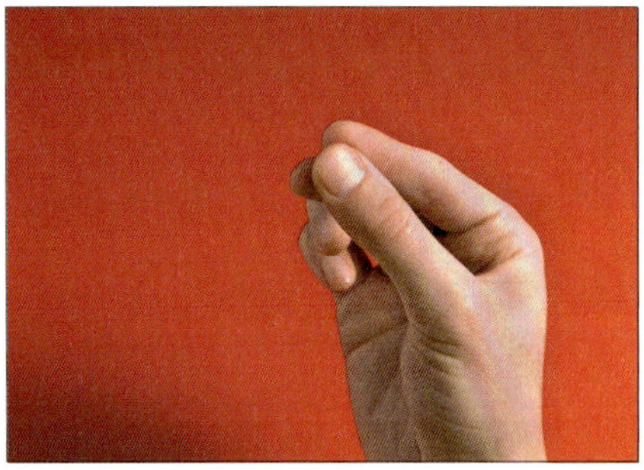

9 La fumée ne se dissipera pas pendant encore quelques secondes et ce nuage qui plane donne l'illusion que vous tenez toujours l'allumette alors que vous vous en êtes débarrassé depuis longtemps.

« L'oiseau brûle jusqu'à ce qu'il n'en reste plus rien », poursuivez-vous en ralentissant, puis en arrêtant le mouvement de votre main droite. Ouvrez les doigts et montrez à votre assistance que l'allumette est disparue. Cette disparition est plus étonnante que vous ne pourriez le penser, accordez-y donc l'importance qu'elle mérite. Vous venez de faire disparaître une allumette ! Mais le clou du spectacle reste à venir…

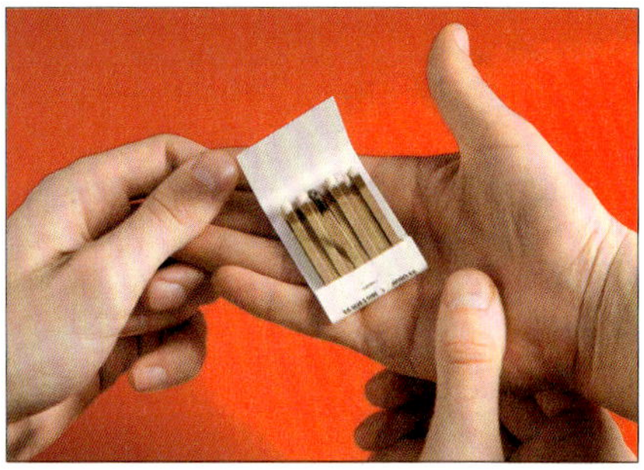

10 « Mais l'oiseau renaît dans la ville désertique de l'Arizona qui porte son nom – non, attendez, ce n'est pas ainsi que se termine l'histoire. L'oiseau renaît de ses cendres ! » Demandez au participant d'ouvrir le carton d'allumettes et rappelez-lui qu'il l'avait en sa possession tout au long de l'effet.

« Je pense que vous trouverez l'allumette disparue, encore couverte de cendres ! » Laissez le participant découvrir l'allumette éteinte dans le carton. Lorsqu'il essaiera de l'enlever, il sera devant un autre mystère : l'allumette, en renaissant, s'est de nouveau attachée au carton d'allumettes !

CLASSE DE MAÎTRE

« Les allumettes Phénix » figurent parmi les effets impromptus les plus grands de tous les temps. Les magiciens professionnels s'en servent avec bonheur depuis plus d'un siècle. Mais la version décrite ici présente deux particularités qu'il vaut la peine d'explorer.

La première particularité consiste dans le fait d'utiliser la magie pour illustrer une histoire. C'est l'une des techniques les plus efficaces pour atténuer le côté sournois des « tours » de magie. J'ai déjà expliqué combien je déteste le mot « tour », parce qu'il évoque la sournoiserie et laisse entendre que ceux qui assistent à nos spectacles se font arnaquer. En atténuant cette impression grâce à une histoire, nous revisitons un conte classique et en ponctuons les moments forts avec une magie dévastatrice. Pour l'assistance, la magie n'est plus un « tour », mais plutôt un « effet spécial » de l'histoire en question.

« Les allumettes phénix » sont aussi l'exemple parfait d'une bonne chorégraphie. Il est important de demander au participant de choisir une allumette. Son choix importe peu, mais votre requête le forcera à examiner le carton d'allumettes de plus près. Il se construira une image mentale du carton d'allumettes – une image qui ne comporte pas d'allumette déjà consumée. Plus tard, il se souviendra de cette image et conclura à « l'apparition » de l'allumette consumée.

De plus, rappelez-vous que vous placez le carton d'allumettes dans la main du participant au cours de la présentation de l'effet. Ne le placez pas dans votre poche ni sur la table – vous voulez intégrer le public le plus possible à votre numéro. L'allumette réapparaît dans le carton d'allumettes, mais ce n'est pas ainsi que le participant s'en souviendra. Il se souviendra plutôt que l'allumette est réapparue dans sa main !

Cet effet doit être réalisé par un adulte ou sous la supervision d'un adulte. Comme pour tous les effets qui font intervenir du feu, soyez extrêmement prudent et assurez-vous d'avoir de l'eau à la portée de la main.

CRÉDIT Milbourne Christopher a inventé ce tour et l'a publié sous le nom de « L'allumette casse-tête » dans la revue *The Phoenix*, en 1952.

LE PREMIER LIVRE DE MAGIE

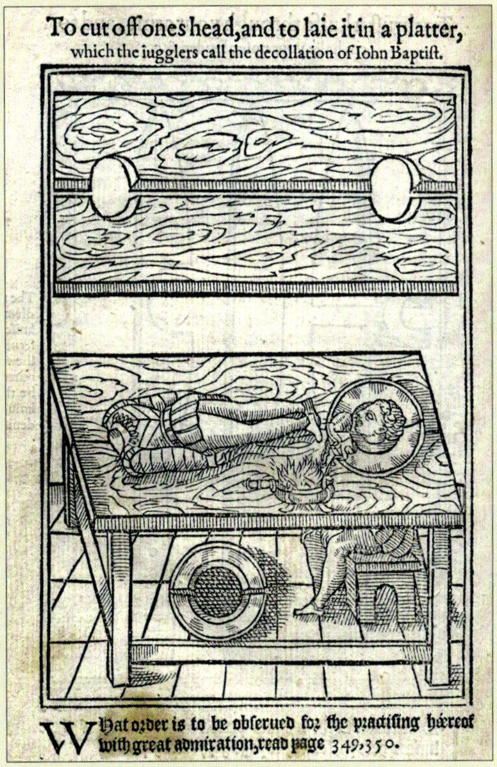
To cut off ones head, and to laie it in a platter, which the iugglers call the decollation of Iohn Baptist.

What order is to be obserued for the practising hereof with great admiration, read page 349, 350.

En l'an 1584, le titre de magicien était loin d'être enviable. La prestidigitation était alors considérée comme de la magie noire et les magiciens vivaient dans la peur d'être arrêtés et jugés pour sorcellerie. Mais tout change à la suite de la publication, en Angleterre, du grimoire de Reginald Scot, *Discoverie of Witchcraft* (« Révélation sur la sorcellerie »).

C'était le premier livre de magie publié en langue anglaise. L'ouvrage cherchait à clarifier la différence entre la sorcellerie et la magie en tant que forme de divertissement. Néanmoins, le roi Jacques Ier décréta que le livre était sacrilège et ordonna que tous les exemplaires soient brûlés. Heureusement, certains ont survécu.

La partie de ce livre consacrée aux effets magiques met en lumière la sorte de matériel qu'utilisaient les magiciens de l'époque. Voici certains de mes effets favoris tels qu'ils apparaissent dans le grimoire :

- *Faire pénétrer un morceau de plomb dans un œil et le faire voyager (à l'aide d'un bâton) entre la peau et la chair du front jusqu'à l'autre œil, par lequel il ressortira.*
- *Couper la moitié de votre nez en le déchirant et le guérir aussitôt sans l'aide d'aucune pommade.*
- *Couper la tête de quelqu'un et la déposer sur un plateau… ce que les prestidigitateurs appellent la décollation de Jean-Baptiste.*

Grâce à Reginald Scot, vous pouvez exécuter la magie contenue dans ce livre – ou dans le sien – sans risquer d'être brûlé sur le bûcher.

La recréation de la décapitation de Jean-Baptiste devint une illusion populaire à l'époque. Des vestiges de cet effet sont toujours présents de nos jours, que l'on pense aux illusions où les assistants sont décapités, empalés ou sciés en deux.

La baguette allumagique

L'EFFET Vous présentez un carton d'allumettes et demandez à un participant de passer sa baguette (une paille emballée) au-dessus du carton d'allumettes fermé. **Les allumettes disparaissent dans sa main! Mais où sont-elles? À l'intérieur d'une paille scellée!**

LE SECRET C'est un fait bien peu connu que vous pouvez remplir d'avance de petits objets (d'allumettes, dans le cas qui nous occupe) une paille emballée, en insérant les objets par un des bouts. Le trou dans l'emballage est invisible. Vous pouvez donc inviter le participant à bien examiner la paille remplie d'allumettes, que vous appelez « la baguette magique ».

MATÉRIEL
Deux cartons d'allumettes (les allumettes de bois ne conviennent pas) et une paille enveloppée dans une gaine de papier.

DIFFICULTÉ

PRÉPARATION C'est un effet qui convient particulièrement aux restaurants, puisque tout ce dont vous avez besoin se trouve sur place. Pour de meilleurs résultats, prenez soin de placer d'avance les accessoires suivants sur la table; de cette manière, vous aurez l'air d'avoir « emprunté » tous les objets.

1. Prenez deux cartons d'allumettes. Détachez toutes les allumettes de l'un des cartons.

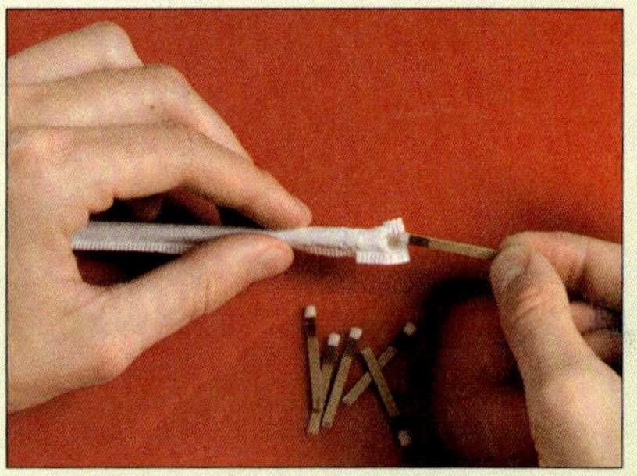

2. Insérez les allumettes l'une après l'autre, à travers un petit trou à l'une des extrémités de la paille emballée. Les pailles transparentes sont préférables, mais n'importe quelle paille fera l'affaire.

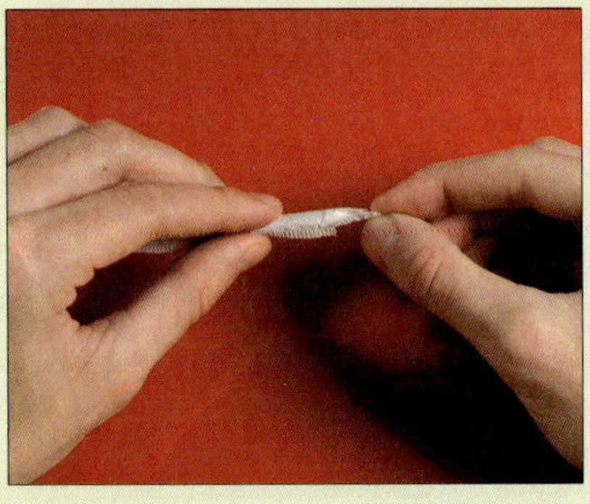

3. Une fois que la paille est remplie d'allumettes, tordez le bout de l'emballage pour camoufler le petit trou que vous avez fait dans le papier.

4. Ouvrez complètement le second carton d'allumettes et libérez les allumettes de l'agrafe qui les retiennent ensemble par la base.

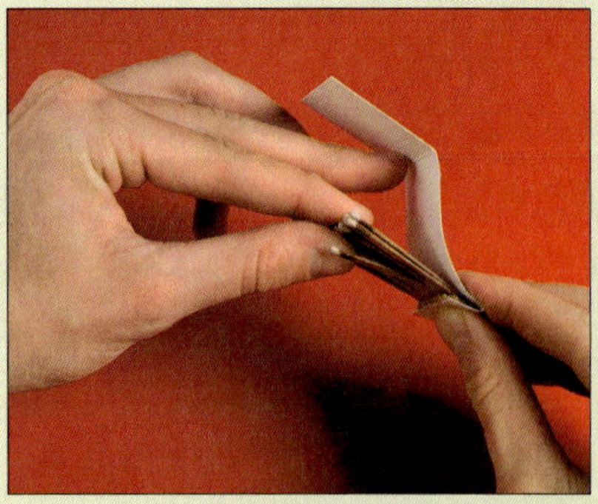

5. Retirez l'agrafe et insérez la base des allumettes derrière la base des allumettes de l'autre carton. À première vue, ce carton d'allumettes ainsi paré paraît tout à fait normal.

LA PRÉSENTATION « La baguette allumagique » est un effet qui se prête facilement à l'inversion des rôles. Ici, plusieurs directions s'offrent à vous, mais, avec le temps et de l'entraînement, vous saurez en profiter au maximum. L'inversion des rôles est un concept assez simple et très amusant à faire.

Vous dites à la participante qu'elle sera la magicienne et que vous lui soufflerez ce qu'elle devra dire. À partir de là, vous lui chuchotez à l'oreille ce qu'elle est censée répéter, à vous et au reste de l'assistance. L'assistance vous entend lui donner vos directives (un dialogue qui se déroule au deuxième degré), ce qui conduira à des moments hilarants de pure ambiguïté (lorsqu'elle ne saura plus si vous lui soufflez ses répliques ou si vous vous adressez tout simplement à elle). Visualisez le numéro comme un dialogue entre deux personnes et tout deviendra clair.

1 « Marie, tu seras la magicienne pour le prochain numéro. » Prenez la pochette que vous avez préparée et ouvrez le rabat. Servez-vous de vos doigts pour maintenir en place les allumettes ajoutées. « Ne t'inquiète pas. Cela va être très amusant et tu n'auras qu'à répéter ce que je te dirai. »

Montrez-lui les allumettes et soufflez-lui sa première réplique : « Ces allumettes feront l'affaire. »

Elle répétera immédiatement : « Ces allumettes feront l'affaire. » Lorsque vous dictez au participant les phrases qu'il doit répéter, vous devez le faire en aparté. C'est-à-dire que vous devez parler tout bas, mais assez haut pour que l'assistance sache que c'est vous qui dictez les phrases en douce. Ouvrez la pochette d'allumettes pour bien montrer les allumettes.

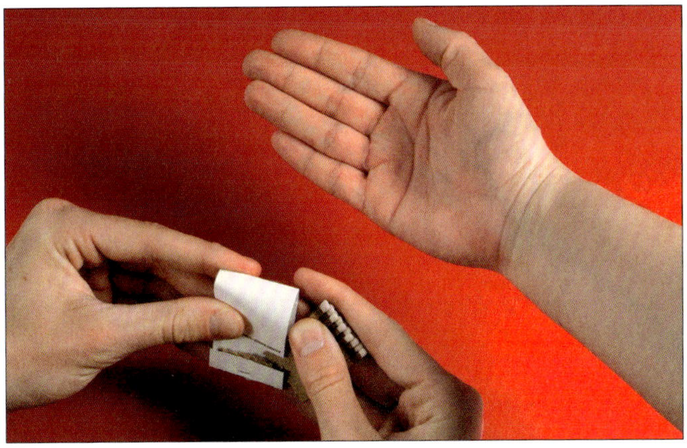

2 Dites-lui : « Et maintenant [vous lui laissez le temps de répéter], je veux que tu sortes ta baguette magique de ta poche. » Laissez-lui le temps de répéter la seconde partie de la phrase. Pendant qu'elle s'exécute, vous retirerez discrètement la base des allumettes que vous aviez ajoutées à la pochette. Pour ce faire, vous n'avez qu'à tenir la pochette entre vos mains. Juste avant de fermer le rabat, servez-vous de vos deux pouces pour glisser la base des allumettes dans le creux des doigts incurvés de votre main droite.

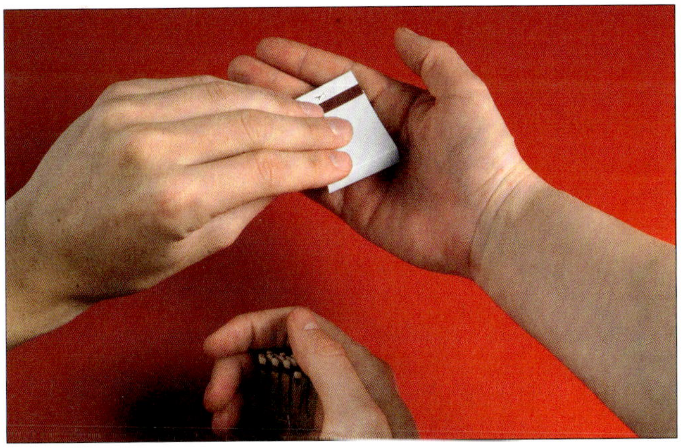

3 Continuez à fermer le rabat du carton d'allumettes. De votre main gauche, placez le rabat dans la main de la participante. De votre main droite, déposez la base des allumettes dans votre poche. Sortez votre main de votre poche en faisant semblant que vous tenez une baguette invisible. Dites, à l'intention de votre participante : « Voilà, vous pouvez vous servir de ma baguette invisible. Agitez-la au-dessus des allumettes. »

Suite à la page suivante ☞

❹ Dites-lui : « Maintenant, je vais agiter ma baguette magique au-dessus des allumettes. » Elle répétera cette phrase. Ne faites rien. Attendez. Elle fixera l'assistance d'un regard vide. Vous vous « souviendrez » finalement de ce que vous devez faire et direz : « Voici, vous pouvez vous servir de ma baguette invisible. »

Phrase qu'elle s'empressera de répéter. Vous l'interromprez avec un sourire en lui disant : « Non, je veux vous dire que vous pouvez utiliser ma baguette magique. Prenez ceci. » Donnez-lui alors la paille truquée et laissez-la la promener au-dessus de la pochette d'allumettes.

« Et les allumettes ont disparu », direz-vous, et elle répétera cette phrase.

❺ « Prouvez-le », lui répondrez-vous en l'incitant à ouvrir le carton d'allumettes. En ouvrant le rabat, elle découvre que les allumettes ont disparu. « Je vous remercie beaucoup », dites-vous en saluant. Donnez-lui le temps de répéter vos remerciements et d'être applaudie à son tour.

Dites : « Savez-vous comment j'ai fait ? » en lui laissant le temps de répéter la phrase. Faites une pause et dites ensuite : « Non, comment ? » Cette réplique est amusante à plusieurs égards. Si elle perçoit ce commentaire comme une question, elle en restera sans voix (puisqu'elle ne sait pas qu'elle l'a fait). Si elle répète : « Non, comment ? », dites-lui, avec une pointe d'ironie : « C'est ce que je viens de vous demander ! »

Continuez à plaisanter et dites : « Je l'ai fait grâce à ma baguette magique ! Vous voyez ? »

❻ Elle répète : « Je l'ai fait grâce à ma baguette magique ! Vous voyez ? »

Laissez-lui le temps de déballer la « baguette » et d'en faire sortir les allumettes. Serrez-lui la main en la félicitant pour son premier numéro de magie. « Passons maintenant au numéro où vous devez scier un gars en deux. »

CLASSE DE MAÎTRE

Dans un spectacle de magie, la notion d'inversion des rôles peut d'abord paraître intimidante, mais se révèle une source incontestable de pouvoir. Il est difficile pour tout magicien de renoncer au pouvoir, même si ce n'est qu'un pouvoir d'opérette. Beaucoup de gens font de la magie pour nourrir leur ego (mais ces gens finiront par laisser tomber la magie au profit de la politique). Il est difficile alors de partager la scène avec un participant.

Du point de vue de l'assistance, il n'y a aucun doute que vous êtes maître de la situation. En fait, les vrais grands magiciens n'hésitent pas à donner des responsabilités aux gens qui les entourent. Ce qui, en soi, constitue un effet incroyable. Avec l'inversion des rôles, vous créez une expérience encore plus mémorable pour la participante, qui devient le magicien.

CRÉDIT « Les allumettes ont disparu » ont été publiées la première fois dans ma rubrique de la revue *MAGIC*. Le consultant en chef pour ce livre, Joel Givens, en est le créateur. Joel Givens est un magicien professionnel de la ville de Clayton, en Caroline du Nord. Il a donné des spectacles pour des entreprises comme IBM et CYSCO Systems et des célébrités comme Michael Jordan et Kevin Costner. Je remercie Chuck Fayne de m'avoir aidé, avec Karrell Fox, à préparer la présentation sur l'inversion des rôles.

COMMENT EST MORT HOUDINI

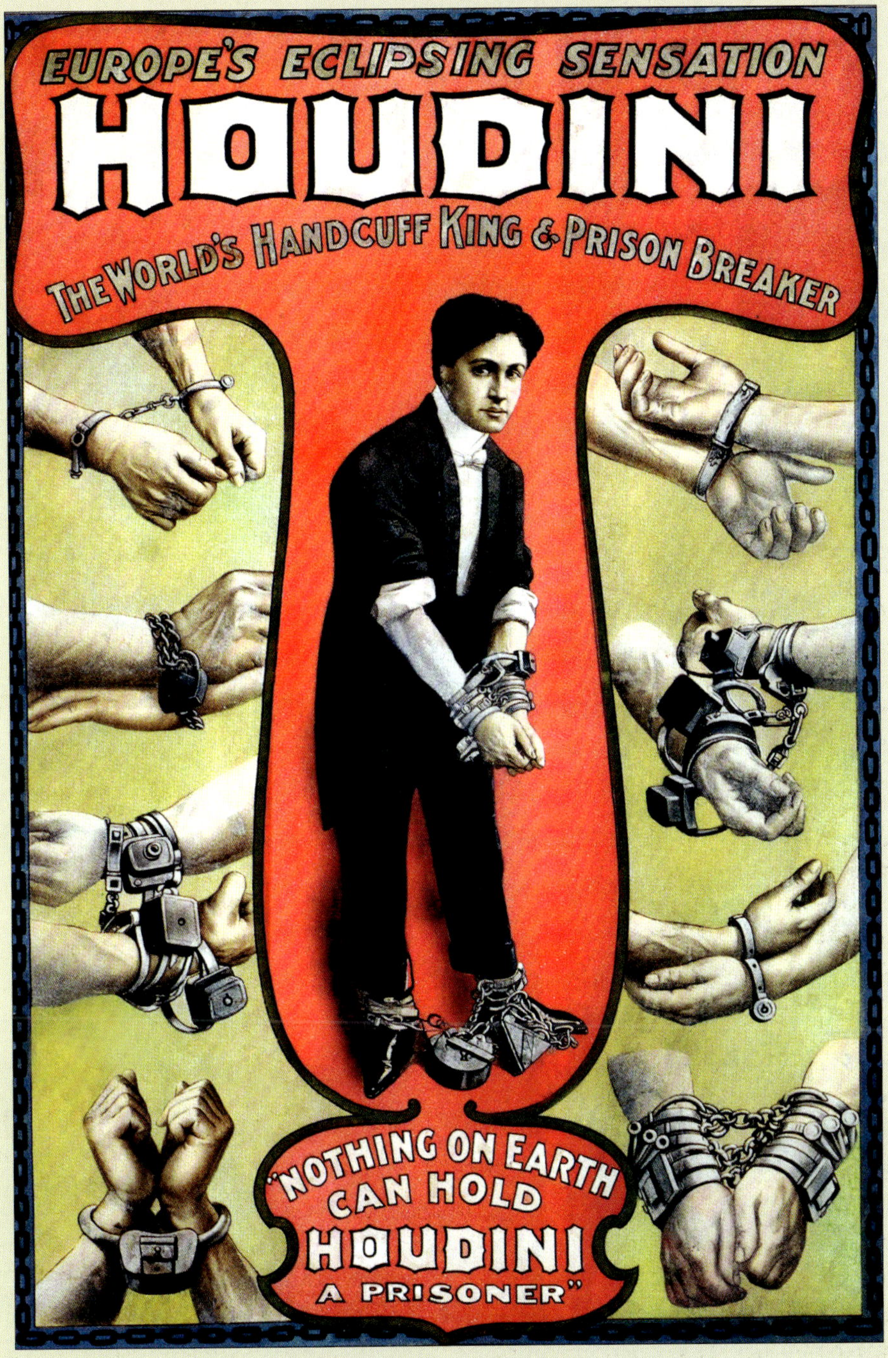

Mis à part Merlin l'Enchanteur, Harry Houdini (Ehrich Weiss, 1874-1926) est probablement le magicien le plus célèbre de tous les temps. Et pourtant sa mort est toujours entourée de mystère, comme l'aurait sûrement voulu le grand Houdini.

Dans le film *Houdini* de 1953, mettant en vedette Tony Curtis, l'illusionniste meurt pendant une évasion sous-marine ratée. Cette fin romantique est inexacte.

Dans le film de 2006, *The Secret Life of Houdini*, les auteurs Bill Kallush et Larry Sloman suggèrent l'empoisonnement comme une cause possible de sa mort. Ils soutiennent que ce seraient les spiritualistes qui ont soigneusement orchestré le meurtre d'Houdini. Car ce dernier a passé la dernière partie de sa vie à débusquer et à dénoncer ces prétendus médiums. Rien ne l'enrageait plus que d'entendre ces minables charlatans se vanter d'avoir des pouvoirs paranormaux.

Le certificat de décès d'Houdini offre une autre explication. La cause officielle de la mort est une péritonite provoquée par la « rupture de l'appendice ». Comment l'appendice d'Houdini s'est perforé demeure un mystère. Certains scientifiques émettent l'hypothèse qu'il souffrait déjà d'une inflammation de l'appendice qui n'avait pas été détectée et que la perforation se serait produite de façon naturelle.

Mais un incident particulier a précédé sa mort. Houdini était dans les coulisses avant d'entrer sur scène à Montréal lorsque J. Gordon Whitehead, un étudiant à l'Université McGill, l'approcha et lui demanda si c'était vrai qu'il pouvait supporter des coups à l'abdomen. Avant qu'Houdini ne lui réponde, Whitehead se mit à lui asséner des coups répétés à l'estomac. Whitehead prit Houdini complètement au dépourvu. Ces coups pourraient avoir causé une péritonite ou son aggravation.

Houdini refusa de se faire soigner pendant des jours et, lorsqu'il fut finalement hospitalisé, il était trop tard. Moribond, il demanda à son chirurgien de s'approcher et lui confia qu'enfant il avait souhaité devenir médecin.

Le chirurgien tenta de lui faire comprendre l'influence qu'il avait eue sur ses contemporains en lui répondant : « Vous voici, le plus grand magicien et le plus grand artiste de votre époque. Vous avez rendu des milliers de personnes heureuses. » Houdini lui aurait répliqué : « Ces choses sont peut-être vraies, docteur, mais la différence entre vous et moi est que vous réalisez réellement des miracles pour les gens alors que je ne suis, à ce chapitre du moins, qu'une immense fraude. »

Coup fourré

MATÉRIEL
Craie de billard.

PRÉPARATION Juste avant que la bille numéro 8 ne tombe et que la partie ne prenne fin, insérez votre index droit dans le cube de craie. Laissez le jeu se terminer, puis commandez la prochaine partie (puisque vous avez mis la bille 8 dans le trou).

DIFFICULTÉ

L'EFFET Durant les pauses, entre les parties de billard, vous prenez un adversaire à part et vous lui demandez de fermer le poing de l'une ou l'autre de ses mains en lui promettant un coup fourré jusqu'ici inégalé. Vous prenez un cube de craie de la table de billard. Et voici la partie bizarre: vous insérez votre index droit dans le cube de craie et **la marque de la craie apparaît dans le poing du participant sans que vous l'ayez touché.**

LE SECRET Avant de commencer l'effet, vous avez discrètement transféré une marque de craie bleue dans la paume du participant (à son insu). Il ferme le poing sans savoir que la marque de craie est déjà là. Le reste est de la présentation.

LA PRÉSENTATION

1 Vous êtes en train de jouer au billard et vous proposez à vos amis un coup fourré comme ils n'en ont jamais vu.

« Avez-vous déjà vu des gars, à la télévision, faire des coups extraordinaires où toutes les billes sont empochées à la suite d'un seul coup astucieux? Eh bien, voilà ce que je m'apprête à faire. »

Approchez-vous de votre participant et dites-lui: « Étendez les deux mains, paumes vers le sol. » Prenez chacune de ses mains avec les vôtres, vos doigts en dessous et votre pouce au-dessus. « Abaissez vos mains juste un peu, comme ceci, parfait. » Vous vous emparez de ses mains sous prétexte de les abaisser de quelques centimètres et en profitez pour imprimer la marque de craie que vous avez à l'index droit sur la paume de sa main.

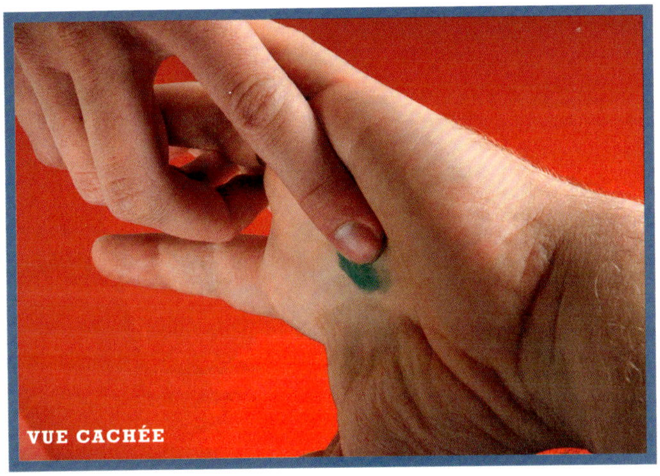

2 Lorsque vos mains entrent en contact avec celles de votre participant, touchez le milieu de sa paume gauche avec votre index droit recouvert de craie bleue. Peu importe la quantité de craie transmise, sa présence, aussi infime soit-elle, suffira à mystifier le public.

Demandez au participant de fermer les poings. Déplacez-vous quelque peu vers l'arrière, en lui disant: « Nous n'allons utiliser qu'une cible pour ce coup astucieux, nous devrons donc éliminer l'une de vos mains. Je vous laisse décider laquelle. Levez l'un de vos poings. »

Nous nous servons ici d'un principe puissant connu sous le nom d'équivoque. Bien qu'il semble que le participant choisisse quel poing il décide de lever, vous prenez la décision. Remarquez comment les mots s'agencent: vous annoncez que vous devez éliminer une des mains, mais vous ne dites pas si le poing levé par votre participant sera choisi ou éliminé.

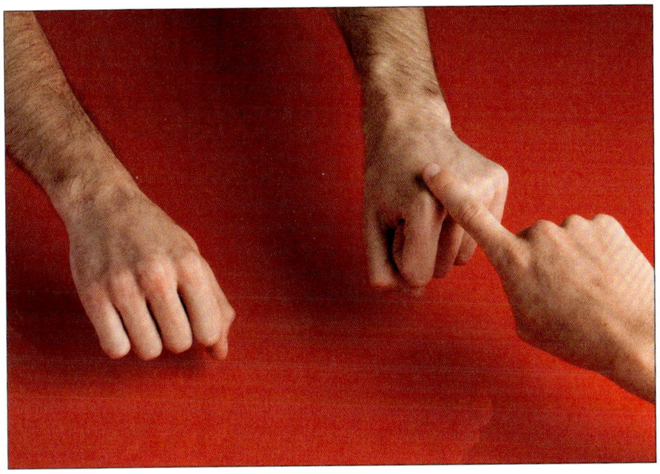

3 Supposons qu'il lève le poing gauche, celui qui est marqué à la craie. « Parfait, direz-vous, nous nous servirons de ce poing comme cible. Vous pouvez relâcher votre autre poing. » Mais s'il lève son poing droit, prenez un ton assuré et dites: « Parfait, nous éliminerons ce poing. Vous pouvez laisser tomber cette main le long de votre corps. Gardez votre poing gauche bien fermé. »

Dans les deux scénarios, votre participant serrera le poing gauche. Sans qu'il le sache, son poing gauche est déjà marqué de craie bleue.

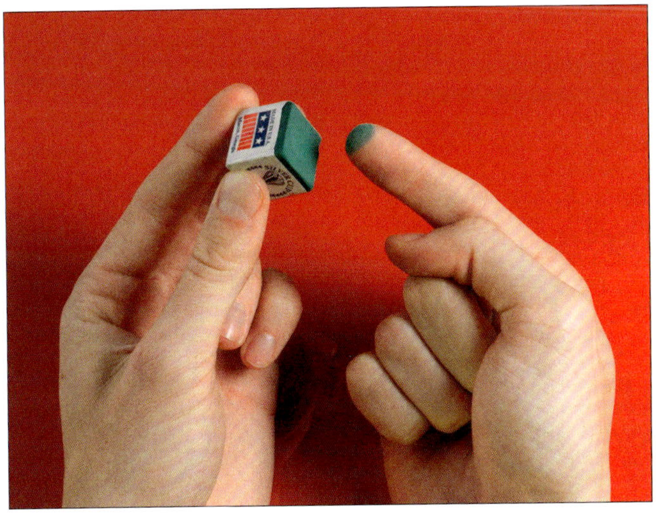

4 Votre index est peut-être encore enduit de craie, et vous pourrez cacher ce fait en y ajoutant davantage de craie: reprenez la craie de billard et enduisez-en votre index droit. C'est seulement à partir de ce moment que vous pourrez commencer à parler spécifiquement de l'effet que vous êtes en train de réaliser.

Montrez à tous votre index barbouillé de craie en disant: « Voici ma queue de billard. Oh, et j'utilise une bille de choc invisible. Votre poing – que je n'ai pas touché – fait office de poche de coin. » Vous mimez alors l'action de frapper une bille invisible avec votre doigt. « La bille s'échappe de la table, dites-vous en imitant le ton d'un commentateur sportif, poursuit sa lancée, contourne cette lumière, puis la tête de John, elle roule, elle roule jusqu'à l'intérieur de la poche ! » Suivez avec des mouvements des yeux la trajectoire imaginaire de la bille dans la salle de billard.

Suite à la page suivante

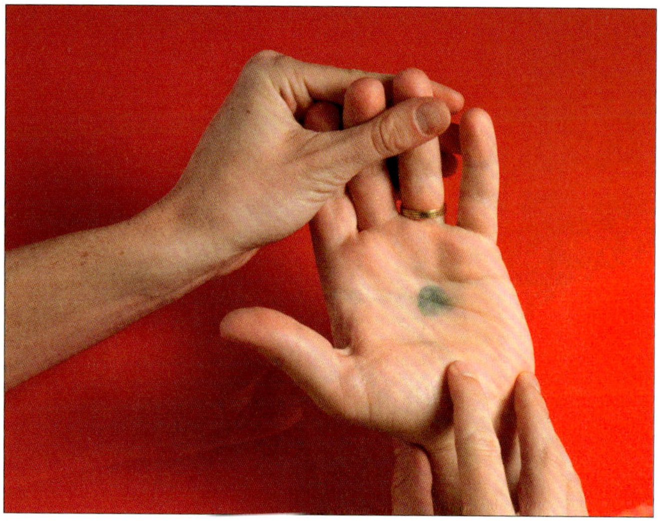

5 Après une courte pause, annoncez à tous que vous venez de faire votre coup. L'assistance ne semble pas très impressionnée. « Je vais vous le prouver », direz-vous à votre participant. Rappelez-lui que vous ne l'avez pas touché pendant l'effet, puis demandez-lui d'ouvrir le poing. Lorsque votre participant ouvre son poing, il découvre une trace indiscutable de craie – la preuve qu'il vient d'assister au meilleur coup fourré qu'il lui aura été donné de voir.

CLASSE DE MAÎTRE

Le numéro du « coup fourré » marche parce que vous faites la partie cachée (mettre la craie dans la paume du participant) avant que ce dernier se rende compte que le numéro est déjà commencé. Dans cet effet, vous tournez les suppositions de votre assistance à votre avantage.

Michael Close, un des grands philosophes contemporains de la magie, commente ainsi ce concept :

« La supposition est au cœur de la duplicité ; en fait, je ne suis pas certain que la duplicité puisse exister sans la première… Lorsque nous exécutons un numéro, les participants supposent que nous venons de commencer le numéro. Mais si le spectacle avait commencé bien avant ? Après tout, comment pouvez-vous reconstituer une méthode si une partie du spectacle avait commencé avant que vous ne vous mettiez à l'observer ? »

CRÉDIT « Coup fourré » est l'excellente adaptation de Jay Sankey du classique effet des « cendres sur la paume » qui tire son origine d'un vieux tour indien appelé le « tour du tesson de poterie » (*Potsherd Trick*). L'effet original était exécuté avec de la cendre de cigarette, mais la craie de billard nous fournit la présentation parfaite. Jay Sankey est l'un des créateurs de magie les plus prolifiques : il a publié plus de 800 effets et presque 50 DVD de magie.

MAÎTRE MODERNE

MICHAEL CLOSE

Michael Close est un magicien de Las Vegas. Mais, contrairement aux magiciens de Las Vegas, il ne pratique pas l'illusionnisme. Michael Close est un adepte de la magie rapprochée (close-up) : sa scène est votre table à manger.

Il a revitalisé l'industrie du divertissement à table. Finis la sculpture sur ballons et les tours de magie de bars. Lorsque Michael Close s'approche de votre table, préparez-vous à assister à un spectacle professionnel, bien ficelé, avec de l'interaction, de la passion, du texte et, bien sûr, une dextérité sans pareille. Et le tout avant même que les amuse-gueules ne soient servis !

L'ampoule qui disparaît

MATÉRIEL
Une clé de maison qui possède un trou rond et du sel.

PRÉPARATION Lorsque personne ne regarde, retirez une clé de votre trousseau et pressez fermement le bout de votre majeur droit contre le trou de la clé durant 30 secondes. Vous pouvez même le faire devant votre assistance, en formant « l'ampoule » dans le secret de la poche de votre pantalon. Plus longtemps vous presserez la clé contre votre peau et plus l'ampoule apparaîtra décolorée. Une fois que vous aurez une bonne ampoule, vous devez agir rondement…, elle disparaîtra au bout de 45 secondes.

DIFFICULTÉ

L'EFFET « Aïe ! direz-vous en retirant votre doigt d'un plat brûlant. J'ignorais que le feu était allumé. » Vos amis remarquent que vous avez une ampoule au bout du doigt.

« Ça va, cela ne me fait pas trop mal. Et je connais un remède de famille. Pouvez-vous m'apporter un peu de sel ? » Vous versez du sel sur l'ampoule et celle-ci commence à s'effacer. « Je dois maintenant me concentrer sur l'apparence de mon doigt avant que je ne me brûle », dites-vous en frottant légèrement l'ampoule. Lorsque vous montrerez votre doigt, **tous verront que l'ampoule a complètement disparu !**

LE SECRET Beaucoup moins souffrant qu'il n'y paraît. Vous créez une « brûlure » passagère en imprimant sur votre peau la marque circulaire du trou de la clé que vous avez cachée dans votre poche.

LA PRÉSENTATION

1 Choisissez un lieu où il y a des objets brûlants comme des briquets, une cuisinière, des plats chauds ou des cigarettes. Si vous n'en trouvez pas, qu'à cela ne tienne, faites semblant de vous brûler ! L'ampoule qui en résulte est une preuve suffisante que vous vous êtes bel et bien brûlé.

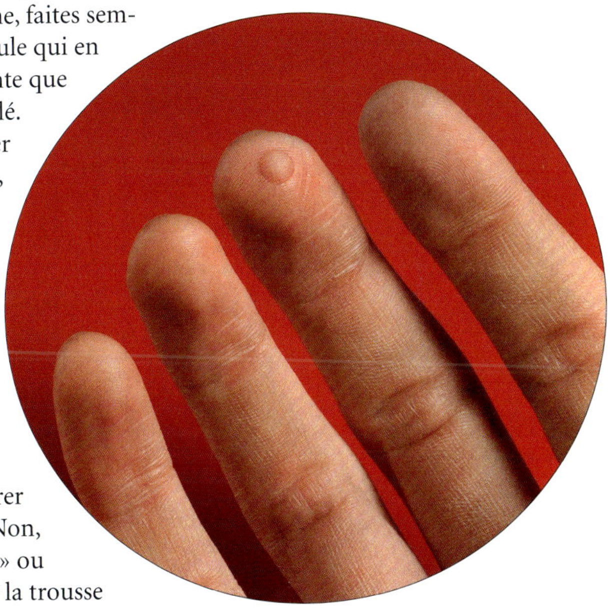

Faites semblant de toucher l'objet avec votre main droite, puis retirez-la prestement en feignant une douleur intense (mettez vos talents de comédien à contribution). Montrez à tous la fausse ampoule que vous avez créée sur le bout de votre majeur en minimisant son importance. Laissez aux participants le soin de délibérer sur la gravité de votre cas : « Non, c'est une brûlure importante » ou encore « Je vais aller chercher la trousse de premiers soins ». Laissez-les paniquer.

Suite à la page suivante

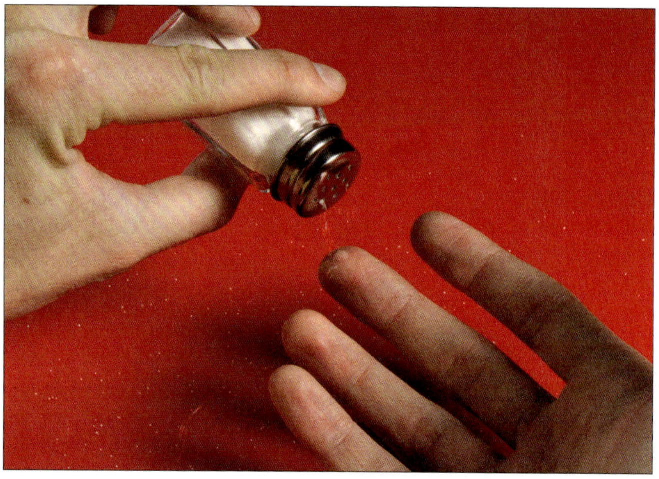

2 « J'ai une idée, direz vous, un vieux remède de famille. » Demandez que l'on vous apporte du sel. Vous pourriez demander n'importe quoi qui se trouve à portée de la main, pourvu que l'ingrédient ait une résonance « maison » (« Apportez-moi vite la cassonade ! »). Versez du sel sur l'ampoule. Bien que le sel n'y ait rien à voir, l'ampoule commencera à s'effacer (parce que 20 secondes se sont déjà écoulées). La beauté de cette illusion est que la couleur s'efface avant que l'impression de la marque n'en fasse autant. Il semble donc que le sel a réellement décoloré l'ampoule.

Complétez l'illusion en frottant le pouce et les doigts de votre main gauche sur l'ampoule. En frottant la peau, vous accélérez le processus de décoloration ; frottez en étirant la peau jusqu'à ce que l'ampoule ait disparu. Élevez votre main pendant que vous soupirez, épuisé mais soulagé.

CLASSE DE MAÎTRE

Ce numéro impromptu revêt un caractère plus formel avec un petit bandage. Avec une gaze, formez un anneau qui s'ajuste à votre majeur sans trop l'enserrer. Une fois que vous aurez créé votre ampoule, enfilez le bandage et exhibez votre doigt bandé pour susciter la sympathie de votre assistance, en disant : « Je me suis brûlé, hier soir. » Tandis que vous retirez doucement le bandage, dites haut et fort que vous êtes prêt à démontrer vos talents de guérisseur. « Attention, c'est sensible », direz-vous. Il ne vous reste plus qu'à faire disparaître la brûlure par la force de votre esprit.

CRÉDIT Jack Kent Tillar est le créateur de l'illusion de l'« ampoule », qui a été publiée dans son ouvrage *The Tarbell Course in Magic : Volume Seven*.

MAÎTRE MODERNE

MARTIN GARDNER

Martin Gardner, né en 1914, est l'un des intellectuels les plus respectés au monde. Logicien, mathématicien et sceptique connu mondialement, il a écrit plus de 70 livres sur une variété étonnante de sujets (de la théorie des cordes à une version annotée d'*Alice au pays des merveilles*). Tous ces sujets l'ont aidé à nourrir sa grande passion : la magie impromptue. Martin Gardner est considéré comme une autorité dans le domaine des effets improvisés, réalisés avec des objets empruntés, qui n'ont pas été truqués – comme beaucoup d'effets proposés dans ce chapitre. Les effets qu'il a conçus sont fondés sur de simples principes scientifiques ou des casse-têtes mathématiques, et il a un talent singulier pour brouiller les pistes dans ses présentations. « La science nous rappelle la raison d'être derrière les choses. La magie… nous rappelle la non-raison derrière les choses. »

La coordination de la main et de l'œil

MATÉRIEL
Deux serviettes de table en papier de couleur unie et un crayon-feutre à encre indélébile.

PRÉPARATION Cette préparation très rapide peut être faite en quelques secondes, à l'abri des regards de l'assistance. Dépliez une fois une serviette de table et dessinez une main sur une moitié et un œil sur l'autre. Cela devient votre serviette en double. Les dessins n'ont pas besoin d'être des chefs-d'œuvre, mais vous devrez être en mesure de les refaire pendant le numéro. Froissez cette serviette en une boule bien serrée et placez-la dans votre poche gauche. Gardez une serviette en papier semblable à la première et un crayon-feutre à portée de la main, et vous êtes prêt à exécuter votre numéro.

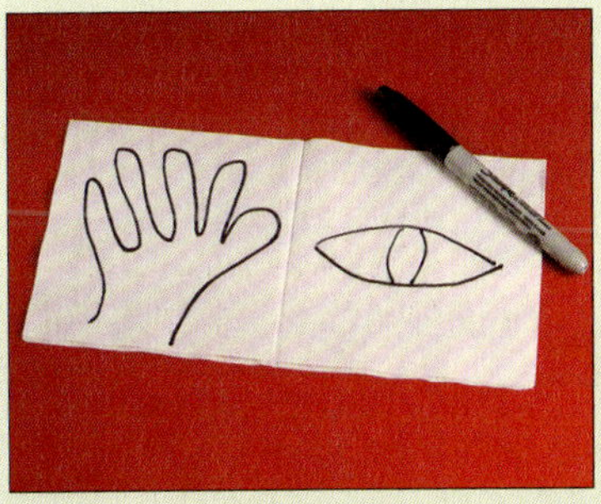

DIFFICULTÉ

L'EFFET « Vous avez déjà entendu l'expression qui dit que la main est plus rapide que l'œil, déclarez-vous à votre assistance, et c'est ce que je m'apprête à vous prouver à l'instant. » Déchirez la serviette de table en deux et dessinez une main sur la première partie et un œil sur l'autre. Vous séparez les morceaux en en plaçant un dans les mains d'un participant et en gardant l'autre dans vos mains. Mais lorsque le participant ouvre sa main, il possède les deux morceaux! **Vous venez donc de prouver que la main est effectivement plus rapide que l'œil.**

LE SECRET Vous vous êtes servi de deux serviettes et d'un tour de passe-passe.

LA PRÉSENTATION

La plupart des gens ont déjà entendu l'adage: « La main est plus rapide que l'œil », et plusieurs appliqueront cette vague inexactitude à l'ensemble de votre magie. « Je sais comment il a fait; la main est plus rapide que l'œil! » diront-ils. Toutes les fois que quelqu'un mentionne cet adage, voici l'effet idéal à exécuter. Et si personne ne fait allusion à l'adage, amenez le sujet vous-même: « Je prouverai que la main est plus rapide que l'œil. »

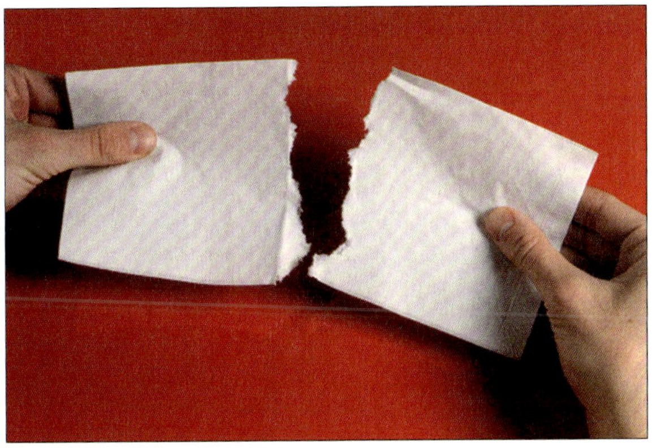

1 Montrez à tous la serviette de papier que vous déchirez en deux morceaux.

2 Avec le crayon-feutre, dessinez une main sur le premier morceau et un œil sur le second. Comme je l'ai mentionné dans la préparation, essayez de reproduire les dessins déjà faits sur votre serviette en double. Ils n'ont pas à être identiques, mais ils doivent être assez ressemblants.

Suite à la page suivante

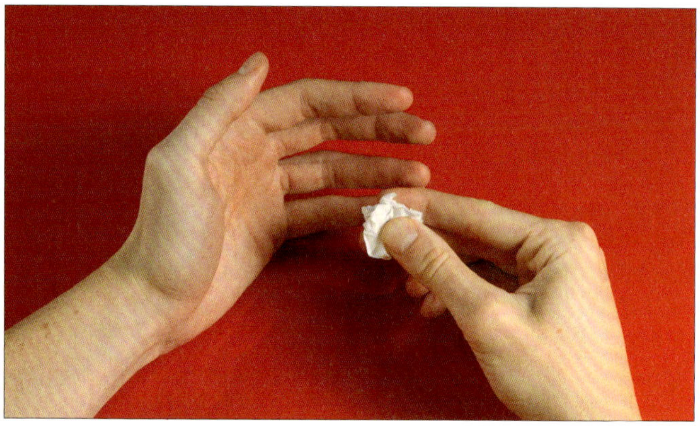

❸ « Je vais mettre la main dans ma main, direz-vous en froissant la partie main de la serviette. » C'est ici que vous commencez le faux transfert. Tenez la serviette entre votre pouce et l'index et le majeur de votre main droite. Placez les autres doigts de la main droite à côté de votre pouce et à égalité de votre majeur.

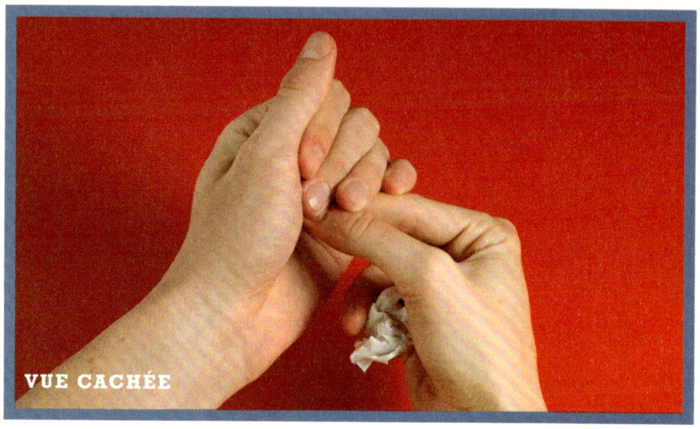

❹ Faites semblant de mettre le morceau de serviette dans votre main gauche tout en le retenant avec vos doigts de la main droite. La main droite se rapproche de la main gauche et touche la serviette à la base des doigts gauches.

Commencez à replier vos doigts gauches. Ce faisant, coincez la serviette entre votre majeur et votre annulaire et recourbez-les vers l'intérieur en glissant la serviette dans votre paume droite. Notez que votre pouce et votre index de la main droite demeurent en extension tout au long du faux transfert, comme s'ils tenaient la serviette jusqu'à ce que vous fermiez le poing gauche, la serviette étant apparemment à l'intérieur du poing gauche.

❺ Pour vous mettre encore plus à l'abri des regards pendant que vous faites le faux transfert, demandez au participant de froisser le morceau de serviette où l'œil est dessiné. Avec le pouce et l'index de la main droite toujours dépliés, récupérez cette seconde pièce de la serviette. Prenez-la ouvertement dans votre poing droit, en l'ajoutant en catimini à la partie main qui se trouve déjà dans votre paume droite. « Je vais vous donner la partie œil de la serviette », lui direz-vous en tendant à votre participant les deux pièces sans qu'il le sache. Demandez-lui de fermer le poing autour de l'œil. En raison de la qualité spongieuse des serviettes de table en papier, le participant ne détectera pas la différence entre une ou deux moitiés de serviette.

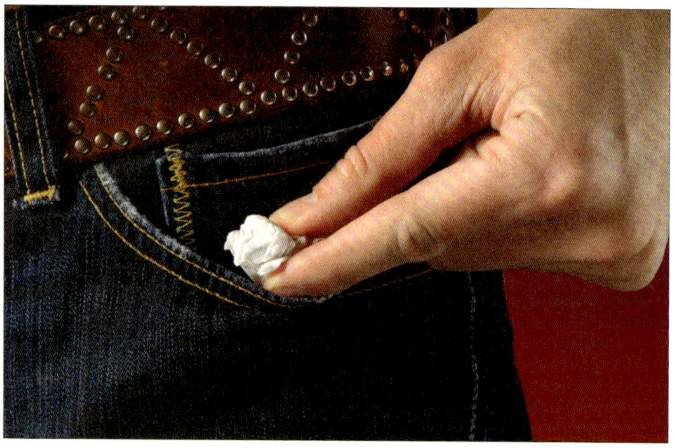

❻ Votre participant pense que vous êtes en possession d'une moitié de serviette et qu'il a l'autre moitié. En fait, votre poing gauche est vide et c'est le participant qui détient les deux moitiés. Placez votre poing gauche (vide) dans votre poche en disant : « Je vais mettre la main dans ma main dans ma poche. » Récupérez votre serviette en double et sortez-la juste assez de votre poche pour que votre participant ait l'impression que vous êtes en train d'y mettre la partie main de la serviette. C'est une feinte, évidemment, mais il vous a vu mettre dans votre poche, la partie main de la serviette.

Faites semblant de remettre le double dans votre poche, mais gardez-le caché dans votre poing gauche. « Gardez maintenant un œil sur ma main et un œil sur votre œil. »

7 Demandez au participant d'ouvrir sa main. Il découvre qu'il a en sa possession les deux morceaux de la serviette, la main et l'œil. Il peut même déplier les morceaux pour vérifier les dessins. Pendant qu'il réagit à la magie, retirez votre main gauche de votre poche, en empalmant le duplicata froissé en boule à l'aide du majeur, de l'annulaire et de l'auriculaire de votre main gauche. Votre pouce et votre index doivent être tendus, prêts à saisir un morceau de serviette.

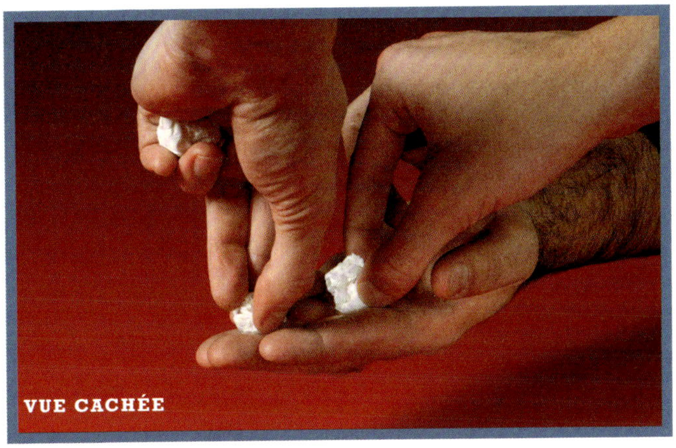

8 De la paume du participant, prenez les deux morceaux de serviette, un morceau dans chaque main. Les mouvements de vos mains doivent être synchronisés, ce qui leur donne un aspect plutôt innocent et vous aide à camoufler l'empalmage de votre double de serviette dans votre main gauche.

9 Placez momentanément les deux morceaux dans votre main droite. Faites semblant d'en ramener un dans votre main gauche, en prenant soin de ne pas exposer le duplicata qui y est dissimulé. Pour ce faire, joignez les mains et faites passer la serviette en double des doigts de la main gauche aux doigts de la main droite.

10 En enchaînant les mouvements, prenez la serviette en double comme si elle était l'un des deux morceaux de serviette et déposez-la dans la main du participant. Demandez-lui de fermer le poing. Vous venez d'effectuer une substitution (voir page 180).

En approchant votre main gauche du participant, fermez votre main droite en disant: « Cette fois-ci, je mets l'œil dans ma poche et la main dans votre main. Gardez un œil sur ma poche, un œil sur votre poing et un œil sur moi. » Mettez la main droite dans votre poche et débarrassez-vous des deux

morceaux. Une fois que vous aurez laissé tomber les deux morceaux de serviette, sortez votre main et ouvrez-la pour montrer que vous n'avez rien dans la main.

Demandez au participant d'ouvrir sa main. Au début, il croira que vous avez échoué (parce qu'il ne voit qu'un seul morceau). Demandez-lui de défroisser la serviette. Il découvrira qu'elle contient les deux dessins et que, sans que l'on sache comment, les deux parties de la serviette ont été réunies. « Je vous l'avais bien dit, lui direz-vous, que la main est plus rapide que l'œil. »

CLASSE DE MAÎTRE

« La coordination de la main et de l'œil » est une variante du tour classique des « balles éponge », conçu par Jesse L. Lybarger dans les années 1920 et dont les magiciens se servent depuis, souvent à outrance. Vous savez, les fameuses balles éponge rouges manipulées par des magiciens en smoking mal ajusté.

Mais la théorie contemporaine de la magie remet en question les balles éponge et les costumes dont les magiciens s'affublent pour donner leur spectacle. Le problème est un problème de contexte. Pourquoi cet homme étrange manipule-t-il des balles éponge rouges ? Est-ce que ce sont des bonbons ? Des tampons d'ouate ensanglantés ? Des nez de clown ? Et pourquoi est-il habillé ainsi ? Revient-il d'un mariage ?

La vérité est que ces balles éponge – pour tous les rires qu'elles recueillent – ne sont en fait que de risibles accessoires de magie. Quant aux smokings, ils ne vont bien qu'à James Bond.

Il est temps de se remettre à jour. En lieu et place des sempiternelles balles éponge, la coordination de la main et de l'œil demande l'emploi de serviettes de papier. Cet accessoire, que l'on retrouve partout où l'on sert des boissons, offre à l'assistance un contexte situationnel. Ajoutons-y maintenant l'accroche classique de la présentation : « La main est plus rapide que l'œil », et nous avons transformé un tour de magie archaïque en un effet de magie moderne en remplaçant simplement un accessoire de magie par trop évident par un objet de tous les jours. Mais au fait, quel vêtement allons-nous porter ?

L'ÉVOLUTION DE LA MODE CHEZ LES MAGICIENS

En 1810, les magiciens portaient de longues robes et des chapeaux pointus – une fête d'Harry Potter qui aurait mal tourné. L'illusionniste Jean-Eugène Robert-Houdin, dans la plus pure tradition française, portait sur scène un habit de soirée, un peu comme ceux qui assistaient à ses spectacles.

Plus d'un siècle plus tard, plusieurs magiciens portent toujours le smoking et le haut-de-forme, même si plus personne ne s'habille de la sorte. Robert-Houdin disait qu'un magicien est un comédien qui joue le rôle d'un magicien. Mort depuis plus de 130 ans, Jean-Eugène Robert-Houdin continue à influencer la façon dont nous jouons ce rôle – bien malgré lui.

Comment doit-on se vêtir lorsqu'on donne des spectacles ? Un magicien devrait être vêtu comme la personne la plus habillée de l'assistance. C'est-à-dire que si vous devez donner un spectacle de magie à un cocktail où plusieurs porteront des jeans et certains, un pantalon habillé, vous mettrez un pantalon habillé. Si la moitié des hommes portent une cravate, vous en portez une, vous aussi. Mais si vous devez donner un spectacle à une fête d'enfants à l'extérieur en juillet, le complet-cravate est un peu trop habillé, portez plutôt une chemise et un pantalon sport.

La même règle s'applique aux femmes. Si la plupart des femmes porteront une robe longue au cocktail, portez une robe longue (vous devrez faire preuve d'ingéniosité si les effets de magie que vous envisagez d'exécuter demandent des poches). Mais si vous devez donner un spectacle à un barbecue, portez des vêtements et des chaussures confortables.

Votre habillement doit toujours être pratique. Choisissez des vêtements qui ont beaucoup de poches et dans lesquels vous vous sentez à l'aise.

Le jeu

MATÉRIEL
Un carton d'allumettes, un stylo et du papier, ainsi qu'un assortiment d'objets empruntés.

PRÉPARATION Vous pouvez effectuer cet effet sans préparation préalable, mais vous devrez mettre votre matière grise à contribution. Si vous êtes certain qu'une femme a un bâton de rouge à lèvres dans son sac, vous pouvez préparer un carton d'allumettes d'avance en demandant à quelqu'un d'y déposer un baiser…, ce qui constituera une prédiction claire.

DIFFICULTÉ

L'EFFET Vous écrivez une prédiction secrète sur un carton d'allumettes et demandez à quelqu'un de le tenir dans ses mains sans lire ce que vous avez écrit. Vous rassemblez ensuite divers objets que vous empruntez à l'assistance: des clés, une olive, un téléphone portable, un bâton de rouge à lèvres, une chaussure, etc. **Le participant et vous jouerez le jeu de l'élimination jusqu'à ce qu'un seul objet demeure: le bâton de rouge. Votre prédiction? Vous avez l'empreinte d'un baiser.**

LE SECRET Le forçage PATEO – PATEO étant un acronyme pour *Pick Any Two, Eliminate One* («choisissez deux objets, éliminez-en un») – est une escroquerie classique qui tient du paradoxe, où vous et le participant aurez à éliminer, à tour de rôle, les divers objets. Malgré la liberté totale de choix du participant, vous pouvez le «forcer» à sélectionner l'objet de votre choix.

LA PRÉSENTATION

«J'ai écrit une prédiction sur le rabat de ce carton d'allumettes», direz-vous à votre assistance. Choisissez une participante à qui vous confierez la pochette d'allumettes et insistez pour qu'elle ne lise pas la prédiction avant la toute fin. «Nous aurons besoin d'emprunter quelques objets. Merci de déposer quelque chose sur la table.» Invitez chaque participant à vous prêter un objet. Plus les objets sont bizarres et plus vous aurez l'occasion de rire et d'interagir avec les gens: les chaussures, les médicaments pour le cœur – rien n'est exclu et tout fera l'affaire. «Oh, Jean nous prête un billet de cinq dollars! Mais où était Jean, hier, quand est venu le temps de régler l'addition?»

Si personne ne propose un bâton de rouge, faites-en carrément la demande: «Janie, il nous manque encore quelques objets, aurais-tu, disons, un bâton de rouge dans ton sac à main?» Puis camouflez votre requête en en faisant une ou deux de plus: «Jean, pourquoi ne mettrais-tu pas ton téléphone portable sur la table? Ainsi je serai certain que tu ne passeras pas le reste de la soirée à parler au téléphone. Et toi, Marie, tu me prêtes ton bracelet?»

Disposez les objets en une ou deux rangées. Votre objectif est d'avoir un nombre impair d'objets. Si le nombre est pair, vous n'aurez qu'à y ajouter une de vos possessions.

Choisissez une participante: «Marie, voici comment se déroule le jeu. Je vais vous désigner deux objets et vous devrez en éliminer un. Ensuite, vous choisirez deux objets et j'en élimine un.» C'est le forçage PATEO.

Suite à la page suivante

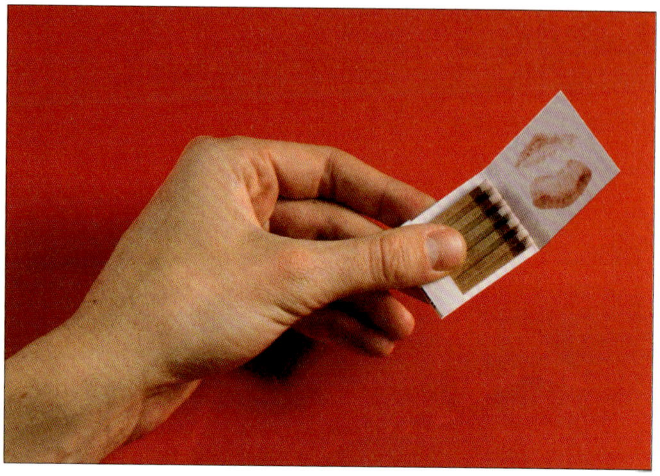

❶ « Je commence », lui direz-vous. Vous devez toujours ouvrir le jeu. Ne désignez jamais l'objet que vous voulez imposer et, tant et aussi longtemps que vous respectez cette simple règle, vous réussirez à imposer l'objet de votre choix. Comme vous commencez, montrez deux objets – n'importe lesquels, *sauf* le bâton de rouge. Demandez à votre participante d'éliminer l'un des deux objets et de le retirer de la table.

C'est maintenant à son tour de jouer. Votre participante peut désigner n'importe quels deux objets et vous choisissez un objet à éliminer. Si jamais sa sélection comprend le bâton de rouge, vous n'avez qu'à éliminer l'autre objet. Rappelez-vous : ne montrez jamais le bâton de rouge du doigt.

Poursuivez le jeu en alternance. À la dernière ronde, il ne reste que deux objets, et la participante n'a d'autre choix que de désigner ces deux objets, soit le bâton de rouge et un autre objet. C'est à vous de décider quel objet sera éliminé…, et je pense que vous savez ce que vous devez faire.

❷ « Vous avez fait une série de choix sur lesquels je n'avais aucun contrôle, n'est-ce pas ? » Invitez la participante en possession du carton d'allumettes à dévoiler la prédiction qui y est inscrite. « Ceci, direz-vous, mérite très certainement un baiser. »

CLASSE DE MAÎTRE

Le forçage PATEO est un outil puissant que vous devez avoir dans votre arsenal. Sa flexibilité n'a d'égale que son impact. Vous pouvez vous en servir partout, en tout temps et pour un nombre illimité de personnes – sans préparation aucune. N'oublions pas que les gens ont toujours été friands de prédictions, même avant l'époque de Nostradamus.

Pour des raisons évidentes, vous ne devez pas utiliser cette technique plus d'une fois au cours d'un même spectacle, sinon le jeu devient laborieux et transparent, mais il existe d'autres applications du forçage PATEO que vous pourriez essayer :

Forçage de carte. Étalez des cartes à jouer sur une table et prédisez quelle carte le participant sélectionnera.

Dernier homme debout. Demandez à vos collègues de bureau de se mettre en rang et prédisez qui sera le « dernier homme debout ».

La vedette du jour. Demandez aux élèves d'une classe de se mettre en rang et prédisez qui sera la vedette du jour.

Le cadeau. Montrez cinq enveloppes à votre assistance et dites-lui que vous n'en conserverez qu'une seule. Quatre enveloppes contiennent un cent et une, 50 dollars. Mélangez les enveloppes (en ne perdant pas de vue l'enveloppe où se trouve l'argent) et placez-les les unes en dessous des autres. Utilisez le forçage PATEO pour éliminer les quatre enveloppes à un cent. Il vous reste donc celle contenant les 50 dollars.

CRÉDIT Le forçage PATEO de Roy Baker apparaît pour la première fois dans le livre *Baker's Bonanza*, publié en 1968. « Le cadeau » est une version du numéro de Tom Sellers connu sous le nom de *Just Chance* (« Question de chance ») ou *Bank Night* (« Soirée bancaire »), créé en 1935.

Les quatre éléments

MATÉRIEL

Une soucoupe, un verre vide, un morceau de citron et un carton d'allumettes.

DIFFICULTÉ

L'EFFET **Que diriez-vous de ne jamais plus avoir à payer vos consommations ? Ce pari de bar est magique !** Versez de l'eau dans une soucoupe et déposez un verre à l'envers par-dessus. Vous pariez avec un ami que vous pouvez forcer l'eau à pénétrer à l'intérieur du verre sans toucher à la soucoupe ou au verre. Et vous le faites.

LE SECRET La science ! Cela est de la magie sans aucune touche (désolé) de duplicité. Pour y arriver, suivez les étapes décrites plus bas.

LA PRÉSENTATION

Les paris de bar nécessitent des gens naïfs qui gobent tout ; bien qu'il en naisse toutes les minutes, ils ne sont pas toujours faciles à trouver. Dans ce cas, vous pourrez vous servir de ce truc fascinant qui n'est pas tout à fait de la magie.

1 « Les Grecs de l'Antiquité croyaient que tous les problèmes se réglaient en se servant des quatre éléments : la terre, le vent et le feu... » Marquez une pause avant d'ajouter : « Et l'eau, bien sûr.

« De toute façon, je pense qu'il y a un peu de vrai dans cette théorie. L'autre jour, un type est entré dans ce bar et a versé de l'eau dans une soucoupe, comme ceci. » Joignant le geste à la parole, vous versez de l'eau provenant de votre verre dans une soucoupe et la remplissez à ras bord. Puis, vous déposez le verre à l'envers au milieu de la soucoupe. « Il m'a alors demandé de parier une consommation avec lui que je ne pouvais pas faire entrer toute l'eau à l'intérieur du verre sans toucher la soucoupe ni l'eau. Et vous, est-ce que vous feriez ce pari ? »

Suite à la page suivante

❷ Certains diront oui, d'autres non. « J'étais à me demander si je n'allais pas laisser tomber ce pari lorsque la philosophie grecque m'est revenue en tête – à propos des quatre éléments. » Vous partez alors à la recherche d'un quartier de citron (une olive ou une cerise feront tout aussi bien l'affaire) et d'un carton d'allumettes.

« Nous avons déjà l'eau, direz-vous en montrant du doigt la soucoupe, et ce citron provient d'un arbre qui a poussé dans la terre. » Retirez pendant un instant le verre inversé et déposez le quartier de citron au milieu de la soucoupe. « Et ceci représente le feu », direz-vous en plantant une allumette dans le quartier de citron.

❸ « Cela ressemble au gâteau d'anniversaire d'un ivrogne », pourriez-vous commenter d'un ton narquois, avant d'ajouter : « Le dernier élément est le vent, et c'est ce qui met le tout en branle. » Grattez une allumette et servez-vous-en pour enflammer celle qui se trouve dans la tranche de citron.

❹ Replacez le verre à l'envers sur la flamme.

Admirez le spectacle. À l'instant où vous avez posé le verre, un petit nuage de fumée s'est formé dans le haut du verre et l'eau, pendant ce temps, est lentement aspirée dans le verre !

❺ « Vous venez d'assister à la création d'un vacuum, expliquerez-vous avec autorité. Le feu à l'intérieur du verre a brûlé l'oxygène, ce qui a créé un vide en pourtour du verre. » L'eau est donc aspirée vers l'intérieur jusqu'au moment où elle éteindra finalement la flamme. « Et maintenant, à propos de cette consommation… »

CLASSE DE MAÎTRE

Bien que ce ne soit pas à proprement parler de la magie, ce truc provoque les mêmes réactions que la magie chez les gens qui en sont témoins.

Nous faisons de la magie pour que les gens ressentent cet indéfinissable ravissement, tout particulièrement lorsque nous faisons de la magie impromptue. Bien qu'il n'y ait pas vraiment de secret à la base des « quatre éléments », ce numéro suscite sans conteste l'émerveillement des gens.

CRÉDIT On se sert de ce coup d'épate pour se faire payer ses consommations depuis fort longtemps et son origine demeure inconnue.

CHAPITRE TROIS

DÉCEPTION À DÎNER

Dans ce chapitre

Machine à changer

Transformer le sucre en sel

Échange de cuillères

Une pincée de sel

Tour sensationnel de la salière

Incrédulité en suspens

Sorcellerie et ustensile

La carte dans le pain

La banane ensorcelée

FAIRE DE LA MAGIE À TABLE

Vous aurez finalement une excuse pour jouer avec votre nourriture ! La table à manger est l'endroit idéal pour un spectacle de magie. Vos participants sont près de vous – si près qu'ils peuvent toucher la magie. Tous sont assis, captifs. Vous êtes vous-même assis, ce qui ouvre une foule de possibilités secrètes (vous êtes sur le point d'apprendre à faire disparaître et apparaître des objets de votre giron). Et votre assistance est doublement importante du fait qu'elle est si près de vous. Les gens qui font partie de votre public ne sont pas des étrangers. Ce sont vos amis, les membres de votre famille…, et ils s'apprêtent à assister à un spectacle de magie inoubliable.

Pliez la cuillère de papa ou changez-la en couteau. Faites passer une salière à travers la table. Faites apparaître la carte choisie par votre sœur dans son petit pain ! Chacun de ces mystères dînatoires comprend tous les ingrédients d'une magie que votre public n'est pas près d'oublier : de l'interaction avec l'assistance, une présentation engageante et une expérience merveilleuse.

L'ÉCHAUFFEMENT

Le *lapping*

Le lapping*, un terme du jargon des magiciens (de* lap*, « genou »), est une technique qui consiste à cacher un objet sur vos genoux. Avant d'apprendre cette technique, vous devez vous sentir parfaitement à l'aise devant les gens avec des cuillères, des salières dissimulées à la vue, sous la table. Souvenez-vous, vous êtes le seul à savoir que l'objet s'y trouve !*

1 Asseyez-vous à la table et placez un objet – disons, une banane – sur vos genoux. Tournez le tronc vers la gauche, puis vers la droite comme si vous vous tourniez vers vos voisins de table. Entre-temps, gardez vos mains à la vue et, surtout, ne regardez pas la banane et n'y touchez pas.

2 La position exacte est importante. Assurez-vous que vos cuisses soient parallèles au sol. Vous devrez peut-être, pour y arriver, presser vos orteils contre le plancher et relever les talons.

3 Gardez les genoux fermement pressés l'un contre l'autre pour éviter de laisser échapper par inadvertance l'objet caché.

LA TECHNIQUE *Tout au long de ce chapitre, vous utiliserez la méthode du* lapping *pour réaliser des disparitions, des productions et des transformations. Voici comment déposer un objet sur vos genoux sans que personne s'en aperçoive.*

4 Commençons par un exercice très simple de *lapping*. Déposez la banane sur le bord de la table de façon à avoir devant vous les deux extrémités recourbées de la banane.

5 Placez vos mains autour du fruit de façon à le dissimuler complètement à la vue de l'assistance. Glissez la banane vers vous jusqu'à ce qu'elle tombe du bord de la table sur vos cuisses. Restez totalement imperturbable et évitez de cligner des yeux lorsque le fruit atterrit sur vos cuisses.

6 La direction du regard est cruciale à ce moment-ci. Concentrez-vous sur vos mains et *non* sur la banane. Dans un mouvement continu, faites semblant de lever la banane à la hauteur de votre poitrine. Comme vous avez déjà laissé choir la banane sur vos genoux, vous ne faites que lever vos mains vides, placées en coupe.

7 En enchaînant, bougez les deux mains ensemble vers le haut, comme si vous teniez la banane entre vos doigts. Une fois que les deux mains sont à la hauteur de votre poitrine, soufflez sur vos doigts et montrez à tous que la banane a disparu.

Machine à changer

MATÉRIEL
Vous aurez besoin d'une serviette de table en tissu. Le reste du matériel requis dépendra du type d'effet recherché. Nous utilisons une bouteille d'eau et un verre de jus ou de vin dans l'un de ces effets.

PRÉPARATION Supposons que vous vous sentiez d'attaque et que vous vouliez changer de l'eau en vin. Arrangez-vous pour avoir un verre de vin sur vos genoux, rempli seulement au tiers de sa capacité. (Un verre trop rempli risquerait de se renverser.) Du jus de raisin peut faire l'affaire, mais du vrai vin, c'est encore mieux.

Placez une bouteille d'eau sur la table en face de vous. Assurez-vous que le bouchon est bien vissé, car cette bouteille se retrouvera sur vos genoux à un moment donné. Si vous êtes au restaurant, il se peut que le serveur enlève le bouchon de la bouteille, et vous devrez alors improviser un peu. Vous devez être assis pour effectuer cet effet et vous devez avoir une serviette de table en tissu à portée de main.

DIFFICULTÉ ✝✝✝✝

L'EFFET

Cette manipulation futée vous permet d'échanger en douce deux petits objets. Elle sera réussie pourvu que les objets que vous voulez échanger puissent tenir sur vos genoux. Vous pourrez alors:

- changer de l'eau en vin;
- faire apparaître un verre d'eau gazéifiée pour remplacer un verre vide identique;
- changer du sucre en sel (voir « Transformer le sucre en sel », à la page 48);
- plier une cuillère ordinaire (voir « Échange de cuillères », à la page 50).

Répétez les effets jusqu'à ce que vous les maîtrisiez à la perfection, puis refaites l'exercice avec de nouveaux objets.

LE SECRET

Les objets sont échangés en secret sur vos genoux.

LA PRÉSENTATION

1 Avec le verre de vin sur vos genoux et la bouteille d'eau sur la table, tendez la main gauche pour saisir la serviette de table. Une seconde plus tard, laissez tomber votre main droite sur votre cuisse.

2 Avec les doigts de la main gauche, faites glisser nonchalamment la serviette jusqu'au bord de la table, vers votre côté gauche.

❸ Placez votre main gauche sur le bord de la table en tenant la serviette avec l'index et le majeur gauches.

En même temps, agrippez le bord du verre avec le pouce, l'index et le majeur de la main droite.

❹ Faites passer le verre de vin à la main gauche. Serrez le bord du verre entre l'index et le pouce de la main gauche, juste en dessous du bord de la table. Gardez le verre dans cette position en tenant toujours la serviette de la main gauche.

❺ De face, vous aurez l'air de simplement tenir votre serviette sur la table.

❻ Ramenez votre main droite (vide) sur la table et saisissez la bouteille d'eau. Vous aurez l'air de couvrir la bouteille d'eau avec votre serviette de table. En fait, vous laisserez tomber la bouteille d'eau sur vos genoux et prendrez le verre de vin qui était caché en dessous de la table. Pour ce faire, tenez la bouteille d'eau près du bord de la table. Élevez votre main gauche vers la droite. La serviette cache le verre de vin.

Suite à la page suivante ☞

❼ Recouvrez la bouteille d'eau de la serviette. Aussitôt que la bouteille d'eau est hors de vue, laissez-la tomber sur vos genoux. Regardez les gens autour de la table dans les yeux pendant l'opération.

Ne vous inquiétez pas du son que fera la bouteille dans sa chute. Elle ne tombe jamais que de quelques centimètres et ce bruit est couvert par celui de la serviette qui frotte sur le verre dissimulé.

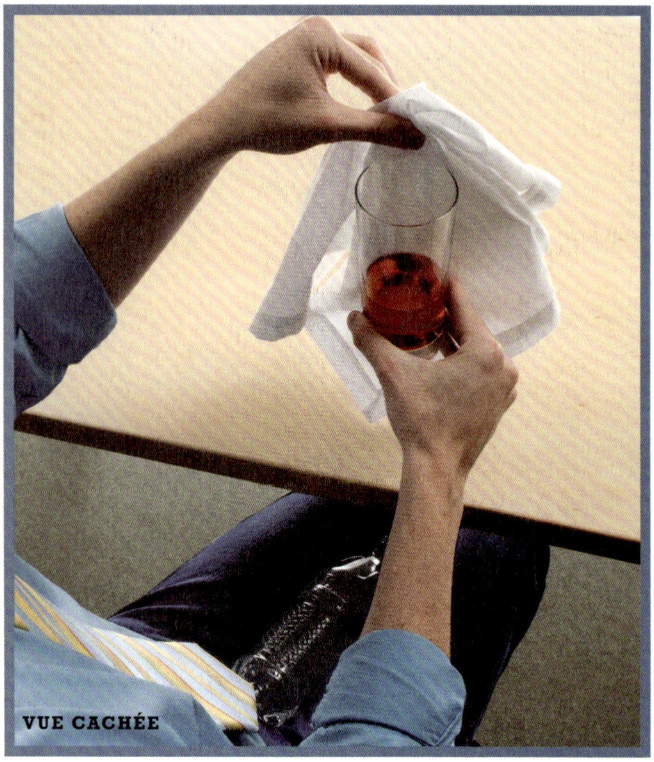

❽ Tout en enchaînant les gestes, attrapez la base du verre de vin avec les doigts de la main droite. Maintenez un contact visuel avec les gens à table.

❾ Élevez vos deux mains avant de les éloigner l'une de l'autre alors que vous retirez la serviette qui coiffe ce qui semble bien être de l'eau changée en vin.

Pour de meilleurs résultats, avancez les mains le plus loin possible au-dessus de la table lorsque vous révélerez le changement. Ainsi, la magie se produit à plusieurs centimètres de votre corps et assez loin du bord de la table.

CLASSE DE MAÎTRE

John Ramsay, l'un des plus grands penseurs de la magie, soutient que le détournement d'attention, ou plutôt la direction d'attention, se résume à deux principes : « Si vous voulez que les gens regardent vos mains, regardez vous-même vos mains. Si vous voulez que les gens vous regardent, regardez-les. »

Ces deux principes sont utilisés dans la séquence décrite dans la « Machine à changer ». Vous regardiez votre assistance pendant que vous procédiez à l'échange. En retour, l'attention des participants est dirigée vers vous et non vers ce qui se déroule sous la serviette. Après avoir fait l'échange (mais avant de le dévoiler), vous avez regardé vos mains. Ce qui a incité les participants à regarder eux aussi vos mains jusqu'à ce qu'ils y voient apparaître un verre de vin.

CRÉDIT Le *lapping* est une technique ancienne. Je pense qu'elle existe depuis que des gens s'asseyent autour d'une table. Ross Bertram avait l'habitude d'exécuter ce genre d'effet, ainsi que le renommé Slydini (le maître incontesté du *lapping*).

PLEINS FEUX SUR MALINI

« Combien de temps dois-je attendre ? » demandez-vous avec angoisse, impatient de vous débarrasser de la bouteille d'eau qui repose sur vos genoux.

« Fous attendez une semaine », vous aurait répondu Max Malini avec son fort accent polonais. Né Max Katz en 1873, Malini est l'un des magiciens les plus doués de sa génération et l'un de ceux qui ont compris qu'un magicien ne doit entretenir aucun sentiment de culpabilité. Bien sûr, vous avez une bouteille d'eau sur les genoux. Mais vous êtes le seul à le savoir ! Pour les gens qui assistent à votre numéro, la bouteille d'eau est toujours sur la table – puisque l'eau s'est changée en vin.

« Fous attendez une semaine », avait l'habitude de dire Malini – son message encourageait les magiciens qui s'inspiraient de lui à ne pas trop s'en faire avec les objets dissimulés. Malini a été l'un des premiers experts en magie rapprochée et il se spécialisait dans les illusions stupéfiantes. Par exemple, il pouvait emprunter le chapeau d'un homme dans la salle et en sortir un bloc de glace en train de fondre. Mais, comme nous savons tous, vous ne pouvez pas précipiter les miracles, ce que Malini n'ignorait pas. Il « attendait une semaine » jusqu'à ce que son assistance le supplie d'effectuer un numéro en particulier. Et seulement alors il demandait qu'on lui prête un chapeau pour faire apparaître le bloc de glace.

La théorie de Malini sur l'attente a porté ses fruits. Des rumeurs ont circulé selon lesquelles un petit magicien grassouillet à l'accent polonais pouvait tout faire sur demande. En grande partie à cause de sa capacité à bien choisir son moment, Malini a donné des spectacles devant des présidents, des membres de la royauté et même Al Capone.

Transformer le sucre en sel

MATÉRIEL
Un sachet de sucre, une salière et une serviette de table en tissu.

PRÉPARATION Placez la salière sur vos genoux. Subtilisez la salière de la table en la cachant entre vos cuisses. Attendez que quelqu'un réclame la salière avant de faire votre petit numéro.

Vous devez être assis pour exécuter cet effet.

DIFFICULTÉ

L'EFFET Changez un sachet de sucre en salière.

LE SECRET Le même principe que dans la « Machine à changer » est à l'œuvre – les objets sont dissimulés et échangés en cachette sur les genoux du magicien.

LA PRÉSENTATION

1 « Est-ce que quelqu'un me passerait le sel ? » pourrait demander un ami.

Laissez tomber votre main droite sur votre cuisse et emparez-vous de la salière. Ce faisant, avec les doigts de votre main gauche, glissez la serviette jusqu'au bord de la table, à votre gauche.

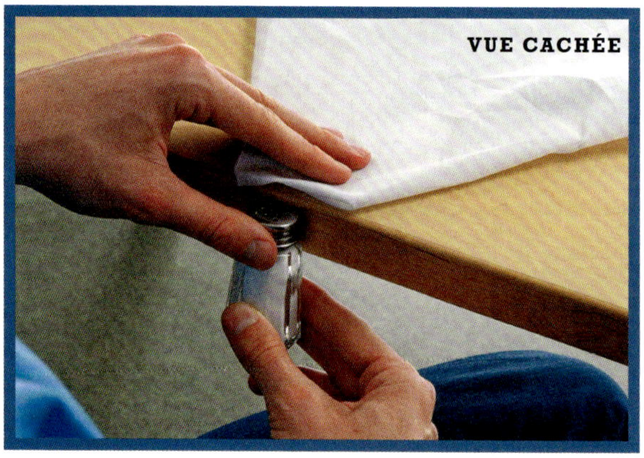

2 Placez votre main gauche sur le bord de la table et gardez la serviette entre votre index et votre majeur gauche. Avec votre main droite, placez la salière de telle sorte que vous pourrez la saisir avec les doigts de la main gauche.

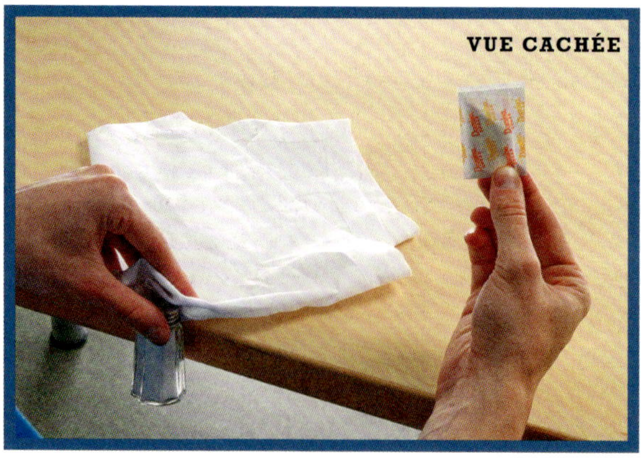

3 Saisissez ouvertement de la main droite un sachet de sucre et montrez-le à tous. (Gardez toujours la salière cachée sous la serviette sous la table.) « Voulez-vous du sucre sur vos frites ? » demandez-vous à la ronde. Dans la plupart des cas, la réponse est non.

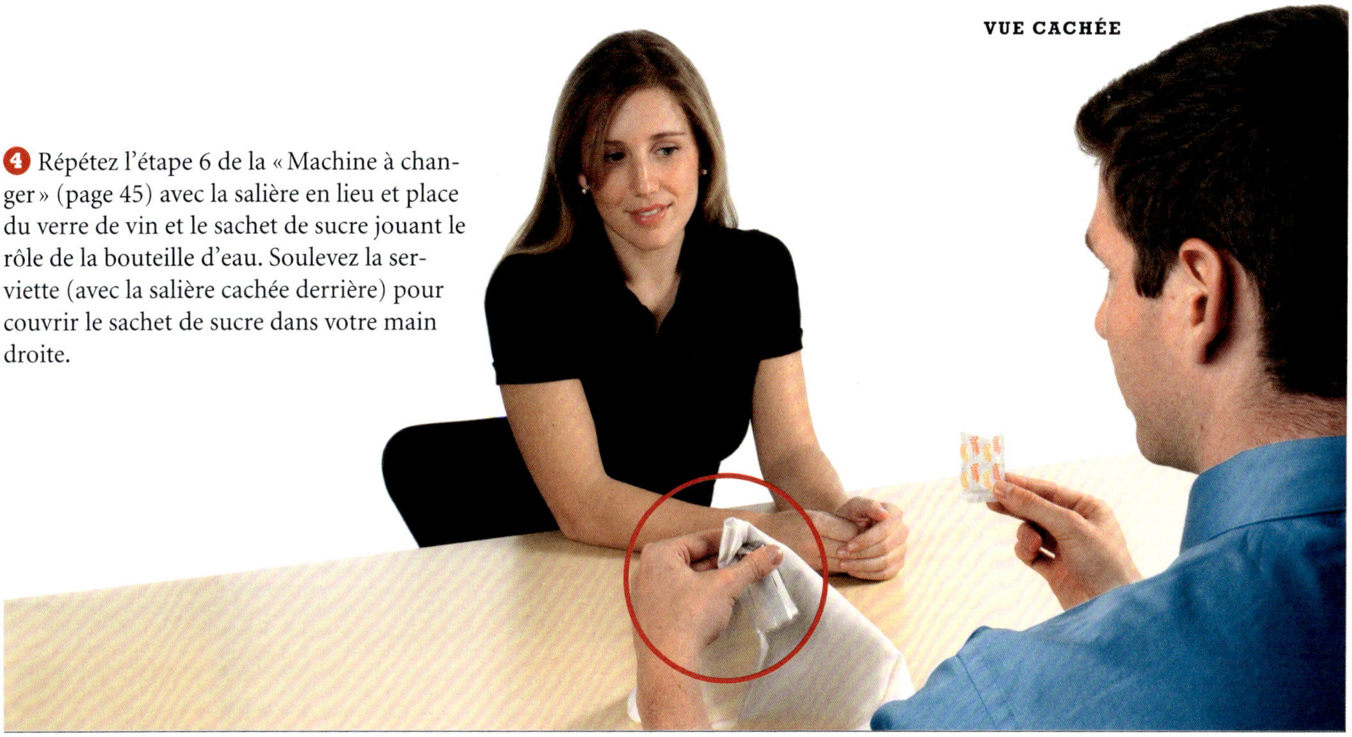

❹ Répétez l'étape 6 de la « Machine à changer » (page 45) avec la salière en lieu et place du verre de vin et le sachet de sucre jouant le rôle de la bouteille d'eau. Soulevez la serviette (avec la salière cachée derrière) pour couvrir le sachet de sucre dans votre main droite.

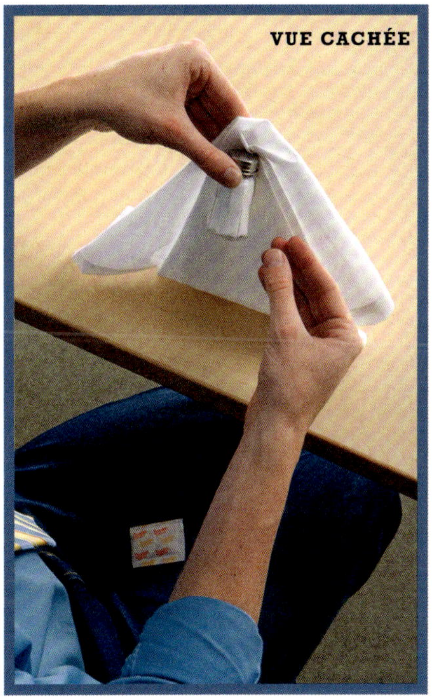

❺ Une fois que le sachet de sucre est derrière la serviette, à l'abri des regards, laissez-le choir sur vos genoux. Entre-temps, emparez-vous de la salière en vous servant du pouce et des doigts de la main droite et retirez vos doigts gauches de la salière. Gardez un contact visuel avec les convives qui vous entourent pendant que vous exécutez ces gestes.

❻ Levez les deux mains en les éloignant l'une de l'autre alors que vous dévoilez le changement effectué en retirant la serviette de la main gauche. Pour de meilleurs résultats, avancez les mains le plus loin possible au-dessus de la table lorsque vous révélerez le changement. Ainsi, la magie se produit à plusieurs centimètres de vous et assez loin du bord de la table.

CLASSE DE MAÎTRE

Dans l'introduction, nous avons exploré la théorie du sandwich au jambon et cet effet en est une bonne illustration. La transformation du sucre en sel démontre une certaine dextérité, ce qui n'en fait pas nécessairement un tour mémorable.

Lorsque quelqu'un demande qu'on lui passe le sel et que vous en produisez sous ses yeux, l'effet prend une nouvelle dimension; non seulement vous avez satisfait le désir du participant, mais votre magie a acquis une pertinence certaine.

Échange de cuillères

MATÉRIEL
Deux cuillères et une serviette.

PRÉPARATION Pliez l'une des cuillères à l'avance. Adoptez la position conforme à celle de la « Machine à changer » (page 44), c'est-à-dire la cuillère déjà pliée dissimulée sur vos genoux et la serviette et la cuillère normale sur la table. Vous devez être assis pour effectuer cet effet.

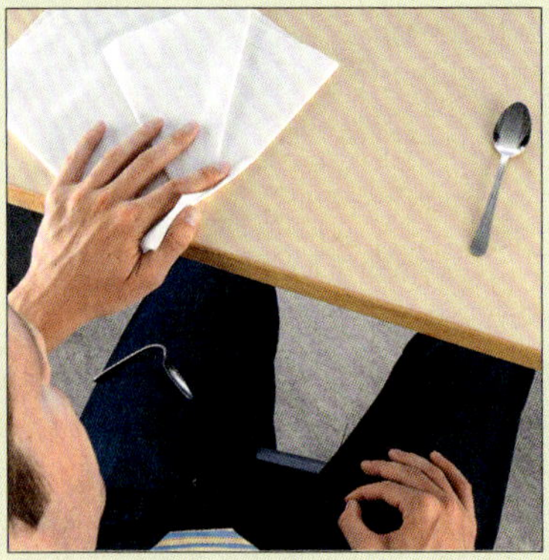

DIFFICULTÉ

L'EFFET Cette troisième application de la « Machine à changer » (page 44) s'adapte tout particulièrement bien aux restaurants. **Vous pliez une cuillère grâce à votre force mentale.**

LE SECRET La cuillère sur la table est identique à celle que vous avez déjà pliée et qui est cachée sur vos genoux, en dessous de la table. Il semble que vous transformiez la cuillère dans votre main droite, mais, en réalité, vous la laissez choir sur vos genoux tandis que vous prenez la cuillère pliée entre le pouce et les doigts de la main droite.

LA PRÉSENTATION

VUE CACHÉE

1 Avec les doigts de votre main gauche, faites glisser la serviette jusqu'au bord de la table vers votre côté gauche. Simultanément, emparez-vous de la cuillère pliée avec les doigts de la main droite et amenez-la vers la serviette, en la gardant cachée sous le bord de la table. Coincez la cuillère pliée derrière la serviette entre le pouce, l'index et le majeur de la main gauche. Ramenez votre main droite (maintenant vide) sur la table et prenez la cuillère normale.

2 De face, vous aurez l'air de tenir d'une main la serviette sur la table pendant que vous montrez la cuillère normale de l'autre main. Assurez-vous de maintenir un contact visuel avec vos participants tout au long des manipulations suivantes.

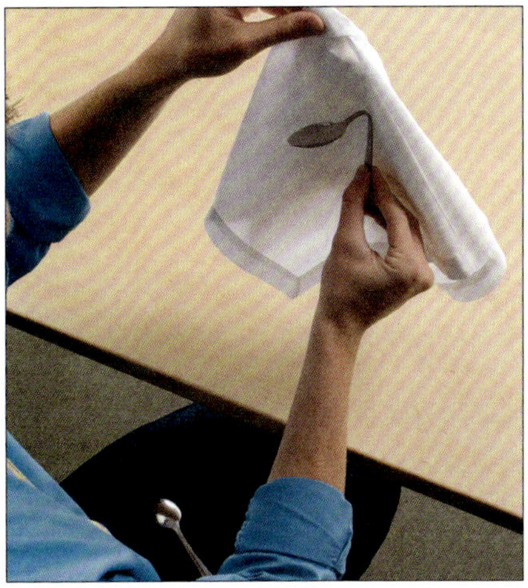

3 Amenez votre main gauche tenant la serviette et la cuillère pliée dissimulée sous la serviette vers la cuillère normale que vous tenez dans votre main droite. Aussitôt que la cuillère normale est hors de vue, laissez-la tomber sur vos genoux et saisissez la cuillère pliée par son manche.

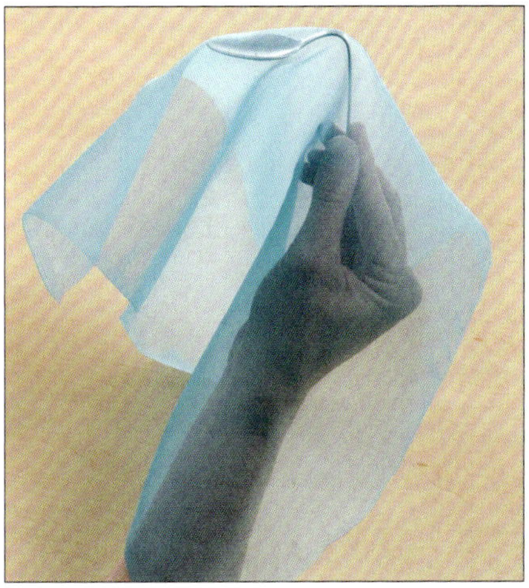

4 Sans rien dévoiler, replacez la serviette de façon qu'elle recouvre la cuillère pliée et votre main droite ; retirez votre main gauche (pour plus de clarté, la serviette utilisée dans les photos 4 à 6 est transparente). Faites une pause pendant que la cuillère pliée est toujours recouverte de la serviette.

5 Éloignez votre main gauche de la serviette pour l'approcher votre tête. Concentrez-vous, les doigts posés sur votre tempe.

6 Pendant que vous vous concentrez, faites tourner la cuillère pliée dans le sens inverse des aiguilles d'une montre en desserrant un peu les doigts et le pouce de votre main droite.

7 Servez-vous maintenant de votre main gauche pour soulever la serviette, en faisant pivoter la cuillère pliée vers le haut.

CRÉDIT **Uri Geller a popularisé le « pliage magique » de plusieurs petits objets de métal dans les années 1970. L'« Échange de cuillères » est une façon simple mais efficace de recréer cette illusion. « Le verre plein » est attribué à Lennart Green.**

CLASSE DE MAÎTRE

Chacune des applications de la « machine à changer » nous montre combien l'EFFET et le SECRET peuvent différer. Pour nous, changer l'eau en vin requiert *exactement les mêmes actions* que transformer le sucre en sel. Même si le secret est identique, l'effet sur l'assistance est complètement différent ! Bien sûr, vous n'exécuteriez pas ces trois effets pendant le même spectacle, mais cette mécanique de la « machine à changer » offre de nombreuses possibilités, entre autres :

Le verre plein. Recouvrez un verre vide d'une serviette. Retirez la serviette et montrez à tous que le verre est plein.

La fleur qui apparaît. Faites apparaître une fleur dans un pot vide.

L'addition qui se change en argent sonnant. Existe-t-il une meilleure façon de régler une addition que de la transformer en argent ?

Choisissez un effet qui convient à la situation ou essayez d'en concevoir un nouveau.

Vieux singe, nouveau tour : se servir d'un faux pouce

Une pincée de sel

MATÉRIEL
Un faux pouce de magicien (disponible dans tous les magasins d'accessoires de magie), une salière et un billet de banque.

PRÉPARATION Enfilez le faux pouce sur votre pouce droit.

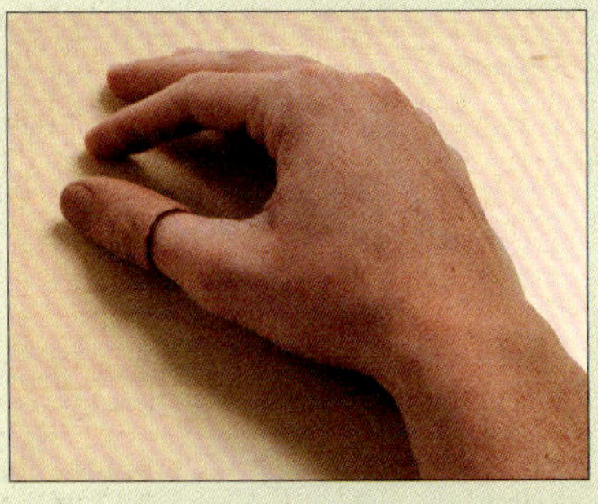

DIFFICULTÉ

L'EFFET **Faites disparaître une pincée de sel.** Empruntez un billet de banque auquel vous donnez la forme d'un cône et remplissez-le de sel. Lorsque vous déplierez le billet de banque, le sel aura disparu !

LE SECRET Le sel s'engouffre dans le faux pouce en plastique qui recouvrait votre pouce droit. Le faux pouce est un accessoire trompeur ; les gens de l'assistance le voient sans se rendre compte qu'ils sont en présence d'un accessoire.

LA PRÉSENTATION

1. Empruntez un billet de banque d'un participant en lui disant : « J'aimerais vous montrer un tour de magie qui nécessite trois éléments. Votre billet de banque, vous et une pincée de sel. » Enroulez le billet en forme de cône autour de votre pouce droit.

2. Coincez le faux pouce dans le cône et retirez ensuite votre pouce droit en laissant le faux pouce à l'intérieur du cône.

3. Demandez à votre participant de dévisser le bouchon d'une salière. Prenez la salière en main et versez du sel dans le cône (et dans le faux pouce).

4 Remplissez le faux pouce d'environ 1,25 cm de sel. Cela semble être une quantité dérisoire, mais si vous versez le sel très lentement, votre participant aura l'impression que le cône est presque plein.

5 Rapprochez vos mains l'une de l'autre et glissez résolument votre pouce dans le faux pouce à l'intérieur du cône pour faire disparaître le sel. Enfoncez votre pouce dans le faux pouce jusqu'à ce qu'il soit bien calé, puis déroulez le billet avec les deux mains. Montrez les deux côtés du billet.

6 Vous pouvez montrer vos mains rapidement à l'assistance pourvu que vous pointiez le pouce vers les participants. Vu de face, tout paraît normal.

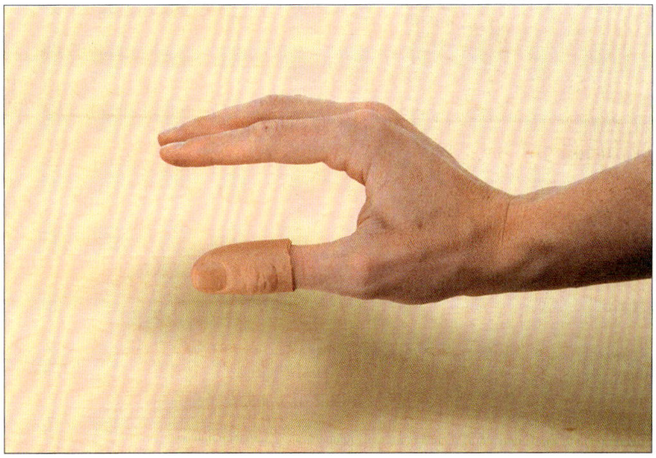

7 Vu de côté, le faux pouce est très évident. Par conséquent, ne montrez pas vos mains trop longtemps et surveillez les angles!

Pour vous débarrasser du faux pouce, vous n'avez qu'à mettre les mains dans vos poches. Prenez tout votre temps, personne ne soupçonne que vous portez un faux pouce. Le meilleur moment de vous débarrasser de cet accessoire, c'est lorsque les participants ne prêtent plus attention à vos gestes, soit longtemps après que l'effet a été réalisé.

CLASSE DE MAÎTRE

Malgré l'omniprésence des faux pouces dans les trousses traditionnelles de magie, les débutants hésitent à les utiliser, car ils craignent que les gens ne s'en aperçoivent. J'ai vu des magiciens utiliser des faux pouces rouges pour illustrer combien le pouce était peu apparent lorsque nous manipulons des objets comme des salières, des poivrières ou des billets de banque.

CRÉDIT Le premier faux pouce a été fabriqué dans un matériau qui s'apparentait au papier mâché par le professeur Herwin, vers 1885. Au début du XXe siècle, la plupart des faux pouces du commerce étaient faits en métal; de nos jours, ils sont fabriqués en plastique ou en caoutchouc.

Tour sensationnel de la salière

MATÉRIEL
Une salière, une poivrière et une serviette de table en papier ou en tissu.

PRÉPARATION Aucune, sauf que vous devez être assis avec la serviette sur votre cuisse.

DIFFICULTÉ

L'EFFET « Que préférez-vous, le sel ou le poivre ? » demanderez-vous à la personne assise en face de vous. Si sa réponse est le sel, sans hésiter un seul instant, **vous placez la salière sous la serviette !**

LE SECRET Vous laissez tomber discrètement la salière sur vos genoux. Une serviette qui garde la forme de la salière fait office de leurre.

LA PRÉSENTATION

1 Tenez la serviette de table de vos deux mains et, dans un grand geste, recouvrez-en ouvertement la salière pendant que vous demandez à votre participant s'il préfère le sel ou le poivre.

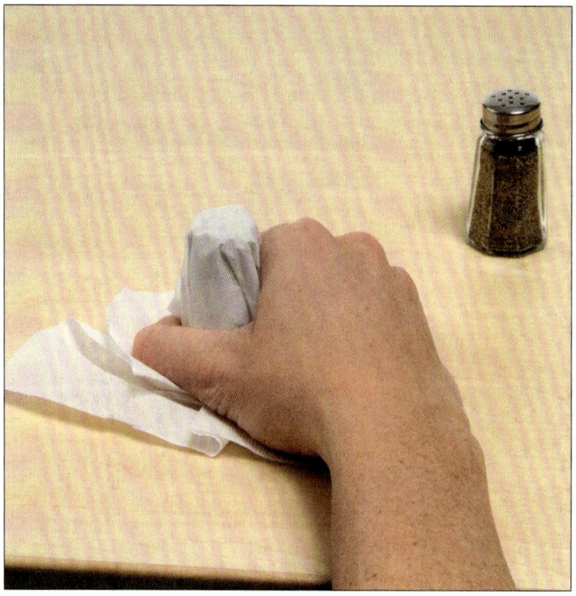

2 Saisissez la salière recouverte de la serviette de table par les côtés en vous servant de votre main droite. Pressez suffisamment pour que la serviette prenne la forme de la salière.

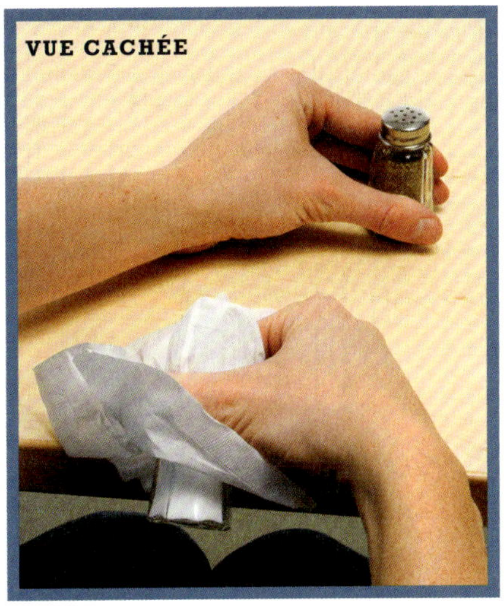

❸ Pendant que vous approchez votre main gauche pour vous emparer de la poivrière, ramenez votre main droite près du bord de la table. Suivez des yeux les mouvements que fait votre main gauche pour saisir la poivrière.

En même temps, laissez tomber subrepticement la salière sur vos genoux en desserrant l'étreinte de votre main droite.

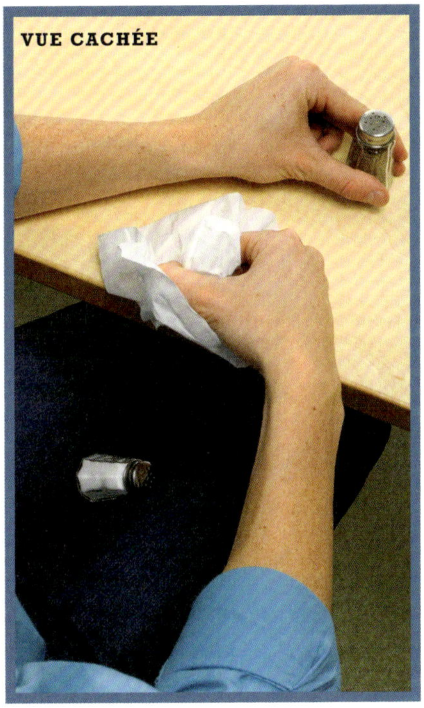

❹ Serrez les genoux pour que la salière atterrisse sans bruit sur votre cuisse. Les doigts de votre main droite demeurent immobiles, comme si la salière était toujours sous la serviette.

❺ La serviette garde la forme de la salière.

La réponse de votre participant (à l'étape 1) a peu d'importance ; c'est toujours la salière qui passe à travers la table. Si votre invité réclame le sel, répondez-lui : « Alors, je vais faire passer le sel à travers la table. »

❻ S'il vous demande le poivre, répondez-lui ceci : « Moi aussi, je déteste le sel ! » D'une façon ou d'une autre, le sel sera le point de mire. Voici comment. Vous levez les deux mains de la table pour présenter les deux « choix ».

Suite à la page suivante ☞

7 De votre main gauche, placez la poivrière sur la table, un peu plus loin de côté. Simultanément, abaissez votre main droite de façon que la serviette repose sur la table, près de son centre. Le bruit que fera la poivrière lorsque vous la déposez sur la table masquera le silence de la supposée salière. Placez votre main gauche au-dessus de la « salière » (la serviette).

8 Faites semblant d'enfoncer la salière à travers la table en écrasant la serviette.

Si vous êtes au restaurant et que les planchers ont un revêtement dur, vous pouvez écarter les genoux pendant que vous prétendez enfoncer la salière à travers la table. La salière atterrira par terre en faisant du bruit, ce qui permettra à vos participants non seulement de voir, mais aussi d'entendre la magie se produire.

CLASSE DE MAÎTRE

Le restaurant dans lequel vous vous trouverez déterminera la qualité de la serviette de table dont vous vous servirez. Qu'elle soit en papier ou en tissu, chacune a ses avantages. L'avantage d'une serviette en papier est qu'elle garde bien la forme de la salière – tellement bien que vous pouvez la déposer sur la table sans devoir la maintenir en place.

L'avantage de la serviette en tissu, qui est plus épaisse, est qu'elle camoufle mieux votre geste lorsque vous laissez tomber la salière sur vos genoux.

CRÉDIT « Le tour sensationnel de la salière » fait partie du répertoire du débutant, mais son apprentissage a toujours reposé sur une présentation qui manque de logique. Historiquement, la magicienne annonce qu'elle peut faire passer une pièce de monnaie à travers la table. Elle dépose une salière sur la pièce et recouvre la salière d'une serviette. Un peu plus tard, c'est la salière et non la pièce qui passe à travers la table.

Mais qu'est-il advenu de la pièce ? La magicienne avait pourtant promis de faire passer une pièce à travers la table… et elle n'a pas tenu sa promesse. Les explications données plus haut constituent une façon plus logique et plus impressionnante d'exécuter ce lamentable classique.

Incrédulité en suspens

MATÉRIEL
Une cuillère, un couteau et une serviette de table en tissu.

PRÉPARATION En vous servant du bracelet de votre montre, glissez le couteau à l'intérieur de votre poignet. La lame doit s'arrêter un peu avant la naissance de vos doigts. Évidemment, vous n'emploierez pas un couteau coupant (sinon vous courez le risque d'effectuer un autre effet, celui du « stigmate »).

Vous devez être assis pour réaliser ce numéro.

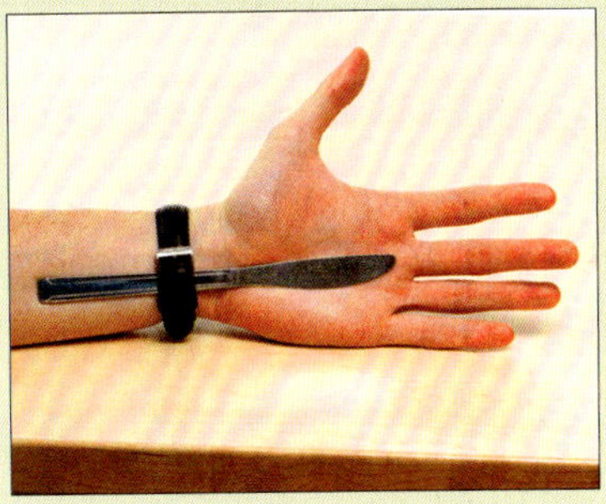

DIFFICULTÉ

L'EFFET Pendant que vous êtes assis, vous présentez une façon de suspendre une cuillère contre votre paume (certains de vos participants pourraient même connaître ce truc); puis, **vous suspendez effectivement la cuillère dans les airs et changez cette dernière en couteau!**

LE SECRET Afin de suspendre une cuillère dans votre main, il vous faudra faire appel à une « troisième main », en l'occurrence un couteau inséré sous le bracelet de votre montre. Pour changer la cuillère en couteau, vous devrez laisser tomber discrètement la cuillère sur vos genoux tandis que vous exhiberez le couteau qui se trouvait sous le bracelet de votre montre.

LA PRÉSENTATION

Tout au long de cette séquence, vérifiez toujours vos angles. Assurez-vous que le participant qui se trouve à votre extrême droite ne peut apercevoir le couteau à l'intérieur de votre poignet gauche. Pour être absolument sûr, asseyez-vous de façon que vos genoux et vos épaules soient perpendiculaires à ce participant. De cette manière, vous vous assurerez que vos angles de visibilité sont parfaits de tous les côtés.

1 Prenez une cuillère sur la table et exécutez le classique de la « cuillère en suspens », que nous avons tous fait, à l'époque, à la cafétéria de l'école. Tenez la cuillère dans votre poing gauche, en prenant soin de garder l'intérieur de la main et du poignet à l'abri des regards. Prenez garde à ne pas laisser la cuillère et le couteau s'entrechoquer.

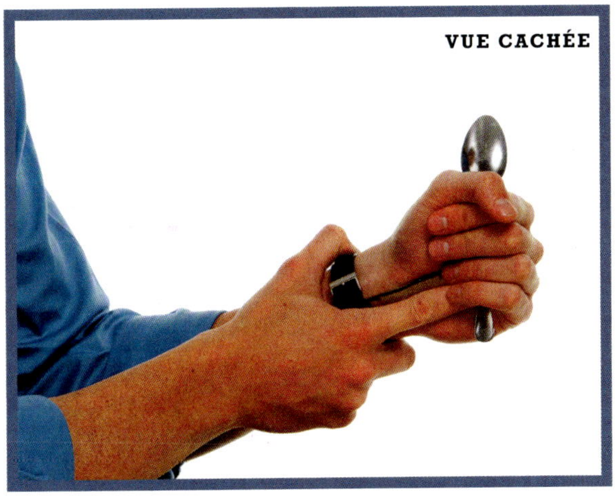

VUE CACHÉE

2 Attrapez votre poignet gauche avec votre main droite et étendez subrepticement votre index droit pour qu'il touche à la cuillère.

3 Ouvrez lentement la main en exhibant la cuillère en suspens. Il va sans dire que ce tour est franchement décevant pour votre assistance.

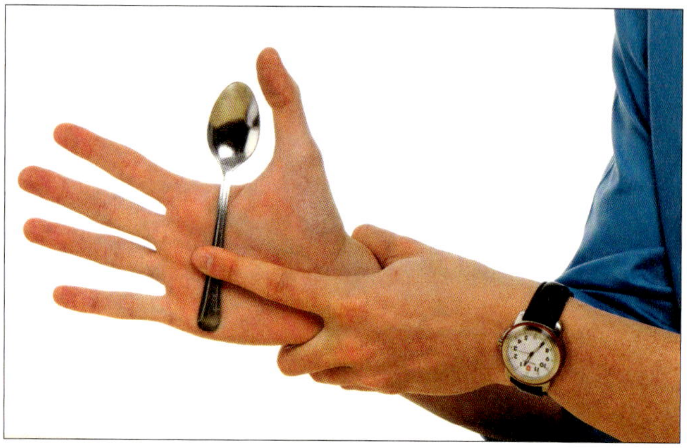

4 Offrez d'enseigner ce truc à tous ceux qui ne le connaissent pas. Faites passer la cuillère dans votre main droite et répétez l'effet, cette fois-ci avec votre paume droite face à l'assistance et votre index gauche en extension qui retient la cuillère. Le secret devient clair et vous pouvez inviter vos participants à en faire autant.

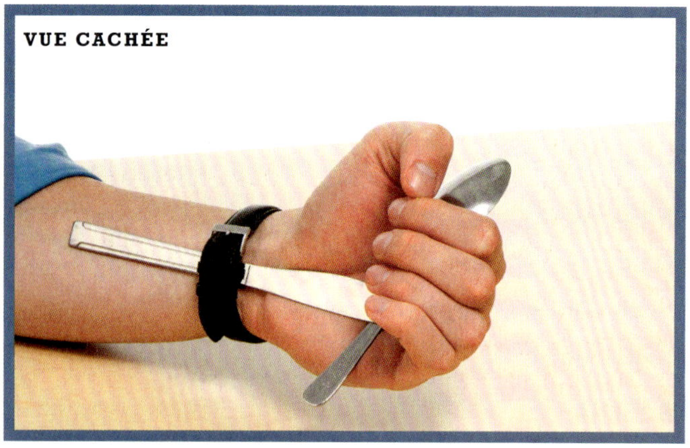

5 L'attention de votre assistance étant quelque peu détournée, ramenez la cuillère dans votre main gauche et manœuvrez de façon à l'insérer entre votre main et le couteau. En un mouvement continu, placez votre main droite autour de votre poignet gauche, comme précédemment. Vous voulez faire croire à votre assistance que vous vous apprêtez à répéter le même effet. Mais attendez qu'ils voient ce qui s'en vient…

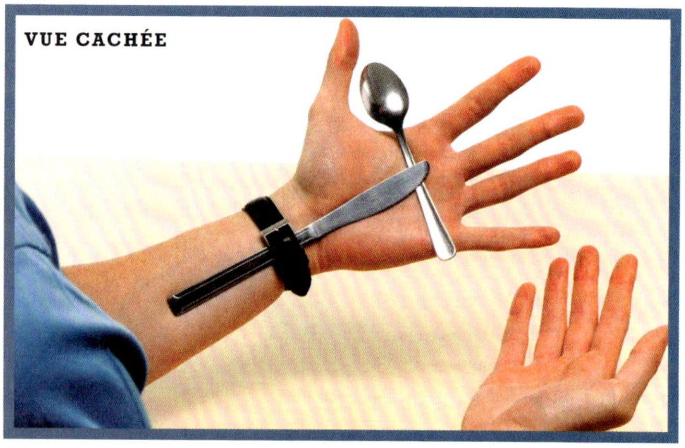

6 Retirez lentement votre main droite en dépliant vos doigts gauches et poussez doucement pour arquer vers vous votre paume gauche. Cela maintient la cuillère en position, logée entre votre paume et le couteau dissimulé.

7 De votre angle de vue, la manœuvre est évidente, mais, du point de vue de l'assistance, ça paraît génial.

Changeons maintenant la cuillère en couteau.

Tandis que vous prenez une serviette sur la table, lancez cette phrase intrigante : « Comment coupe-t-on un steak avec une cuillère ? »

8 Recouvrez votre main et la cuillère en suspens de la serviette en ramenant votre main vers vous. Assurez-vous que les bouts de la serviette effleurent le bord de la table et se retrouvent pendant un court moment sous la surface de celle-ci.

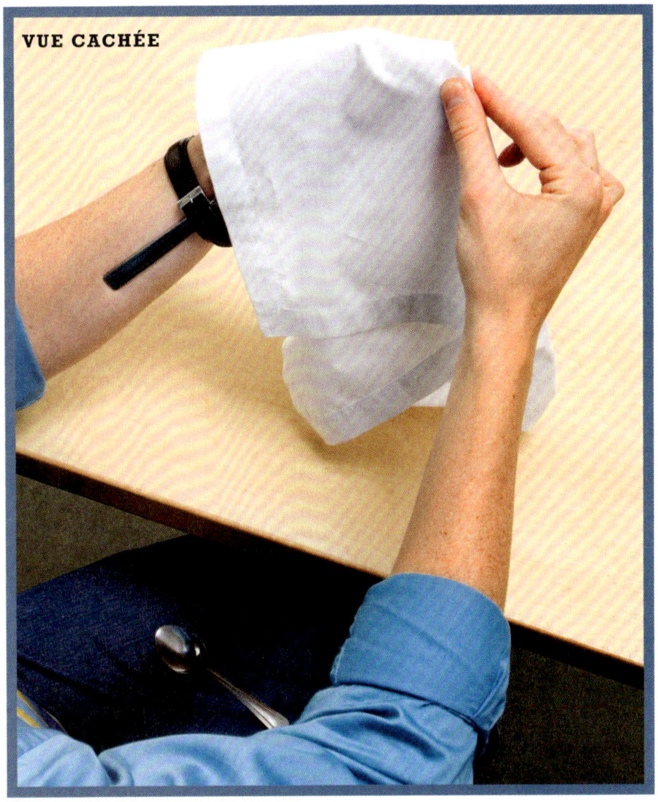

9 En même temps, repliez légèrement votre poignet gauche pour permettre à la cuillère de tomber silencieusement de votre main sur votre cuisse. Ne regardez surtout pas la cuillère en train de tomber. Lorsque vous sentez qu'elle vient d'atterrir sur votre cuisse, levez légèrement les mains et approchez-vous de la table en vous concentrant sur l'ustensile qui se trouve sous la serviette. En vous avançant ainsi vers la table, vous déguisez tout mouvement suspect qui pourrait provenir de l'échange secret qui se déroule au bord de la table.

10 Délogez le couteau maintenu par le bracelet de votre montre sous la serviette (pour plus de clarté, la serviette utilisée dans la photo est transparente).

11 Saisissez la serviette par l'extérieur et pincez le bout de la lame du couteau.

Suite à la page suivante ☞

12 Ce faisant, demandez à un participant de tenir l'extrémité du manche de la cuillère (en fait, du couteau).

Répondez alors à votre question intrigante de tout à l'heure : « Vous changez la cuillère en couteau et vous pouvez ensuite couper votre steak ! » Vous (ou vous pouvez demander à votre participant de le faire) dévoilez la cuillère. Le participant découvrira un couteau ; la cuillère s'est changée en couteau dans sa main !

CLASSE DE MAÎTRE

Cet effet classique est enseigné dans plusieurs livres portant sur la magie, mais il est ici complètement revisité. L'effet a historiquement été présenté comme un coup monté, un moment qui donne au participant l'impression de s'être fait avoir. J'ai intégré une interaction avec le public ainsi qu'une fin surprenante et pleine de fraîcheur.

Ce nouvel effet comporte trois phases. La première est un exposé : vous enseignez à une personne un tour de passe-passe. Une fois que vous lui avez dévoilé ce qu'elle croit être le secret, vous bouleversez sa perception en utilisant une méthode différente (vous mettez la cuillère en suspens d'une seule main). À la troisième phase, vous exécutez un effet qui est de loin supérieur – et le plus beau, c'est que la magie se produit dans les mains du participant.

En ce qui a trait à l'effet original, le problème technique a toujours été de savoir ce que vous deviez faire après que la cuillère a été mise en suspens. Vous avez toujours un couteau sous le bracelet de votre montre et – ne nous contons pas d'histoires – c'est loin d'être génial. Avec la troisième phase, le problème devient la solution. Plutôt que de manger d'une seule main pendant tout le repas, vous produisez le couteau secret !

Sorcellerie et ustensile

MATÉRIEL
Une fourchette.

PRÉPARATION Juste avant de donner votre spectacle, pliez une des dents de la fourchette vers l'arrière (à l'opposé de la courbure de l'ustensile). Avec la plupart des fourchettes, ce geste requiert une pression minimale. (L'idéal est d'exécuter ce numéro dans des restaurants bon marché. Les restos chics utilisent des couverts plus solides.)

Remettez la fourchette à la dent pliée à sa place sur la table et amenez la conversation sur le pliage de métal.

DIFFICULTÉ

L'EFFET Le fait d'agiter une fourchette en la tenant par l'extrémité de son manche **a pour conséquence de faire plier une de ses dents vers l'arrière.**

LE SECRET La dent a déjà été pliée avant que vous ne commenciez le numéro, mais le fait d'agiter la fourchette dissimule la chose. Ce que vous dites et une illusion d'optique font croire que la dent se plie pendant que vous agitez la fourchette.

LA PRÉSENTATION

1 Prenez votre fourchette comme si vous agissiez selon l'inspiration du moment. Une fois que vous avez la fourchette en main, il ne faut jamais cesser de la bouger si vous ne voulez pas que vos compagnons de table s'aperçoivent qu'une de ses dents est déjà pliée. Cela dit, personne ne scrute votre fourchette à la recherche d'une dent pliée, agissez donc avec naturel.

2 Faites passer la fourchette dans votre main gauche en plaçant vos doigts près de l'extrémité du manche. (Gardez vos doigts éloignés des dents de la fourchette tout au long de ce numéro.) Pointez la fourchette vers un de vos participants (choisissez-le bien – il aura la meilleure vue). Remarquez que, de face, une personne ayant une perception normale de la profondeur ne verra pas que la dent de la fourchette est pliée. « Je me demande…, direz-vous. Il m'arrive parfois de faire réagir l'extrémité des dents… Ne quittez pas des yeux cette fourchette pendant que je m'affaire à la courber. »

Suite à la page suivante

❸ Agitez immédiatement la fourchette doucement, de l'avant vers l'arrière. Ne l'agitez pas trop fort. Balancez-la légèrement juste assez pour provoquer une image floue des dents de la fourchette. En agitant l'ustensile, tournez votre main de côté très lentement, pour que la fourchette apparaisse de profil. Plus vous tournez et plus vous accentuez la courbure. Cette action de tourner donne l'illusion parfaite d'une dent qui est en train de plier; vos participants voient vraiment le métal se plier.

❹ Cessez d'agiter la fourchette pour permettre aux participants de constater qu'une des dents de la fourchette est bel et bien pliée.

Insistez sur le fait que vous n'avez touché qu'au manche pendant que vous faites circuler la fourchette à des fins de vérification.

CLASSE DE MAÎTRE

Comme je l'ai dit à la rubrique «Le secret», les mots que vous prononcerez feront naître, chez vos participants, l'image d'une dent qui se plie pendant que vous agitez la fourchette.

Cela signifie tout simplement que ce que vous direz influencera la façon dont vos participants interpréteront ce qu'ils voient.

Pendant que vous pliez la fourchette, à l'étape 2 ou 3, vous pourriez aussi dire: «Je vais faire chauffer le métal par la seule force de mon esprit pour qu'il ramollisse de plus en plus... Il est maintenant mou comme de la pâte à biscuits.» Ces mots suscitent une image frappante du métal qui se liquéfie.

Si vous utilisez le texte tel qu'il est proposé à l'étape 2, vous brossez un tout autre portrait. Dans ce cas, c'est l'action de votre poignet gauche (et non de votre esprit) qui cause le pliage.

Ce concept devient plus facilement compréhensible si nous changeons notre vision de la magie. Ne pensez pas à la magie en fonction de ce qui se produit entre vos mains, mais plutôt en fonction de ce qui se produit dans la tête de votre assistance.

CRÉDIT Uri Geller a popularisé la cuillère qui plie. Cette méthode de pliage d'une dent de fourchette a été inventée par Banachek, un des plus grands mentalistes au monde.

BIEN FICELÉ

Si un magicien d'expérience vous approche après votre spectacle et vous dit que votre présentation est bien ficelée, remerciez-le! Ce magicien aura remarqué que vous avez compris quelles étaient les parties importantes d'un effet et que vous avez laissé tomber ce qui l'était moins. La marque du magicien accompli, et un très grand compliment venant d'un confrère.

La carte dans le pain

MATÉRIEL
Un jeu de cartes, un duplicata du trois de trèfle et un petit pain.

PRÉPARATION Placez le trois de trèfle sur le dessus du jeu de cartes. Prenez le duplicata du trois de trèfle et pliez-le en quatre. Faites une fine incision dans un petit pain et insérez-y la carte pliée à l'insu de tous. Voici quelques façons d'y arriver :

- Excusez-vous et prétextez que vous devez vous rendre aux toilettes ; aussitôt que vous êtes hors de vue, demandez au garçon de vous apporter un petit pain supplémentaire. Insérez la carte dans le petit pain, puis retournez à votre place et mettez ce petit pain dans la corbeille pendant que personne ne regarde.
- Arrivez avant les autres et préparez le petit pain en expliquant la situation au serveur. Demandez-lui de placer ce petit pain dans la corbeille avant de l'apporter à table.
- Préparez le petit pain sous la table, ce qui suppose que vous vous serez déjà exercé à insérer la carte sans regarder. Replacez subrepticement le petit pain dans la corbeille.

DIFFICULTÉ

L'EFFET Vous demandez au participant d'insérer un couteau à beurre n'importe où dans le jeu de cartes et de se rappeler la carte juste au-dessus du couteau : le trois de trèfle. Vous lancez les cartes vers le centre de la table et elles s'éparpillent autour de la corbeille à pain. **Un participant rompt alors un petit pain et trouve, à l'intérieur, la carte désignée, soit le trois de trèfle.**

LE SECRET Vous forcez le participant à choisir le trois de trèfle. La carte découverte à l'intérieur du petit pain est un duplicata du trois de trèfle, que vous avez introduit dans le pain avant l'arrivée de votre commensal.

LA PRÉSENTATION

« Ceci, direz-vous, en présentant votre couteau à la ronde, sert habituellement à beurrer le pain. Mais c'est aussi une excellente façon de poignarder quelqu'un… » Vous marquez une pause, puis ajoutez : « Ou quelque chose. » Sur ce, tendez votre jeu de cartes.

1 Donnez le couteau au participant et demandez-lui d'insérer doucement la lame dans le paquet de cartes, à l'endroit de son choix. Effeuillez les cartes du dessus pour lui faciliter la tâche.

Demandez au participant de garder la main sur le couteau et de se souvenir de la carte qui l'avoisine. Mais, alors que vous semblez lui montrer cette carte, vous « forcerez », en fait, la carte du dessus du jeu. Pour ce faire, effeuillez les cartes de votre pouce gauche le long du coin supérieur gauche du paquet. Votre pouce s'arrêtera au couteau.

2 Faites basculer les cartes qui se trouvent au-dessus du couteau dans votre main droite. Pour ce faire, inclinez votre main gauche vers le bas et légèrement à droite, permettant ainsi aux cartes de se mettre en place dans les doigts de votre main droite. Les cartes tomberont face vers le haut, vous devrez donc les faire basculer de nouveau pour qu'elles soient face vers le bas.

Suite à la page suivante

❸ Une fois que les cartes dans votre main droite sont face vers le bas, il y a toujours deux conditions à respecter. Il faut que le participant continue à tenir le manche du couteau et que la lame repose sur le dessus des cartes de votre main gauche. Votre main droite tient le vrai dessus du paquet, mais vous tenez ces cartes légèrement plus bas que celles qui sont dans votre main gauche. Lorsque cette manœuvre est bien effectuée, la carte du dessus de la main droite semble provenir du centre du jeu. Il s'agit d'une technique de forçage appelée *roll force.*

❹ Avec votre pouce gauche, maintenez le couteau contre les cartes pendant que vous faites glisser la carte (le trois de trèfle) vers le participant à l'aide du pouce droit. Demandez-lui de la regarder et de la mémoriser. Demandez-lui ensuite de remettre la carte dans le paquet et de reprendre le couteau. Battez les cartes et demandez au participant de frapper le couteau contre le jeu de cartes.

❺ Éparpillez les cartes du jeu, face vers le bas, au-dessus de la corbeille à pain. (Prenez garde aux chandelles allumées!). Les cartes se retrouveront pêle-mêle, certaines face vers le bas, d'autres, face vers le haut – et c'est l'effet recherché.

❻ Fixez intensément les petits pains. Montrez que vos mains sont vides et emparez-vous du petit pain contenant la carte (ne vous trompez surtout pas de petit pain!). Demandez qu'on vous passe le couteau et faites semblant de découper le pain. En fait, vous insérez le couteau dans l'incision déjà pratiquée afin de détruire toutes preuves de votre duplicité.

7 Déposez le couteau sur la table et apprêtez-vous à rompre le pain afin de dévoiler la carte.

Faites une pause et offrez au participant de le faire lui-même. Cela lui donne l'impression qu'il a rompu lui-même le pain sans que vous y soyez pour quoi que ce soit. Vous pouvez en remettre en lui disant: « Un couteau de table est peut-être utile pour couper du pain, mais cet ustensile constitue une fameuse baguette magique. »

Le participant découvre alors la carte pliée à l'intérieur du petit pain. Demandez-lui quelle était la carte qu'il avait choisie avant qu'il ne déplie celle qu'il vient de découvrir. Ce qui ne manquera pas de lui en boucher un coin…

CLASSE DE MAÎTRE

Une professeure de piano m'a dit un jour quelque chose qui a fortement influencé la façon dont je fais de la magie, même encore aujourd'hui. Elle disait que les notes en soi ne sont que des bruits – et que ce sont les silences qui les entrecoupent qui en font de la musique.

Il en va de même pour la magie. Les présentations sont une combinaison de ce que vous dites et de ce que vous *ne dites pas* pendant que vous faites votre spectacle. Le magicien David Blaine se sert magnifiquement bien des silences. Il exécute son numéro en disant très peu de phrases et parfois sans même ouvrir la bouche; il s'en tient à ce qui est absolument nécessaire de dire pour accomplir un effet donné. Le silence confère à un numéro une aura de mystère et de concentration. En effectuant votre numéro en silence, c'est comme si vous appuyez sur la touche de sourdine alors que quelqu'un regarde la télévision – les gens ne réagissent qu'à ce qu'ils voient.

Loin de moi l'idée de me faire le défenseur du silence total. Ce que les magiciens disent pendant un numéro est ce qui en fait un numéro unique.

CREDIT Tony Kardyro a inventé une version de ce tour, sans utiliser de couteau.

MAÎTRES MODERNES

COPPERFIELD, BLAINE ET ANGEL

David Copperfield, David Blaine et Criss Angel font partie de la culture moderne – leur magie est visible partout, dans les émissions spéciales des chaînes de télévision, dans les tabloïdes, et jusque dans les paroles de chansons rap. Ce sont des magiciens vedettes aux personnalités et aux effets plus grands que nature.

La magie de David Copperfield se nourrit de son amour pour le théâtre, et cet amour transparaît dans ses chorégraphies et ses effets. Il est un pionnier des méga-illusions, et on se souviendra de ses exploits impliquant des monuments phares comme la statue de la Liberté (qu'il a fait disparaître avant de nous la rendre, il faut le souligner, en bien meilleur état), la Muraille de Chine (qu'il traverse) et les chutes du Niagara (dont il sort indemne). David Copperfield donne toujours plus de 500 spectacles par année.

David Blaine fait une entrée fracassante dans le monde de la magie en 1997, avec la diffusion de son premier spectacle télévisuel. Il s'adonne à la magie de rue et ses effets sont puissants et dépouillés. Sa plus grande innovation a été de mettre l'accent sur la réaction de l'assistance à la magie plutôt que sur l'effet en soi. Ses émissions spéciales de magie se concentrent sur les participants et sur la façon dont ceux-ci sont touchés par sa magie – ce qui fait en sorte que les téléspectateurs font également partie du spectacle de David. David Blaine a à son actif des exploits d'endurance surhumaine, comme être enterré vivant ou être emprisonné dans un bloc de glace pendant trois jours.

Criss Angel, un croisement entre Houdini et Slash, exécute des évasions impossibles et des effets magiques marqués au sceau de l'heavy metal. Criss Angel a sa propre série télévisée où on le voit marcher sur les murs, faire disparaître une Lamborghini et faire léviter des passants sur le Las Vegas Strip. Il a également son propre spectacle du Cirque du Soleil à l'hôtel Luxor, intitulé *Believe*.

La banane ensorcelée

MATÉRIEL
Une banane dans une corbeille de fruits, une épingle droite (ou un trombone déplié) et un couteau à beurre.

PRÉPARATION Avec l'épingle, piquez la banane à quatre endroits sur le côté et faites pivoter chaque fois l'épingle de gauche à droite. Prenez soin de ne pas percer la pelure de l'autre côté de la banane. Les trous d'épingle sont indétectables, même en y regardant de très près.

Placez la banane dans la corbeille de fruits avec deux autres fruits seulement.

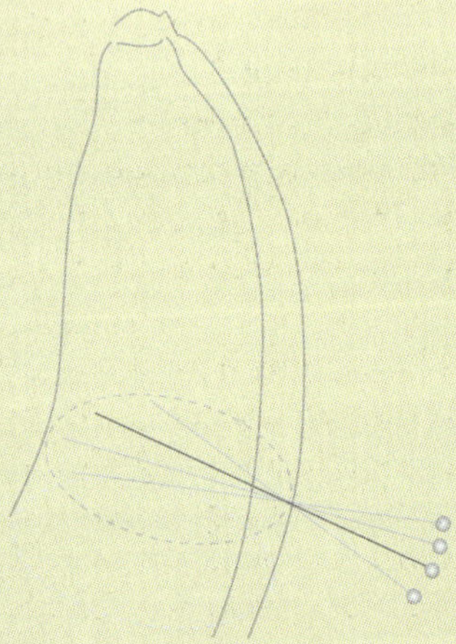

DIFFICULTÉ

L'EFFET

Vous invitez un participant à choisir un fruit et à l'éloigner loin de vous. Vous lui expliquez comment les sorcières vaudou de La Nouvelle-Orléans pratiquent leur forme de magie. « Nous allons en faire la démonstration, direz-vous, sur cette banane… nous ne voulons pas que des gens soient blessés. »

Prenez un couteau à beurre et mimez le geste de peler et de couper une banane en cinq morceaux – cette banane invisible étant l'« âme » de la banane réelle. « Ce qui affecte l'âme affecte aussi le corps », direz-vous avant d'inviter le participant à peler la vraie banane. Il verra alors que la banane est déjà coupée en cinq morceaux. **Du vaudou pour fruit. Vous avez coupé la banane sans qu'elle soit pelée…, sans même toucher au fruit !**

LE SECRET

Sans qu'il le sache, le participant est forcé de choisir une banane qui a subi certaines manipulations. En se servant d'une épingle, il est possible de couper la banane sans devoir la peler au préalable.

LA PRÉSENTATION

Votre premier objectif est de forcer le participant à choisir la banane. Supposons que la corbeille de fruits contienne une orange, une lime et une banane. Vous ferez appel à une technique de forçage connue sous le nom d'équivoque (dans le « Coup fourré », à la page 26, nous utilisons l'équivoque dans une forme structurale différente, mais dans le même but). En résumé, il semble que vous donnez au participant le choix du fruit, alors qu'en réalité c'est vous qui avez fait le choix. L'échange entre vous et le participant pourrait ressembler à ce qui suit :

1. « Nous avons besoin d'un seul fruit pour mener cette expérience et il y a trois fruits. Nous devons donc en éliminer deux. Je vous laisse décider. » Vous n'avez dit que des vérités au participant, mais vous restez vague. Vous lui dites qu'il va choisir le fruit et qu'il doit en éliminer deux. Mais jamais vous ne lui précisez la marche à suivre.

2. « Prenez n'importe quel fruit de votre main droite », lui demanderez-vous. Deux situations sont possibles : soit qu'il choisisse la banane, soit qu'il choisisse un autre fruit. S'il choisit la banane, vous le félicitez et vous lui dites de la conserver loin de vous. Votre participant aura l'impression d'avoir exercé son libre arbitre. Ce qu'il a fait, effectivement.

Mais s'il choisit la lime, vous lui dites: « Excellent, choisissez maintenant un autre fruit avec votre main gauche. » Deux choses peuvent se produire: le participant choisit soit la banane, soit l'orange.

Supposons qu'il choisisse l'orange. Comme vous lui avez dit tout à l'heure qu'il devait éliminer deux fruits, vous en profitez pour lui dire: « Vous avez choisi d'éliminer la lime et l'orange. La banane devient donc notre fruit cible. Parfait ! Ne me laissez pas m'approcher de cette banane sous aucun prétexte. »

3 Supposons que le participant choisisse d'abord la lime, puis la banane. Une fois de plus, vous dominez la situation. « Il ne vous reste plus qu'à éliminer un des deux fruits. Donnez-m'en un. » Vous voyez où je veux en venir ? Nous parlons beaucoup sans rien dire (les vendeurs d'auto et les cartomanciens trouveront cette étape particulièrement facile). Vous lui dites n'importe quoi, mais sans jamais lui dire qu'il doit vous donner le fruit qu'il veut conserver ou celui qu'il veut éliminer. Nous savons que cela est *votre* choix.

4 S'il vous tend la banane, vous lui répondez: « Parfait. Nous l'utiliserons comme cible. Gardez la banane loin de moi. » S'il vous tend la lime, vous lui dites: « Parfait. Nous avons éliminé la lime, ce qui nous laisse la banane… »

Dans l'exécution, le forçage dure à peine 10 secondes. Mais comme l'équivoque (le processus d'élimination des options, voir page 27) est un mécanisme à ramifications, il existe beaucoup de « et si ». Ne vous laissez pas rebuter par cette longue description. L'équivoque est l'un des outils les plus puissants de l'arsenal du magicien; c'est littéralement une forme de contrôle de l'esprit.

5 Le reste relève de la présentation. Prenez un couteau et mimez le geste de couper un fruit imaginaire. « Je suis en train de couper l'âme de la banane, direz-vous en vous efforçant de garder votre sérieux. Et ce qui affecte l'âme, affecte le corps. »

Invitez le participant à peler la banane. Il découvrira que la banane est déjà débitée en cinq morceaux. Rappelez-lui que vous n'avez jamais touché à la banane en question.

CRÉDIT La structure du forçage d'un élément parmi trois est attribuée à Theodore Annemann.

CLASSE DE MAÎTRE

Un bon magicien ou une bonne magicienne ne cesse de se poser la question: « Qu'est-ce qui importe dans cet effet en particulier ? » Tâchons de répondre à cette question en dégageant les points importants de « La banane ensorcelée ».

D'abord, il est important que le participant croie que le fruit n'a pas été trafiqué. Comment y arriver ? La meilleure façon consiste à se servir d'une technique de forçage comme l'équivoque (décrite plus haut). Mais encore ? Faire cette présentation chez le participant ? Ou préparer la corbeille de fruits avant que tous les invités arrivent ?

Si possible, essayez d'amener la conversation sur les pratiques vaudou et proposez d'en faire une démonstration « spontanée ». Cette attitude dissipera le soupçon que vous avez pris le temps de couper une banane à travers sa pelure avec une épingle.

Il est également crucial que vous ne touchiez pas à la banane une fois que vous aurez commencé le numéro. Comme vous l'avez trafiquée quelques heures plus tôt, vous n'avez qu'à miser sur l'approche « bas les pattes » que vous adopterez: « Je promets de ne pas toucher à cette banane », pourriez-vous annoncer avant de commencer. Une fois l'effet complété, vous pourriez répéter qu'en aucun moment vous n'avez même effleuré la banane.

LE PROCÉDÉ *PEPPER'S GHOST*

Sur une scène, en 1862, John Pepper introduit une illusion incroyable, comme aucun public n'en avait jamais vu jusqu'alors. Au cours d'une scène de la pièce de Charles Dickens *L'homme hanté*, un spectre apparaît, puis s'efface devant le public, éberlué.

John Pepper a adapté un procédé conçu par Henry Dircks appelé *Dircksian Phantasmagoria* – mais parce que John Pepper a été le premier à le commercialiser avec succès, le procédé est plutôt connu sous le nom de *Pepper's Ghost*.

Une plaque de verre est placée devant la scène et, en fonction de la source de la lumière, devient transparente, translucide ou opaque. Nous faisons l'expérience de ce phénomène tous les jours. Imaginez que vous regardiez par la vitrine d'un commerce pendant le jour, lorsque le magasin est illuminé de l'intérieur. Vous pouvez voir à travers la vitre à l'intérieur du magasin. Mais la nuit, lorsque toutes les lumières intérieures sont éteintes, vous ne voyez que votre reflet dans la vitrine qui devient presque aussi réfléchissante qu'un miroir et il vous est impossible de voir à l'intérieur.

Henry Dircks et John Pepper ont mis au point un procédé qui permet de changer la source lumineuse de façon fluide, de telle sorte que les comédiens et les accessoires pouvaient se matérialiser et s'effacer devant le public. Aujourd'hui, le même principe sert à changer les femmes en gorilles dans beaucoup de fêtes foraines et fait vivre les esprits dans la Maison hantée de Disneyland.

CHAPITRE QUATRE

LES DIX MEILLEURS TOURS DE CARTES DE TOUS LES TEMPS

Dans ce chapitre

Un monde à part

À la recherche des quatre as

L'ordre après le chaos

Le jeu de cartes invisible

Sa carte, son nom

Fais comme moi

Cendres sur le bras

Les quatre rois

Cinq cartes sur demande

La carte montante

La carte trouée par balle

Pacte avec le diable

DEVENEZ UN AS DES CARTES

Johann Nepomuk Hofzinser qualifiait la cartomagie de « poésie de la magie ». Regarder quelqu'un se servir d'un jeu de cartes ordinaire pour accomplir l'impossible impressionne l'assistance plus que n'importe quel autre effet de magie.

Mais il existe de mauvais tours de cartes. Il en existe beaucoup. Nous avons tous dû subir au moins un de ces mauvais tours de passe-passe : fais plusieurs piles par ici, compte ces cartes par là, dis-nous ton nom – non, pas ton nom à toi, le nom de tes cartes… Les livres de magie pour débutants sont truffés de ces trucs faciles à apprendre et à réaliser. Mais ce sont des tours de cartes sans intérêt.

À partir d'aujourd'hui, tout change.

Comme je gagne ma vie à inventer et à exécuter des tours de cartomagie, je suis bien placé pour mettre un frein à cette tendance. J'ai écumé le monde et la vaste littérature de la magie. Vous ne trouverez donc ici, dans ce chapitre, que la crème des tours.

À la fin de ce chapitre, vous serez en mesure de trouver les quatre as dans un paquet de cartes que vous aurez brassées, de faire léviter une carte choisie et de créer l'ordre à partir du chaos.

Et ce n'est pas tout. Vous découvrirez sous peu que les effets les plus puissants sont ceux qui requièrent le concours de votre participant. « À la recherche des quatre as » et « Sa carte, son nom » font partie de cette catégorie de magie plutôt rare. Le participant sera celui qui trouvera les quatre as et celui qui trouvera sa propre carte. Chair de poule garantie.

Il y a aussi le tour intitulé « Un monde à part ». Les lecteurs abonnés à la prestigieuse revue *Hugard's Magic Monthly* ont choisi « Un monde à part » comme le tour de cartes le plus extraordinaire de tous les temps. Et ce fabuleux tour est à votre portée, mais avant, exerçons nos doigts.

L'ÉCHAUFFEMENT

L'anatomie d'un tour de cartes

Afin de devenir un cartomane chevronné, vous devez vous familiariser avec les jeux de cartes.

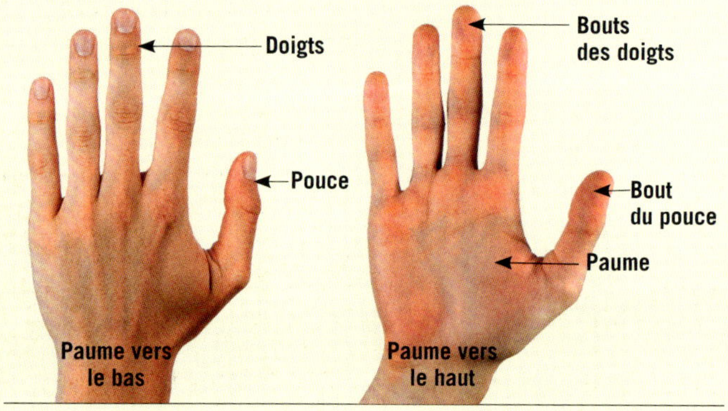

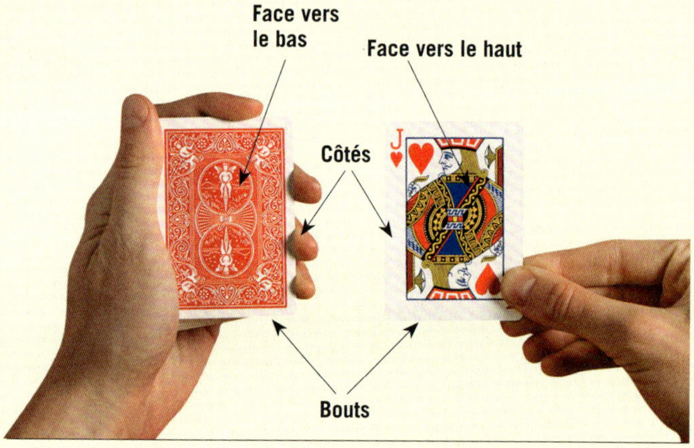

Le *thumbing*

À plusieurs reprises dans ce chapitre, je vais vous demander de vous servir de votre pouce gauche pour faire glisser une carte ou plusieurs cartes du haut du paquet vers votre main droite.

❶ En tenant le jeu de cartes face vers le bas dans votre paume gauche, pressez le bout de votre pouce gauche sur la carte du dessus.

❷ Poussez la carte doucement pour qu'elle glisse vers la droite. Cette opération se nomme le *thumbing*. Prenez la carte avec les doigts de la main droite.

Battre les cartes : mélange à queue d'aronde sur table

Toute explication sur la façon de battre les cartes peut sembler superflue, mais, en tant que magicien professionnel, il m'est souvent arrivé de rencontrer des participants qui ne savaient pas battre les cartes. Comme vous ne pouvez prétendre être un cartomane si vous ne savez battre les cartes de façon experte, voici un cours intensif à ce sujet.

❶ Asseyez-vous à une table et déposez votre jeu de cartes sur la nappe. Placez le jeu face vers le bas avec les côtés parallèles au bord de la table.

❷ Prenez la moitié supérieure du paquet en saisissant les coins droits entre le pouce et l'index de votre main droite.

❸ Soulevez environ la moitié du jeu avec vos doigts droits et placez ce paquet de cartes sur la table directement à la droite du reste du jeu.

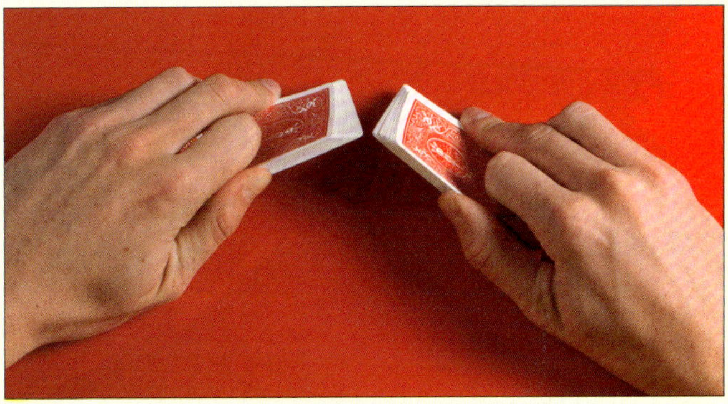

❹ Prenez chacune des moitiés dans chaque main, comme illustré, avec les doigts pressés sur les côtés éloignés et les pouces, sur les côtés proches.

❺ Rapprochez les coins centraux de chaque paquet l'un de l'autre. Pressez légèrement vers le bas avec l'index de chaque main et effeuillez vers le haut contre les bords des cartes avec vos pouces. En effeuillant, continuez à rapprocher les paquets l'un de l'autre jusqu'à ce que leurs coins se chevauchent et que les cartes des deux paquets s'intercalent. Note : vos index aident à réguler la vitesse à laquelle vous battez les cartes et opposent une certaine force aux pouces pendant l'effeuillage.

Poussez les paquets l'un vers l'autre afin que les cartes s'entremêlent complètement et ne forment qu'un seul paquet et pressez les côtés pour les égaliser.

Battre les cartes: mélange français

Ceci est probablement la technique de brassage la plus courante et qui a l'avantage de ne pas nécessiter de table.

❶ Tenez le paquet de cartes « face vers le bas », presque perpendiculaire au plancher, en le prenant par les bouts, entre le pouce et les doigts de la main gauche.

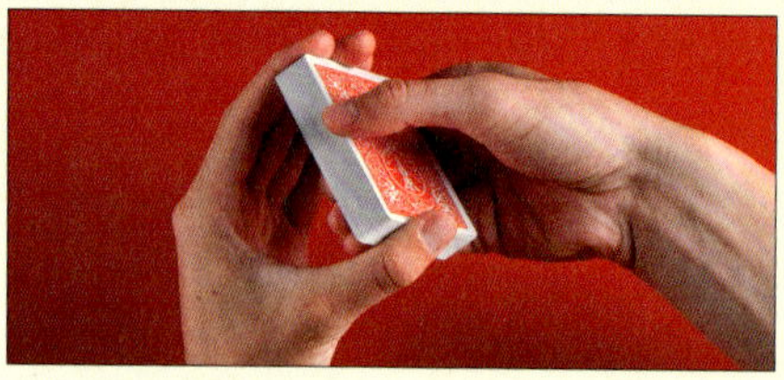

❷ Placez les doigts de la main droite sous le jeu de cartes avec le bout de votre pouce droit qui repose contre le côté gauche (et le plus haut) du paquet.

❸ Avec le pouce droit, détachez un petit paquet de cartes à partir du dessus du jeu et glissez-les dans votre main droite.

❹ Éloignez vos mains l'une de l'autre jusqu'à ce que le petit paquet soit complètement détaché du jeu de cartes. Une fois que c'est fait, rapprochez de nouveau vos mains et faites glisser le paquet de cartes de la main droite sous le jeu de cartes de la main gauche.

❺ Avec le pouce droit, détachez de nouveau un petit paquet de cartes du dessus du jeu de la main gauche avant de les glisser dans la main droite et répétez l'étape 4 jusqu'à ce que les cartes du jeu soient suffisamment mêlées.

Forçage d'une carte

Le forçage d'une carte signifie que l'on « force » un participant à choisir une carte prédéterminée. Il jurera par tous les dieux qu'il était libre de choisir la carte en question, mais vous, le magicien, connaissez déjà la carte qu'il a choisie. C'est une habileté dont vous aurez besoin pour exécuter plusieurs des effets proposés dans ce chapitre.

❶ D'abord, déterminez en secret la carte qui se trouve en dessous du jeu de cartes. Mémorisez cette carte. Elle est votre « carte forcée ».

❷ Tenez le paquet face vers le bas et étalez les côtés de façon à former une ligne oblique d'environ 5 cm vers la gauche. Tenez le jeu de la main droite, les doigts et le pouce placés à chacun des bouts.

❸ Pincez la carte du dessous sur son côté gauche entre le pouce et les doigts de votre main gauche.

❹ Le jeu de cartes faisant face vers le bas, poussez cette carte du dessous d'environ 2,5 cm vers la droite de façon qu'elle soit soutenue par le bout de vos doigts de la main droite.

❺ Distribuez les cartes. Lorsque vous forcez une carte, expliquez au participant que vous allez distribuer les cartes d'en dessous du jeu, une par une, jusqu'à ce que vous ayez « trouvé » la carte qu'il a choisie.

Retirez chacune des cartes de ce qui semble être le dessous du paquet. En fait, vous distribuez de la main gauche les cartes qui sont au-dessus de la carte forcée (la dame de pique).

Déposez les cartes que vous venez de distribuer sur la table face vers le haut. La carte forcée demeure cachée tout au long de l'opération, alors que vous distribuez les cartes une à une.

❻ Lorsque le participant vous dira d'arrêter, étendez les doigts de votre main gauche vers la carte forcée et tirez-la vers la gauche. Prenez cette carte dans votre main et placez-la face vers le haut sur la table. Comme les participants ont une vue plongeante du numéro, ils ne pourront pas déceler que vous venez de déposer sur la table une carte qui était décalée par rapport aux autres.

Vous venez tout juste d'apprendre le *forçage glissé de Sid Lorraine.* Dans ce chapitre, vous vous servirez de cette manipulation facile pour trouver les quatre as, faire apparaître des cartes et prédire l'avenir !

Un monde à part

MATÉRIEL
Un jeu de cartes.

PRÉPARATION Séparez les couleurs de votre jeu et placez les rouges (cœurs et carreaux) au-dessus des noires (trèfles et piques).

DIFFICULTÉ

L'EFFET « Sans regarder et sans trop y penser, distribuez les cartes en deux piles, une ici et l'autre, là-bas. » Désignez deux endroits sur la table. « Si vous pensez que la carte est rouge, placez-la ici. Si vous pensez qu'elle est noire, placez-la là-bas. » Le participant exécute vos ordres et distribue à peu près la moitié des cartes du jeu. Vous invitez ensuite un autre participant à distribuer le reste des cartes. **Les deux participants ont, sans le savoir, séparé les cartes rouges des cartes noires!** L'effet sur l'assistance est dévastateur.

LE SECRET Les cartes du jeu sont déjà séparées par couleur.

LA PRÉSENTATION

« Ma grand-mère avait l'habitude de dire qu'elle avait un sixième sens, annoncerez-vous à votre assistance. Je lui ai rétorqué que le fait de ronfler ne constituait pas un sens. Mais elle faisait évidemment référence à l'intuition féminine. Comme je ne suis pas une femme, pourriez-vous m'aider? » (Il va sans dire que vous devrez adapter ce boniment selon votre sexe et celui de votre participant.)

1 Invitez la participante à prendre le jeu de cartes. « Sans regarder et sans trop y penser, distribuez les cartes en deux piles, une ici et l'autre, là. » Désignez deux endroits sur la table, côte à côte. Dites-lui qu'elle doit distribuer les cartes de couleur rouge à votre droite, et les cartes de couleur noire, à votre gauche. Assurez-vous qu'elle distribue les cartes une à une, mais incitez-la à les distribuer rapidement, « sans trop y penser ». Lorsqu'elle aura distribué à peu près la moitié du jeu, dites-lui d'arrêter.

2 « Mettons l'intuition de quelqu'un d'autre à l'épreuve… Voudriez-vous distribuer le reste des cartes? » Demandez à la première participante de donner le reste des cartes au participant que vous venez de désigner.

« Pour marquer la différence entre le moment où elle a arrêté et le moment où vous avez commencé, j'aimerais que vous placiez les cartes de couleur noire sur sa pile de cartes de couleur rouge, et vos cartes de couleur rouge, sur ses cartes de couleur noire. » Une fois que toutes les cartes ont été distribuées, poursuivez en disant: « Statistiquement, il devrait y avoir un nombre égal de succès et d'échecs. S'il y a plus de succès que d'échecs, vous avez tous les deux un bon sixième sens. S'il y a moins que 10 erreurs, vous venez d'accomplir l'impossible. Et s'il y en a moins que cinq, je vous emmène tous les deux à Las Vegas! »

❸ Prenez la pile de cartes à gauche et invitez une participante à prendre celle qui se trouve à droite et à étaler les cartes, face vers le haut, sur la table. Étalez votre paquet pour que toutes les cartes vous fassent face afin de les séparer à la brisure des couleurs. Prenez l'éventail de cartes de couleur rouge dans votre main droite et étalez-les, face en haut, sur la table. Déposez l'éventail de cartes de couleur noire sur la table, dans un autre coin, à l'écart. Demandez à la participante de vous imiter.

« Préparez vos bagages, nous partons pour Las Vegas ! » La participante aura découvert qu'elle tient, comme vous, des cartes parfaitement ordonnées par couleur.

CLASSE DE MAÎTRE

Quand vous aurez terminé cet effet, l'assistance ne vous applaudira pas avec délire. Elle sera silencieuse, un peu sonnée. N'ayez crainte – cela constitue le compliment ultime. Cet effet renverse tout le monde ; il est si incroyable que les participants en restent pantois. C'est un effet fascinant à regarder et à exécuter.

Certains débutants ne savent pas comment aborder un effet comme « Un monde à part » parce que ce sont les participants – et non le magicien – qui font la magie. Bien que les participants se voient féliciter pour leur sixième sens extraordinaire, laissez-moi vous assurer que personne n'ignore qui est le vrai meneur de jeu. Lorsque les amis voudront voir quelque chose d'extraordinaire, ils vous demanderont *à vous* « ce tour où je séparais les cartes par couleur ».

Souvenez-vous que notre but est de faire en sorte que nos participants en aient long à raconter. Vous découvrirez que l'expérience de la magie prend une dimension extraordinaire pour la personne qui tenait la baguette magique.

CRÉDIT « Un monde à part » (*Out of This World*) a été créé par un des plus brillants penseurs de la magie du XXe siècle, Paul Curry. Il a publié cet effet remarquable pour la première fois en 1942 et celui-ci est instantanément devenu un classique.

LE MÉLANGE DE LAURIE IRELAND

« Un monde à part » est considéré comme le plus grand tour de cartes de tous les temps. Mais si vous pouvez battre les cartes avant de commencer cet effet, vous pouvez le rendre encore plus grandiose. Bien que les cartes soient déjà triées par couleur, ce

mélange particulier ne changera rien à l'ordre précédemment établi.

❶ Changez votre arrangement de départ pour faire en sorte que les cartes de couleur noire soient au-dessus des cartes de couleur rouge.

❷ Procédez à un mélange français normal en faisant passer de petits paquets de cartes de votre main gauche à votre main droite.

Lorsque vous vous rapprochez du milieu du jeu de cartes, brassez les cartes *une à une* en vous servant de votre pouce droit. Vous devez vous assurer de prendre les cartes une à une jusqu'à ce que vous ayez dépassé le point de brisure des couleurs (entre la 26e et 27e carte). Poursuivez en battant les cartes de façon normale, soit en laissant tomber les cartes par petit paquet dans l'autre main.

C'est tout ! Le mélange doit avoir l'air vrai… parce qu'il l'est vraiment. Vous changez l'ordre des cartes tout en maintenant la séparation par couleur.

CRÉDIT Laurie Ireland, un magicien de Chicago, a popularisé cette nouvelle technique de mélange. Elle a été publiée la première fois en 1919, par Charles Jordan, dans son livre *Thirty Card Mysteries*.

À la recherche des quatre as

MATÉRIEL
Un jeu de cartes.

PRÉPARATION Placez les quatre as en dessous du jeu et n'importe quelle carte sous les as. De cette manière, vous pourrez montrer la carte du dessus et du dessous sans exposer un as.

DIFFICULTÉ

L'EFFET

Vous demandez à une participante de vous interrompre à quatre reprises en criant « stop » pendant que vous distribuez les cartes. Les cartes désignées correspondent aux quatre as. **Votre participante a « trouvé » les quatre as, mais elle ignore comment elle y est arrivée.**

LE SECRET

Les quatre as placés en dessous du paquet de cartes refont surface, un par un.

LA PRÉSENTATION

« Notre inconscient est plus puissant que nous ne le pensons », direz-vous en tenant de la main gauche le jeu de cartes à la hauteur de votre poitrine, face à votre participante.

1 Effeuillez les bouts des cartes avec les doigts de la main droite, en faisant en sorte que la participante ait un aperçu très sommaire de l'ordre des cartes. Faites bien attention de ne pas effeuiller les cinq premières cartes, sinon elle verra les as. « Vous venez de voir toutes les cartes du jeu, direz-vous, vos yeux ont vu chacune des cartes, mais celles-ci ont défilé si rapidement qu'il est impossible de mémoriser de façon consciente l'ordre des cartes. J'aimerais faire appel à votre inconscient afin de retrouver cette information. »

2 Tournez le paquet face vers le bas et placez les côtés en biseau de telle sorte que le dessous du jeu s'étende de 5 cm vers la gauche. Tenez le jeu de votre main droite en soutenant les bouts avec vos doigts.

3 Dites à votre participante : « Pensez aux as. Ne pensez pas à l'endroit où ils se trouvent. Concentrez-vous sur les as et dites "stop" quatre fois pendant que je distribue les cartes. » Pendant que vous parlez, saisissez un petit paquet de cartes (au moins cinq) du dessous du jeu avec le pouce et les doigts de la main gauche.

4 Le jeu étant toujours face vers le bas, décalez ce petit paquet d'environ 2,5 cm vers la droite de façon que les doigts de votre main droite soutiennent ce paquet caché à la vue.

5 Commencez à distribuer les cartes du dessous en tendant le bout de vos doigts vers le paquet dissimulé pour tirer la carte sans intérêt du dessous (le valet de carreau) vers la gauche. Prenez cette carte dans votre main gauche et déposez-la sur la table, face vers le haut.

6 Vous venez de retirer la carte qui recouvrait les as dans le petit paquet à droite.

Continuez à distribuer les cartes (en évitant les as) en prenant chacune des cartes du dessous du jeu avec le bout des doigts de la main gauche. Le petit paquet d'as reste caché pendant que vous distribuez les cartes une à une. Déposez les cartes sur la table, face vers le haut.

7 Chaque fois que la participante vous dit d'arrêter, prenez une carte du paquet caché. Étonnamment, ce sera un as. Pour une personne qui regarde d'en haut, il est impossible de voir que vous prenez une carte d'un paquet légèrement décalé par rapport au reste du jeu.

Suite à la page suivante ☞

8 Vous pouvez dévoiler les as au fur et à mesure; cependant, l'immédiateté de cette façon de faire a tendance à choquer les participants. Pour ma part, je préfère les déposer sur la table face vers le bas et les retourner tous les quatre à la fin.

CLASSE DE MAÎTRE

Trouver les quatre as d'un jeu de cartes a un attrait certain pour les gens qui jouent aux cartes. Le hic, c'est que beaucoup de gens ne jouent pas aux cartes. La présentation proposée ici fait appel à la mémoire inconsciente, ce qui devrait plaire à tous.

Je pratique cette présentation, car elle met l'effet en contexte. Dans cet effet, les cartes ne sont pas magiques, elles servent à illustrer un phénomène très intrigant, celui de la mémoire inconsciente.

Si vous pensez que de mémoriser la position des quatre as est difficile, que diriez-vous de mémoriser le jeu au complet ! C'est l'exploit qu'a accompli Tom Groves.

Le 3 novembre 1994, Tom Groves a mémorisé un jeu de cartes mêlées en 42,01 secondes sans la moindre erreur. (Mais, selon la rumeur, après l'événement, il ne se souvenait plus où il avait garé son auto !)

Le 26 novembre 1993, Dominic O'Brien a mémorisé 40 jeux de cartes (2080 cartes en tout) en un rien de temps avec une seule erreur, établissant ainsi un nouveau record mondial.

CRÉDIT C'est le forçage de Sid Lorraine répété à quatre reprises. Ce forçage brillant est essentiellement une modernisation d'un tour d'adresse classique appelé le « glissé » (*The Glide*). J'ai choisi de ne pas expliquer cette manipulation plutôt antique et grossière et de me concentrer sur la variante de Lorraine, plus élégante et naturelle.

DANS LA MAIN DE LA REINE

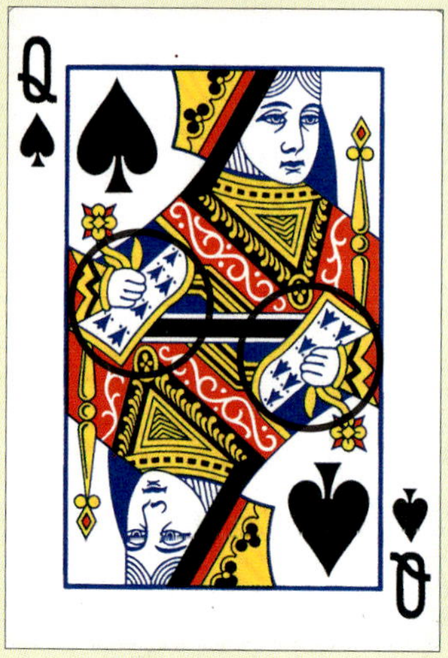

Un bon spectacle de magie comporte des moments forts et des périodes creuses. Vous ne pouvez pas exécuter tous les tours de cartes décrits dans ce chapitre dans un même spectacle ou devant le même groupe ; ils sont trop forts. Mais voici un petit tour rapide que les gens adorent.

Retirez la dame de pique du jeu et examinez-la avec attention. Il est probable que vous ayez en main un jeu de la marque Bicycle ou Bee et le dessin de la dame de pique la représente tenant dans ses mains ce qui semble être le six de pique. Ce détail permet un effet de carte unique.

L'EFFET La participante choisit une carte – le six de pique – avant de battre les cartes. Vous lui proposez de retrouver la carte choisie et vous retirez la dame de pique. Votre participante vous informe que ce n'est pas la carte qu'elle avait choisie. Mais vous attirez son attention sur la carte que tient la dame de pique, soit le six de pique.

LA PRÉSENTATION

Avant d'exécuter cet effet, placez subrepticement le six de pique en dessous du paquet de cartes. Forcez la participante à choisir le six de pique en vous servant du forçage de Sid Lorraine, expliqué dans « À la recherche des quatre as » (page 78) et dans « Sa carte, son nom » (page 88). Laissez la participante remettre la carte dans le paquet avant de battre les cartes.

Reprenez le jeu de cartes et retirez la dame de pique avec assurance. La participante sera ravie de vous dire que vous vous êtes trompé.

« Je n'ai pu trouver la carte, expliquerez-vous, parce que la dame de pique la tient dans ses mains ! »

L'ordre après le chaos

MATÉRIEL
Un jeu de cartes.

PRÉPARATION Retirez les cœurs et placez-les en dessous du paquet dans l'ordre suivant (du dessous en montant) : dame, valet, deux, six, as, cinq, roi, dix, neuf, quatre, trois, sept, huit, reste du jeu.

DIFFICULTÉ

L'EFFET **Les 13 cartes de cœur sont retirées du jeu, mêlées, et… se retrouvent en ordre, de l'as jusqu'au roi.**

LE SECRET Le secret réside dans la préparation. Bien que la séquence semble être le fruit du hasard, vous ne faites que passer d'un ordre prédéterminé à un autre ordre tout aussi prédéterminé.

LA PRÉSENTATION

« J'ai vu une émission télévisée hier soir à propos de la théorie du chaos. Les experts décrivaient le chaos comme un état désorganisé et confus. Mais la théorie du chaos, aussi connue sous le nom d'effet papillon, soutient que même le chaos est déterminé. Il existe un ordre des choses pour tout et tout est soumis à des conditions initiales. J'aimerais établir le chaos dans ce jeu de cartes. »

1 Coupez les cartes en deux paquets et exécutez un mélange à queue d'aronde sur table (page 73). Si quelqu'un dans l'assistance sait comment battre les cartes, vous pouvez même le charger de le faire. Votre agencement des cœurs est toujours intact (il y a juste une chaîne de cartes non pertinentes qui s'intercalent entre les cartes de cœur). Coupez de nouveau les cartes, mais cette fois-ci à hauteur du tiers supérieur du paquet. Demandez à un participant de battre les cartes ou faites-le vous-même. Pourvu que vous battiez les cartes en utilisant le mélange à queue d'aronde, tout se déroulera comme prévu. Les cartes de cœur sont toujours agencées de la même manière, mais elles sont disséminées à travers le jeu.

2 « Servons-nous des cœurs », direz-vous. Retournez le jeu face vers le haut et étalez-le de gauche à droite. En commençant par la droite, retirez tous les cœurs et empilez-les sur la table, face vers le haut. Cela inverse l'ordre des cœurs (lorsque le jeu est tourné face vers le bas, le huit est en dessous du paquet et la dame, sur le dessus). Les participants voient défiler chaque carte de cœur selon un ordre qui semble complètement dû au hasard. Assurez-vous de retirer toutes les cartes de cœur dans l'ordre dans lequel elles se présentent, car, même si l'ordre des cartes semble être le fruit du hasard, il ne l'est pas. Une fois que vous aurez retiré les 13 cartes de cœur, placez le reste du jeu à côté.

3 Ramassez le paquet des cœurs, ouvrez-le en éventail et montrez les cartes à l'assistance. « Un ordre déterminé par vos mélanges – c'est le chaos dans un paquet de cartes. »

4 Retournez le paquet face vers le bas et tenez-le dans la main gauche par les bouts, prêt à exécuter un mélange français. « Augmentons le désordre et voyons ce qui va se passer. » Vous allez effectuer un mélange français d'une façon calculée et bien précise. L'astuce est de le faire avec naturel. Avec votre pouce droit, détachez une à une deux cartes et placez chacune par-dessus la carte précédente. Une fois que vous aurez détaché ces deux cartes, passez le reste des cartes de la main gauche par-dessus celles de la main droite.

Reprenez le jeu de cartes dans la main gauche en le tenant par les bouts. Vous allez détacher trois cartes, une à une, et placer chacune par-dessus la carte précédente, dans la main droite. Passez ensuite le reste des cartes de la main gauche par-dessus celles de la main droite.

Répétez l'exercice en détachant, cette fois, quatre cartes que vous déposerez dans votre main droite en finissant par passer le reste des cartes de la main gauche par-dessus celles de la main droite. Chaque fois, vous battez un nombre différent de cartes (deux, trois et quatre) afin de simuler un mélange au hasard. C'est le concept brillant inventé par Lew Brooks : ordonner d'abord les cartes pour ensuite les « démélanger ».

Vérification : vérifions si nous sommes toujours sur la même longueur d'onde. Vous tenez le paquet de cœurs face vers le bas. De la carte du dessus à celle du dessous, l'ordre devrait être :

5 « C'est ce qu'on appelle un mélange français. Vous connaissez peut-être cette façon de brasser les cartes. Une autre façon d'établir le chaos dans un jeu de cartes est d'utiliser le mélange que j'ai vu un gamin exécuter entre ses patiences. Ça ressemblait à ceci. » Du pouce, faites passer les trois premières cartes du dessus dans votre main droite sans inverser leur ordre. Jetez les trois cartes groupées sur la table, face vers le bas. Dégagez deux autres cartes et prenez-les dans votre main droite. Jetez cette paire sur le trio de cartes déjà sur la table. Continuez de la sorte, en alternant les paquets de trois et les paquets de deux cartes. Vous commencez et finissez par un paquet de trois cartes. Avant de jeter les cartes sur la table, vous pouvez fort bien les montrer très rapidement à l'assistance. L'ordre paraît toujours « chaotique ».

Vérification : vérifions de nouveau où nous en sommes.
L'ordre, du haut vers le bas, devrait être :

6 Dites à votre assistance : « Je vous ai montré le mélange français et celui du jeune garçon. Laissez-moi vous montrer le fameux démélange. Plutôt que de mêler les cartes en les emboîtant les unes dans les autres, avec le démélange, on mêle les cartes en les déboîtant les unes des autres. » Cela n'a pas beaucoup de sens, mais la formule fait bonne impression.

La séquence de démélange est facile. Étalez les cartes entre vos mains, en les détachant à l'aide du pouce de votre main gauche et sortez en saillie externe (décalage vers le haut) une carte sur deux en commençant par la deuxième carte du dessus.

7 Servez-vous de vos deux mains pour disposer les cartes en alternance et égaliser les côtés (ce qui ne changera rien à l'état d'alternance des cartes). Retirez toutes les cartes décalées vers le haut et placez ces cartes par-dessus le paquet du bas. Les magiciens appellent ce mélange le *Faro inversé*.

Vérification : une dernière fois, l'ordre, du haut vers le bas, devrait être :

8 « Et finalement, voici le fameux mélange australien (*Down Under Deal*). » Déposez la carte du dessus du paquet sur la table, face vers le bas. Cette carte est celle qui va en bas (*down*). Prenez la carte suivante dans votre main droite et placez-la sous (*under*) le paquet. C'est la technique du mélange australien. En alternant, vous déposez une carte sur la table et une en dessous du paquet. Poursuivez de la sorte jusqu'à ce que le jeu en entier soit sur la table (voir aussi « Le mélange australien », page 244).

Si vous jetez un œil sur le paquet sur la table, vous verrez que les cartes sont maintenant placées en ordre numérique. Mais il n'est pas encore temps de le révéler.

« C'est le chaos. Mais si vous tentez le coup à la maison, si vos mélanges sont parfaits et vos coupes, exactes, alors vous pourrez, vous aussi, créer l'ordre à partir du chaos. » Déposez les cartes une à une, face vers le haut, sur la table pour dévoiler l'as, le deux, le trois… jusqu'au roi.

CLASSE DE MAÎTRE

Cet effet est un chef-d'œuvre créé par Lew Brooks. Brooks a conçu un effet simple mais puissant avec une intrigante histoire de chaos et d'ordre. Bien que ce numéro ne comporte aucun tour de passe-passe, il requiert beaucoup d'entraînement. Vous devrez vous exercer pour vous souvenir des diverses étapes. Voici un résumé pour vous aider à le faire :

Position de départ

Coupez les cartes en deux paquets et effectuez un mélange à queue d'aronde.

Coupez les cartes à hauteur du tiers à partir du haut et effectuez un autre mélange à queue d'aronde.

Retirez toutes les cartes de cœur, une à une, et placez-les en pile sur la table, face vers le haut.

Mélange français : détachez 2 cartes et jetez, puis détachez 3 cartes et jetez, puis détachez 4 cartes et jetez.

Mélange du gamin : coupez les cartes par groupe de 3, 2, 3, 2, 3 cartes.

Démélange : étalez les cartes en décalant une carte sur deux du paquet. Prenez les cartes décalées et placez-les sur le dessus du paquet.

Mélange australien : déposez une carte sur la table et la suivante, sous le paquet, répétez l'opération jusqu'à ce que toutes les cartes soient sur la table.

Deux conseils : si vous exécutez ce numéro et que vous n'avez pas de table à votre disposition, vous pouvez effectuer les coupes et les donnes dans les mains d'un participant.

S'il n'y a personne dans l'assistance qui sache battre adéquatement les cartes, faites-le vous-même et chargez un participant d'égaliser les côtés.

CRÉDIT **Lew Brooks a créé « L'ordre à partir du chaos ». J'ai éliminé quelques tours de passe-passe et j'ai allongé le temps alloué aux mélanges, mais le numéro reste sensiblement le même. Nous devons remercier le magicien anglais C. O. Williams d'avoir découvert comment maintenir l'ordre d'un jeu de cartes après deux mélanges à queue d'aronde ; il appelle ce principe les « suites entrecroisées ».**

Vieux singe, nouveau tour : se servir d'un jeu de cartes invisible

Le jeu de cartes invisible

MATÉRIEL
Un jeu invisible, une boîte de rangement de cartes ordinaire et un petit sac de papier.

PRÉPARATION : Avant la présentation, insérez le jeu invisible dans la boîte de rangement. Pliez trois fois le sac de papier (le genre de sac dont on se sert pour les lunchs) et glissez la boîte de cartes dans l'ouverture. Déposez ce sac sur la table, à la vue de tous.

DIFFICULTÉ

L'EFFET **Prédisez une carte « imaginée » – un des vrais grands classiques de la magie.** Vous proposez une expérience avec un jeu de cartes invisible. Vous faites semblant de tendre un jeu invisible à un participant. Vous l'invitez à étaler les cartes en éventail et à choisir une carte, qu'il remettra dans le paquet face contraire au reste des cartes, puis à vous lancer le jeu. Lorsque vous l'attrapez, le jeu devient visible. Et la carte choisie par le participant est face contraire au reste des cartes !

Ce numéro est, selon moi, un des cinq effets magiques les plus forts que vous puissiez exécuter. Point à la ligne. Bien qu'il soit inclus dans la plupart des trousses de magie pour débutants et vendu dans toutes les boutiques d'accessoires de magie du monde, ce numéro possède une simplicité – une clarté – qui attire le public. Normalement, il y a quelques calculs mathématiques à faire pour savoir quelles sont les paires de cartes à séparer, mais j'ai éliminé cet aspect mathématique. J'ai ajouté une nouvelle façon de produire le jeu de cartes au début.

LE SECRET Qu'est-ce qu'un jeu de cartes invisible ? C'est un jeu de cartes à jouer truqué qui exploite le principe « du rugueux et du lisse ». En résumé, les paires de cartes sont légèrement collées l'une à l'autre, dos à dos. En les serrant délicatement, vous pouvez étaler le jeu invisible et chaque paire demeurera collée, formant une seule carte. Mais lorsqu'une légère pression est appliquée sur une carte en particulier, elle se décolle facilement de sa compagne. Résultat : elle apparaît comme la seule carte inversée dans le jeu.

LA PRÉSENTATION

« Quelqu'un sait ce que c'est ? demandez-vous en montrant votre main vide au-dessus de votre tête. Ceci, mesdames et messieurs, est un jeu de cartes invisible. Et savez-vous pourquoi vous ne pouvez le voir ? » Après une pause, vous ajoutez : « Parce qu'il est invisible !

« Jean-Eugène Robert-Houdin, le célèbre magicien du XIXe siècle, a dit un jour qu'"un magicien est un acteur jouant le rôle d'un magicien". » (Eh oui, j'ai trouvé une autre occasion de placer cette fameuse citation. Avouez qu'elle est, dans ce contexte, tout à fait appropriée.)

« J'aimerais vérifier vos talents d'acteur. Voici, attrapez ce jeu de cartes invisible. » Faites semblant de lancer le jeu invisible à une participante. « Merci de battre les cartes. » Laissez-lui le temps de commencer avant de l'interrompre : « C'est beaucoup plus facile si vous sortez les cartes de leur boîte d'abord. » Ce trait est un classique, mais, dans les circonstances, il est hilarant.

VUE CACHÉE

1 « Maintenant, ouvrez les cartes en éventail et prenez une carte. C'est fait ? Montrez-la à tous, mais ne me la laissez pas voir. » Donnez-lui le temps de faire son petit numéro. « Placez la carte au centre du paquet, à l'envers des autres cartes. Remettez les cartes dans leur boîte et lancez-moi le jeu de cartes. » Pendant que vous parlez, saisissez le sac en papier. À l'insu de tous, dépliez-le et prenez le jeu de cartes avec les doigts de la main gauche en le tenant contre l'intérieur du sac, près de son ouverture.

Suite à la page suivante

❷ Lorsque la participante vous lance le jeu de cartes invisible, suivez-le des yeux, en bougeant la tête comme un spectateur le ferait à une partie de tennis. Tenez le sac pour attraper le jeu de cartes invisible, puis laissez tomber au fond du sac le jeu de cartes dissimulé.

❸ Le jeu, en tombant, fera un bruit sourd. Le fond du sac crépitera et se déformera sous l'effet de la chute, donnant l'illusion parfaite d'un jeu invisible qui pénètre dans le sac et qui devient réel.

Sans hésiter, plongez la main dans le sac et retirez le jeu qui est devenu visible. Première salve d'applaudissements.

« Vous êtes une comédienne remarquable, mais voyons comment vous vous en êtes tirée. Vous avez mêlé les cartes d'un jeu invisible, retiré une carte – n'importe quelle carte – et vous l'avez replacée au milieu du jeu, dans le sens contraire des autres cartes. Pour la première fois, dites-nous quelle était cette carte ? »

Mémorisez la carte en question et notez si cette carte est paire ou impaire (les valets et les rois sont des cartes impaires, avec une valeur de 11 et de 13 respectivement, tandis que les dames sont des cartes paires, d'une valeur de 12). Supposons que la participante ait choisi le quatre de carreau.

❹ Sortez les cartes de leur boîte et regardez la carte qui vous fait face. Cette carte est-elle paire ou impaire ? Le jeu de cartes invisible est assemblé avec toutes les cartes paires qui font face du même côté et les impaires, de l'autre côté. Vous devez vous assurer que la carte de la participante vous fait face.

Comme le quatre de carreau est une carte paire, vous devez vous assurer qu'une carte paire – n'importe laquelle – vous fait face. Si c'est une carte impaire qui est face à vous, tournez la boîte avant d'en sortir les cartes.

Étalez les cartes avec précaution à la hauteur de votre poitrine, en prenant soin de ne pas appliquer trop de pression (sinon les cartes groupées vont se décoller). Vous êtes dans une position intéressante. Du point de vue des participants, les cartes semblent leur faire face. Mais vous aussi êtes devant un éventail de cartes qui vous font face.

En étalant les cartes, recherchez la carte choisie par la participante. Toutes les cartes sont paires, vous n'avez donc que la moitié du jeu à passer en revue. Lorsque vous l'avez repérée, décollez-la de la carte à laquelle elle est jumelée. L'assistance verra donc apparaître une carte face vers le bas dans l'éventail des cartes.

5 Invitez une participante, peut-être quelqu'un de la première rangée, à retirer cette carte et à en révéler la valeur et la couleur. « Je dirais que vous êtes une grande comédienne doublée d'une magicienne extraordinaire. » Nouvelle salve d'applaudissements.

CLASSE DE MAÎTRE

Vous avez vu cet effet un nombre incalculable de fois et tous vos magiciens favoris l'ont présenté à un moment ou à un autre. Pourquoi ? Parce que cet effet n'est pas un tour de cartes ; c'est de la magie avec les cartes.

Je vous ai proposé une présentation de calibre professionnel que vous pouvez personnaliser à votre guise. Le jeu de cartes invisible est l'accessoire – et la source de l'effet magique –, mais il y a aussi l'interaction avec l'assistance, un boniment que j'ai peaufiné pendant une décennie et une façon assez remarquable de faire apparaître le jeu de cartes. Le seul élément qui manque ? Vous !

Une dernière remarque : il y a 13 valeurs dans chaque série, ce qui signifie qu'il y a plus de cartes impaires que de cartes paires. Donc, les rois sont jumelés ensemble, dos à dos. Vous pouvez soit mémoriser quel roi fait face de quel côté, soit régler le problème ainsi : « Prenez n'importe quelle carte, direz-vous à votre participante, et placez-la dans le sens contraire du reste des cartes du paquet – mais ne choisissez pas une carte évidente comme un roi, par exemple. Rendez l'exercice un peu plus difficile. » Et voilà ! Le problème est réglé.

CRÉDIT Joe Berg a créé le jeu de cartes invisible, dans les années 1930, et cet effet portait à l'origine le nom de jeu de cartes ultra mental. On attribue à Eddie Fields l'idée de la présentation d'un jeu de cartes invisible, idée qu'il aurait eue en voyant un patient d'un hôpital psychiatrique en train de brasser des cartes imaginaires.

CRÉEZ VOTRE PROPRE JEU DE CARTES INVISIBLE

Les jeux de cartes invisibles ne coûtent pas cher – environ 10 dollars. Les fabricants de cartes à jouer en produisent qui sont d'excellente qualité. Mais vous pouvez en bricoler un à partir d'un jeu de cartes complet.

Vous aurez besoin, en plus d'un jeu de cartes complet, d'un bâton de colle repositionnable – un adhésif très utile que vous pouvez acheter dans n'importe quelle papeterie. Cette colle a été expressément conçue pour avoir une faible adhérence avec un minimum de dépôt. Elle a aussi la particularité de pouvoir être décollée et recollée.

Écartez ces satanés rois et séparez le jeu de cartes en cartes paires et impaires (sans les rois, il y a un nombre égal de cartes impaires et paires ; nous nous occuperons de ceux-ci en dernier lieu). Appliquez une mince couche de colle au dos de toutes les cartes paires, près d'un bout. Jumelez chaque carte paire avec une carte impaire et pressez fermement les deux cartes ensemble, dos à dos. Appliquez de la colle à deux des quatre rois et créez deux paires de rois, dos à dos. Rassemblez toutes les cartes et insérez-les dans leur boîte. Vous venez de vous bricoler un jeu de cartes invisible.

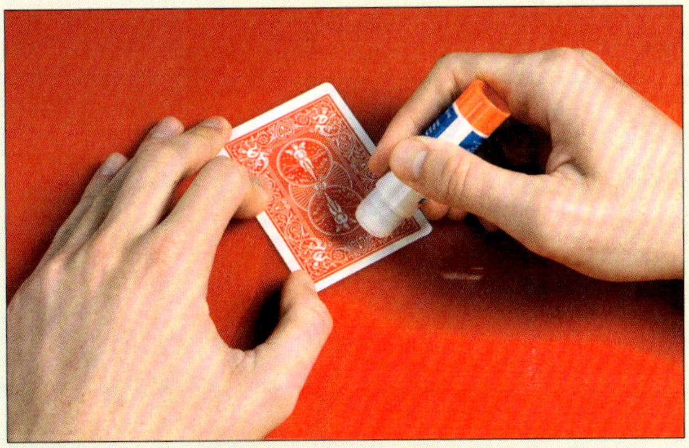

Sa carte, son nom

MATÉRIEL
Un jeu de cartes et un crayon-feutre.

PRÉPARATION La façon dont vous découvrez le nom d'un participant dépend entièrement de la situation. Si c'est quelqu'un que vous connaissez, le problème ne se pose pas. Cependant, l'effet aura plus d'impact si vous utilisez le nom d'un parfait étranger. Si vous savez que vous devez donner un spectacle à une fête, demandez à une de vos connaissances le nom de ceux qui doivent y assister ou encore le nom du cousin de votre hôte. Plus le lien est obscur et lointain et plus l'effet sera réussi. Vous voulez quelqu'un qu'il est impossible que vous ayez connu avant.

Supposons que cette personne s'appelle Sarah, écrivez « La carte de Sarah » clairement en travers du deux de cœur avec un crayon-feutre noir. Le noir ressort mieux sur une carte de couleur rouge et je vous suggère le deux de cœur parce qu'il y a beaucoup d'espace pour écrire. Placez cette carte en dessous du paquet de cartes.

DIFFICULTÉ

L'EFFET Vous amenez la conversation sur les noms et leurs significations. Vous demandez à une participante, Sarah, de choisir une carte. Sans regarder le jeu de cartes, vous êtes en mesure de déterminer la carte de Sarah : le deux de cœur. Mais une carte peut devenir bien plus qu'un choix personnel – elle peut être personnalisée. **Vous tournez la carte choisie et celle-ci porte la mention suivante : « la carte de Sarah ».**

LE SECRET D'avance, vous vous informez du nom de la participante et l'inscrivez sur le deux de cœur. Cette carte sera ensuite imposée par forçage à la participante.

LA PRÉSENTATION

1 Vous vous servirez du même tour de main répété quatre fois dans « À la recherche des quatre as » (page 78). Pour ce faire, placez les côtés du jeu en biseau de telle sorte que le dessous du jeu s'étende de 5 cm vers la gauche. Tenez le jeu de votre main droite en soutenant les bouts avec vos doigts.

2 « Tous les noms ont une signification. J'ai ici un jeu de cartes, et chacune de ces cartes porte plusieurs noms. Elle porte le nom de la valeur qu'elle représente, comme le sept ou le dix ou la dame, et le nom de la couleur à laquelle elle appartient, comme le pique ou le cœur. » En parlant, vous vous servez de votre pouce et de vos doigts de la main gauche pour séparer du reste du jeu la carte du dessous (la carte forcée) en la poussant vers la droite d'environ 2,5 cm.

3 Tenez la carte à l'écart sous le jeu avec vos doigts de la main droite. Choisissez une participante et demandez-lui de sélectionner une carte en lui disant: « Pendant que je distribue les cartes, dites-moi "stop" lorsque vous aurez choisi votre carte. »

4 Distribuez les cartes à partir du dessous du jeu en faisant glisser les cartes une à une du bout de vos doigts de la main gauche et déposez-les sur la table, face vers le haut. Vous pourrez procéder en toute quiétude à la distribution des cartes sans déranger la carte forcée, décalée à droite.

5 Lorsque la participante dira « stop », allongez les doigts de la main gauche un peu plus loin pour attraper la carte forcée du bout des doigts et la ramener vers la gauche. D'en haut (du point de vue de la participante), ce geste ressemble en tous points à ceux que vous avez faits jusqu'ici en distribuant les cartes. Placez la carte forcée du deux de cœur dans la main de la participante, face vers le bas, en lui disant: « Ne la regardez pas tout de suite. »

Ce qui suit ne vise qu'à intensifier le suspense: « Chacune de ces cartes a son nom, le sept de pique, le trois de cœur, le neuf de carreau… » Distribuez les cartes que vous avez en main en disant tout haut le nom de certaines cartes et en vous défaussant simplement des autres. Puis, étalez les cartes qui sont sur la table. Votre objectif est de montrer qu'il n'y a rien d'écrit sur les autres cartes. Bien sûr, vous ne pouvez pas le dire explicitement sous peine de gâcher votre finale.

Placez vos doigts sur vos tempes et concentrez-vous: « Je vais penser au nom de la carte… Un nom me vient… C'est le deux de cœur ! »

Avant de demander à la participante de retourner la carte qu'elle a dans la main, dites-lui: « Mais cette carte a un autre nom. » Invitez ensuite la participante à retourner la carte: elle découvre effectivement le deux de cœur ainsi que son prénom.

CLASSE DE MAÎTRE

Un deux de cœur portant la mention « La carte de Sarah » ne vous est plus d'aucune utilité; donnez-la à la participante. Laisser un souvenir de votre spectacle à un participant frappe l'imaginaire et va dans le sens de l'un des objectifs de ce livre: créer un souvenir impérissable. Votre assistance n'est pas près d'oublier ce fabuleux effet. Mais il est fort probable que Sarah, elle, s'en souviendra toute sa vie, parce qu'elle en possède toujours la preuve !

Je fais ce numéro depuis plusieurs années et j'ai récemment rencontré quelqu'un qui avait assisté à un de mes spectacles sept ans auparavant. Lorsqu'elle m'a vu, son visage s'est éclairé et elle s'est mise à fouiller dans son portefeuille. Derrière les photos de son chien et ses cartes de crédit, juste à côté de son permis de conduire, elle m'a montré « sa » carte. Elle l'avait conservée toutes ces années. Cette carte était devenue son histoire.

CRÉDIT **C'est une autre application de la technique de forçage de Sid Lorraine.**

LANCER DES CARTES

Howard Thurston, un des plus grands magiciens américains du début des années 1900, pouvait lancer des cartes à jouer promotionnelles dans l'assistance à une vitesse et à des distances incroyables – même jusqu'aux balcons des théâtres. Dans les années 1970, le maître magicien Ricky Jay s'est fait connaître en projetant des cartes dans des pastèques. Aujourd'hui, le magicien Rick Smith fils détient le record mondial du lancer des cartes. Smith était lanceur à la Cleveland State University et cet entraînement lui a permis d'établir un record dans le lancement d'une carte, soit 65 m.

Le lancer des cartes peut même servir à l'autodéfense (du moins dans les films). Historiquement, le lancer des cartes a presque toujours été exécuté dans le contexte d'une démonstration d'adresse.

1 Commencez en tenant une carte dans votre main droite. Le bout de l'index repose sur le coin droit supérieur tandis que vous serrez le haut de la carte entre le pouce et le majeur.

2 Pliez le poignet droit vers vous et projetez la carte avec force comme si vous lanciez un disque volant (Frisbee).

3 Vous devez donner à la carte un mouvement de rotation.

Une fois que vous aurez développé votre formule pour lancer les cartes, essayez de mettre un peu plus de force dans votre lancer. Servez-vous plus de la force de votre bras et efforcez-vous de faire « claquer » votre poignet lorsque vous lâchez la carte.

Conseils supplémentaires

Le lancer des cartes s'apprend surtout par essais et erreurs. Si la carte volette et tombe près de vous, c'est que vous n'imprimez pas suffisamment de rotation à la carte en la relâchant ou que vous lancez la carte de façon inégale (lancez toujours la carte parallèlement au sol). Lorsque vous lancez une carte avec la bonne technique, vous le savez immédiatement : la carte file à une vitesse disproportionnée à la force appliquée. Assurez-vous de ne pas lancer les cartes à proximité des gens. Un accident est si vite arrivé !

Fais comme moi

MATÉRIEL
Deux jeux de cartes, deux chaises et une table.

PRÉPARATION
Aucune.

DIFFICULTÉ

L'EFFET Vous vous servez de deux jeux de cartes et le participant bat minutieusement les cartes de ces deux jeux. Il conserve l'un des jeux et vous redonne l'autre. Vous vous affairez tous deux à retirer une carte de vos jeux respectifs. **Lorsque les cartes sont retournées, vous vous apercevez, ô miracle ! que vous avez tous les deux choisi la même carte !**

LE SECRET Vous vous servez d'une carte « clé », un terme de magie pour désigner une carte qui indique le choix du participant. Cela semble compliqué, mais vous allez voir, c'est très facile à exécuter.

LA PRÉSENTATION

« Jouons à un jeu. S'il vous plaît, placez votre chaise de l'autre côté de la table pour que nous soyons face à face. » Laissez à votre participant le temps de le faire avant de poursuivre : « Les acteurs jouent beaucoup au jeu du miroir pour améliorer leur gestuelle. Ils tentent de devenir leur personnage et, à cette fin, ils étudient les moindres tics et gestes qui font qu'une personne est unique. Je veux jouer à ce jeu avec vous. Je vais d'abord vous imiter. »

Faites de votre mieux pour imiter tous les gestes et les mouvements du participant. Lorsqu'il sourit, souriez, lorsqu'il cligne des yeux, clignez des yeux. Lorsqu'il se gratte la tête… Bon, je suis sûr que vous avez compris le principe. Le participant trouve cela très drôle.

1 « À présent, c'est à votre tour de m'imiter », direz-vous en présentant les deux jeux de cartes. Sortez vos cartes de la boîte et attendez qu'il fasse la même chose.

« Maintenant, pour être aussi juste que possible, nous devrions échanger nos jeux de cartes. » En lui tendant votre jeu, jetez un œil sur la carte en dessous de votre paquet et souvenez-vous-en. Cette carte est votre carte « clé », parce qu'elle est la clé de l'effet. Supposons que ce soit le cinq de carreau. Prenez le jeu du participant et déployez les cartes devant vous en les tenant à la hauteur de votre poitrine. Demandez au participant de faire de même.

Suite à la page suivante

❷ « Je vais retirer une carte du jeu », direz-vous en prenant une carte. Laissez au participant le temps de faire la même chose. Placez votre jeu sur la table, face vers le bas, et assurez-vous que le participant fait de même.

« Souvenez-vous de votre carte. » Jetez maintenant un œil à la carte que vous avez choisie, mais ne vous souciez pas de la mémoriser. Oui, oubliez la carte que vous avez choisie. Le participant, lui, doit se rappeler sa carte, tandis que vous, vous devez simplement vous rappeler votre carte « clé » (dans ce cas-ci, le cinq de carreau).

❸ « Je vais mettre ma carte sur le dessus de mon jeu, puis je vais couper au milieu. » Vous posez votre carte, face vers le bas, sur le paquet de cartes, qui sont toutes face vers le bas, et vous coupez. (Soulevez environ la moitié supérieure du paquet que vous placez à droite de la moitié inférieure du paquet que vous soulevez à son tour pour la placer sur ce qui était la moitié supérieure du paquet.) Assurez-vous que le participant fasse les mêmes gestes avec son jeu.

Lorsque le participant coupe le jeu, il vient, sans le savoir, de placer directement la carte clé au-dessus de la carte qu'il avait choisie.

« Échangeons encore une fois nos jeux de cartes. » Échangez votre paquet avec celui du participant et ouvrez vos cartes en éventail devant vous. Dites : « Je vais retirer ma carte de votre jeu. Je veux que vous retiriez votre carte de mon jeu. »

❹ Faites semblant de retirer la carte que vous aviez choisie un peu plus tôt. En fait, vous recherchez le cinq de carreau et vous retirez la carte qui se trouve à droite de cette carte clé. C'est la carte choisie par le participant.

❺ Gardez la carte choisie pressée contre vous pour éviter qu'elle ne soit vue. Déposez le jeu de cartes sur la table et laissez au participant le temps d'en faire autant. Vous pressez toujours la carte sur votre poitrine.

6 « Le jeu du miroir auquel nous nous sommes adonnés était très convaincant. J'ai vraiment l'impression que nous sommes sur la même longueur d'onde. N'êtes-vous pas de mon avis ? » En disant cela, vous tendez votre carte face vers le haut, le participant fait la même chose, et, ô stupeur, les deux cartes sont identiques !

CLASSE DE MAÎTRE

« Fais comme moi » est l'un des tours de cartes classiques les plus connus. Il est décrit dans beaucoup de livres de magie pour les débutants, car il est facile à exécuter. Mais un élément est presque toujours absent: une présentation digne de ce nom. Je vous ai proposé ici une prémisse pour cet effet de cartes automatique, sous la forme d'un jeu.

Les effets qui font appel au synchronisme et aux coïncidences sont tout à fait crédibles pour le public, mais seulement s'ils s'insèrent dans un contexte précis. Même si elles semblent superflues, toutes les grimaces et mimiques servent bien deux objectifs importants. D'abord, elles provoquent le rire, un rire un peu naïf, sans doute, mais engageant.

Le second objectif de cette présentation est d'ajouter de la crédibilité à la finale. Nous savons, vous et moi, qu'il y a un truc à « Fais comme moi ». Le public, lui, pensera que c'est une illustration très convaincante de l'accord qui peut exister entre deux personnes.

CRÉDIT Le tour de Robert-Houdin « Les cartes sympathiques », bien que pas tout à fait identique, est le fondement de cet effet.

MAÎTRE MODERNE

SIMON ARONSON

Simon Aronson est un créateur d'effets très ingénieux. Avocat de profession et résidant à Chicago, Simon Aronson, un passionné de magie, a conçu des tours de cartes parmi les plus mémorables.

Simon Aronson a joué un rôle important dans ma carrière de magicien et j'essaie toujours de me conformer à sa philosophie sur la conception des effets : « Il existe un monde de différence entre ne pas savoir comment un tour se fait et savoir que ce tour est impossible à faire. »

Avec certains effets magiques, la barre n'est tout simplement pas placée assez haut. Simon Aronson nous invite à mettre la barre très haut. Si un magicien distribue les cartes et s'arrête à la carte que vous aviez choisie, vous pourriez vous être laissé duper. Vous pourriez même être impressionné parce que la probabilité de trouver la bonne carte parmi toutes les autres est infime.

Mais il y a un monde de différence entre la probabilité et l'impossibilité. Si le nom de la carte apparaît sous forme de cendres sur votre avant-bras (voir « Cendres sur le bras » à la page 94), votre réaction sera beaucoup plus forte parce que cette éventualité est *impossible*.

Cendres sur le bras

MATÉRIEL
Un jeu de cartes, un tube de baume pour les lèvres, un crayon, un bout de papier, un cendrier et un briquet.

PRÉPARATION Choisissez une carte et placez-la en dessous du jeu. Disons que vous avez choisi le deux de carreau.

Préparez votre bras en écrivant le nom de la carte (tracez un 2 et dessinez la forme d'un diamant) avec le baume pour les lèvres. La substance est invisible mais légèrement collante. Lorsque de la cendre sera frottée sur votre bras, celle-ci adhérera à ces

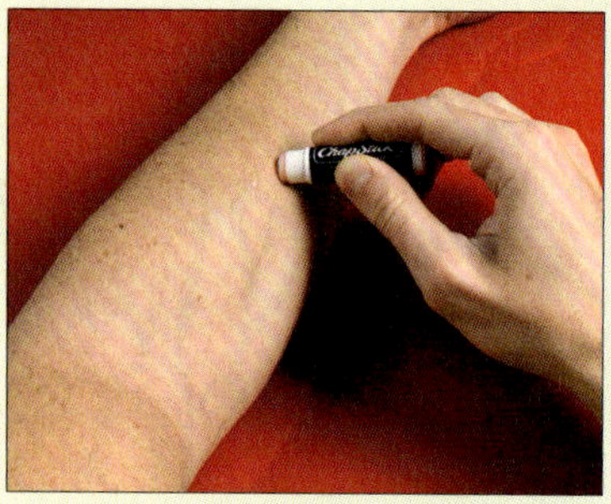

initiales secrètes. (Évitez que les participants ne vous voient pendant que vous appliquez le baume pour les lèvres sur votre bras. Ils sauraient alors comment l'effet est réalisé ou penseraient que vous avez le bras gercé. Dans l'un ou l'autre des cas, votre réputation risque d'en souffrir !)

DIFFICULTÉ

L'EFFET Un participant choisit une carte et écrit le nom de la carte sur un bout de papier pendant que vous lui faites dos. Vous vous retournez et, à l'aide du briquet, vous brûlez le papier avant de frotter les cendres qui auront refroidi sur votre bras. **Aussitôt, le nom de la carte choisie par le participant apparaît sur votre avant-bras.**

LE SECRET La carte est forcée ; vous contrôlez le choix du participant. Une secrète application préalable de baume pour les lèvres est nécessaire pour qu'apparaisse le nom de la carte en question sur votre bras.

LA PRÉSENTATION

1 Vous allez exécuter un ingénieux forçage, le forçage en croix. Placez le jeu de cartes sur la table, face vers le bas. « S'il vous plaît, coupez les cartes où vous voulez », demanderez-vous au participant. Celui-ci s'exécute et place la portion supérieure du jeu de cartes à droite (votre gauche) de la portion inférieure.

2 De la main droite, prenez la portion inférieure en disant : « Marquons l'endroit où vous avez coupé. »

3 Déposez le paquet de cartes que vous tenez de la main droite sur le paquet qui est sur la table de manière à former une croix. Vous devez maintenant diriger ailleurs l'attention du public suffisamment longtemps pour que les gens oublient la formation exacte des cartes.

4 Dites: « Vous auriez pu effectuer la coupe n'importe où dans le jeu, mais vous avez coupé à cet endroit, sur une carte en particulier. Dans un instant, je vais vous demander de vous concentrer sur cette carte. Pour renforcer l'image de cette carte, je veux que vous écriviez le nom de la carte en question sur ce morceau de papier. » Tendez-lui alors un papier et un crayon.

Détournez la tête et soulevez le paquet supérieur en lui montrant la carte qui se trouve en dessous. Vous lui montrez en fait la carte que vous aviez placée en dessous du paquet, mais, à cause de la mise en croix, il semble que vous lui montrez une carte qui provient du centre, de l'endroit où il a effectué la coupe.

5 Demandez au participant de mémoriser la carte et d'écrire sa valeur et la série à laquelle elle appartient sur le bout de papier que vous lui avez fourni.

Demandez-lui de plier le papier pour cacher le nom de la carte. Déposez le paquet de cartes sur la table, vous n'en aurez plus besoin. « La plupart des magiciens se servent de leurs mains pour retrouver les cartes choisies. Je ne ferai rien de tel, direz-vous avant d'ajouter: Et la plupart des mentalistes se servent de leur cerveau pour retrouver les cartes choisies. Ce n'est pas non plus ce que je m'apprête à faire. Je vais retrouver votre carte avec mes muscles. » Relevez la manche de votre chemise et gonflez le biceps. L'assistance se mettra probablement à rire.

6 « Vous ne semblez pas impressionnés. L'ambiance ne s'y prête peut-être pas. » Proposez de changer l'ambiance, par exemple en demandant à quelqu'un de tamiser la lumière. Prenez le bout de papier et enflammez-le.

Suite à la page suivante

7 Laissez-le tomber dans le cendrier et se consumer en entier. Attendez environ 30 secondes ou jusqu'à ce que les cendres aient refroidi (ce qui n'est pas très long). Faites attention de ne pas vous brûler. Vous aurez besoin de vos doigts pour les chapitres suivants.

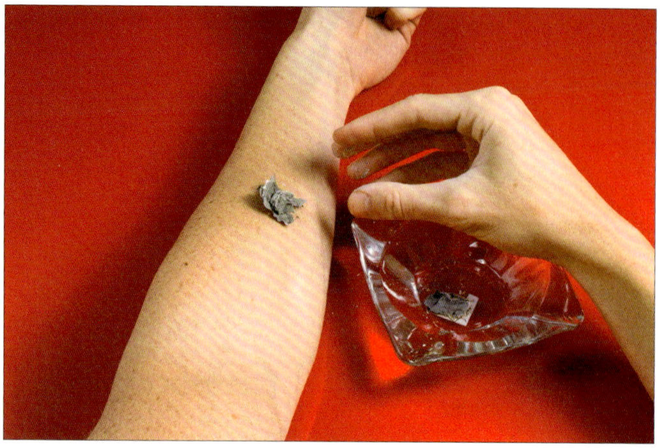

8 Recueillez les cendres et déposez-les sur votre avant-bras. Frottez-en votre bras afin qu'elles adhèrent au baume pour les lèvres. Elles se fixeront sur les initiales invisibles que vous avez tracées sur votre bras.

9 En quelques secondes, le nom d'une carte apparaîtra… et c'est le deux de carreau.

CLASSE DE MAÎTRE

« Cendres sur le bras » illustre parfaitement la différence entre un tour de cartes et la magie avec les cartes. Personne ne se souviendra de cet effet comme d'un tour de cartes ; les gens se souviendront plutôt que le nom de la carte choisie par un participant est apparu sur votre avant-bras. La présentation que je vous propose est plutôt légère, mais vous pouvez lui conférer une aura de mystère. Quelle que soit la mise en scène que vous adopterez, ce n'est pas un tour de cartes, c'est de la magie… avec les cartes.

CRÉDIT « Cendres sur le bras » a été publié la première fois en 1584 par Prévost. Le forçage en croix a été inventé par Max Holden en 1925.

Les quatre rois

MATÉRIEL
Un jeu de cartes.

PRÉPARATION Placez les quatre rois inversés (face vers le haut) en dessous du paquet de cartes.

DIFFICULTÉ

L'EFFET Vous divisez le jeu en deux et tournez une des moitiés face vers le haut. Vous battez les deux moitiés ensemble, ce qui désoriente le jeu. **En un clin d'œil, les cartes se retrouvent toutes à faire face vers le bas à l'exception de quatre…, les quatre rois.**

LE SECRET Les quatre rois sont déjà inversés en dessous du jeu. Le reste n'est qu'une question d'adresse.

LA PRÉSENTATION

1 Vous commencez par raconter cette histoire : « L'autre jour, un type m'a mis au défi de trouver les quatre rois d'un jeu qui avait été mélangé. Nous avons parié un verre. Comme c'est ma spécialité de retrouver les rois, j'ai accepté le défi. Mais avant que j'aie le temps de battre les cartes, le type s'est emparé du jeu et a commis l'irréparable : il a mélangé des cartes face vers le haut avec des cartes face vers le bas, comme ceci. » Sur ce, prenez le jeu dans la main gauche en vous apprêtant à brasser les cartes, et assurez-vous de dissimuler la position des rois sous le paquet.

2 Coupez les cartes à la moitié du paquet, en les soulevant par les bouts avec votre main droite.

Suite à la page suivante ☞

❸ Retournez simultanément les deux paquets. Tournez la paume de la main gauche vers le bas et la paume droite vers le haut. Déposez les deux paquets sur la table. Si vous bougez les deux mains vers la table *pendant* que vous retournez les cartes, personne ne s'apercevra qu'il y avait des cartes inversées sous le paquet de la main gauche.

❹ La position des cartes est la suivante : les cartes du paquet de la main gauche sont toutes face vers le haut, sauf les quatre cartes du dessus, qui sont les rois placés face vers le bas. Les cartes du paquet de la main droite sont toutes face vers le haut. Effectuez un mélange à queue d'aronde sur table avec les deux paquets.

❺ L'assistance croit que vous êtes en train de battre les cartes face vers le bas avec les cartes face vers le haut. En fait, vous ne mélangez que les rois qui sont face vers le bas avec un paquet qui ne comporte que des cartes face vers le haut. « Comment vais-je pouvoir trouver les rois maintenant ? Ce gars soûl a volé mon jeu de cartes et a mélangé les cartes face vers le haut avec des cartes face vers le bas. C'est un vrai défi. » Battez les cartes plusieurs fois et coupez-les pour faire constater à l'assistance l'état de désordre des cartes. En fait, le contraste que présentent les rois qui sont face vers le bas donne l'impression que tout le paquet est un mélange de cartes face vers le haut et face vers le bas.

❻ « Mais je m'étais beaucoup exercé », poursuivez-vous. Tournez le jeu face vers le haut et étalez les cartes sur la table de gauche à droite. « Je me suis donc servi d'un tour de passe-passe pour remettre toutes les cartes du jeu face vers le haut ! » Attendez qu'un participant remarque qu'il reste quatre cartes qui sont face vers le bas.

7 « N'oublie pas, ai-je rappelé au type, que le défi consistait à retrouver les quatre rois. Et j'ai réussi ! » Retirez les quatre cartes face vers le bas et montrez à l'assistance qu'il s'agit des quatre rois.

CLASSE DE MAÎTRE

Une des raisons pour lesquelles certaines personnes détestent la magie est qu'elles n'aiment pas être mises au défi ou prises au dépourvu. Je les comprends. « Sous quelle coquille se trouve le pois ? Faux ! Essayez de deviner de nouveau ! Encore une fois, c'est faux ! » Cela me rappelle lorsque j'étais en classe et qu'on me demandait de répondre alors que je n'avais pas levé la main.

Une façon d'adoucir un effet de magie est de changer les rôles. Dans « Les quatre rois », vous êtes celui qui a été mis au défi par le gars soûl. En vous servant d'une histoire pour encadrer un effet, vous pouvez éliminer l'aspect de défi sans diminuer son impact.

CRÉDIT Dai Vernon a été l'un de ceux qui ont contribué à mettre au point le tour de passe-passe que nous venons de voir ; il l'appelle le « Triomphe ». Il a également conçu les grandes lignes du scénario dont je me suis inspiré pour réaliser cette adaptation. Nous devons le second revirement secret à un magicien japonais du nom de Tenkai Ishida.

DAI VERNON : L'HOMME QUI A DUPÉ HOUDINI

Dai Vernon était le prestidigitateur de la magie rapprochée (*close-up*) le plus influent du XXe siècle. Né au Canada en 1894, Dai Vernon a adapté les techniques de tricherie à la magie et modernisé des manipulations archaïques. Son style était complètement nouveau et a révolutionné le monde de la magie. C'était un virtuose.

Bien qu'il soit décédé en 1992, son héritage vit toujours à travers ses nombreux étudiants et ses écrits. L'un de ses étudiants m'a confié un jour qu'il avait l'habitude de dire que « la confusion n'est pas de la magie ». Un sage conseil compte tenu de la tendance des effets de magie à engendrer la confusion. Nous devons toujours nous rappeler que l'effet doit être clair dans l'esprit du public.

Le jeune Dai Vernon a eu la chance d'avoir Houdini comme spectateur, le fameux Houdini qui se qualifiait lui-même de « roi des cartes » et qui se vantait de pouvoir expliquer n'importe quel tour s'il le voyait trois fois. Vernon lui a présenté huit fois le même tour de cartes. Houdini n'a jamais pu fournir d'explication. Par la suite, Dai Vernon sera connu comme l'« homme qui a dupé Houdini ».

Cinq cartes sur demande

MATÉRIEL
Deux jeux de cartes identiques, dont l'un avec sa boîte de rangement.

PRÉPARATION Prenez les deux jeux de cartes. Battez les cartes de l'un des jeux et retirez-en 26. Retirez les mêmes 26 cartes du second jeu et ordonnez les deux séries de cartes de façon qu'elles soient identiques. Placez une des séries de cartes à la suite de l'autre de sorte que la carte du dessus du paquet soit la même que la 27e carte, la deuxième carte corresponde à la 28e, et ainsi de suite. Rangez ce paquet de cartes particulier dans la boîte.

DIFFICULTÉ

L'EFFET Un jeu de cartes est coupé par cinq participants. On les invite à mémoriser chacun une carte différente, qu'ils remettent ensuite dans le jeu. Vous placez le jeu dans votre poche et demandez à chaque participant de nommer sa carte. « **Cinq de carreau** », **dit le premier participant. Vous sortez aussitôt de votre poche le cinq de carreau. Et vous répétez cet exploit quatre fois encore !**

LE SECRET Le jeu est truqué.

LA PRÉSENTATION

« Avez-vous déjà entendu parler de la "mémoire musculaire" ? demanderez-vous à la ronde. Selon ce concept, nos muscles – doigts, visage, orteils – ont une mémoire qui fonctionne indépendamment de notre pensée consciente. La respiration en est un bon exemple. Nous ne pensons pas toujours à notre respiration ; nous respirons, tout simplement. Et lorsque nous conduisons une auto, nous ne pensons pas consciemment à la pédale du frein ou au volant ; nous ne faisons que conduire. J'ai travaillé la mémoire musculaire de mes doigts. Faisons une expérience. »

1 Sortez votre paquet spécial de sa boîte et tournez-le face vers le haut. Déployez les cartes en éventail entre vos mains. Vous pouvez même permettre aux participants d'y jeter un œil ; personne ne remarquera que les cartes se trouvent en double.

Égalisez le jeu et placez-le sur la table, face vers le bas. Demandez à une participante de couper le jeu et de compléter sa coupe (en replaçant la portion inférieure du jeu sur la portion supérieure). Invitez plusieurs autres participants à couper le jeu et à compléter leur coupe.

2 Une fois que le jeu a été coupé à la satisfaction de tous, distribuez les cinq cartes du dessus du jeu à cinq participants, en les plaçant sur la table, de gauche à droite, face vers le bas.

3 Tournez le dos et invitez chacun des participants à regarder sa carte. Tandis que vous avez le dos tourné, vous vous acquittez du sale boulot. Comptez rapidement 21 cartes à partir du dessus du paquet et faites passer ces cartes en dessous du paquet. Vous aurez environ 30 secondes pour compléter l'opération. Pendant ce temps, vous pouvez parler à l'occasion aux participants pour leur dire de mémoriser leur carte et de ne pas vous la laisser voir.

4 Grâce à la disposition unique des cartes, les doubles des cartes sélectionnées occupent maintenant les cinq premières positions. C'est automatique, vous n'aurez donc pas à vérifier.

Retournez-vous pour faire face à vos participants et étalez le jeu. Invitez chacun à glisser sa carte dans le paquet. Assurez-vous que toutes les cartes soient placées *sous* les cinq premières cartes du jeu.

5 « Je vais maintenant mémoriser les cartes. » Tenez le jeu près de votre visage et effeuillez rapidement le bord des cartes, en fixant les cartes qui défilent à toute vitesse. Faites semblant de mémoriser l'ordre des cartes en « moins d'une seconde ».

Suite à la page suivante ☞

6 Placez le jeu de cartes dans la poche de votre chemise ou de votre pantalon et adressez-vous à la participante située à l'extrême gauche. « Au tour de la mémoire musculaire, à présent. J'aimerais que vous me révéliez le nom de votre carte. Aussitôt que vous le ferez, la mémoire musculaire de mes doigts se mettra à l'œuvre et je retirerai votre carte de ma poche. » Il est peu probable que la participante vous croie ; mais vous allez prouver que c'est vrai.

7 Quelle que soit la carte qu'elle nomme, glissez rapidement la main dans votre poche et retirez la carte du haut aussi vite que possible… c'est la première sélection. Procédez de gauche à droite, en demandant à chaque participant de nommer sa carte. Chaque fois, vous sortez la carte sélectionnée de votre poche avec assurance et précision.

CLASSE DE MAÎTRE

Cinq participants. Cinq cartes choisies. Cinq cartes retrouvées à la vitesse de l'éclair. Ce tour possède tous les éléments de la bonne magie : la participation du public, une présentation intéressante et un effet époustouflant.

Rappelez-vous que les tours de cartes ne se limitent pas à la magie rapprochée. Vous pouvez intégrer « Cinq cartes sur demande » dans un spectacle devant un large public – jusqu'à 50 personnes.

CRÉDIT Jim Steinmeyer a créé cet effet de cartes et l'a publié la première fois dans *The Real Magic Souvenir Program*.

MAÎTRE MODERNE

JIM STEINMEYER

Jim Steinmeyer est l'homme universel de la magie et il porte plusieurs chapeaux : conférencier, auteur et créateur d'effets. Il a conçu des illusions pour Doug Henning, David Copperfield, Siegfried et Roy, ainsi que pour d'innombrables magiciens partout dans le monde. Lorsque David Copperfield a fait disparaître la statue de la Liberté, en 1983, c'était une conception de Jim Steinmeyer.

Non seulement Jim Steinmeyer voit grand, mais il a aussi créé plusieurs petits bijoux de la magie rapprochée, dont « Cinq cartes sur demande ». Il compte parmi les magiciens les plus érudits et s'inspire du riche héritage de la magie – en ce cas précis, du prestidigitateur du XIXe siècle Alexander Hermann.

La carte montante

MATÉRIEL Un jeu de cartes avec sa boîte et un couteau de précision.

PRÉPARATION Découpez un rectangle sur le dessus de la boîte du jeu de cartes. La largeur du rectangle ne doit pas excéder 2 cm.

Rangez les cartes dans la boîte, et vous êtes fin prêt.

DIFFICULTÉ

L'EFFET

La participante choisit une carte et vous remettez cette carte dans le paquet avant de brasser les cartes. Vous replacez le jeu de cartes dans sa boîte et mettez Gunther, votre puce invisible, à l'intérieur de la boîte. « Dites à Gunther le nom de la carte que vous avez choisie », direz-vous à la participante. **Juste après qu'elle a nommé la carte qu'elle avait choisie, la boîte de carton s'ouvre d'elle-même et la carte qu'elle vient de nommer se détache et s'élève doucement.**

LE SECRET

Après avoir forcé la carte, vous l'avez poussée avec votre index à travers la fente secrète pratiquée au dos de la boîte.

LA PRÉSENTATION

« J'ai des puces », annoncez-vous à tous. Après quoi, vous marquez une pause. C'est l'une de mes entrées en matière favorites pour briser la glace. « Ne vous inquiétez pas, ce sont des puces savantes. Elles ne piquent pas; elles font de la magie ! »

Sortez les cartes de leur boîte, en prenant soin de garder la partie découpée face vers le sol et hors de la vue de tous. Déposez la boîte sur la table et brassez les cartes. Étalez les cartes d'une main à l'autre vers votre participante et demandez-lui d'en retirer une et de la mémoriser.

1 Prenez neuf cartes dans votre main droite. La meilleure façon de procéder est de faire glisser avec le pouce de groupes de trois cartes que vous saisissez en éventail de la main droite.

2 Demandez à la participante de déposer sa carte au-dessus des cartes qui se trouvent dans votre main gauche. Placez ensuite l'éventail de cartes de votre main droite par-dessus sa carte dans votre main gauche et égalisez le paquet. La carte de la participante semble perdue dans le jeu, mais vous savez exactement où elle se trouve: la dixième carte à partir de celle du haut.

Suite à la page suivante

❸ Exécutez un mélange français afin de faire passer les neuf cartes du haut en dessous du paquet. Procédez comme suit : tenez les cartes par les bouts, de la main gauche. Avec votre pouce droit, faites glisser quatre cartes, une par une, dans votre main droite. Placez les cartes de votre main gauche par-dessus les quatre cartes de la main droite. Répétez l'opération avec trois cartes, puis deux. La carte de la participante se trouvera alors sur le dessus du paquet. Mais vous seul serez au courant !

Insérez les cartes face vers le haut dans la boîte de rangement, en gardant le rectangle découpé hors de vue (le dos du paquet sera donc en contact avec la fente pratiquée).

❹ « Et maintenant, j'ai besoin de ma puce savante, Gunther », direz-vous en tendant votre main gauche vide, la paume faisant face au plafond. « Dites bonjour à Gunther. » Lorsqu'un participant s'exécutera, vous lui répondrez : « En fait, ce n'est pas Gunther, mais sa femme, Wilma. Gunther se trouve quelque part par ici. » Faites mine de fouiller dans la chevelure du participant. « Le voici ! » annoncerez-vous en pinçant l'index et le pouce comme si vous aviez retiré une puce des cheveux du participant. Regardez vos doigts et secouez la tête. « Attendez, je n'ai jamais vu cette puce de ma vie ! » Remettez la puce où vous l'aviez prise, sur la tête du participant, et continuez à chercher Gunther, que vous finirez par retrouver. Placez-le alors à l'intérieur de la boîte des cartes et fermez le rabat.

❺ Tenez la boîte à la verticale, par les côtés, entre le pouce et les doigts de votre main droite. Placez votre index derrière la boîte ; courbez légèrement votre index de façon que le bout de votre doigt repose à l'intérieur de la fente secrète.

❻ « Dites à Gunther le nom de la carte que vous avez choisie. » Une fois que la participante s'est exécutée, poussez lentement et délicatement vers le haut la carte appuyée sur la fente. La carte ouvrira le rabat ; du point de vue de l'assistance, la situation semble carrément surnaturelle.

7 Mais ce n'est pas fini, la carte continue son ascension et donne l'impression de l'élever dans les airs.

8 Sortez la carte de votre main gauche et montrez la carte des deux côtés à la participante et au reste de l'assistance. Confirmez avec la participante que c'est bien la carte qu'elle avait choisie. Remerciez Gunther et insérez tout bonnement la carte au centre du jeu.

CLASSE DE MAÎTRE

Michel-Ange a dit un jour que ce sont les détails qui font la perfection et que la perfection n'est pas un détail. La légende de la magie, Dai Vernon, a transposé cette notion et ses applications à la magie, « La carte montante » en est un bon exemple.

À la fin, je vous ai conseillé d'insérer la carte au milieu du jeu. Pour quelle raison puisque l'effet est achevé ? Vous pourriez penser que personne ne porte plus attention.

C'est que la carte choisie s'élevait du dessus du paquet, et vous voulez donner à penser qu'elle s'élevait plutôt du milieu du paquet. En retirant la carte, puis en la replaçant quelque part au milieu, vous amenez l'assistance à s'imaginer que la carte qui lévitait provenait bel et bien du centre du paquet.

CRÉDIT « La carte montante » est un classique de la magie dont l'origine remonte au XVIe siècle ; la boîte avec une fente est une variante originale que j'ai découverte étant enfant.

Vieux singe, nouveau tour : se servir d'un jeu de cartes radio

La carte trouée par balle

MATÉRIEL
Une allumette, une épingle et un jeu de cartes radio avec sa boîte.

PRÉPARATION Un jeu de cartes radio est le jeu truqué par excellence. Comme ces cartes se vendent partout dans les foires, les centres touristiques et les carnavals, vous en avez probablement déjà trois dans vos tiroirs. Sinon, vous pouvez vous en procurer dans les boutiques d'accessoires de magie ou les commander en ligne.

Prenez l'une des cartes en double du jeu radio et noircissez le dos de la carte avec une allumette allumée. À l'aide de l'épingle,

percez un trou au milieu ; votre carte trouée par balle est prête. Déposez la carte face vers le haut sur le paquet et remettez-le dans sa boîte.

Juste avant d'exécuter le numéro, sortez toutes les cartes de la boîte sauf la carte trouée par balle.

DIFFICULTÉ †††

L'EFFET

Un numéro tout ce qu'il y a de professionnel pour le tour de cartes le plus populaire au monde. Vous coupez le six de pique au centre du jeu et cette carte apparaît sur le dessus du jeu ; cela se répète à plus d'une reprise. Puis, toutes les cartes du jeu se transforment en six de pique. Pour finir, vous faites semblant, avec votre index pointé, de « tirer » sur le jeu. On découvre qu'une carte arbore effectivement un trou par balle : le six de pique.

LE SECRET

Un jeu de cartes radio est un jeu truqué composé de 26 cartes normales et de 26 copies d'une même carte (comme 26 quatre de pique). Les copies ont été rognées sur les bouts, elles sont donc légèrement plus courtes que les 26 cartes normales. Les copies et les cartes normales alternent (une longue, une courte, une longue, et ainsi de suite).

Avec ce jeu de cartes spécial, il est facile de montrer toutes les cartes et de faire en sorte qu'elles apparaissent différentes l'une de l'autre. En étalant les cartes d'une autre façon, vous pourrez aussi les faire apparaître comme étant toutes pareilles.

Il s'agit de forcer une carte, celle de votre jeu de cartes radio. Mon jeu radio permet le forçage du six de pique. Il existe plusieurs méthodes pour forcer cette carte, mais j'aime particulièrement celle-ci parce que, en plus du forçage, elle permet de montrer toutes les autres cartes comme des cartes différentes.

LA PRÉSENTATION

❶ Tenez le jeu de la main droite, par les bouts. Placez votre pouce au-dessus et vos doigts en dessous, avec la carte du jeu du dessous orientée vers l'assistance.

❷ Pliez votre index derrière le jeu (en fait, sur le dessus du jeu).

❸ Avec votre index recourbé, pressez légèrement les cartes et effeuillez-les rapidement avec votre pouce droit tout en les faisant passer dans votre main gauche. Au fur et à mesure que les cartes s'abattent, invitez un participant à insérer un doigt dans le jeu au moment qu'il jugera opportun. Faites une blague : « Choisissez n'importe quel doigt et insérez-le dans le jeu. » Puis, regardez sa main et ajoutez : « Bon choix ! Les gens ont l'habitude de me montrer plutôt leur majeur ! »

En raison de la conception « long/court » du jeu, peu importe l'endroit où il insérera le doigt, la carte située en *dessous* sera toujours le six de pique. Séparez le paquet à l'endroit où le participant a inséré le doigt. Demandez-lui de regarder la carte qui est en dessous et de s'en souvenir, puis de remettre la carte au même endroit. Rassemblez le jeu.

❹ Invitez le participant à couper les cartes et placez le paquet de façon qu'il soit obligé de le faire en prenant les bouts. Laissez-le compléter la coupe. Que sa coupe soit épaisse ou fine n'a pas d'importance puisque le jeu de cartes radio fait en sorte que sa carte (ou une copie de celle-ci) aboutira toujours sur le dessus du jeu. Avant de révéler la carte choisie, qui se trouve au-dessus du jeu, vous devrez lui prouver qu'elle *n'est pas* sur le dessus du jeu (même si elle l'est, en réalité). Le jeu de cartes radio fait de cette opération un jeu d'enfant. Vous n'avez qu'à soulever la carte du dessus par les bouts.

❺ Comme la carte du dessus est légèrement plus courte que la carte suivante, vous saisirez automatiquement cette deuxième carte du haut. Soulevez les deux cartes comme si elles n'en faisaient qu'une et montrez au participant que sa carte n'est pas la carte du dessus.

Invitez-le à couper de nouveau les cartes et à compléter la coupe. Une fois de plus, montrez-lui que sa carte n'est pas celle du dessus du jeu. « Je veux que vous coupiez encore les cartes. Concentrez-vous, cette fois, concentrez-vous sur votre carte. »

❻ Invitez-le à couper et à compléter la coupe de nouveau. Cette fois-ci, saisissez le jeu par les côtés et dévoilez la carte du dessus du jeu : le six de pique, la carte du participant.

Suite à la page suivante ☞

7 Replacez le six de pique sur le dessus du jeu et invitez votre participant à couper de nouveau, cette fois dans le milieu. Faites claquer vos doigts et soulevez la carte sur le dessus du jeu, puis tournez-la face vers le haut. « Elle est toujours là ! » Replacez la carte sur le dessus du jeu et coupez vous-même les cartes.

Tenez le jeu et prenez de votre main droite ce qui semble être la carte du dessus du jeu. Mais, comme précédemment, vous prendrez deux cartes à la fois en soulevant celles-ci par les bouts. Montrez à tous la carte qui n'est pas le six de pique et déposez les deux cartes (qui ne font toujours qu'une) face vers le bas, sur le dessus du jeu. Immédiatement, faites glisser légèrement avec votre pouce la carte du dessus. Claquez vos doigts et saisissez la carte par les côtés. Montrez-la à la ronde : elle vient de se changer en six de pique !

8 Insérez le six de pique dans le milieu du jeu avant de tendre celui-ci au participant. Invitez-le à couper et à compléter la coupe à quelques reprises (assurez-vous qu'il coupe en tenant les cartes par les bouts). Puis, demandez-lui de distribuer les cartes et de les déposer une par une sur la table, en s'arrêtant quand bon lui semble. Alors qu'il s'affaire à distribuer les cartes, comptez secrètement les cartes qu'il dépose sur la table. S'il s'arrête sur une carte impaire, demandez-lui de la garder dans sa main face vers le bas. S'il s'arrête sur une carte paire, dites-lui de la laisser sur la table et de prendre la *prochaine* carte dans sa main droite (dans un cas comme dans l'autre, vous forcez le six de pique).

9 Avant de le laisser regarder la carte, faites-lui remarquer que, s'il avait distribué une carte de plus ou de moins, il serait tombé sur une carte quelconque. Pendant que vous parlez, retournez la carte du dessus de la pile qui est sur la table et la carte du dessus du jeu pour lui prouver qu'elles sont bel et bien différentes. Après avoir fait monter le suspense, demandez au participant de retourner la carte qu'il a dans sa main – le six de pique !

10 Rassemblez les cartes du jeu en plaçant le six de pique du participant sur le dessus de la pile de cartes sur la table et en plaçant ensuite cette pile au-dessus des cartes qu'il tient dans sa main. Toutes les cartes sont toujours en alternance. Claquez vos doigts et annoncez que le six de pique a disparu. Faites défiler les cartes en cascade comme vous l'avez fait à l'étape 3. Encore une fois, les participants pourront constater que toutes les cartes sont bel et bien différentes (aucun six de pique ne sera visible). « Toutes les cartes sont ici, direz-vous, sauf une… le six de pique. »

11 Déposez le jeu sur la table, face vers le haut, et prenez la boîte du jeu de cartes. Retirez le six de pique dans laquelle vous avez fait un trou en prenant soin de la retirer face vers l'assistance. Placez cette carte, face vers le haut, sur le dessus du paquet.

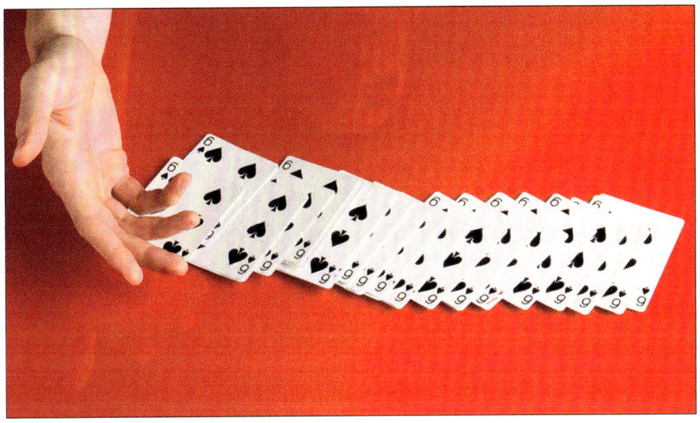

12 Proposez de changer toutes les cartes en cette carte précise. Pour effectuer ce changement, soulevez le paquet par les bouts, face vers le haut, et tenez-le quelques centimètres au-dessus de la table. Étalez les cartes de gauche à droite pour montrer que toutes les cartes se sont effectivement transformées en six de pique. En fait, la cascade de cartes tombe en paires, avec les cartes non pertinentes commodément dissimulées derrière les six de pique.

13 Rassemblez les cartes, tournez-les face vers le bas, coupez-les en deux et replacez le paquet du dessous sur le dessus. « Vous avez vu votre carte devenir la carte du dessus du jeu, vous avez assisté au changement de toutes les cartes en votre carte. Le seul élément qui manque à ce numéro est un élément de danger. » Pointez l'index et faites semblant de tirer dans le paquet de cartes.

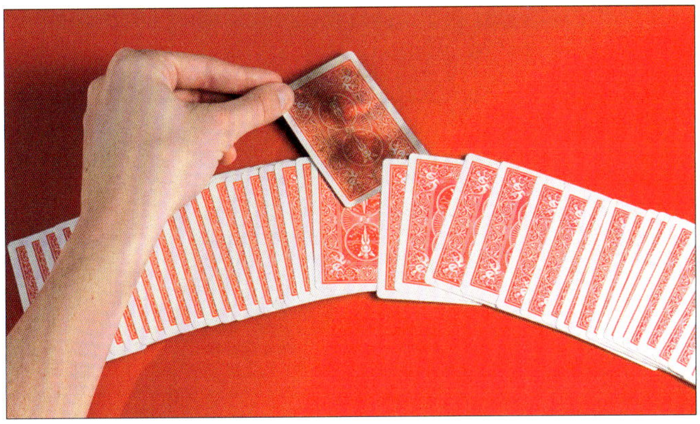

14 Étalez le jeu sur la table, face vers le bas, pour que tous découvrent une carte brûlée par la balle que vous venez de tirer… le six de pique.

Suite à la page suivante

CLASSE DE MAÎTRE

Lorsque vous vous servez d'un jeu de cartes truqué, rappelez-vous que vous êtes le seul à le savoir ! La fameuse entrée en matière qui va comme suit : « J'ai ici un jeu de cartes tout ce qu'il y a d'ordinaire… » met presque toujours la puce à l'oreille de votre auditoire et les gens se mettent immanquablement à se poser des questions : « Est-ce vraiment un jeu ordinaire ? » « Nous a-t-il montré toutes les cartes ? » « Il ne m'a pas laissé toucher au paquet de cartes… » Peu de gens s'interrogeront sur la conformité d'un jeu de cartes à moins que vous-même n'en fassiez mention. N'abordez donc jamais le sujet.

Le jeu de cartes radio est une pièce de choix en soi, mais ce jeu possède aussi d'autres applications.

Un jeu forcé

À l'heure actuelle, vous devez savoir ce qu'est une carte forcée ; vous laissez apparemment à quelqu'un la liberté de choisir la carte qu'il veut, mais vous le forcez à prendre une carte déterminée d'avance. Il existe plusieurs manières de forcer une carte avec un jeu de cartes ordinaire (page 74), mais la méthode de forçage proposée dans ce numéro (en invitant un participant à insérer un doigt dans le jeu en cascade) est vraiment une méthode intéressante. Vous pouvez forcer une carte avec ce jeu et révéler ensuite cette carte avec une prédiction écrite : « Je savais que vous choisiriez le six de pique. »

Poignardé

1 Forcez le six de pique (ou la carte forcée que comprend votre jeu de cartes radio) avec un participant. Empruntez ensuite un couteau de table et demandez-lui de l'insérer n'importe où dans le côté du jeu. Séparez le jeu à cette brisure et retournez nonchalamment le paquet du haut, face vers le haut. Si la carte qui fait face est le six de pique, nous sommes devant un véritable miracle (et vous pouvez lui montrer que la carte qui précède et celle qui suit sont différentes).

2 Si la carte qui fait face n'est pas le six de pique, vous savez que le six de pique se trouve sous la lame du couteau. Retournez cette carte pour montrer à tous que le participant a bel et bien « poignardé » sa propre carte.

CRÉDIT Le jeu de cartes radio a été créé par Burling Hull en 1909. Nous devons remercier Alan Alan pour la conception de « La carte trouée par balle ».

MARQUEZ VOS JEUX TRUQUÉS

Prenez un crayon tout de suite. Je suis sérieux. Je m'apprête à vous sauver d'une situation autrement inévitable et embarrassante que risquent d'expérimenter tous ceux qui se servent de jeux truqués : se tromper de jeu.

Il existe de nos jours des milliers de jeux truqués sur le marché et chacun d'eux a une utilité précise. Une fois que vous en aurez acheté quelques-uns, vous aurez du mal à les différencier. Au moins une fois dans sa vie, un magicien confondra son jeu radio avec un jeu de cartes ordinaire. Et vous aurez besoin de l'aide d'un *vrai* magicien pour vous en sortir ! Voici comment prévenir cette situation.

Les magiciens marquent les boîtes contenant leurs jeux truqués. Les marques doivent être petites et impossibles à distinguer, à moins de savoir ce que vous recherchez. De plus, les marques doivent se trouver toujours au même endroit de telle sorte que vous pourrez, d'un seul regard, connaître le contenu de chacune des boîtes.

Toutes les boîtes de cartes comportent un sceau en papier. La plupart de ces sceaux ont une petite bordure blanche, idéale pour y griffonner quelques lettres. Mon jeu radio porte les trois lettres suivantes : RAD, et mon jeu de cartes invisible, celles-ci : INV.

Une fois ces précautions prises, vous serez à l'abri du cauchemar de tout magicien : se faire prendre.

Pacte avec le diable

MATÉRIEL
Un jeu de cartes, une copie de la lettre modèle (incluse), une enveloppe et un crayon.

PRÉPARATION Ce numéro sinistre de Max Maven transforme un simple forçage de carte en un numéro qui est à la fois hilarant et hallucinant.

La première étape consiste à préparer la prédiction. Recopiez simplement le poème de Max Maven (ou photocopiez le modèle de la page 269) :

Et notre petit jeu se termine;
Les cartes sont tirées,
Et le prix, gagné.
Mon quatre de pique
Appartient à…
Mais en échange,
son âme désormais
m'appartient.

Ces lettres font d'excellents souvenirs, vous voudrez donc peut-être en faire plusieurs copies.

N'oubliez pas de mettre un crayon dans la poche droite de votre pantalon.

DIFFICULTÉ

L'EFFET Vous demandez à une participante de signer et de dater une prédiction écrite sur une feuille de papier pliée, mais sans la lire. Vous l'invitez ensuite à retirer huit cartes d'un jeu mêlé. Elle vous remet sept cartes et en garde une pour elle : le quatre de pique. **Non seulement la prédiction annonce la carte qu'elle a choisie, le quatre de pique, mais elle révèle qu'elle a signé un pacte avec le diable !**

LE SECRET Le quatre de pique est une carte forcée.

LA PRÉSENTATION

1 Placez la feuille sur laquelle est écrite la prédiction sur la table, l'écriture orientée vers le plafond. Pliez le bas de la feuille aux deux tiers.

2 Pliez maintenant le tiers qui reste en le ramenant vers vous. Vous venez de créer un pli accordéon qui fait en sorte que la prédiction est entièrement dissimulée sous les plis. Lorsque la participante apposera sa signature sur la portion visible, elle scellera sans le savoir un pacte avec le diable.

❸ Retirez le quatre de pique de votre jeu et cachez-le sous la feuille de la prédiction, face vers le bas. Insérez la prédiction et la carte dissimulée derrière dans une enveloppe.

Tendez le jeu de cartes à une participante et demandez-lui de battre les cartes. « La façon dont vous battez les cartes, lui direz-vous, influera sur la suite des choses. » Présentez-lui l'enveloppe en lui expliquant que celle-ci contient une prédiction. Avec les doigts et le pouce de la main droite, sortez-en la prédiction (avec le quatre de pique dissimulé derrière).

Déposez l'enveloppe vide sur la table.

❹ Reprenez les cartes et tenez-les dans la main gauche, prêt à les distribuer. Placez la prédiction sur le dessus du paquet et tenez-la en place avec votre pouce gauche. Glissez en catimini le quatre de pique sur le dessus du jeu. De la main droite, maintenant libre, sortez le crayon de la poche de votre pantalon en disant : « Pour prévenir tout échange de prédiction une fois que vous aurez choisi une carte, j'aimerais que vous signiez et datiez la prédiction. »

❺ Tendez-lui le crayon et la feuille de la prédiction. Demandez-lui d'apposer sa signature et la date sur la partie visible du document et répétez-lui qu'elle ne doit pas chercher à lire la prédiction. Lui présenter celle-ci vous a donné l'occasion de placer secrètement le quatre de pique sur le jeu de cartes.

Dites : « Je vais vous montrer un document qui m'a été donné par un étranger que j'ai rencontré sur une route sombre. Il ne m'a pas dit son nom, mais il m'a convié à jouer une partie de cartes. Je ne le savais pas à ce moment, mais cet homme était le diable en personne ! »

Poursuivez : « Il m'a demandé de retirer huit cartes du jeu bien brassé. Vous avez déjà mêlé les cartes, nous allons donc prendre les huit premières cartes du dessus. » Comptez huit cartes que vous empilerez face vers le bas. Ainsi, le quatre de pique se trouve maintenant en dessous la pile.

❻ Invitez la participante à prendre cette pile dans ses mains. « Connaissez-vous la carte qu'on dit être celle du diable ? » La plupart des participants l'ignorent. « C'est le quatre de pique. Cette carte évoque les quatre colonnes du lit du diable parce que ceux qui la manipulent "couchent" avec le diable. Dans le jeu que nous nous apprêtons à jouer, c'est la carte que vous devez fuir comme la peste. »

« Donnez-moi une carte, direz-vous en pointant le doigt à un endroit sur la table devant vous, et gardez-en une pour vous que vous placerez en dessous de votre paquet de cartes. » Pendant qu'elle place la nouvelle carte du dessus en dessous de son paquet, dites-lui de continuer à distribuer les cartes de la même manière, soit une carte sur la table pour vous et la suivante, en dessous du paquet. Elle devra continuer à distribuer les cartes de cette manière, une sur la table et l'autre en dessous, jusqu'à ce qui ne lui reste plus qu'une carte dans les mains. Une fois qu'elle a distribué les cartes, dites-lui : « Cela ne semble pas juste que l'adversaire ait droit à sept cartes alors que vous n'en avez qu'une. »

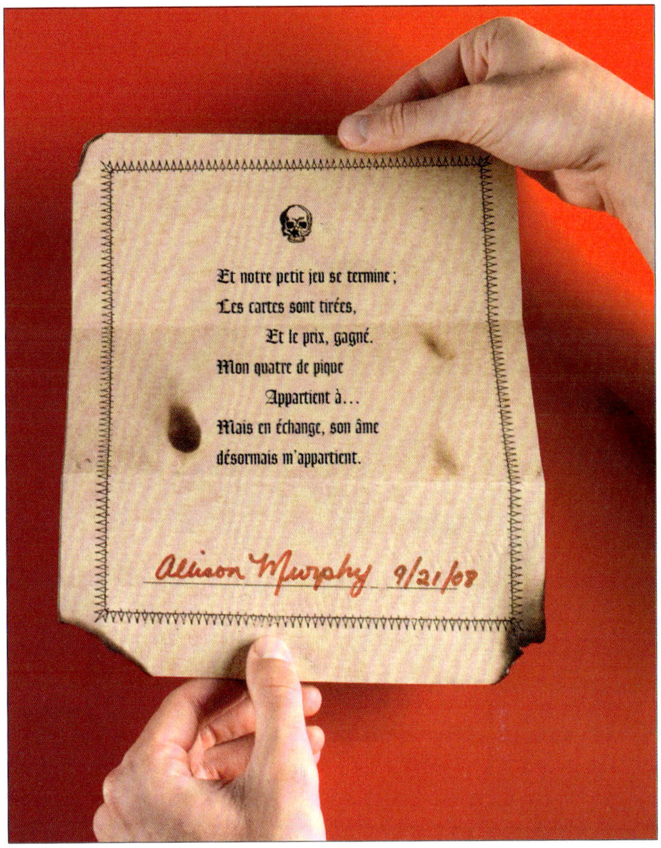

❼ Invitez la participante à retourner la carte qui lui reste... la carte du diable ! Récupérez la feuille de la prédiction et dépliez-la. Lisez à haute voix :

Et notre petit jeu se termine;
Les cartes sont tirées,
Et le prix, gagné.
Mon quatre de pique
Appartient à...
Mais en échange, son âme désormais
m'appartient.

Tournez lentement la feuille vers la participante. Elle se rendra vite compte qu'elle a signé un pacte dont l'enjeu est... son âme.

CLASSE DE MAÎTRE

Cet effet appartient au domaine de la magie bizarre. Les magiciens bizarres se servent de leurs effets comme d'un véhicule pour illustrer de sombres paraboles. Le « Pacte avec le diable » est une partie de cartes avec le diable dont l'enjeu est l'âme du participant. Vous commencez par raconter une histoire à propos d'une partie de cartes avec le diable. Puis, au fur et à mesure que l'histoire avance, il devient évident pour tous que *vous* êtes le diable et que la participante joue avec vous. La déception est entière lorsque cette dernière découvre qu'elle a signé une reconnaissance de dette.

CRÉDIT Max Maven a publié pour la première fois le « Pacte avec le diable » (*Wagers of Sin*) dans la revue *The New Invocation* (n° 35, octobre 1986, pages 416-419), une revue dédiée entièrement à la magie bizarre. « Pacte avec le diable » est basé sur l'effet « Preoction » du même auteur (voir le numéro d'octobre 1982 de la revue *Linking Ring*).

MAÎTRE MODERNE

MAX MAVEN

Max Maven est l'un des mentalistes et des penseurs les plus importants du monde de la magie. Il a participé à des centaines de spectacles télédiffusés partout dans le monde. Orson Welles a dit de lui qu'il était l'« esprit le plus original de la magie ».

Max Maven est aussi l'un des magiciens les plus prolifiques de l'histoire. Il a jusqu'ici créé et publié plus de 1700 effets. Il est un pionnier de la magie interactive, où le magicien effectue de la magie à la télévision pour le spectateur à la maison ou lit vos pensées au téléphone. Si la magie interactive vous intéresse, reportez-vous aux pages 241 à 258 ; je consacre un chapitre entier à cette forme de mystère.

CHAPITRE CINQ

PRESTIDIGITATION POUR ENFANTS

Dans ce chapitre

Couper un enfant en deux

Boules de gomme sortant de la bouche

Pouce à travers la chemise

Disparition d'un animal de compagnie

Manches et mouchoirs

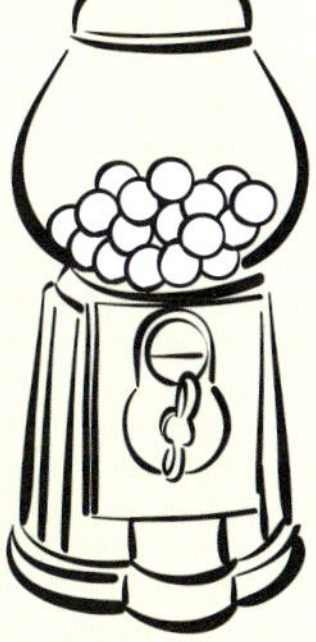

LA MAGIE POUR ET PAR LES ENFANTS

Pensez à ce qui rend la magie spéciale à nos yeux. Une pièce de monnaie qui disparaît et, pendant une fraction de seconde, nous sommes de nouveau des enfants. Ce ne sont pas la large ceinture ni le haut-de-forme qui captivent les gens : c'est le moment de pur ravissement. La plupart des vrais moments de ravissement sont de brefs intervalles qui suivent immédiatement la fin de l'effet, tout juste avant que notre esprit rationnel d'adulte n'intervienne. Dans la fraction de seconde de ces intervalles, un sentiment de pur ravissement qui fait revivre l'enfant en nous.

Et nous passons le reste de notre vie à essayer de recréer cet état, à tout le moins de l'entrevoir. C'est la raison pour laquelle nous regardons des films et lisons des histoires – et c'est pourquoi nous aimons assister à des spectacles de magie. Que vous ayez des enfants ou que vous soyez vous-même un enfant dans l'âme, la magie proposée dans ce chapitre est conçue pour attirer et inspirer les jeunes. Ces effets ainsi que leurs présentations impressionneront les jeunes participants.

J'ai choisi la magie de ce chapitre avec grand soin, parce que j'ai moi-même commencé ma carrière en tant que magicien pour enfants. J'étais le magicien de 12 ans le plus occupé dans la grande région métropolitaine de Cleveland – c'était même écrit sur ma carte de visite ! (Pour être honnête, j'étais aussi le seul magicien de 12 ans dans la région, mais la modestie et la magie ne font pas bon ménage.) J'ai appris très vite ce qui plaisait aux jeunes et ce qui leur plaisait moins. « Se couper soi-même en deux » est un effet fabuleux à enseigner à un jeune aspirant magicien et peut facilement s'adapter à un jeune volontaire qui accepte de se faire couper en deux. Cette merveilleuse illusion est la création d'un de nos plus grands maîtres à penser, Jim Steinmeyer. Il conçoit des illusions pour les plus célèbres magiciens de notre époque et a donné son aval pour partager l'illusion « Se couper soi-même en deux » avec les lecteurs de *Magie*. Dans ce chapitre, vous apprendrez comment produire une réserve sans fin de boules de gomme sortant de la bouche et comment faire disparaître votre animal de compagnie – ou plutôt, une photo de ce dernier.

On croit souvent à tort que les enfants sont plus faciles à duper que les adultes. Mon expérience me fait croire le contraire. Du point de vue d'un enfant, le monde est un endroit rempli de magie. Vous appuyez sur un interrupteur et la lumière se fait. Vous ouvrez un robinet et la baignoire s'emplit d'eau. Vous pressez un bouton pour passer des informations plutôt assommantes à un dessin animé. Tous les aspects de la vie d'un enfant sont magiques et, par comparaison, les effets produits par un magicien professionnel peuvent leur sembler assez ternes. Donc, la grande leçon que j'en ai tirée du haut de mes 12 ans est que la présentation d'un effet est aussi importante que l'effet en tant que tel.

Le secret avec les enfants est de miser sur l'interaction. Les jeunes adorent participer – laissons-les donc nous aider avec les accessoires. Tirons la pièce disparue de *son* oreille ; laissons-*la* retirer les mouchoirs du tube. Pensez-y : la télévision, l'électricité et les robinets, c'est bien beau, mais ils ne peuvent interagir avec les enfants comme un magicien le ferait. Et ça, *vous* le pouvez.

L'ÉCHAUFFEMENT

Produire un objet

Que ce soit une pièce de monnaie ou une boule de gomme, rien n'impressionne autant un enfant – et les grands enfants – que de faire apparaître un objet réel sorti de nulle part. Et faire surgir un objet de l'arrière de l'oreille d'un jeune est encore mieux puisqu'un élément de participation s'ajoute. La clé pour faire apparaître des objets empalmés réside dans le rythme et la chorégraphie de votre main.

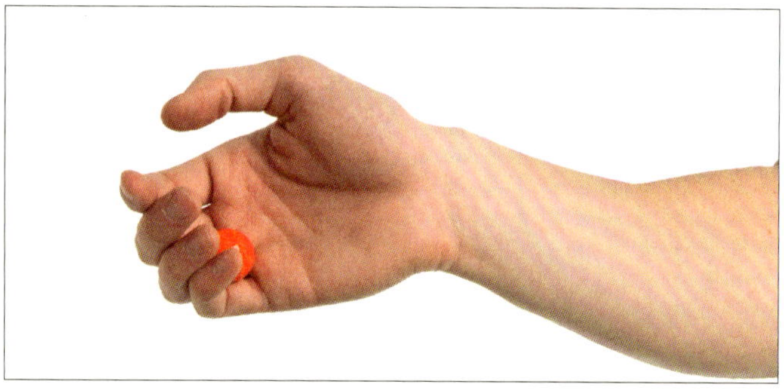

❶ Supposons que vous ayez une boule de gomme cachée dans votre main – elle doit se nicher dans votre paume droite, entre votre annulaire et votre auriculaire.

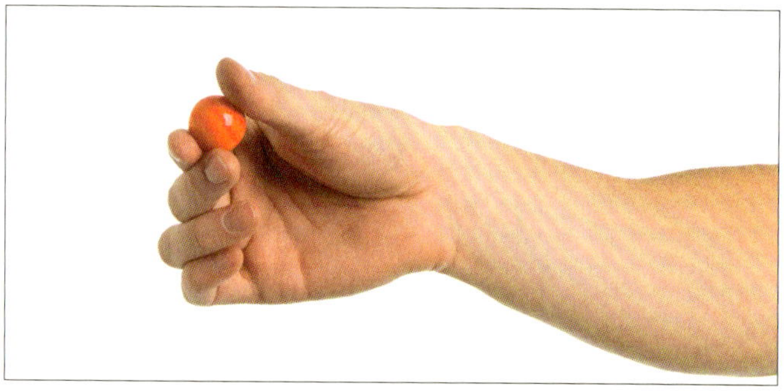

❷ Produire un objet est simple sur le plan technique : vous n'avez qu'à amener la boule de gomme à la vue de tous en vous servant de votre pouce droit. Mais cela est une simplification à outrance.

❸ Tendez votre bras droit, avec votre main prétendument vide, vers votre jeune participant. Avant que votre main n'atteigne son point d'arrêt, fixez intensément la zone où l'objet apparaîtra. Comme si vous voyiez cet objet avant tout le monde. Cela aide les participants à apprécier l'effet.

4 Lorsque vous atteignez l'endroit d'où vous voulez faire surgir la boule de gomme – un coude, l'oreille d'un enfant –, immobilisez votre bras. Faites apparaître la boule en la roulant à l'aide de votre pouce et de vos doigts en faisant comme si vous vouliez cueillir un petit fruit d'un arbre. Tournez votre poignet pour avoir la paume de la main vers l'intérieur, puis vers le haut, et ramenez brusquement votre bras vers vous. Ces gestes aident à détourner l'attention des participants.

5 Présentez la boule de gomme en la tenant entre le pouce et l'index ou le majeur de la main droite.

Couper un enfant en deux

MATÉRIEL
Deux longueurs de ruban de satin de différentes couleurs.

PRÉPARATION Supposons que vos rubans soient jaune et bleu. Coupez chaque ruban à une longueur d'environ un mètre. Faites un gros nœud à chacune des extrémités du ruban jaune.

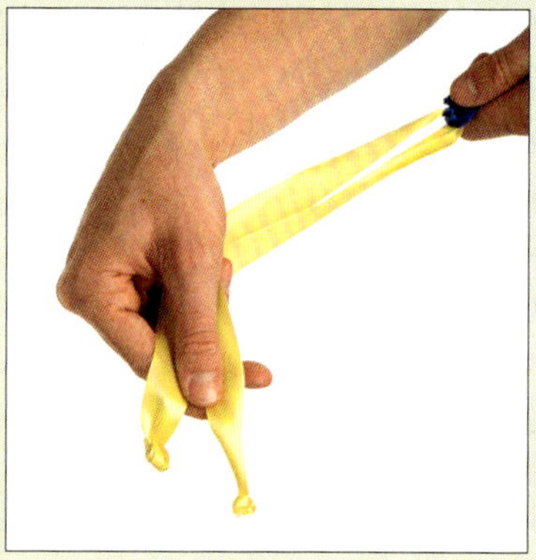

DIFFICULTÉ

L'EFFET Vous avez deux longueurs de ruban, attachées ensemble. Placez-les autour de la taille d'un enfant et tirez. **Les rubans attachés passent à travers la taille de l'enfant, le sectionnant apparemment en deux.**

LE SECRET La façon dont sont attachés les rubans fait en sorte qu'ils glissent *autour* du corps de l'enfant et non à travers.

LA PRÉSENTATION

1 Passez une extrémité du ruban bleu autour du ruban jaune et faites une boucle. Cette boucle doit être suffisamment lâche pour glisser sur toute la longueur du ruban jaune, mais suffisamment serrée pour être retenue par les nœuds à chaque extrémité du ruban jaune.

2 Faites un nœud à l'autre bout du ruban bleu et vous êtes fin prêt à couper quelqu'un en deux.

Présentez à l'assistance ce qui apparaît être deux rubans attachés ensemble. Tirez doucement pour montrer qu'ils sont solidement attachés l'un à l'autre. En fait, les extrémités ne sont pas attachées ensemble – mais la boucle du ruban bleu donne l'illusion d'un double nœud.

❸ Plaquez un des nœuds contre le ventre de votre participant et faites le tour de sa taille avec les rubans. Assurez-vous de placer les rubans de telle sorte que, lorsqu'il regarde sa taille, le ruban jaune est à sa gauche.

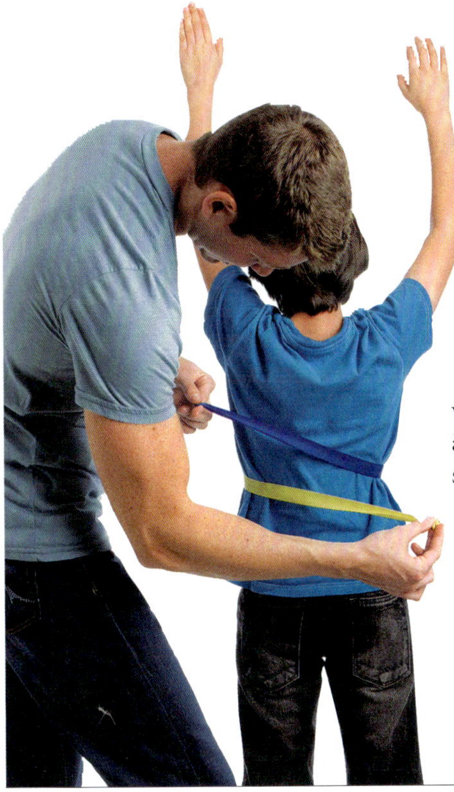

❹ Dans le dos du participant, changez les extrémités de main. Vous devriez tenir l'extrémité du ruban jaune dans la main droite, et celle du bleu, dans la main gauche. Vous pouvez aussi demander à votre assistant de se retourner afin que tous constatent que les rubans se croisent dans son dos.

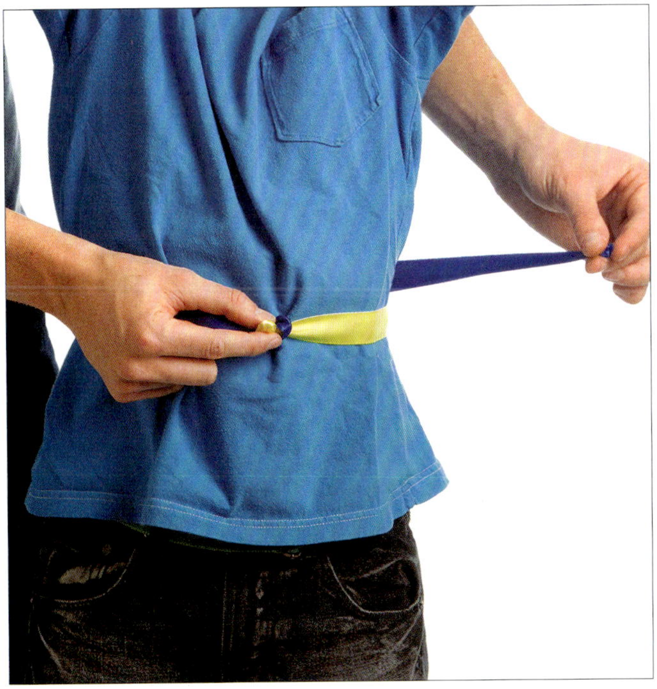

❺ Vous vous apprêtez maintenant à faire passer les rubans à travers le corps de votre participant. Pendant que vous faites semblant de tirer les rubans, rapprochez vivement la main droite du nœud situé sur le ventre du participant. Laissez discrètement tomber l'extrémité du ruban jaune que vous teniez dans votre main droite et tirez le nœud du ruban jaune qui est sur le ventre de votre assistant.

❻ En même temps, tendez les mains vers l'avant en les écartant. Ce mouvement, fait avec célérité, donne l'illusion que les rubans *traversent* le corps du participant.

CLASSE DE MAÎTRE

Les mots que nous employons sont souvent plus frappants que notre magie. De quelle magie parle-t-on ici ? Ah, oui, un petit bout de ruban passe à travers le corps. Intéressant, mais loin d'être emballant. Mais si je vous dis que vous allez vous couper vous-même en deux, alors tout est différent.

Heureusement, ce que vous dites influence ce que vos participants voient. Vous annoncez que vous allez couper votre participant en deux. L'effet prend instantanément une tournure beaucoup plus impressionnante, même si la magie est la même. L'assistance a maintenant une référence, une histoire à laquelle se raccrocher.

Et vous n'êtes pas tenu d'utiliser le scénario proposé dans cette présentation. Que se passerait-il si vous déclariez être un fantôme pour un moment, une apparition translucide sans forme ? L'assistance aurait l'impression que le ruban a passé à travers votre corps comme un couteau à travers du beurre. Et si vous annonciez que les rubans sont effilés comme des lames de rasoir ? Chacune de ces présentations change l'*effet* sans altérer la *magie*.

Vous scier vous-même en deux. En préparant le ruban comme indiqué plus haut et en l'enroulant autour de votre taille, vous deviendrez celui qui se scie lui-même en deux.

CRÉDIT Le légendaire Jim Steinmeyer a inventé cet ingénieux effet. Il a été publié pour la première fois dans *The Real Magic Souvenir Program*.

QUESTION DE SÉMANTIQUE

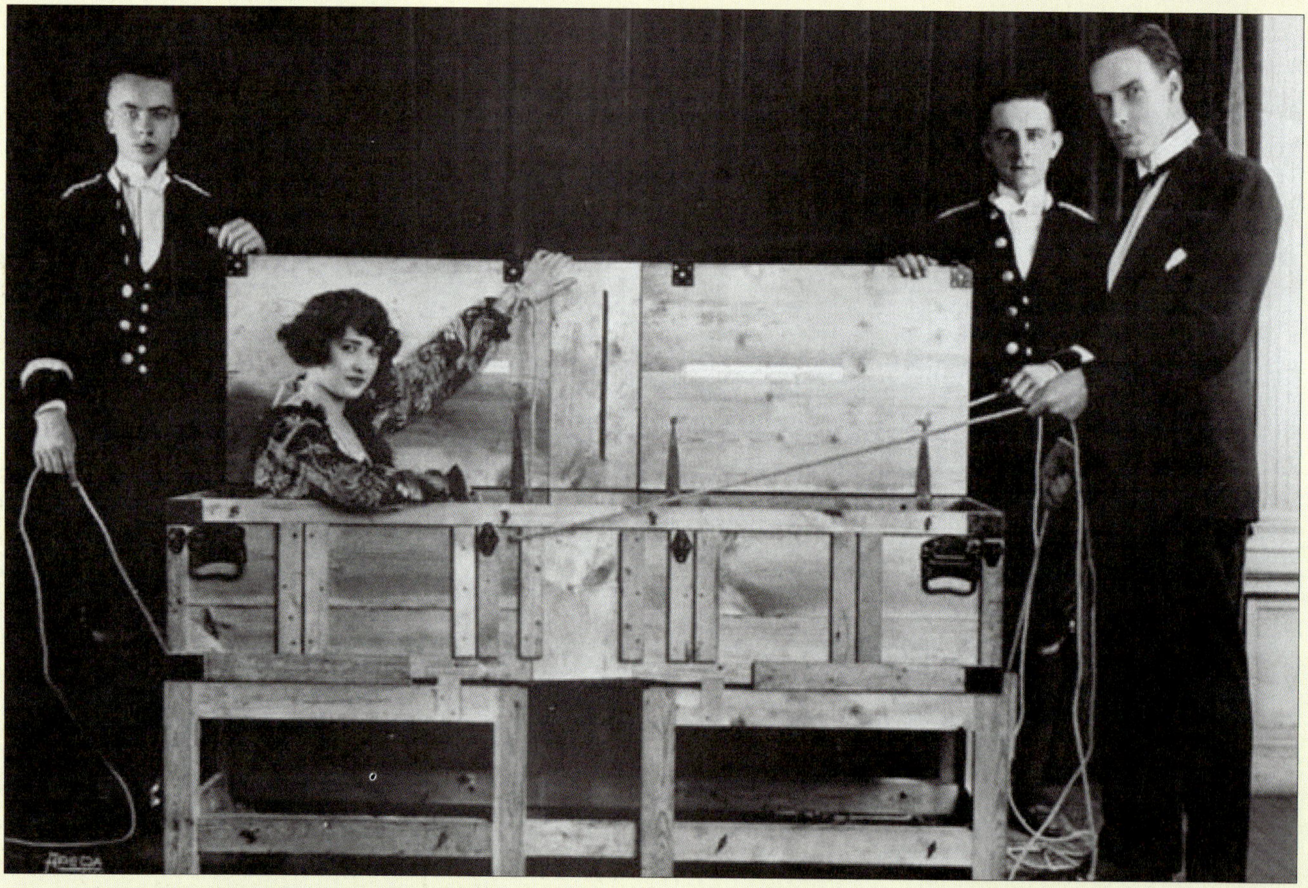

Sur une scène londonienne, en 1921, le magicien P. T. Selbit enferme une femme dans une boîte de bois, sa tête et ses pieds fixés avec une courroie. Puis, il exécute l'impensable : *il scie à travers elle*. Aujourd'hui, les mutilations de belles jeunes femmes sont monnaie courante dans les spectacles d'illusionnisme, mais, en 1921, c'était un numéro provocateur et controversé. Selbit lui donne le nom de « Scier à travers une femme » (*Sawing through a Woman*).

Sa réputation fait vite le tour de l'Angleterre et les nouvelles de son succès franchissent l'Atlantique. Le magicien américain Horace Goldin entend parler de ce numéro et crée sa propre version, qu'il nomme « Scier une dame en deux » (*Sawing a Lady in Half*). En septembre 1921, Selbit se rend aux États-Unis, mais, à ce moment-là, le numéro qui consiste à scier des femmes en deux ne fait plus la manchette. Il retourne en Angleterre et continue à créer des illusions jusqu'à sa mort, en 1938.

Boules de gomme sortant de la bouche

MATÉRIEL
Deux boules de gomme de la même couleur.

PRÉPARATION Aucune.

DIFFICULTÉ ††††

L'EFFET Un tour classique de nos grands-pères qui impressionne encore aujourd'hui: **un nombre infini de boules de gomme sortent de votre bouche.**

LE SECRET Deux mouvements simples donnent l'illusion, lorsqu'ils sont effectués simultanément, d'une réserve sans fin de boules de gomme.

LA PRÉSENTATION

VUE CACHÉE

1 À l'insu de tous, placez une boule de gomme dans votre bouche et conservez la seconde «empalmée» (voir page 178) dans votre main droite.

VUE CACHÉE

2 Lorsque vous êtes prêt à recracher des boules de gomme, amenez la boule de gomme entre vos dents et vos lèvres. (Bienvenue dans le monde secret de la «dextérité buccale»!)

3 En gardant la paume de votre main tournée vers vous (pour que la boule de gomme dans votre main demeure dissimulée), portez votre main droite à votre bouche.

Couvrez votre bouche avec votre main pendant une seconde, le temps de faire deux actions simultanément.

Suite à la page suivante ☞

4 D'abord, rétractez légèrement la langue pour permettre à la boule de gomme visible de tomber dans votre bouche. Scellez les lèvres pendant cette opération. Ensuite, poussez la boule de gomme empalmée pour la faire apparaître au bout de vos doigts de la main droite.

5 Abaissez votre main droite à la hauteur de la taille. Lancez la boule de gomme que vous tenez dans les airs et rattrapez-la; ce geste attire l'œil de tous sur la boule de gomme. Lorsque le lancer est fait de façon fluide, personne ne remarquera l'échange.

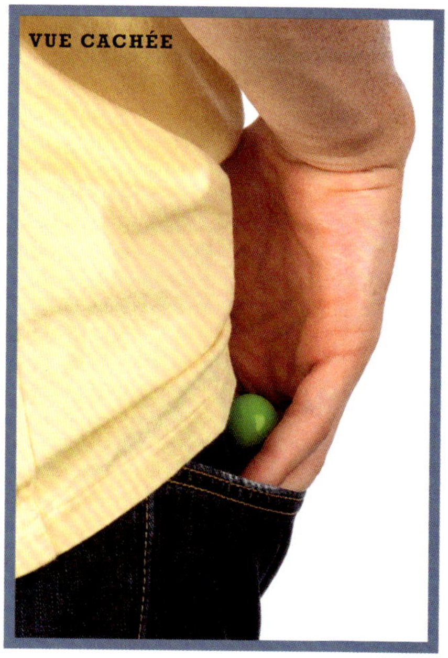

6 Faites semblant de mettre la boule de gomme dans votre poche droite. C'est-à-dire que vous placez effectivement la boule dans la poche droite de votre pantalon, mais, au lieu de la laisser là, vous l'empalmez de nouveau.

7 La main droite toujours dans la poche, manœuvrez pour faire réapparaître entre vos lèvres la boule de gomme qui est dans votre bouche. Prenez un air perplexe, comme si la boule de gomme s'était matérialisée alors que vous tentiez de parler.

8 Retirez la main de votre poche, en cachant encore une fois la boule de gomme derrière vos doigts. Faites semblant de retirer la boule de gomme qui est coincée entre vos lèvres en l'échangeant en cachette avec celle que vous tenez empalmée dans votre main droite.

9 Cet enchaînement des deux mouvements peut et doit être répété plusieurs fois en mimant une surprise croissante. L'effet est peu impressionnant si vous retirez seulement cinq boules de gomme de votre bouche ; j'avais un confrère de classe qui pouvait réellement le faire.

10 Mais lorsque vous retirez apparemment une bonne douzaine de boules de gomme… Eh bien, c'est alors que mon grand-père est devenu mon héros.

CLASSE DE MAÎTRE

Vous avez sans doute remarqué qu'aucun texte ne vous a été proposé. C'est que votre bouche est pleine tout au long de cet effet.

Mais une absence de texte ne veut pas dire qu'il n'y a pas de présentation. David Blaine a lancé sa carrière de magicien en parlant très peu durant ses numéros. Ici, vous devez vous fier à votre monologue intérieur pour vous guider.

Comment réagiriez-vous si vous ne cessiez de régurgiter des boules de gomme ? Que feriez-vous ? Quelle que soit votre réponse, *cela* est votre monologue intérieur. Lorsque je fais ce numéro, je feins d'abord la surprise : je fais des yeux ronds, je hausse les sourcils et je me tiens droit comme un *i*. Puis, au fur et à mesure que les boules de gomme apparaissent, j'exprime de la frustration et mes mouvements deviennent de plus en plus rapides et saccadés. Cela donne à cette séquence plutôt statique et répétitive une qualité dramatique qui en fait un numéro à la fois retors et drôle.

CRÉDIT **Cet effet est souvent attribué à Bellachini qui se servait d'œufs pour l'exécuter, à la fin du XIXe siècle.**

Vieux singe, nouveau tour : se servir d'un faux pouce

Pouce à travers la chemise

MATÉRIEL
Un faux pouce ou un faux doigt de magicien (en vente dans toutes les boutiques d'accessoires de magie).

PRÉPARATION À l'aide de ciseaux, taillez le faux pouce pour qu'il ne recouvre que la première phalange de votre pouce. (Un faux doigt serait préférable, mais ils sont difficiles à trouver.)

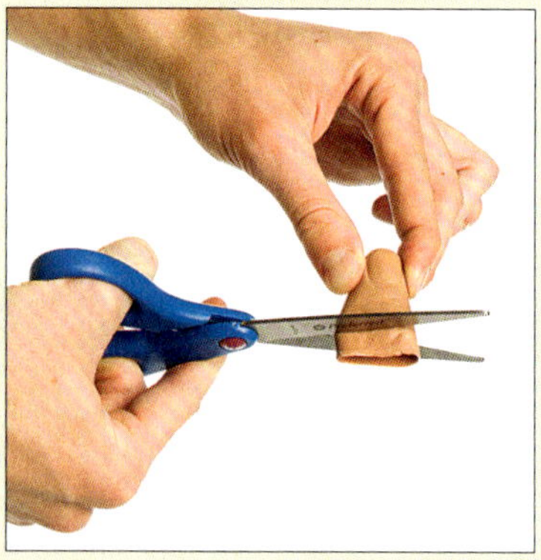

DIFFICULTÉ

L'EFFET Vous vous approchez d'une personne, de préférence quelqu'un que vous ne connaissez pas. Vous attrapez son vêtement et passez votre pouce à travers la manche de sa chemise. Un peu plus tard, la chemise du participant est réparée. Cet effet est idéal pour briser la glace dans une réunion informelle. **Ne sous-estimez pas cet effet simple mais choquant qui consiste à faire un trou dans la chemise de quelqu'un et à la réparer.**

LE SECRET Cette illusion de pénétration n'est possible qu'avec un faux pouce.

LA PRÉSENTATION

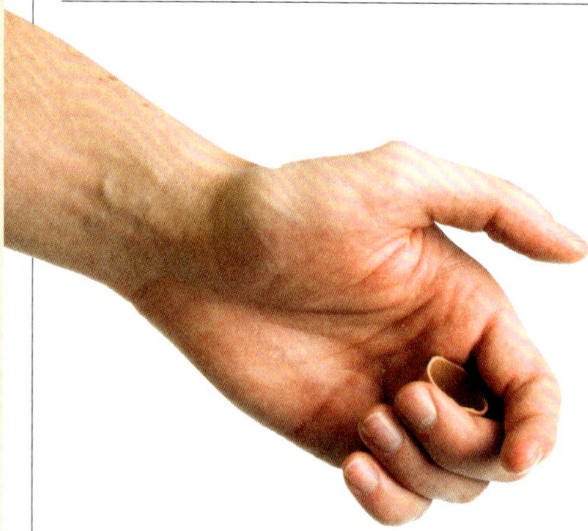

1 Pour commencer, cachez le faux pouce sous les doigts pliés de votre main gauche. L'ouverture du faux pouce doit être face vers le haut, c'est-à-dire près de votre index gauche.

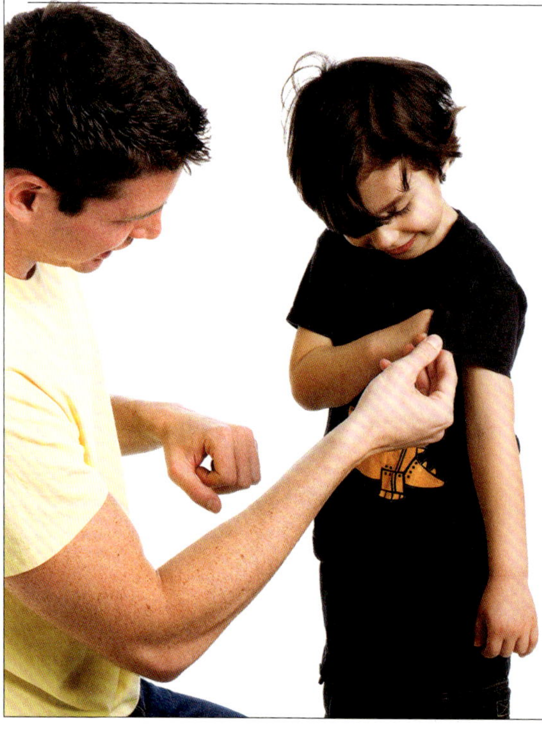

2 Approchez-vous d'un participant et scrutez sa chemise comme si vous veniez d'y remarquer une tache. En vous servant de vos deux mains, tirez sa manche vers vous de quelques centimètres. (Faites ce geste lentement et sans aucune agressivité ; votre but est de réaliser un effet et non de provoquer une bagarre.)

3 Déplacez votre main droite vers l'intérieur de sa manche. Faites poindre votre index droit à travers le tissu et placez votre main gauche à l'extérieur de la manche. Poussez votre index droit à travers le tissu dans le faux pouce. Le tissu se trouve alors coincé entre votre vrai index et l'intérieur du faux pouce. Entrez et sortez votre index dans un mouvement de va-et-vient. Ainsi, la perception qu'auront les participants du faux pouce sera toujours un peu floue, et toute différence de couleur et de taille entre vos vrais doigts et ce faux pouce se trouve camouflée. Vous venez de créer l'illusion parfaite d'un trou dans le tissu.

Faites une pause – suffisamment longue pour que le propriétaire de la chemise s'affole. Pour réparer le « dégât », pliez votre index droit vers le bas et fermez vos doigts de la main gauche sur le faux pouce. Retirez votre index droit du faux pouce, que vous empalmez avec les doigts de votre main gauche (comme à l'étape 1).

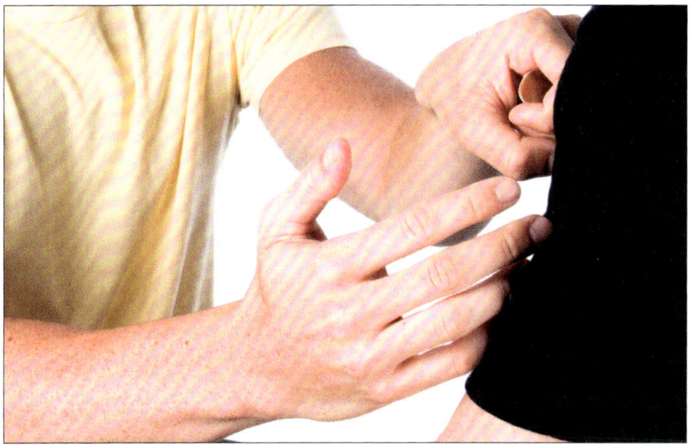

4 Immédiatement après avoir retiré votre main droite, frottez l'extérieur de la manche de cette main, comme si vous vouliez effacer le trou.

Cela fait, reculez de quelques pas et savourez le spectacle : le propriétaire de la chemise est persuadé qu'il y a un trou dans sa manche. Il examine le tissu à la recherche du fameux trou, puis vous regarde avant de reprendre son examen, hésite et vous regarde de nouveau – incapable de concilier ce que vous avez fait avec ce qu'il voit. C'est le moment idéal pour lui annoncer que vous êtes magicien !

CLASSE DE MAÎTRE

J'avais l'impression que cet effet était plutôt quelconque jusqu'à ce que j'assiste à un spectacle de Gregory Wilson où il mystifie des dizaines d'étrangers avec ce numéro. Il le présente d'ailleurs plus comme un gag que comme un effet de magie. Lorsque le tissu est réparé, les gens sont d'abord confus, puis émerveillés. Ce qui est très amusant à observer, et encore plus amusant à réaliser.

MAÎTRE MODERNE

GREGORY WILSON

Gregory Wilson est l'un des magiciens de magie rapprochée (*close-up*) les plus talentueux et les plus divertissants. Avant de devenir magicien, il a été comédien professionnel pendant de nombreuses années – un talent qui lui sert dans le numéro qu'il a baptisé « Un acte criminel ». Toute sa présentation est fondée sur le fait qu'il est un arnaqueur, et il entraîne son public à travers une revue hilarante d'arnaques classiques… avec une touche de magie.

Disparition d'un animal de compagnie

L'EFFET **Montrez une photo de vous avec votre chien et faites disparaître le chien de la photo.**

LE SECRET Il y a deux photos et un simple échange.

MATÉRIEL
Quelqu'un qui peut se servir d'un appareil photo numérique et prendre des photos de vous, une imprimante, plusieurs impressions sur imprimante, un élastique, une paire de ciseaux et votre animal favori.

DIFFICULTÉ

PRÉPARATION À l'ère des appareils photo numériques et des imprimantes, la seule partie un peu plus ardue de cet effet est devenue un jeu d'enfant. Demandez à un complice de prendre deux photos de vous. Sur la première, posez en compagnie de votre chien, chat ou iguane préféré. Affichez une mine radieuse sur cette photo ; après tout, vous êtes en compagnie de votre meilleur ami. La seconde sera presque identique à la première, mais sans l'animal. Prenez un air confus (pour la plupart d'entre nous, cette expression vient tout naturellement). L'arrière-plan et l'éclairage doivent être identiques sur les deux photos.

Imprimez une copie de la photo 1 (la photo avec « Sadie le chien ») et environ une douzaine de copies de la photo 2.

❶ Amputez, à l'aide des ciseaux, la photo 1 de la portion de votre corps qui est la même que sur la photo 2 (n'ayez crainte, vous n'en souffrirez pas).

❷ Alignez la photo 1 (avec Sadie le chien) sur la pile des copies de la photo 2 (sans chien).

❸ Votre tête et votre corps, sur les deux photos du dessus, devraient s'ajuster parfaitement. Attachez la pile de photos avec un élastique large afin de donner l'impression que vous avez une pile de photos de vous avec votre chien. (L'élastique masquera la coupure entre les deux photos.) En fait, toutes les photos, sauf celle du dessus, sont des photos de vous *sans* votre chien.

LA PRÉSENTATION

❶ Montrez votre pile de photos et offrez-en une à un ami. Présentez-les comme suit: « Voici mon chien Sadie. » Inclinez la pile de photos vers votre ami pour qu'il voie la photo de votre chien. Il est important qu'il voie le chien sur la photo – sinon sa disparition n'aura aucune signification pour lui. Vous pouvez ajouter des commentaires comme: « Vise un peu ces oreilles! » ou « As-tu vu sa queue? »

❷ « Comme la plupart des chiens, Sadie fait des tours. Voici un de mes tours favoris: Sadie, tourne-toi! » Tournez la pile de photos à l'envers. Votre ami sera loin d'être impressionné. Demandez-lui de tendre la main, paume vers le haut.

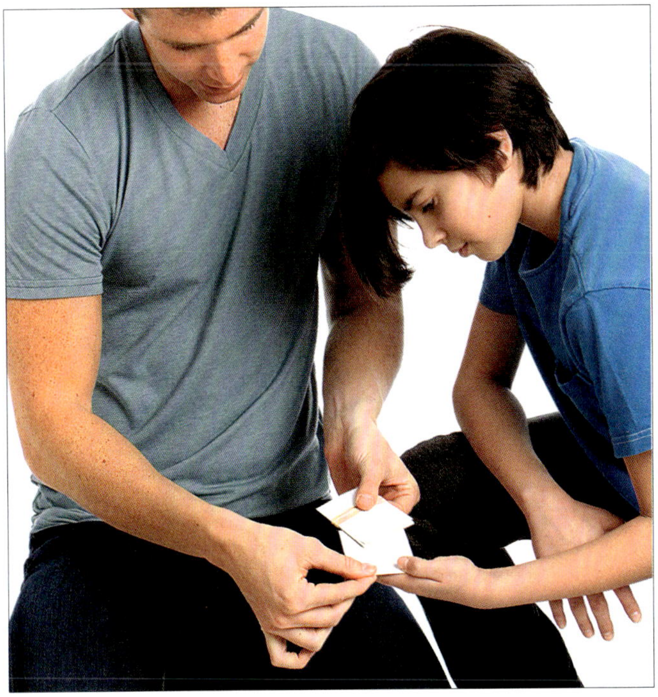

❸ « En voici un autre: Sadie, assis! » Retirez ce qui semble être la photo du dessous (la photo 1, avec le chien) et remettez-la à votre ami. Et c'est ici qu'intervient l'échange secret.

Suite à la page suivante ☞

❹ Vous retirez en fait la deuxième photo du dessous de la pile, une photo sans le chien. Pour ce faire, tirez sur la partie visible de la deuxième photo – qui correspond à la partie que vous avez coupée sur la photo avec le chien. Dégagez-la de l'élastique qui la retient et demandez à votre ami de la libérer complètement, toujours à l'envers, du paquet.

« Reste ! » commanderez-vous à votre chien en fixant intensément la photo. (Votre ami est toujours loin d'être impressionné.) Sans quitter pas la photo des yeux, vous mettez avec nonchalance la pile de photos dans votre poche, éliminant ainsi toute preuve de l'échange.

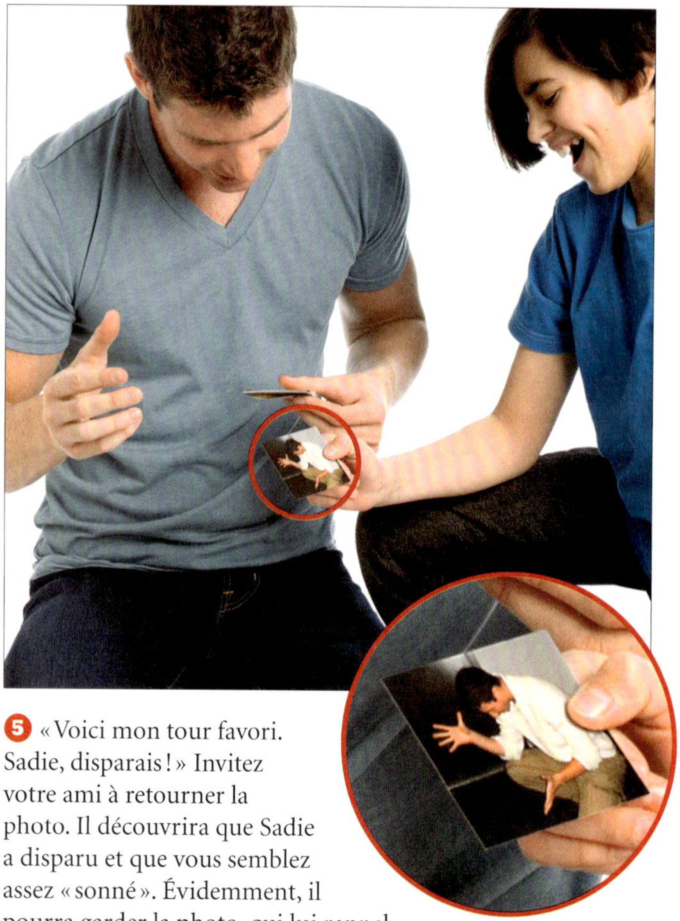

❺ « Voici mon tour favori. Sadie, disparais ! » Invitez votre ami à retourner la photo. Il découvrira que Sadie a disparu et que vous semblez assez « sonné ». Évidemment, il pourra garder la photo, qui lui rappellera la disparition de votre chien.

CLASSE DE MAÎTRE

Presque tous les gens aiment les animaux et adorent partager leurs anecdotes à leur propos. Je garde une pile de photos sur moi, de sorte que je suis toujours prêt à exécuter cet effet lorsque l'occasion se présente.

Cette présentation n'est pas si ridicule que vous pourriez le penser. Je suis né à Canton, dans l'État de l'Ohio, et j'ai plusieurs voisins qui se font photographier avec leur caniche et qui vous offrent ensuite ces photos. Une coutume qui ne manque pas de charme. Un peu bizarre, je vous l'accorde, mais tout de même charmante.

Vous n'avez pas à vous limiter à ce thème des animaux de compagnie. Voici quelques autres idées que vous pourriez exploiter en vous servant du même stratagème :

La statue qui disparaît. Demandez à quelqu'un de vous prendre une photo de vous devant une statue ou un édifice célèbres (la tour Eiffel, par exemple, ou le pont de Brooklyn) et une autre photo de vous sans le monument en question en arrière-plan.

Le fou du village. Connaissez-vous quelqu'un qui vous ennuie dans votre cercle d'amis ? Prenez une photo de vous avec cette personne et une photo de vous sans elle et prouvez à tous que vous êtes capable de la faire disparaître.

Des tonnes d'argent. Demandez à quelqu'un de prendre deux photos de vos mains : la première, de vos mains vides, et la seconde, avec beaucoup de billets de banque. Vous pourrez alors raconter une histoire à propos de la fois que de l'argent est apparu au bout de vos doigts. Et vous aurez une photo pour prouver vos dires !

CRÉDIT **Ce subterfuge est basé sur ce que les magiciens appellent le principe du *Out to Lunch*. Clare Cummings et Bob Ellis y ont donné ce nom dans les années 1940. Ce principe remonte au XIXe siècle et, en 1923, William Larsen père a publié une version avec papier.**

Manches et mouchoirs

L'EFFET Voici un effet classique très populaire auprès des enfants. Si vous êtes jeune ou si vous enseignez la magie à un jeune, c'est un effet très amusant à réaliser – produire une quantité apparemment infinie de pièces de tissu, de confettis ou petits objets. **Vous allez produire un nombre apparemment infini de bouts de tissu.**

LE SECRET Vous cachez un tube à l'intérieur du tube, créant ainsi un compartiment secret pour camoufler tous les objets que vous ferez apparaître au cours de votre numéro.

MATÉRIEL
Des bouts de tissu et un grand morceau de carton.

DIFFICULTÉ †

PRÉPARATION Vous devez d'abord construire le tube – que vous appellerez votre « manche ». Coupez deux carrés de carton d'environ 50 cm. Vous pouvez varier la dimension du tube selon la taille des objets à y dissimuler, mais un tube de cette dimension est un bon début.

1 Roulez un carré de carton pour en faire un tube et fixez-le en place avec du ruban adhésif.

Roulez le second carré en un tube d'un diamètre un peu plus petit que le précédent et insérez-le dans le grand tube. Façonnez le tube intérieur pour lui donner la forme d'un cône.

2 L'une des extrémités du cône intérieur doit avoir sensiblement le même diamètre que le grand tube et l'autre extrémité sera d'un diamètre plus petit afin de laisser quelques centimètres d'espace entre le cône intérieur et le grand tube pour y dissimuler les divers objets.

3 Remplissez l'espace avec ce que vous voulez : des bouts de tissu, des mouchoirs, des confettis, des petits jouets, des bonbons, etc. Tassez les objets dans le tube et remplissez tout l'espace disponible.

LA PRÉSENTATION Cet effet s'exécute très bien au son d'une musique, car, après tout, il y a des limites à ce que nous pouvons dire à propos de bouts de tissu ou de confettis.

❶ Avant de faire apparaître les objets, insérez votre main dans le tube et dites que c'est votre « manche ». Vous pouvez parler à votre public de la façon dont les magiciens se servent de leurs manches et annoncer que vous vous apprêtez à en faire une démonstration.

Pointez l'ouverture « large » vers vos participants et invitez-les à vous regarder à travers le tube. L'illusion est parfaite : ils voient d'un bout à l'autre du tube et celui-ci semble vide. À cause de leur perspective limitée, ils ne verront pas qu'il y a un compartiment secret.

❷ En tenant le tube à la verticale, l'ouverture large vers le plancher (donc le compartiment secret vers le plafond), commencez à retirer les objets. Faites apparaître quelques foulards de soie et quelques bonbons que vous lancerez vers l'assistance, puis montrez de nouveau que le tube est vide.

❸ Continuez de la sorte jusqu'à ce que le compartiment secret soit vide.

CLASSE DE MAÎTRE

Je travaille comme bénévole dans un refuge pour femmes dans ma ville natale et j'enseigne la magie à des enfants issus de familles dysfonctionnelles. La magie les aide à prendre de l'assurance. Je montre aux enfants comment construire la manche et ensuite comment exécuter l'effet. C'est un projet idéal à réaliser en classe et l'exécution est si facile que tous peuvent le faire.

CRÉDIT Le magicien anglais Jules Danby a inventé l'illusion du tube d'argent en 1919.

CHAPITRE SIX

MIRACLES AU TRAVAIL

Dans ce chapitre

Opération Crayon

Télékinésie et trombone

Mathémagie

Disparition du stylo

Le feuillet autocollant plié

Pensée de groupe

Actions psychiques

Magie autour d'un café

Argent mental

Ceinture noire du trombone

Magie virtuelle

MAGIE ET FACÉTIES AU BUREAU

Voici une série de présentations conçues pour épater et inspirer les gens d'affaires.

N'aimeriez-vous pas « voir » les pensées d'un employé ? Plier du métal grâce à votre esprit ? Que diriez-vous de pouvoir prévoir les fluctuations de la Bourse ? Jusqu'à présent, ces désirs appartenaient au domaine des rêves et des films. Mais des effets comme « Pensée de groupe », « Télékinésie et trombone » et « Actions psychiques » feront de ces rêves une réalité, du moins dans l'esprit de vos collègues.

Qu'est-ce qui distingue vos présentations corporatives de toutes les autres ? La magie ! Grâce à la magie, vous pourrez ajouter une touche d'humour, profiter d'une interaction avec l'assistance et de moyens fabuleux pour transmettre l'information contenue dans vos rapports trimestriels. Vous cherchez à créer une impression durable ? « L'argent mental » viendra à votre rescousse.

Ce chapitre explore diverses façons magiques d'influencer votre assistance. Vous apprendrez des effets mystérieux qui favorisent l'esprit d'équipe et la communication à l'interne. Vous ferez la preuve que *tout* est possible lorsque vous exécuterez le classique « Mathémagie » – sans conteste le numéro de chiffres le plus incroyable.

Chaque numéro de prestidigitation corporative est complètement indépendant – et plusieurs se réalisent dès le premier essai. Les accessoires requis sont déjà sur place : du ruban adhésif, des ciseaux, des feuillets autocollants et des trombones. Et chaque effet s'adapte à votre gamme de produits ou au thème de la prochaine réunion mensuelle.

Ce chapitre prouve que la magie motive. Il y a un *message* derrière ces mystères. Servons-nous-en pour étonner. Servons-nous-en pour *inspirer*.

L'ÉCHAUFFEMENT

Les grands gestes cachent les petits gestes

L'idée qu'un geste large et ouvert puisse en camoufler un autre, plus secret, est le principe sur lequel reposent beaucoup de manipulations et d'effets de magie – et constitue une forme de détournement d'attention. Dans ce chapitre, plusieurs effets sont fondés sur ce simple principe. Voici un exemple pour l'illustrer.

1 Présentez votre côté gauche à votre assistance, en l'empêchant de voir votre côté droit. Tenez un crayon du bout des doigts de votre main droite et étendez la main gauche, la paume vers le haut.

Cette disparition mise autant sur le détournement d'attention que sur la technique. La diversion est dans ce que vous dites : « Je vais faire apparaître une pièce de 25 cents dans ma main au compte de trois. » Montrez votre main gauche, qui est vide, et, avec le crayon dans votre main droite, indiquez votre paume gauche.

Tout le monde s'attend à une apparition – et non à une disparition. Grâce à cette présentation, vous pourriez commettre un meurtre et vous en sortir… à plus forte raison, vous pourrez très certainement placer votre crayon derrière votre oreille sans vous faire prendre.

2 Voici comment le tout se déroule. Levez le bras droit avec le crayon dans la main dans un grand geste vers le haut, en vous apprêtant à frapper dans votre main gauche au compte de « un ». Levez la main droite jusqu'à ce que le crayon touche votre oreille droite. Les membres de l'assistance ne peuvent voir où se trouve exactement le crayon à cause de leur angle de vision, et comme ils ont les yeux rivés sur votre main gauche à cause de la pièce qui est supposée y apparaître, ils ne regarderont pas votre visage.

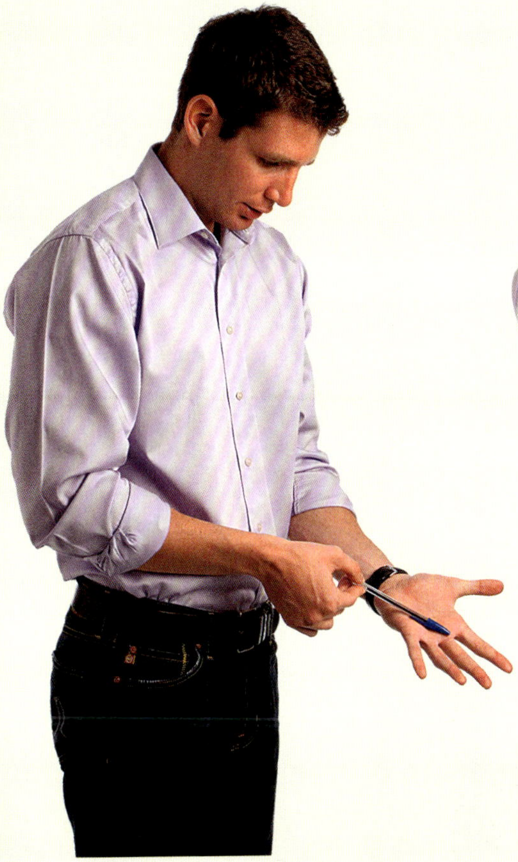

❸ Marquez le rythme dans votre main à l'aide du crayon. Répétez ce geste au compte de « deux ».

❹ Au compte de « trois », le geste de votre main droite demeure le même, mais, cette fois, vous déposerez le crayon *derrière votre oreille droite*. Souvenez-vous que personne ne se concentre sur le crayon, et encore moins sur votre oreille. Vous avez toute la couverture qu'il vous faut pour réaliser ce tour de passe-passe. Le crayon derrière l'oreille, vous poursuivez votre mouvement comme si vous aviez toujours le crayon à la main.

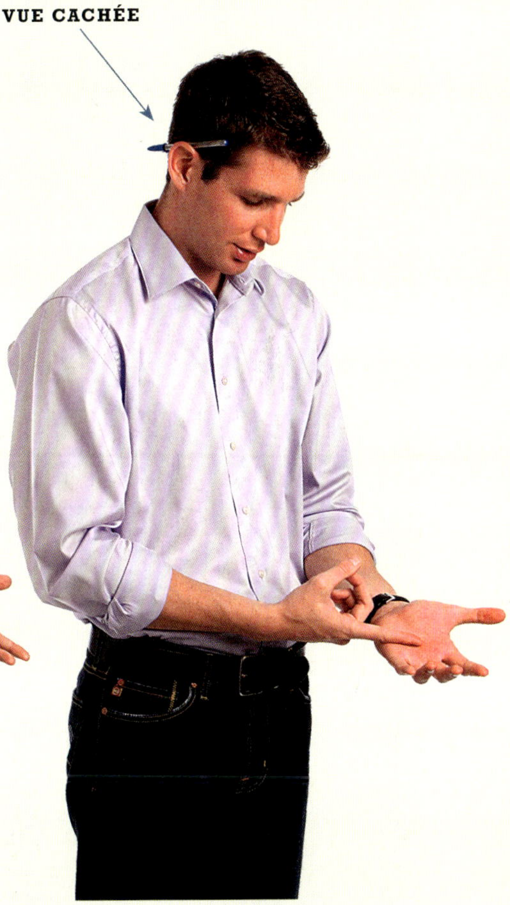

❺ Frappez votre main gauche avec les doigts de votre main droite et marquez une pause avant de vous écrier : « Attendez, le crayon a disparu ! » Laissez le temps à vos participants d'assimiler cette surprise étonnante, et tournez-vous ensuite jusqu'à ce qu'ils remarquent la réapparition du crayon… derrière votre oreille.

Le large geste de marteler votre paume gauche dissimule le petit geste de placer le crayon derrière votre oreille.

Opération Crayon

MATÉRIEL
Un billet d'un dollar américain, un stylo emprunté et un feuillet autocollant carré d'environ 5 cm.

PRÉPARATION Vous devrez emprunter le feuillet autocollant et le stylo. Placez le billet de banque, le visage vers le haut, sur une surface recouverte d'un tapis. Poussez la pointe du stylo à travers le billet près de l'extrémité droite, le long de la ligne où l'espace blanc se termine et où commence la bordure. Agrandissez l'incision suffisamment pour que le stylo puisse y entrer, mais pas plus. Retirez le stylo.

Pliez maintenant les deux bouts l'un sur l'autre, en gardant le visage à l'intérieur. Ne pliez pas le billet exactement en deux ; faites en sorte que le bout gauche dépasse l'incision secrète. Dépliez le billet et gardez-le dans votre portefeuille. Souvenez-vous de ne pas le dépenser !

DIFFICULTÉ

L'EFFET Vous faites un trou dans un billet d'un dollar américain en poussant un stylo à travers le billet. Puis, vous procédez à une « chirurgie psychique » pour fermer le trou et guérir instantanément la blessure de George Washington.

LE SECRET Le crayon passe effectivement à travers une fente réalisée au préalable, mais, grâce à une illusion optique et auditive, vous donnez l'impression que le trou est au centre. Il est en fait près de l'extrémité droite du billet.

LA PRÉSENTATION

Une conversation à propos des médecins ou de la médecine en général constitue une bonne introduction pour ce numéro. C'est aussi une excellente façon d'ensoleiller la journée d'un patient hospitalisé ou d'en aider un autre à se relaxer avant une opération chirurgicale. Quel que soit votre préambule, dirigez la conversation sur la guérison psychique.

Le sujet de la guérison psychique est abordé. « Vous savez, ce sont ces gens qui font des incisions et qui retirent des organes sans même percer la peau. » La plupart des gens connaissent ce concept, surtout ceux qui ont vécu les années 1970. « Ces gens ne font pas de la médecine – ils font de l'escroquerie. Et je vais vous le prouver. »

1 Sortez le billet de banque truqué de votre portefeuille et demandez à emprunter un stylo et un feuillet autocollant. Ces deux objets se trouvent facilement dans les bureaux ou peuvent aisément être déposés au préalable dans une chambre d'hôpital. Tenez le billet avec vos deux mains, le portrait de George Washington faisant face à votre participant. Les doigts de votre main gauche l'empêchent de voir l'incision. Vous pouvez l'inviter à examiner George de plus près et à s'assurer que tout a l'air normal.

2 « George sera le patient sur lequel nous effectuerons une chirurgie psychique. » Pliez le billet le long du pli que vous y avez déjà imprimé. « Infirmier, direz-vous en pliant le billet, le patient est prêt. » Collez la moitié du feuillet autocollant le long d'un des côtés du billet plié et l'autre partie du feuillet, de l'autre côté du billet ; le feuillet recouvre donc le pli du billet. Pendant que vous procédez à cette opération, vous dites : « Ceci est la jaquette d'hôpital de George – ne riez pas, j'ai dû en porter une de cette taille, un jour. » En plaçant le feuillet de cette manière, vous vous assurez qu'il adhérera au billet sans l'aide de vos doigts. Dans cette position, vous pouvez nonchalamment présenter les deux côtés du billet couvert de votre main gauche. Vous n'avez qu'à couvrir le trou dessous avec vos doigts pendant que l'assistance examine les accessoires en question.

3 Prenez le stylo. Déposez le capuchon sur la table et servez-vous du stylo comme d'une seringue. Tenez le stylo dans votre main droite et insérez la pointe entre les deux bouts « ouverts » du billet. Glissez secrètement le stylo dans le trou déjà découpé. Le participant vous verra glisser le stylo à l'intérieur du billet, mais, en fait, la pointe sortira en dessous du billet, à l'insu de tous.

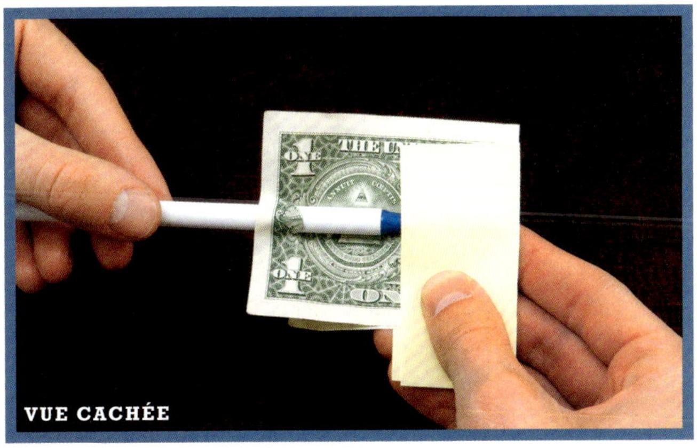

4 Continuez à glisser le stylo vers le pli du billet, en veillant à ce que la pointe aille entre le dessous du billet et le feuillet autocollant plié qui que recouvre. « Les chirurgiens psychiques, direz-vous, affirment faire de vraies incisions. » En disant cette phrase, placez vos mains de telle sorte qu'elles tiennent à la fois le feuillet autocollant et le billet par les côtés, près du pli.

5 Appuyez l'extrémité du stylo sur vous. Servez-vous de votre corps pour avoir l'air de pousser le stylo à travers le billet de banque.

En poussant lentement, vous créez une illusion qui est à la fois visuelle et auditive. Le participant voit le stylo pénétrer entre les parties du billet plié et il le voit ressortir à l'extrémité pliée. Il *voit* la pointe du stylo percer le feuillet autocollant. En même temps, il *entend* le bruit du billet qui se déchire (en fait, ce qu'il entend, c'est le bruit du feuillet autocollant qui se déchire, et non celui du billet, mais ce qu'il voit fausse ce qu'il entend).

Suite à la page suivante

6 Poussez la pointe du stylo à travers le feuillet autocollant et faites-la sortir d'environ 2,5 cm. Faites une pause pour permettre au participant d'examiner la scène. Montrez-lui la partie visible du billet (celle du dessus).

7 Laissez votre participant regarder de plus près le trou dans le feuillet autocollant.

8 Décollez une partie du feuillet, lui donnant ainsi à voir l'effet « sanglant » de la chirurgie. Il sera convaincu que le stylo a bel et bien troué le billet de banque.

Tirez le stylo pour qu'il passe complètement à travers le feuillet autocollant. « Ce qui rend la chirurgie psychique si étonnante, c'est qu'aucune incision n'a été faite », direz-vous en déposant le stylo sur la table et en enlevant le feuillet du billet de banque.

9 Exposez aux regards de tous le trou qui a été fait au centre du feuillet autocollant. Dépliez ensuite le billet, en recouvrant l'incision sur le côté avec les doigts de la main gauche, et placez-le de sorte que George soit face à l'assistance. Avant que celle-ci ait la chance de se concentrer sur son portrait, couvrez-le de vos doigts de la main droite.

Effectuez un geste de pétrissage, comme si vous étiez en train de « guérir » le trou dans le billet. Écartez vos doigts du centre du billet et serrez-le entre vos doigts de façon que vos deux mains soient dans la même position. Vous pouvez dès lors inviter un participant à toucher George. Il ne découvrira pas de trou au milieu du billet, tout simplement parce qu'il n'y en a pas. Et il ne cherchera pas de trou sous vos doigts de la main gauche, parce qu'il ne s'attend pas à en trouver un à cet endroit.

« N'oubliez jamais : il semble que j'ai guéri ce billet par magie. Mais, à l'instar des guérisseurs psychiques…, ce n'est qu'une illusion. »

CLASSE DE MAÎTRE

Il existe une corrélation directe entre l'impact sur l'assistance et la participation de cette dernière. Je ne dis pas que tout le monde doit tirer une carte à un spectacle de magie, je parle de participation à plusieurs niveaux. « Opération Crayon » est une illusion troublante parce que trois des cinq sens du participant sont sollicités.

D'abord, il *voit* le stylo pénétrer le billet. Il *entend* le billet se déchirer. Il *touche* ensuite le billet restauré. Ajoutez à cela une référence culturelle qui l'a toujours intriguée – la chirurgie psychique. Vos participants ne doivent pas seulement regarder votre spectacle, ils doivent en faire partie.

CRÉDIT Des effets comme « Opération Crayon » ont été explorés par de grands créateurs tels Jay Sankey, David Harkey et Steve Fearson. Ce tour, par contre, a été inventé et publié pour la première fois par le magicien japonais Johnny Hirose, en 1984.

SCEPTIQUE ?

Lorsque vous exécutez ce tour, vous perpétuez une longue tradition. Depuis la montée du spiritisme, dans les années 1840, des magiciens comme Harry Houdini se sont fait un point d'honneur de démasquer les charlatans en s'assurant que la magie était utilisée pour susciter la joie et non pour profiter des gens. Le sceptique James Randi et les magiciens Penn et Teller poursuivent aujourd'hui cette tradition en exécutant des « chirurgies psychiques » pour illustrer combien les « vrais psychiques » sont de « vrais arnaqueurs ».

En faisant de la magie, vous devenez le dépositaire de puissants secrets. Et avec ces secrets, vous devenez redevable à votre public. Vous éprouverez parfois la tentation de déclarer que votre magie est réelle, mais ne cédez pas à cette tentation. Utilisez plutôt vos talents et votre immense pouvoir pour divertir et éduquer votre public. Harry Houdini aurait été fier de vous.

Les magiciens Penn et Teller exécutent des numéros époustouflants.

Télékinésie et trombone

MATÉRIEL
Une boîte de trombones.

PRÉPARATION Assurez-vous d'avoir des trombones à portée de main.

DIFFICULTÉ

L'EFFET **Un tour faisant appel à de simples trombones qui entre dans la catégorie des cuillères que l'on plie.** La journée est longue au bureau et tout le monde converge vers votre poste de travail en souhaitant pouvoir avancer l'heure. Vous donnez un trombone à un de vos collègues de travail et lui demandez de le déplier pour en faire un fil de métal bien droit. Vous prenez le fil entre deux doigts, parfaitement immobile. Au début, rien ne se produit. Puis, alors que vous demeurez immobile, les extrémités du fil commencent à se courber légèrement vers le haut. Le trombone se redresse en deux endroits. Vous remettez immédiatement le trombone plié à votre collègue en lui faisant remarquer que c'est bien dommage que ce truc ne fonctionne pas sur les aiguilles d'une horloge.

LE SECRET Prenez un trombone en métal et tentez de le mettre le plus droit possible. Vous découvrirez qu'il est impossible d'éliminer les tortillons, et c'est là le secret. Tenez le trombone redressé près d'une extrémité entre votre index et votre majeur gauches et roulez le fil de fer sur le bout de votre pouce gauche. Roulez le trombone *extrêmement lentement* afin que le mouvement de rotation ne soit pas apparent. Vous remarquerez, en faisant rouler le trombone, que le moindre tortillon fait que le fil de fer s'anime, s'élance vers le haut ou le bas et décrit des cercles. Le secret de ce tour étant assez dérisoire et évident, ajoutons donc un peu de fumée pour étoffer le tout.

LA PRÉSENTATION

❶ Le créateur de cet effet, Daniel Garcia, a conçu une foule de petits effets entourant l'effet principal, ce qui requiert, pour les exécuter, une bonne provision de trombones identiques, de préférence toujours dans leur boîtier d'origine en plastique. Montrez les trombones dans leur contenant, soulevez le couvercle et tendez la boîte à une participante.

Dites, d'une voix nasillarde et racoleuse: « Choisissez un trombone, n'importe quel trombone. » Laissez le temps à l'assistance de réagir, mais encouragez votre participante à prendre un trombone: « Rappelez-vous votre trombone et ne me le laissez pas voir. » Une fois qu'elle aura pris un trombone, tendez-lui de nouveau la boîte et demandez-lui de le remettre en place, puis refermez le couvercle. « Je vais maintenant les mélanger », direz-vous avant de secouer vigoureusement la boîte de trombones. Sans dire un mot, ouvrez le couvercle et prenez un trombone que vous exposerez à la vue de tous. « Merci beaucoup », direz-vous, puis, lorsque la salve d'applaudissements se sera calmée, demandez à la participante de prendre un autre trombone.

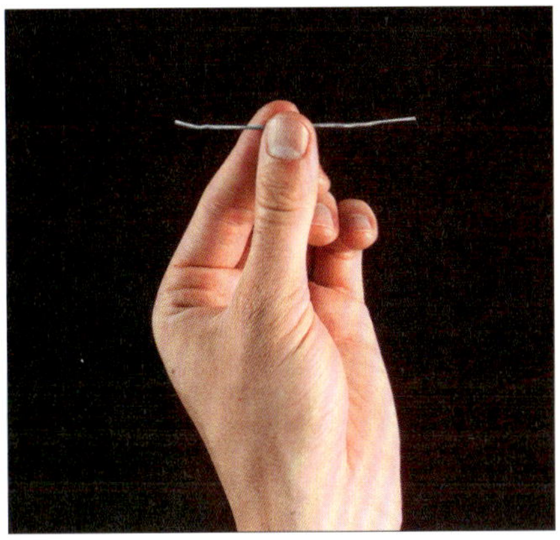

❷ Demandez-lui de le redresser du mieux qu'elle pourra. Comme nous l'avons déjà vu plus haut, il est impossible d'éliminer complètement les trois tortillons qui se sont formés à l'endroit où le métal était plié. Rassurez-la en lui disant que la tige de métal n'a pas à être parfaitement droite.

Prenez la tige de métal dans votre main droite, en la tenant près du bout droit entre vos doigts et votre pouce. Montrez la tige de métal à la ronde en la tenant à la hauteur de votre poitrine, puis faites-la passer dans votre main gauche. Prenez la tige entre le pouce (en bas) et l'index et le majeur (en haut). Montrez à tous la tige redressée dans votre main gauche.

❸ Vous exécutez deux actions en même temps: tournez-vous vers la gauche pour avoir l'air de montrer la tige de métal aux participants situés à l'extrême gauche. Simultanément, poussez avec votre pouce pour courber légèrement le métal. La courbe, bien douce, devra mesurer moins d'un centimètre et ne doit pas former un angle aigu. Votre mouvement vers la gauche et la position de vos doigts camouflent votre geste. Une fois que vous aurez courbé la tige de métal, retirez votre majeur gauche et reprenez la tige pour la tenir à l'apex de la courbe entre le pouce et l'index gauches.

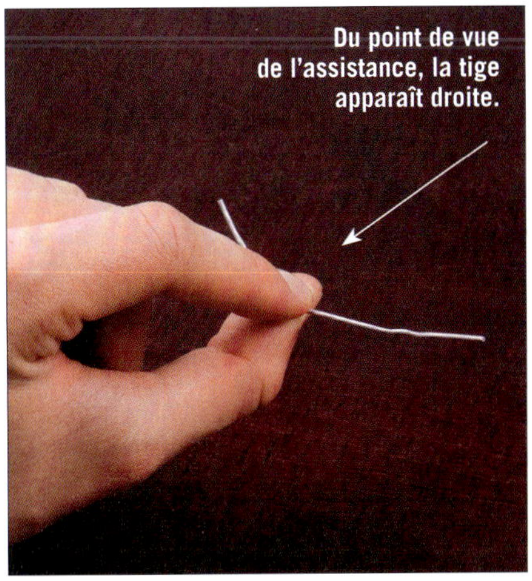

❹ Roulez la tige de métal de façon que la courbe s'incline vers l'avant, parallèle au sol. Du point de vue de l'assistance, la tige de métal apparaît droite.

Suite à la page suivante

5 D’en haut, la courbe est évidente ; heureusement, la plupart des bureaux n’ont pas de sièges au balcon, vous n’avez donc pas à vous préoccuper de vos angles. Votre main droite aide à détourner l’attention du public de ce que fait votre main gauche.

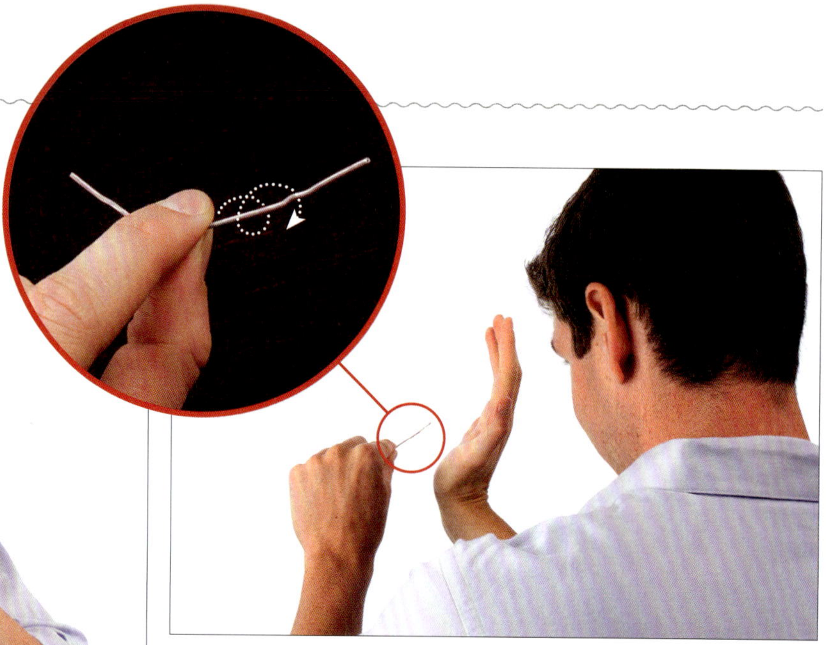

6 La diversion, dans cc tour, vient de votre main droite. Pour sembler faire plier le métal, agitez les doigts de votre main droite à environ 15 cm de l’extrémité droite de la tige. Pendant que vous bougez votre main droite, faites rouler la tige en glissant votre index gauche vers l’arrière *très, très lentement,* à l’insu de tous. Les bouts de la tige donneront alors l’impression de s’arrondir vers le haut. Bougez les doigts droits lentement au début et prétendez que vous faites plier la tige de métal par la seule force de votre volonté. Comme la tige possède plusieurs tortillons et une courbe, même le plus léger mouvement de la tige est une fête pour les yeux.

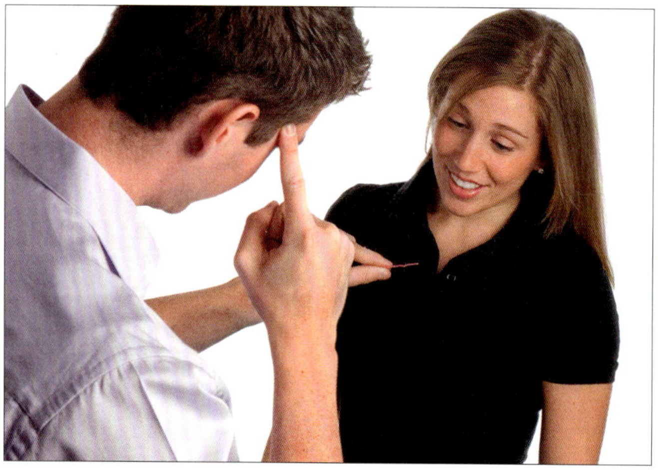

7 Faites une courte pause, votre main gauche complètement immobile. Portez l’index droit à votre tempe, fermez les yeux et prenez votre air le plus zen.

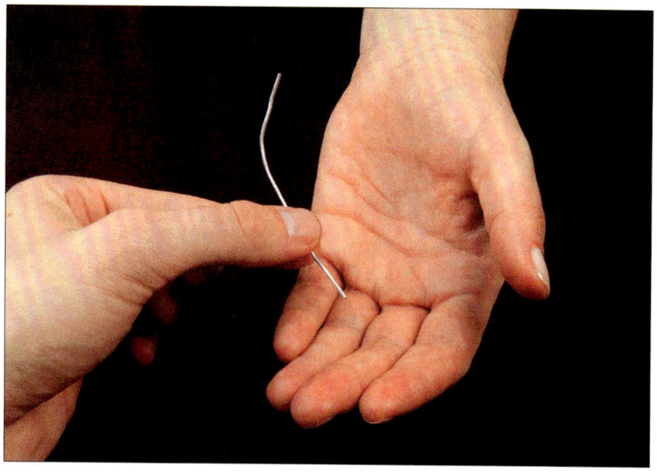

8 Ouvrez les yeux et placez votre main droite à quelques centimètres de la tige de métal.

Remuez les doigts, cette fois-ci beaucoup plus rapidement. Pendant que vous remuez la main droite, tournez la tige un peu plus jusqu’à ce que les extrémités pointent vers le haut.

Tendez la tige recourbée à vos participants pour qu’ils l’examinent. Feignez l’épuisement comme si cet effort mental vous avait complètement vidé.

CLASSE DE MAÎTRE

Cet effet a tous les ingrédients d'un tour de magie mémorable. C'est un impromptu; vous pouvez l'exécuter partout où vous trouverez des trombones. Il est facile à faire, la partie la plus difficile de ce tour étant de déplier le trombone…, et c'est le travail de la participante.

De plus, l'effet est visuel. Les gens réagissent mieux aux activités qu'ils voient qu'à celles qu'ils doivent déduire. Cet effet serait nettement moins intéressant si vous placiez le trombone redressé dans votre poche, faisiez claquer vos doigts et le ressortiez de votre poche courbé. L'effet « Télékinésie et trombone » ne laisse rien à l'imagination.

Si possible, votre présentation doit arriver à-propos. Exécutez cet effet à la suite d'un commentaire comme celui-ci: « J'ai vu un type à la télévision qui faisait plier les cuillères avec son esprit », ou lorsque le sujet des perceptions extra-sensorielles, de la Force ou d'Uri Geller est abordé.

Comme cet effet est très visuel, vous trouverez plusieurs occasions de faire ce numéro. Vous pouvez le réaliser pour votre collègue de travail ou pour le service de la publicité en entier.

Enfin, cet effet est *commercial*. C'est un mot que les magiciens emploient pour décrire les effets qui favorisent les échanges avec le public. Vous pouvez présenter cet effet en y mettant une touche dramatique ou comique.

CRÉDIT Le magicien d'Houston, Daniel Garcia, a conçu cet effet alors qu'il était à l'école primaire. Aujourd'hui âgé de 24 ans, il l'utilise toujours dans ses spectacles et il m'a gracieusement donné la permission de le partager avec vous.

LE GESTE MAGIQUE

Cela peut sembler fou, mais, dans l'effet « Télékinésie et trombone », je veux que vous preniez la gestuelle de la main droite très au sérieux. La main droite détourne l'attention de la méthode (soit les doigts gauches qui font bouger la tige). Mais les gestes de la main droite déterminent également comment les gens percevront l'effet « Télékinésie et trombone ». Le geste d'agiter la main indique que vous faites courber le métal et montre explicitement à votre assistance à quoi ressemble la magie.

Pour dissiper le doute, l'assistance doit ressentir un moment magique. C'est pourquoi les magiciens se servent d'une baguette et de formules magiques. *Pensez comme les gens qui assistent à votre spectacle.* Le coup de baguette provoque l'apparition du lapin dans le chapeau (et non la trappe dans la table). La pièce ne se retrouve pas derrière l'oreille de votre neveu par un vulgaire tour de passe-passe; elle apparaît lorsque vous claquez les doigts en disant « Abracadabra ».

Vous n'avez pas à remuer les doigts pendant toute la durée du numéro. Mais, comme dans tous les tours, vous devez faire *quelque chose*. Au lieu de se servir d'une baguette magique, le maître de la diversion, Al Goshman, se servait d'une salière pour saupoudrer ses accessoires de sel! Comme le dit si bien Arthur Brandon dans son spectacle *Milo et Roger*: « La magie est vraiment juste un paquet de *bull**#%!. Mais vous devez savoir comment la ramasser. »

Mathémagie

MATÉRIEL
Un stylo ou un crayon-feutre à encre indélébile et une feuille de papier.

PRÉPARATION Alors que ce numéro peut être exécuté au dos d'une carte de visite ou sur une serviette de table, je vais vous expliquer une façon de le présenter devant de larges groupes de personnes. Au crayon-feutre indélébile, dessinez, sur un chevalet ou sur un tableau d'affichage, une grille de quatre carreaux de haut et de quatre carreaux de large. Les lignes n'ont pas besoin d'être parfaitement droites.

Voici où la tricherie entre en jeu. Avec un crayon à la mine, écrivez, en pesant très peu, les chiffres suivants dans le coin supérieur gauche de chaque carreau :

8	11	N	1
N-1	2	7	12
3	N+2	9	6
10	5	4	N+1

Souvenez-vous que personne (l'assistance et tout professeur qui serait dans le coin) ne doit voir votre écriture. Si vous envisagez d'ajouter cet effet à votre répertoire, il serait préférable de mémoriser les chiffres de la grille.

DIFFICULTÉ

L'EFFET **Des calculs mentaux surhumains qui ressemblent à de la magie !** En vous servant d'un nombre donné, par exemple 51, vous remplissez une grille de chiffres qui ont l'air d'avoir été pris au hasard. Mais vous faites remarquer une coïncidence intrigante : toutes les rangées s'additionnent pour donner 51. Toutes les colonnes donnent 51, ainsi que les diagonales, et chaque quadrant. Vous obtenez le nombre 51 de 16 façons différentes ! Oh, j'oubliais : vous devez remplir la grille en moins de 30 secondes.

LE SECRET Vous devez faire quelques calculs faciles, mais presque tous les chiffres dans la grille restent toujours les mêmes. Vous pouvez donc consulter vos notes ou vous fier à votre mémoire. Les seuls chiffres qui changent chaque fois sont des équations comportant un N (il y en a un dans chaque rangée).

Vous calculez N en soustrayant 20 du nombre de départ. Tous les autres calculs se font en criant ciseaux.

Une fois que le participant a donné un nombre, soustrayez 20 et mémorisez le résultat. En vous servant d'un crayon-feutre, copiez les chiffres inscrits dans votre grille en partant de la rangée du haut, de gauche à droite. Parvenu à la troisième case de la première rangée, inscrivez la valeur du N. Remplissez le reste de la grille de cette façon.

Comme 12 des chiffres sont simplement retranscrits du coin des carreaux (ou de votre mémoire), même si vous hésitez un peu sur ces équations bien simples, vous pourrez remplir la grille en moins de 30 secondes.

Abordons maintenant la partie amusante : l'attribution du mérite. Le carré magique (comme on l'appelle souvent) est une des merveilles incroyables des mathématiques. Vous savez maintenant comment ça marche, mais vous serez à tout coup épaté par le fait que cela marche *toujours*.

Le total de ce qui suit égale toujours le chiffre de départ :

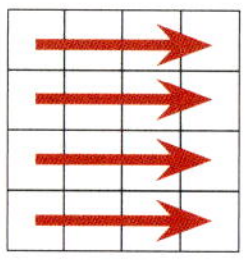

Les quatre rangées

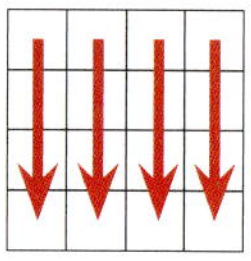

Les quatre colonnes

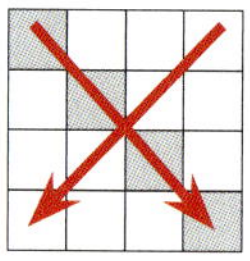

Les deux diagonales

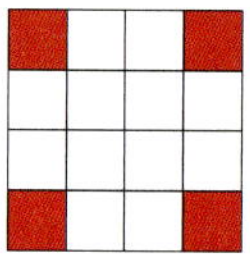

Les chiffres des quatre coins

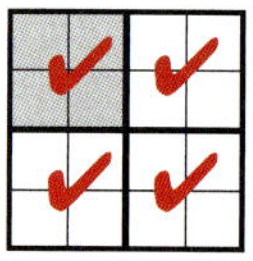

Les quatre quadrants

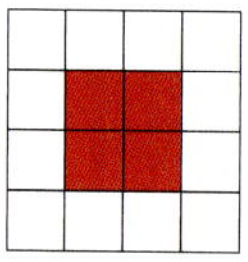

Les quatre chiffres centraux

Seize façons d'additionner en tout. C'est très impressionnant. Mais il y a aussi un petit côté absurde : d'autres additions possibles (les deux diagonales opposées, les deux côtés du centre), mais un peu trop obscures pour en faire mention dans un spectacle !

Vous savez donc comment faire un carré magique. Mais sans présentation, un carré de chiffres relèvera toujours du domaine des mathématiques – au mieux, des casse-tête. Il ne manque qu'une partie à cette équation, et c'est… vous !

LA PRÉSENTATION

Commencez un spectacle corporatif en disant: « Notre entreprise – n'importe quelle entreprise, en fait – est comme une immense équation: le bon produit plus les bons clients, multipliés par le service fiable, agréable, moins la compétition et divisés par une douzaine de beignets et deux cafés décaféinés égalent le succès. Et dans n'importe quelle entreprise, les mathématiques se doivent d'être parfaites. Mais les mathématiques nous montrent aussi qu'en travaillant très fort tout est possible.

« Dans cet esprit, je veux vous montrer quelques aspects de mon dur labeur. Vous montrer aussi que tout est possible. »

❶ Indiquez à tous la grille vide. (Où peuvent se trouver quelques chiffres écrits très petits.) Demandez à quelqu'un: « Michel, as-tu une trotteuse, sur ta montre? » Tenez pour acquis qu'il en a une. « Dans un instant, je vais demander à Sylvie de nommer n'importe quel chiffre inférieur à 100 et je vais utiliser ce chiffre pour faire 16 différents calculs. Et toi, Michel, tu t'assures que je les fais en moins de 30 secondes. Lorsque je te le dirai, tu commences à suivre la trotteuse pendant 30 secondes – ce qui équivaut à la moitié du grand cercle. » (Cette remarque fera rire les gens.) « Mais j'aimerais que tu fasses le décompte des 10 dernières secondes à voix haute, comme ceci: dix, neuf, huit… Ça va? »

8	11	N	1
N-1	2	7	12
3	N+2	9	6
10	5	4	N+1

LE CALCUL DE N SE FAIT EN SECRET

Nombre donné est 38	38 -20 18	N=18

❷ Tenez le crayon-feutre près de la case supérieure gauche sur la grille. « Sylvie, dites-moi n'importe quel chiffre. » Supposons qu'elle vous crie 38. Soustrayez immédiatement 20 de ce chiffre, votre chiffre secret N est donc 18. « Allez Michel, vas-y. » NOTE: si la personne vous donne un nombre inférieur à 20, dites-lui simplement: « Onze, c'est trop facile, donnez-moi un plus gros chiffre! »

Dès que le décompte est commencé, écrivez aussi rapidement que possible.

8	11	N 18	1
N-1 17	2	7	12
3	N+2 20	9	6
10	5	4	N+1 19

❸ La première rangée est très facile à remplir – vous connaissez déjà tous les chiffres: 8, 11, 18 (votre numéro secret) et 1. La première case de la deuxième rangée est N - 1 (soit 18 – 1 = 17), et ensuite 2, 7 et 12. Poursuivez l'exercice le plus rapidement possible. Vous y arriverez toujours en moins de 30 secondes. Après tout, vous connaissez presque toutes les réponses. En un rien de temps, votre grille « 38 » sera remplie.

« Ce que j'ai essayé de faire en remplissant cette grille, c'est qu'en additionnant tous les chiffres de chacune des rangées j'arrive à un total de 38. Vérifions, pour voir. »

Suite à la page suivante ☞

❹ À cette étape, procédez *lentement* à l'addition des chiffres de chaque rangée afin que tous puissent suivre vos calculs.

Huit et 11 donnent 19 et 19 plus 18 donnent 37 plus 1 égalent 38 ! Ne soyez pas inquiet, toutes les rangées donneront 38 ; vous pouvez additionner à voix haute, vous ne ferez pas d'erreur.

Une façon d'enjoliver l'opération est d'entourer chaque rangée d'une couleur différente. Pour mettre en évidence le nombre de fois que le total correspond au chiffre de départ, 38 ici, tracez un trait en bas de votre grille chaque fois que vous obtenez ce nombre. Faites les additions des colonnes un peu plus rapidement, en sautant les calculs intermédiaires : « Huit et 17 et 3 et 10 font 38 », direz-vous en faisant la somme de la première colonne.

❺ Lorsque vous aurez terminé les additions des rangées et des colonnes, le tableau aura cet aspect. « Tout est possible », direz-vous en faisant remarquer les huit traits sous le tableau.

Voici un gag que je fais assez souvent. Je mets la main dans ma poche pour en retirer de la menue monnaie (ou je mets ma main en coupe pour faire semblant qu'elle contient plusieurs pièces de monnaie). Je marmonne, comme si je me parlais à moi-même : « Six cents, un 5 cents… plus 4… », et me livre à de savants calculs pour enfin annoncer, avec un grand sourire, que la somme donne bel et bien… 38 ! Ce gag détend l'atmosphère et donne l'occasion à l'assistance d'applaudir.

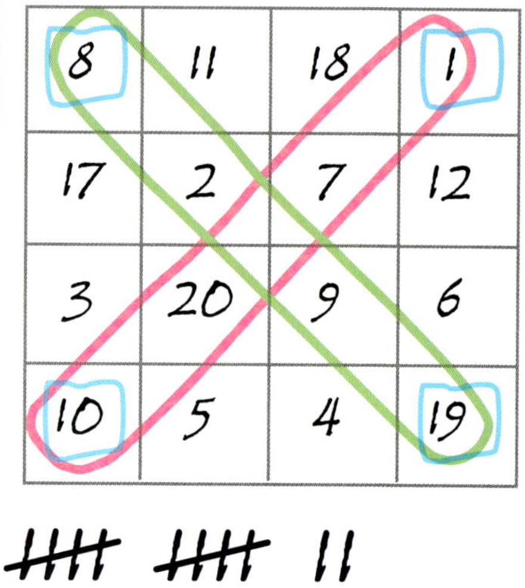

❻ « Je vais maintenant vérifier si les chiffres des diagonales donnent 38. » Entourez chacune des diagonales et déclarez qu'elles donnent, elles aussi, aussi 38. Ajoutez deux traits au bas de la grille.

« Même la somme des chiffres des quatre coins donne 38, direz-vous en entourant ces chiffres : 8 et 1 et 10 et 19 égalent 38 ! »

CLASSE DE MAÎTRE

Les mathématiques occupent une partie de notre vie personnelle et professionnelle, que vous calculiez des pourboires ou les dérivés du nombre pi, et ce numéro fait de vous un Pythagore en herbe. De plus, vous êtes assuré de le réussir du premier coup. Et bien sûr, vous pouvez même l'exécuter après avoir bu quelques cocktails.

La clé est de trouver la bonne occasion de le faire. Par exemple, après qu'un ami a calculé le pourboire à laisser, vous pourriez démontrer vos talents en calcul derrière l'addition. Si vous devez assister, dans votre travail, à des réunions budgétaires, servez-vous de « Mathémagie » pour susciter l'intérêt.

À l'université, j'étais inscrit à un cours de mathématique des affaires et j'ai fait, au tableau noir, le « Mathémagie » quelques minutes avant le début du premier cours. Les quelque 80 étudiants présents ont d'abord été stupéfaits, puis ont cru s'être trompés de cours ! Le professeur – un statisticien de renom – a été tellement impressionné que (*a*) il a cru avoir affaire à un jeune Einstein et (*b*) il a insisté pour que je lui enseigne le carré magique afin d'épater ses autres étudiants.

En fait, « Mathémagie » n'entre pas dans la catégorie des tours de magie. Pourquoi ? Parce qu'il parvient à l'*opposé* de la magie. Il montre l'adresse. L'essence véritable de la magie artistique est de dissimuler toute forme d'adresse. Ici, la magicienne n'est pas en train de faire l'impossible : elle fait la démonstration que c'est possible – quoique difficile. Si

7 « Même la somme des quadrants donne 38, direz-vous, 8 plus 11 plus 17 plus 2 égalent 38 ! » Entourez chaque quadrant avant de les additionner à voix haute afin que l'assistance puisse suivre vos calculs. Augmentez considérablement la cadence. Même si vous n'êtes pas pressé, « Mathémagie » requiert un enthousiasme et même un sentiment d'urgence pour être bien joué. Comme il a été établi au tout début que c'était une course contre la montre, il est dans votre intérêt d'accélérer la cadence vers la fin. Et les quatre quadrants se situent justement près de la fin.

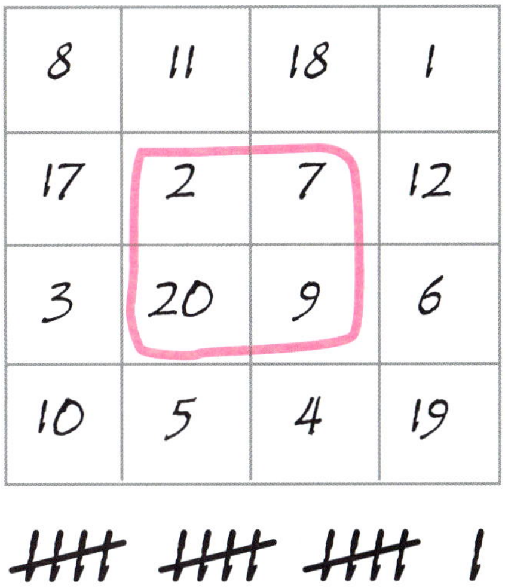

8 « J'ai gardé le meilleur pour la fin. Le carré central – les chiffres intérieurs. » Entourez le quadrant central. « Additionnez avec moi : 2 plus 7 plus 20 plus 9. Et c'était la seizième façon de faire 38. Tout est possible ! »

MAÎTRE MODERNE

PAUL GERTNER

La motivation par la magie fonctionne – et rapporte ! Paul Gertner gagne sa vie comme magicien corporatif (il se décrit lui-même comme un « *infotainer* »). Il donne un spectacle intitulé *Magie de la pensée* à l'intention des entreprises privées dans lequel il partage des techniques de remue-méninges « magiques » utilisées par Houdini, Einstein, Edison et De Vinci. Il travaille de concert avec les gestionnaires de ses clients sur les façons d'intégrer leurs produits ou leurs slogans dans son spectacle afin de donner une nouvelle signification à leurs programmes. En parlant de la capacité d'une entreprise à changer, il transforme un billet de 20 dollars emprunté en un vrai billet de 1000 dollars.

« Toute présentation réussie nécessite un élément de magie, dit Paul Gertner. Il faut que quelque chose retienne l'attention de l'assistance pendant que les informations sont données. La magie a l'unique habileté de capter l'attention des gens tout en transmettant un message. »

vous voyez une carte cachée dans la paume de la magicienne, l'illusion est rompue. Elle a montré sa dextérité (ou plutôt son manque de dextérité). Mais lorsque quelqu'un fait 16 calculs en moins de 30 secondes, l'habileté de l'exécutant ne fait aucun doute. C'est pourquoi les magiciens et les mentalistes fascinent leur public avec les carrés magiques depuis plusieurs centaines d'années : c'est notre chance de nous éloigner des trappes, de remonter nos manches et d'acquérir une *vraie* crédibilité.

La présentation proposée plus haut est conçue pour susciter l'intérêt du milieu des affaires. « Tout est possible » est le thème – l'accroche émotionnelle qui captive l'assistance et entraîne les gens à participer à votre spectacle. « Mathémagie » est un tour assez abstrait et il demande un élément plus humain.

Et c'est ici que vous entrez en scène. Vous pouvez discourir sur votre « autre » emploi à la NASA ou expliquer à votre comptable que, vous aussi, vous savez jouer avec les chiffres. Il existe une foule de moyens d'animer les mathématiques : la présentation dont vous vous servez, le contexte dans lequel vous faites votre numéro, l'interaction avec la personne chargée de chronométrer votre performance et avec les participants, le panache avec lequel vous révélez les sommes, le gag des pièces de monnaie. Vous souvenez-vous combien les cours d'algèbre étaient soporifiques ? La seule différence qui existe entre le fait d'être assis en classe et l'ovation debout est l'accroche émotionnelle.

CRÉDIT Le carré magique remonte à presque 2700 ans.

Disparition du stylo

MATÉRIEL
N'importe quel stylo avec un capuchon. Vous devrez porter un vêtement muni des poches à l'avant, comme un pantalon ou un veston.

PRÉPARATION Assurez-vous de vous être suffisamment exercé devant un grand miroir (la salle de bain est souvent l'endroit idéal !).

DIFFICULTÉ

L'EFFET Vous faites disparaître un stylo et son capuchon... devant les yeux de vos collègues de travail. Retirez le capuchon d'un stylo à bille et exposez-les à la vue de tous sur la paume de votre main gauche tendue. Dites à la participante que vous allez faire disparaître le capuchon, mais ce sera le stylo qui disparaîtra. Un peu plus tard, vous regardez à votre gauche et le stylo est réapparu derrière votre oreille. Et comme vous l'aviez promis, le capuchon s'est dématérialisé.

LE SECRET Vous placez le capuchon dans votre poche. C'est tout ! Bien que la méthode soit toute simple, cet effet constitue un enseignement de maître dans l'art de détourner l'attention. Vous vous servirez de moyens physiques et mentaux pour détourner l'attention de ce qui serait autrement des gestes flagrants.

LA PRÉSENTATION

1 « Avez-vous déjà entendu l'adage qui dit que la main est plus rapide que l'œil ? » Une question est l'une des meilleures façons de susciter l'intérêt et d'interagir avec votre participante. Écoutez sa réponse et dites-lui ensuite que vous avez l'intention de faire disparaître le capuchon du stylo. Cette déclaration est une diversion mentale ; vous créez chez elle une attente de ce qui est sur le point de se dérouler. Elle est conditionnée à croire que le capuchon se volatilisera et non le stylo. (Voir la section « L'échauffement » au début de ce chapitre, à la page 136.)

Placez le capuchon du stylo sur la paume de votre main gauche tendue et tenez le stylo dans votre main droite. Pointez le stylo vers le capuchon.

2 Il est probable que votre participante ne quittera pas le capuchon des yeux, quoi que vous disiez ou fassiez. Cela constitue la diversion physique. Elle se concentre sur le capuchon – peut-être sur la zone entourant votre main gauche, mais certainement pas sur votre oreille droite.

3 La participante doit être à votre gauche. Faites un léger mouvement vers la droite. Chaque fois que vous comptez (« un, deux…, trois!), soulevez le stylo dans votre main droite vers votre tête en faisant en sorte que la pointe touche presque le haut de votre oreille.

4 Au compte de « un et de « deux », ramenez le stylo vers votre main gauche.

5 Touchez le capuchon avec votre stylo comme si vous aviez une baguette magique à la main.

Suite à la page suivante ☞

❻ Au dernier compte, amenez votre main droite vers votre oreille comme les deux premières fois. Mais cette fois-ci, installez le stylo derrière votre oreille. La vitesse n'a aucune importance : personne ne regarde.

❼ En enchaînant votre mouvement, ramenez la main droite à proximité du capuchon. Le mouvement doit être fluide. Assurez-vous de garder votre poing droit fermé comme si vous aviez toujours le stylo à la main. Faites une pause pour marquer le coup. Au début, vos participants penseront que vous avez échoué : le capuchon est toujours dans votre paume gauche. Mais ils finiront par remarquer que c'est le stylo qui a disparu.

❽ Tournez-vous nonchalamment vers la participante. Elle ne verra peut-être pas immédiatement le stylo derrière votre oreille droite, mais plus elle y mettra de temps et plus la situation devient amusante. Ce sont des moments comme celui-ci qui rendent la magie excitante. Vivez-les pleinement. Si d'autres personnes assistent à votre performance, certaines le verront plus rapidement que d'autres.

❾ Pendant que vous retirez le stylo de l'arrière de votre oreille, tournez-vous vers la gauche. En faisant ce mouvement, vous donnez à tous une meilleure vue du stylo derrière votre oreille et vous mettez commodément le capuchon *hors de vue*.

Pendant que vous retirez ouvertement le stylo avec votre main droite, vous glissez subrepticement de la main gauche le capuchon dans votre poche gauche.

10 En enchaînant, retournez-vous de façon à faire face à l'assistance. Comme votre main gauche est maintenant visible, rappelez-vous que vous devez plier un peu les doigts comme si vous teniez toujours le capuchon.

Proposez de refaire la démonstration. Comptez jusqu'à trois en refaisant le même geste avec le stylo. Cette fois, n'oubliez pas de fermer le poing gauche.

11 Au compte de trois, ouvrez votre main gauche pour montrer que le capuchon a disparu.

CLASSE DE MAÎTRE

Lorsqu'un stylo et son capuchon disparaissent, tout le monde dans l'assistance est sûr que la main est plus rapide que l'œil. Mais comme vous le savez à présent, la clé n'est pas de bouger les mains plus rapidement que les yeux. La clé est de garder les yeux des participants plus occupés que vos mains.

Ceux qui enseignent la magie donnent souvent l'exemple de l'effet « Disparition du stylo » pour illustrer deux concepts puissants. Nous avons déjà exploré le concept de la diversion mentale et physique (et comment on peut les utiliser de concert). Comme on l'a vu dans « L'échauffement » à la page 136, le second concept est simple: les grands gestes cachent les petits gestes.

Dans la « Disparition du stylo », le fait de tourner sur vous-même constitue le grand geste. Glisser le capuchon dans votre poche est le petit geste. Quand deux actions se déroulent simultanément, souvenez-vous de ces deux points:

1. Les yeux des participants sont rivés sur le grand geste;
2. Les yeux des participants suivent le premier mouvement.

Pour illustrer, regardons de nouveau l'exécution de la « Disparition du stylo ». Est-ce qu'on vous a vu mettre le capuchon dans votre poche? Voici un bon truc. Réduisez le plus possible la distance entre votre main gauche et votre poche avant d'y laisser tomber le capuchon. Cela rend le geste encore plus « petit ». Lorsque vous êtes prêt à vous tourner vers la gauche, faites-le dans un mouvement un peu plus ample. Enfin, assurez-vous que vous faites ce mouvement vers la gauche *avant* de porter votre main gauche à votre poche. De cette façon, les membres de l'assistance dirigeront leurs yeux sur votre corps et non votre main gauche.

CRÉDIT La chorégraphie de cet effet appartient à Harry Crawford, avec l'aide de Lou Tannen et Harry Lorayne.

Le feuillet autocollant plié

MATÉRIEL
Un crayon ou un crayon-feutre et un carnet de feuillets autocollants.

PRÉPARATION Déchirez un petit morceau d'un feuillet autocollant, en prenant soin de ne pas toucher à la partie adhésive. La languette que vous déchirez devrait avoir environ 4 cm de long et 1 cm de large. Collez un bout de cette languette au bord adhésif à l'arrière d'un autre feuillet autocollant. L'onglet sera plus efficace s'il est collé au centre.

En vue de la présentation de l'effet, placez le feuillet truqué sur le dessus du bloc d'autocollants.

DIFFICULTÉ

L'EFFET C'est une autre variante du thème classique de la cuillère qui plie par la seule force de la volonté. Vous dessinez une cuillère sur le premier feuillet d'un bloc de feuillets autocollants, puis vous détachez ce feuillet avant de l'approcher de vos yeux. **Vous restez complètement immobile pendant que le dessin de la cuillère plie par la seule force de votre volonté – télékinésie pour le XXIe siècle.**

LE SECRET C'est votre pouce qui fait tout le travail. Votre pouce tire la languette secrète qui est collée au dos du feuillet autocollant. Une petite tricherie et une petite combine vous permettent d'exécuter un effet fantastique et facile.

LA PRÉSENTATION

1 Demandez à une collègue de travail de vous prêter une cuillère. À moins qu'elle ne travaille à la cafétéria, il est peu probable qu'elle puisse vous en prêter une. « Ça va, imagine alors que c'est une cuillère », lui direz-vous.

Prenez votre bloc de feuillets autocollants et un crayon-feutre et dessinez une cuillère dans le milieu du premier feuillet, celui qui est truqué. « J'ai vu Uri Geller dans un spectacle, à la télévision. Il a plié une cuillère sans y toucher. Avez-vous déjà vu quelqu'un plier une cuillère par la seule force de sa volonté ? » lui demanderez-vous.

2 « Eh bien, je me suis exercé. » Détachez le feuillet que vous avez préparé et tenez-le de la main droite, les doigts à l'avant et le pouce à l'arrière. Placez votre index gauche sur votre tempe en feignant de vous concentrer.

Pour faire courber la cuillère, tirez la languette vers le bas avec votre pouce droit *aussi lentement que possible*. Vous avez un jeu d'environ 2 cm. Si vous précipitez les choses, le tour sera terminé beaucoup trop tôt. Faites courber le feuillet très subtilement au début et tirez ensuite un peu plus pour une courbure plus marquée.

3 Du point de vue de la participante, l'illusion est parfaite.

Pour redresser la cuillère pliée, tenez le feuillet autocollant à la hauteur de vos yeux et clignez des yeux rapidement et à plusieurs reprises. Pendant que vous clignez des yeux, poussez lentement la languette vers le haut, permettant ainsi au feuillet de se redresser.

4 Il existe deux moyens de faire en sorte que le feuillet puisse être examiné sans que le trucage soit découvert. Si la participante n'est pas trop près ou ne semble pas trop intéressée à scruter votre dessin de la cuillère, tirez la languette avec votre pouce gauche, cette fois-ci très rapidement. La languette se détachera du feuillet autocollant et tombera dans votre main gauche. Dissimulez-la sous vos doigts gauches pendant que vous ramassez le feuillet avec les doigts de votre main droite avant de le tendre à la participante.

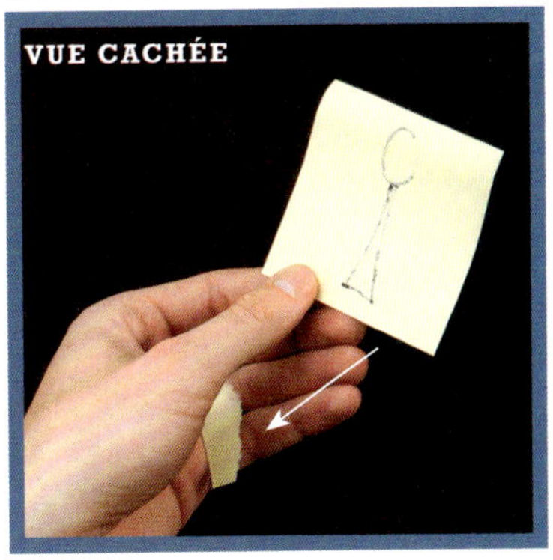

Mais qu'allez-vous faire si elle semble vouloir le regarder à la loupe? Vous n'avez qu'à utiliser ce pis-aller: « Voulez-vous me voir briser une cuillère à main nue? » Sur ce, déchirez le feuillet en petits morceaux. « Voici un petit souvenir. » Tendez les morceaux à la participante. La languette est maintenant impossible à distinguer des autres morceaux de papier déchirés.

CLASSE DE MAÎTRE

Souvenez-vous qu'un effet de magie se produit dans la tête du participant. Faire courber un morceau de papier est insignifiant. Mais ajoutez le gribouillis d'une cuillère et une allusion à Uri Geller et vous obtenez un effet de magie. Et, plus important encore, la participante a une anecdote à raconter.

Il est fort utile d'enrober les effets de magie de commentaires ou d'expériences. Dans le cas qui nous occupe, la participante racontera à qui veut l'entendre que vous pouvez plier une cuillère sans y toucher. Bien sûr, la cuillère était dessinée sur un feuillet et oui, vous avez touché au papier, mais ces détails s'effaceront de sa mémoire après que l'effet sera complété. Seule l'expérience demeure.

Le fameux magicien de Las Vegas, Lance Burton, m'a dit un jour que son dernier tour, la Corvette flottante, n'était pas l'un de ses meilleurs effets. Pourquoi le garde-t-il alors dans son répertoire? Et pourquoi termine-t-il son spectacle avec ce tour? À cause de l'histoire! Les touristes repartent de Las Vegas et racontent cette histoire incroyable à leurs amis: « Lance Burton a fait léviter une Corvette, je le sais, j'y étais! »

CRÉDIT Alain Nu, le créateur du « Feuillet autocollant plié » (*Post Bent*) est l'un des plus grands mentalistes au monde.

Pensée de groupe

L'EFFET Vous réunissez des amis dans votre bureau et leur présentez trois objets qui se trouvent sur votre table de travail: un livre, un stylo et des ciseaux. Vous tendez le dévidoir de ruban adhésif à un de vos collègues de travail et lui demandez de le déposer sur n'importe lequel des trois objets. Il hésite tout d'abord entre le stylo et le livre et choisit finalement de le déposer sur le livre. Votre collègue retire alors un signet placé dans le livre et lit une note manuscrite qui contient son nom et un message qui s'adresse à lui. **Vous avez prédit le choix de votre collègue avant même qu'il ne décide de jouer à ce jeu.**

LE SECRET «Pensée de groupe» repose sur un principe connu sous le nom de «choix multiples». La force de cette méthode est qu'elle est absolument impossible à expliquer. Même Einstein ne pourrait trouver la solution, tout simplement parce qu'il n'y a pas suffisamment d'informations. Mais lorsque vous avez secrètement prévu tous les choix possibles, vous aurez toujours raison – peu importe le choix final.

MATÉRIEL
Un dévidoir de ruban adhésif et un bloc-notes, ainsi que trois objets de votre choix qui se trouvent sur votre bureau (comme un livre, un stylo et des ciseaux) et un crayon-feutre.

DIFFICULTÉ 1/5

PRÉPARATION Servez-vous de trois objets qui se trouvent sur votre bureau. Assurez-vous qu'il y a aussi, sur votre bureau, un bloc-notes et un crayon-feutre. Supposons que vous choisissiez des ciseaux, un stylo et un livre.

Il vous faudra écrire trois prédictions. Vous ne dévoilerez que celle qui correspond à la décision du participant.

Choisissez votre participant à l'avance et écrivez des messages qui s'adressent à lui. Par exemple, écrivez: «David, tu choisiras le stylo», en grosses lettres à l'arrière d'un bloc-notes. Placez le bloc-notes sur votre bureau.

Sur un petit bout de papier, écrivez: «David, tu choisiras les ciseaux», et collez cette prédiction sous le dévidoir de ruban adhésif.

Coupez un autre morceau de papier de la longueur et de la largeur d'un signet et écrivez: «Comme David aime lire, il choisira ce livre!» Insérez cette prédiction entre les pages du livre. Placez maintenant le livre sur une étagère, vos ciseaux dans le tiroir et le stylo dans votre poche. Invitez tout le monde à venir dans votre bureau, et vous êtes prêt à commencer.

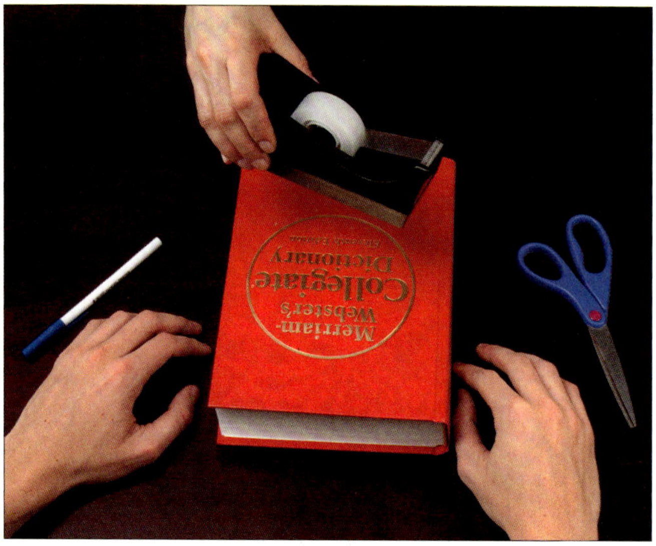

LA PRÉSENTATION

1 «La communication est la clé de tout projet réussi, direz-vous en vous adressant à tous vos collègues. Les membres d'une équipe devraient toujours communiquer les uns avec les autres. En fait, lorsque des membres d'une équipe travaillent suffisamment longtemps ensemble, ils finissent par noter les tendances, les forces, les faiblesses des uns et des autres et même par anticiper les décisions.»

Vous vous adressez à une personne en particulier et lui dites: «J'aimerais faire une expérience avec toi.» Tout en parlant, vous sortez les trois objets et les placez un à côté de l'autre sur votre bureau.

«Dans un instant, je vais te demander de penser à l'un de ces objets, direz-vous en montrant le bureau d'un geste. Tu peux changer d'idée autant de fois que tu veux, mais lorsque tu auras fait ton choix final, pose ce dévidoir sur l'objet en question.»

« Tu pourrais choisir le livre, parce que c'est l'objet le plus gros. » Prenez un ton de vendeur d'autos d'occasion. « Tu penses peut-être que je veux que tu choisisses le livre, mais tu pourrais décider de choisir le stylo. Le stylo est le plus près. Mais peut-être que j'ai placé le stylo à cet endroit pour que tu le choisisses. Il se peut qu'en fin de compte tu craques pour les ciseaux, qui peuvent facilement devenir une arme ! » Rires de l'assistance.

Le participant s'empare du dévidoir et hésite avant de le déposer sur le stylo. « Veux-tu changer d'idée ? » lui demandez-vous. Il change effectivement d'idée et place le dévidoir de ruban adhésif sur le livre.

2 « Prends le livre, lui direz-vous, je savais que tu allais choisir le livre. Je savais que tu allais hésiter entre le stylo et le livre avant de te décider pour le livre. C'est mon travail : savoir ce que pensent les membres de mon équipe. J'ai placé une prédiction dans le livre avant que nous commencions cette expérience – avant même que tu viennes dans mon bureau. »

Il retire le signet sur lequel est écrit : « [Son nom] après une longue et ardue réflexion, choisira ce livre ! »

3 Si le participant choisit les ciseaux, ne dites rien à propos du livre. Attirez plutôt son attention sur le dévidoir de ruban adhésif dont il s'est servi pour marquer son choix. En dessous, il trouvera une note stupéfiante qui prédit sa décision. Bien sûr, dans ce scénario, vous attirez son attention sur le dévidoir de ruban adhésif. Mais si le participant choisit le livre, vous n'en parlez surtout pas.

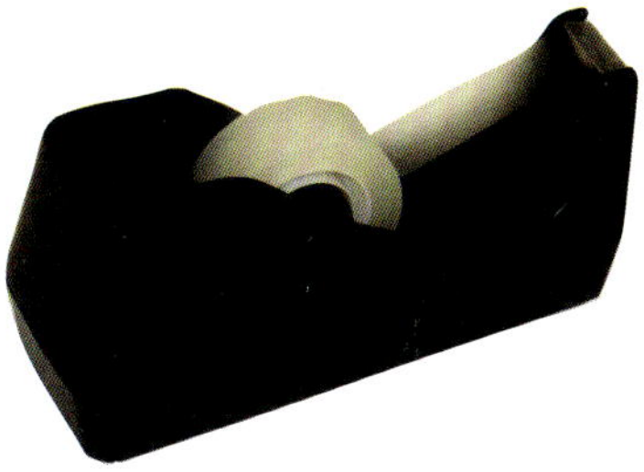

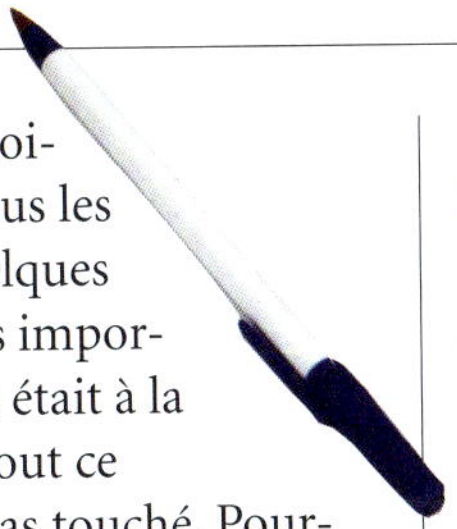

4 Si le participant choisit le stylo, déplacez tous les objets et exploitez quelques vérités autrement sans importance : « Ce bloc-notes était à la vue de tous pendant tout ce temps-là et je ne l'ai pas touché. Pourrais-tu lire ma prédiction qui se trouve en dessous ? » Voici un accessoire que vous n'aviez même pas mentionné qui devient l'élément central de cet effet…, mais seulement *après* que le participant a choisi le stylo.

CLASSE DE MAÎTRE

Les gens qui assistent à un spectacle sentent la peur. Grâce à sa posture et au contact des yeux, un bon magicien dégage de l'assurance. Il est maître de lui en tout temps. « Pensée de groupe » remet en question notre assurance en tant que magicien parce que nous devons retomber vite sur nos pieds. Et si je dis la mauvaise chose ? Et s'il voit le bout de papier collé en dessous du dévidoir ? Et si j'oublie quelque chose ? Si le magicien attire l'attention sur la mauvaise prédiction ou même hésite quelques secondes vers la fin de l'effet, l'illusion s'effondre.

L'assurance est la solution, et la seule façon d'atteindre cette assurance, c'est de s'y entraîner. Répétez le numéro cinq fois dans votre bureau, seul et à voix haute (faites semblant d'être au téléphone en mode « mains libres »). Puis, testez-le en compagnie de quelques amis. Et un peu plus d'amis. Au fur et à mesure que vous le répétez, vous devenez de plus en plus sûr de vous et à l'aise de faire un numéro dont la fin change à chaque fois. Après quelques présentations, votre peur de l'échec se métamorphosera en une grande assurance. Non seulement cette assurance influe sur votre posture et votre élocution, mais aussi elle renforce l'idée que vous n'utilisez que la seule et unique prédiction en jeu.

Actions psychiques

MATÉRIEL
Un journal, des ciseaux, du baume pour les lèvres, un cendrier et un briquet.

PRÉPARATION Préparez le message secret (je vous suggère un sigle de deux lettres comme GM) et, avec du baume pour les lèvres, tracez lisiblement les deux lettres symbolisant la société en question à l'intérieur de votre avant-bras. Si vous portez un vêtement à manches longues, vous pouvez reboutonner les poignets pour couvrir vos bras jusqu'à ce que vous soyez prête à faire le numéro. Sinon, vous pouvez garder vos manches relevées. Comme s'enduire le corps de baume pour les lèvres est loin d'être courant, ne vous inquiétez pas, personne ne remarquera que vous avez du baume sur le bras.

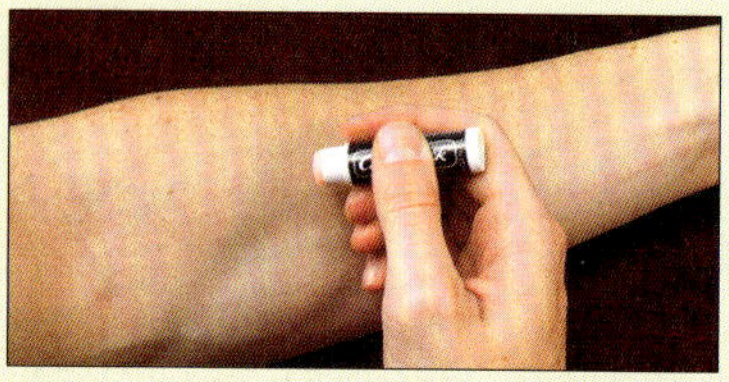

Ayez le journal à la page des actions, les ciseaux, les allumettes et le cendrier à portée de main. Soyez prudent avec les allumettes et les ciseaux ; de plus, la plupart des bureaux sont des lieux de travail sans fumée et sont équipés de détecteurs de fumée très sensibles. Si vos participants se lèvent comme un seul homme à cause d'une alerte au feu, ne croyez pas qu'il s'agisse d'une ovation debout.

DIFFICULTÉ

L'EFFET Vous tenez une découpure de la page d'affaires du journal qui donne la liste du rendement de plusieurs centaines d'actions. Le participant choisit n'importe quelle action inscrite sur la page du journal, General Electric, par exemple. Vous lui demandez de se concentrer sur son sigle, GE. Vous prenez ensuite la page du journal et vous la brûlez complètement. Ensuite, vous récupérez les cendres entre vos doigts et les étendez sur votre avant-bras. Ce faisant, vous demandez au participant de se concentrer sur les lettres de la société qu'il a choisie. **Les lettres en question apparaissent sur votre avant-bras comme par magie !**

LE SECRET Bien qu'il semble que votre participant a toute la latitude de choisir l'action inscrite dans le journal, vous lui imposerez (par forçage) un sigle de société prédéterminé. Comment faites-vous pour faire apparaître les lettres sur votre avant-bras ? De la même manière que dans « Cendres sur le bras », à la page 94. Du baume pour les lèvres ! Un produit à la fois collant et invisible. Tracez les lettres du forçage avec le bâton de baume sur votre avant-bras gauche et, lorsque le temps sera venu, vous répandrez des cendres sur le message et son contenu apparaîtra de façon hallucinante.

LA PRÉSENTATION

« Depuis la fondation de la Bourse, les analystes cherchent une façon de prédire l'évolution du marché par un système ou une équation quelconque. Imaginez si quelqu'un pouvait prévoir quelles seront les actions gagnantes ! En fait, imaginons la situation ensemble. »

Cette entrée en matière permet d'établir votre crédibilité et pique la curiosité de votre assistance. Et pourtant, vous ne vous êtes jamais posé en spécialiste de la question. Vous avez parlé d'imaginer la situation ensemble.

1 Prenez le journal et découpez une colonne de la liste des actions d'une longueur d'environ 30 cm. Coupez ensuite la colonne qui contient l'action que vous comptez imposer par forçage au participant juste au-dessus de ce titre.

Coupez juste au-dessus de l'action que vous avez choisie.

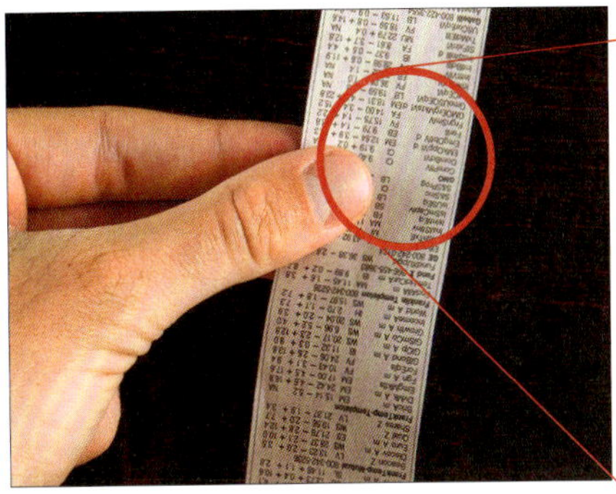

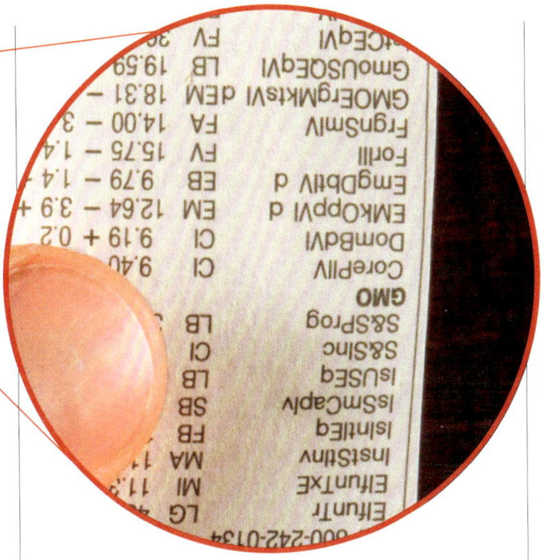

2 Montrez à tous la découpure du journal et permettez à un participant de l'examiner. Demandez-lui de confirmer que tous les titres sont différents et qu'il y en a littéralement des centaines. Reprenez la découpure et tournez-la de façon qu'elle soit face à vous. Faites-la passer de votre main droite à votre main gauche. En même temps, retournez la découpure pour faire en sorte que les actions qui sont face à vous se retrouvent à l'envers. De la main droite, reprenez les ciseaux.

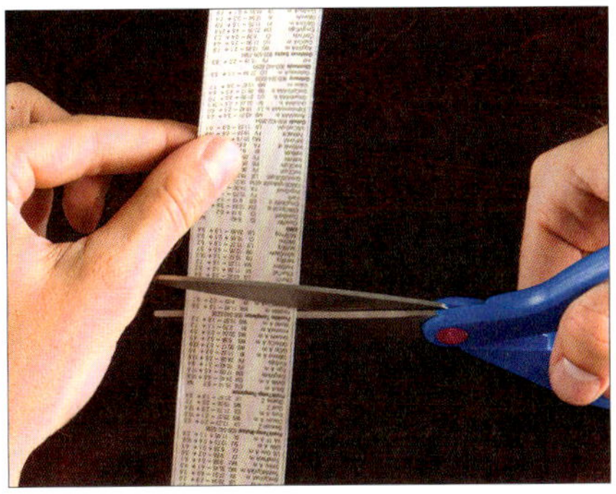

3 Placez la découpure entre les lames des ciseaux, prêt à couper : « J'aimerais que vous pensiez à une action, mais comme tout le monde pense à quelque chose d'évident comme Google ou Yahoo, je vais vous laisser choisir au hasard. » Ce discours, bien sûr, n'est qu'un écran de fumée.

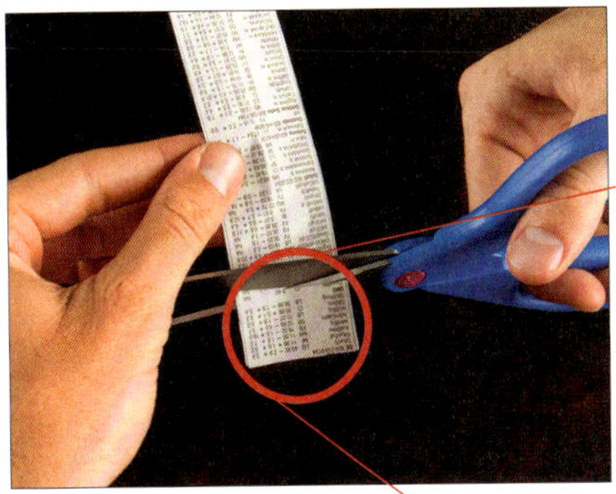

4 Demandez au participant de dire « stop » alors que vous promenez les lames des ciseaux tout au long de la découpure. « Dites "stop" quand vous voudrez. » Lorsqu'il le dit, immobilisez votre bras et demandez-lui s'il veut que vous déplaciez les ciseaux vers le haut ou le bas. Cela n'a pas vraiment d'importance, alors ne vous gênez pas pour montrer que vous êtes beau joueur.

Lorsqu'il sera satisfait, coupez le journal.

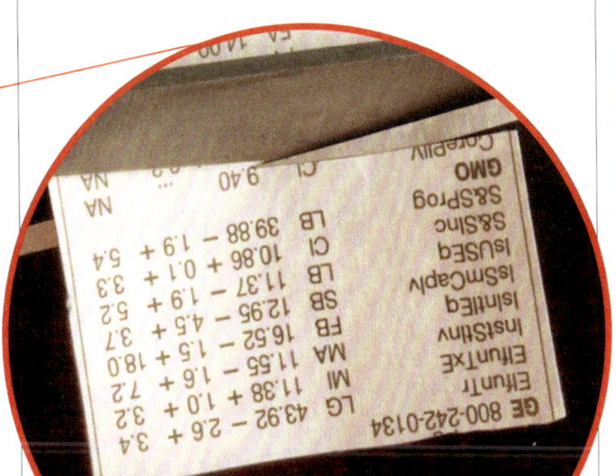

Peu importe l'endroit où vous couperez, votre action est toujours en haut de la liste.

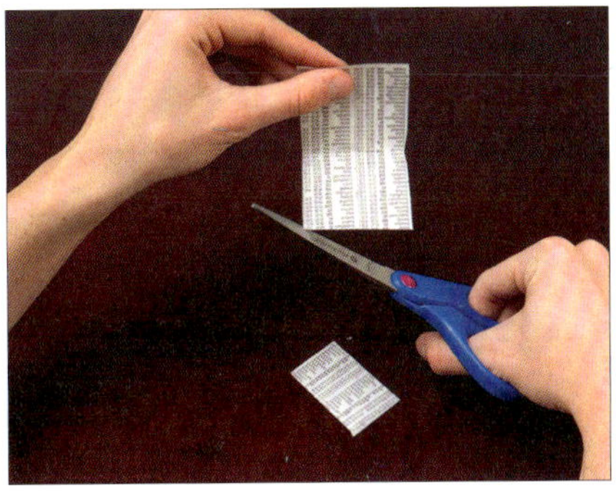

5 Laissez tomber la partie que vous venez de couper sur le sol. « Merci de ramasser la découpure et n'oubliez pas de mémoriser le nom de la société – celle qui est juste en dessous de l'endroit où j'ai coupé. Je vous jure que je ne regarderai pas. » Détournez les yeux et laissez le participant ramasser la découpure du journal. « Nous allons penser à cette action comme à une action gagnante et je vais tenter de la deviner par perception extrasensorielle. »

Suite à la page suivante ☞

❻ Une fois que le participant a pris la découpure, il la tourne automatiquement à l'endroit de façon à la lire. Sans qu'il le sache, vous venez de lui imposer GE par forçage. Demandez-lui de mémoriser aussi l'abréviation du nom de la société et pas seulement son nom au complet.

Placez le cendrier devant votre participant et demandez-lui de déchirer la « preuve », puis de déposer les morceaux de papier dans le cendrier (déchirez aussi la partie de la découpure que vous avez dans la main et placez les morceaux dans le cendrier).

❼ Frottez une allumette et laissez-la tomber sur le dessus. Pendant que le papier brûle, poursuivez la conversation en disant : « Donc, vous avez un nom d'action dans la tête. Nous avons détruit la seule preuve. Je vais me servir de ce qui reste pour m'aider à deviner quelle est cette action. »

❽ Le papier brûlera rapidement et les cendres se refroidiront presque immédiatement. Une fois qu'elles seront refroidies, prenez un peu de cendres entre le pouce et les doigts de la main droite.

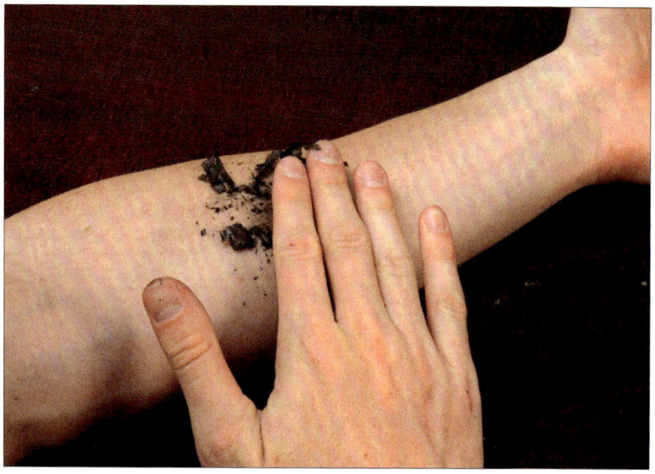

❾ Frottez lentement les cendres sur votre avant-bras gauche. Étendez les cendres et prenez tout votre temps, vous n'êtes pas pressé de dévoiler le message qui y est inscrit. Les cendres adhéreront aux lettres invisibles que vous y avez tracées. Laissez-les apparaître très graduellement en même temps que vous dites : « Concentrez-vous sur votre action…, répétez le symbole de votre action dans votre tête. »

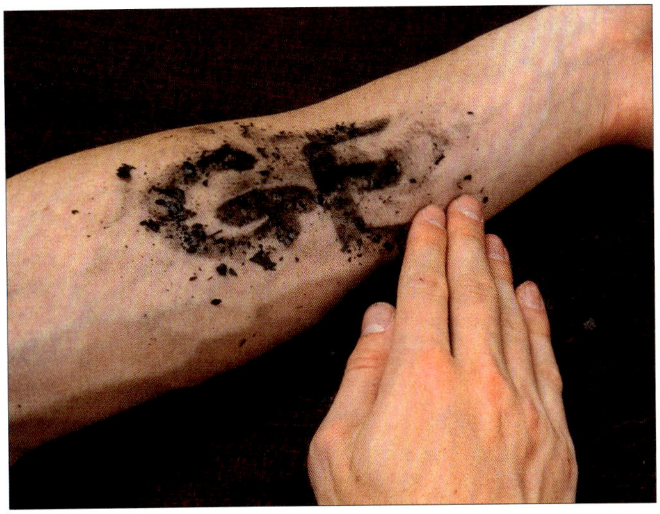

10 Vous enlevez finalement le surplus de cendres pour laisser apparaître le symbole de l'action en question. Demandez au participant de confirmer que c'est bien l'action qu'il avait en tête. Essayez cet effet une seule fois et vous serez d'accord avec moi : c'est un effet gagnant.

CLASSE DE MAÎTRE

La magie qui met l'argent en cause a toujours eu beaucoup de succès et cet effet exploite quelque chose que plus d'un a voulu un jour réussir : prédire le cours d'un titre.

Tout le monde, surtout dans le contexte du travail, est connecté au marché de la Bourse américaine, qui vaut au bas mot quelque 300 milliards de dollars. Cet effet représente donc quelque chose à quoi les gens peuvent facilement s'identifier. Avant même de faire de la magie, vous devez éveiller l'intérêt de votre assistance.

« Actions psychiques » est en fait constitué de deux procédés classiques de mentalisme. Le premier est le forçage de l'action inscrite dans le journal et le second est la révélation inscrite sur l'avant-bras. Par exemple, après avoir fait le forçage de l'action, vous pourriez choisir de révéler la prédiction par le biais d'une enveloppe scellée. Ou encore, vous pourriez laisser tomber le forçage de l'action et inscrire sur votre avant-bras une information secrète – peut-être le second prénom de votre patron qu'il cherche à cacher – et la révéler grâce aux cendres d'une cigarette.

CRÉDIT « Actions psychiques » (*Psychic Stocks*) est un numéro que j'ai mis au point avec l'aide de mon confrère magicien, Joel Givens. Nous avions conçu cet effet pour nous en servir à l'occasion d'une foire commerciale pour Sony Corporation. Le forçage de l'action est une variante d'une idée appelée le « texte du journal », un forçage inventé et publié par Albert Spackman, en 1964. La révélation par les cendres remonte à Prévost, en 1584.

ADÉLAIDE HERRMANN OUVRE LA VOIE AUX FEMMES

À la fin du XIXe siècle, le magicien Alexander Herrmann jouit d'une grande renommée aux États-Unis. Il donne des spectacles en compagnie de sa femme Adélaide, une danseuse de ballet, à qui il fait subir toute la batterie des effets illusionnistes : elle est décapitée, brûlée et lévite tous les soirs. Puis, lorsque son mari meurt, en 1896, Adélaide fait quelque chose qui est à l'époque complètement inattendu : elle devient magicienne.

Bien qu'elle ne soit pas la première femme à faire de la magie, elle devient une magicienne célèbre et, de surcroît, une excellente magicienne : elle est capable de produire des animaux vivants de toutes les grosseurs et exécute même l'effet le plus dangereux de la magie, celui de la balle rattrapée (voir à la page 186). Des années plus tôt, elle tremblait lorsque son mari posait devant des mousquets chargés. Elle saisit maintenant l'occasion d'effectuer l'exploit avec grâce et agilité, essuyant le tir de six balles sans subir de blessures. Elle avait 42 ans à la mort de son mari et elle passera les 30 années suivantes sous les projecteurs avant de se retirer, à l'âge de 75 ans.

Magie autour d'un café

L'EFFET « Fais le truc du café », vous supplie votre collègue de travail. « La première étape consiste à vider ce godet de crème dans mon poing », direz-vous en retirant le couvercle d'un godet et en versant la crème lentement dans votre poing gauche sans en laisser échapper une seule goutte.

« La deuxième étape est de rendre la crème invisible et de la verser dans mon café », poursuivrez-vous en ouvrant le poing et en mimant le geste de verser de la crème dans votre tasse de café noir. « La troisième étape consiste à rendre la crème visible », ajouterez-vous en brassant votre café, qui devient effectivement plus pâle.

« Et la dernière étape consiste à ne pas en perdre une seule goutte », direz-vous en déposant votre café sur la table et en attirant l'attention sur le godet de crème ouvert. Vous passez la main sur celui-ci en vous concentrant. Lorsque vous retirez votre main, le godet de crème est de nouveau scellé ! « Mais regardez, malgré le fait que le godet est scellé, il est néanmoins à moitié vide ! » commenterez-vous. **Vos amis seront stupéfaits par votre habileté diabolique à rendre la crème invisible, puis visible, et à sceller de nouveau le godet de crème.**

LE SECRET La méthode relève en grande partie de la science et joue sur deux présomptions de l'assistance. La première est que cette démonstration est un miracle impromptu, alors qu'en fait il y a eu au préalable une certaine préparation à l'insu de tous. La seconde présomption est que les godets de crème sont remplis à pleine capacité, alors que c'est faux. Les godets de crème ne sont remplis qu'à moitié et un vide d'air occupe au moins autant d'espace que la crème.

La partie science de l'effet « Magie autour d'un café » consiste à déposer la crème *au fond* d'une tasse de café. Comme la crème est froide et le café, chaud, la crème restera au fond de la tasse sans se mélanger au café. Comme l'huile et l'eau, les deux substances ne se mélangeront pas tant qu'elles ne seront pas remuées à l'aide d'une cuillère. Le café apparaîtra toujours noir, même s'il y a une bonne portion de crème au fond.

MATÉRIEL
Une tasse, une cuillère, un petit plat contenant des godets de crème bien froide, du café noir bien chaud ainsi qu'une paille.

DIFFICULTÉ ✝✝✝✝✝

PRÉPARATION Pour faire ce numéro, vous aurez besoin de deux godets remplis de crème, d'une tasse de café chaud et d'une paille.

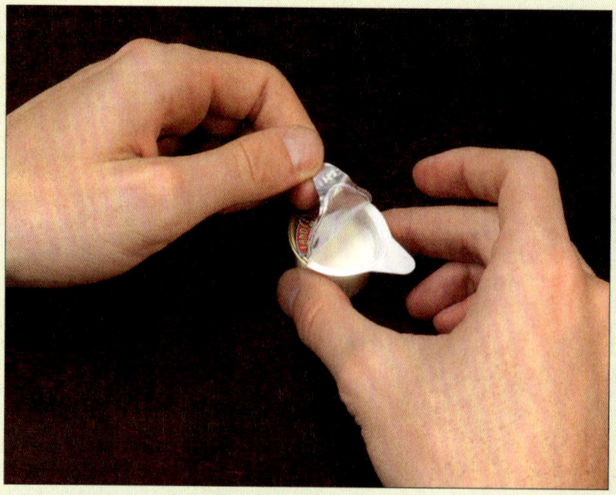

1 Ouvrez l'un des godets en retirant complètement la pellicule métallique qui le recouvre. La pellicule métallique a habituellement deux onglets pour faciliter l'ouverture.

PRÉPARATION (SUITE)

2 Placez avec soin ce couvercle sur le couvercle du second godet toujours scellé en alignant les deux onglets. Comme le dessous de la pellicule métallique était en contact avec la crème, il sera trempé et collant, ce qui favorisera son adhésion au second couvercle. En guise de précaution supplémentaire, superposez les deux onglets sur ceux du couvercle scellé et pliez-les par-dessus. Déposez ce godet truqué parmi les autres en notant bien son emplacement.

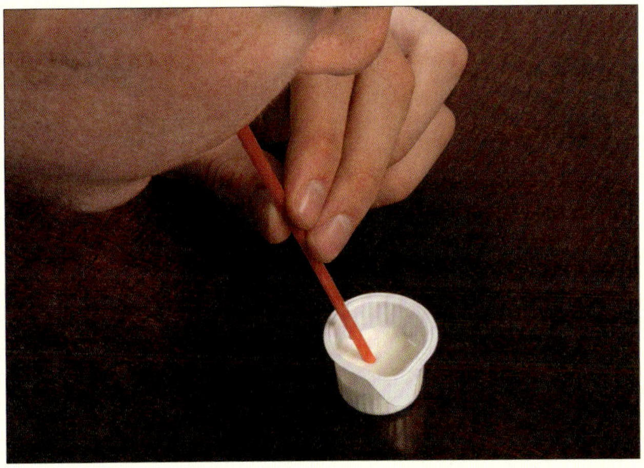

3 Ensuite, ouvrez un autre godet et aspirez son contenu avec une paille. Une aspiration lente et constante mettra le contenu entier du godet dans la paille. Dès que vous goûtez la crème, pressez votre langue contre l'ouverture de la paille. Cela crée un effet de vide qui vous permet de conserver la crème dans la paille. Placez ensuite un doigt sur la paille en prenant soin de ne perdre aucune goutte de crème. (Vous avez peut-être fait ce truc lorsque vous étiez enfant – mettre le doigt sur une paille remplie de lait et retirer votre doigt pour libérer le lait sur la tête d'un de vos compagnons de classe.)

4 Insérez la paille dans la tasse de café chaud de sorte que son extrémité touche le fond de la tasse. Retirez *lentement* (pendant environ 30 secondes) votre doigt qui bouche la paille pour laisser la crème couler au fond. Lorsque vous effectuez cette opération très lentement, la crème reste au fond de la tasse.

5 Placez une cuillère dans la tasse afin de pouvoir remuer le café le temps venu. Cette préparation doit être réalisée à l'insu de tous et avant que vous ne vous installiez à la table.

Suite à la page suivante ☞

LA PRÉSENTATION

VUE CACHÉE

1 Vous êtes maintenant prêt à réaliser le « truc du café ». Prenez le godet trafiqué et tenez-le dans votre main droite. Avec les doigts de la main gauche, relevez délicatement la pellicule métallique supplémentaire. Faites-le en étant face aux participants afin que l'arrière de la pellicule métallique relevée dissimule le fait que le godet n'est en réalité pas ouvert. Fermez le poing gauche et tenez le godet près de votre poing. Faites semblant de verser la crème dans votre poing gauche. Faites ensuite une pause et frottez le haut de votre poing gauche avec votre poignet droit comme si vous vouliez essuyer quelques gouttes de crème qui se seraient échappées. Ce n'est évidemment que de la comédie.

2 Ouvrez lentement votre poing gauche pour montrer que la crème est invisible. Mimez le geste d'en verser dans votre café. Vous vous apprêtez à récolter les bénéfices de votre préparation. Brassez lentement le café avec la cuillère.

3 Assurez-vous de le faire très lentement pour que le changement de couleur du café soit graduel et théâtral. Lorsque tous auront constaté la présence visible de la crème, attirez leur attention sur le godet vide dans votre main droite.

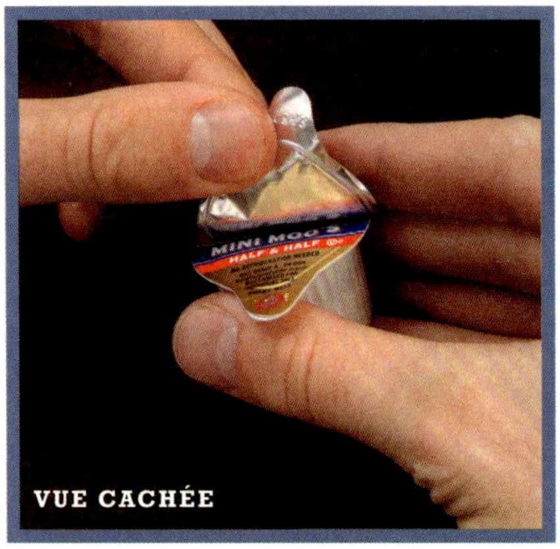

VUE CACHÉE

4 Montrez à tous que votre main gauche est vide, puis posez-la sur le haut du godet, pour placer en catimini la pellicule métallique excédentaire entre le pouce et la base de votre index gauche. En promenant la main gauche au-dessus du godet, empalmez la pellicule excédentaire. Laissez retomber vos mains sur vos genoux et invitez les participants à examiner le godet scellé de nouveau. Pendant que vos mains sont hors de vue, débarrassez-vous du couvercle du godet en le laissant tomber sur le plancher.

CLASSE DE MAÎTRE

Les magiciens qualifient les numéros comme « Magie autour d'un café » de magie de situation. Ces effets sont conçus pour certains lieux et assistances. Il n'y a rien de plus sacré pour un employé que sa pause-café, il est donc assez facile de trouver le bon contexte et le moment idéal pour réaliser cet effet.

« Magie autour d'un café » est aussi un bon effet à *jouer avec modération*. Ce tour de passe-passe doit avoir des allures spontanées, et c'est la raison pour laquelle je n'ai pas proposé de scénario spécifique pour cet effet qui s'effectue en grande partie en silence, laissant ainsi vos actions parler d'elles-mêmes.

CRÉDIT **Cet effet a été créé par le conseiller en chef de *Magie*, Joel Givens.**

Argent mental

L'EFFET Vous êtes sur le point de commencer une réunion et vos employés semblent déjà s'ennuyer. « Veuillez, s'il vous plaît, déposer vos carnets de notes pour un instant. » Vous avez quatre petites enveloppes à la main, numérotées de 1 à 4. « Trois de ces enveloppes contiennent ce que nous offrons à nos clients, direz-vous en mélangeant les enveloppes. La quatrième contient ce qu'ils nous donnent en retour. »

Vous offrez trois enveloppes à diverses personnes dans la salle. « Choisissez-en une et souvenez-vous, vous pourrez garder ce qui se trouve à l'intérieur. » Vous gardez une enveloppe pour vous.

Vous demandez à la première personne d'ouvrir son enveloppe. Elle en retire un papier sur lequel est écrit : *Service à la clientèle aimable.*

La deuxième ouvre son enveloppe et en retire un billet qui dit : *Produits exclusifs.*

La dernière personne ouvre et lit le mot qui se trouve à l'intérieur : *Politique d'échange sensée.*

Et tout le monde se demande bien ce que contient *votre* enveloppe.

« Félicitations, vous avez choisi, de façon complètement libre, les trois services que nous offrons à nos clients. Lorsque nous donnons un bon service, offrons des produits exclusifs et pratiquons une bonne politique d'échange, voici ce que nous obtenons en retour. Souvenez-vous que j'ai dit que chacun pouvait conserver ce qui se trouve à l'intérieur de son enveloppe. » **Ouvrez votre enveloppe – la seule qui n'a pas été choisie par les participants – et retirez le billet de 100 dollars qui se trouve à l'intérieur.**

LE SECRET Les participants peuvent choisir n'importe laquelle des quatre enveloppes. Toutes les quatre renferment un petit mot. D'où provient le billet de 100 dollars ? Il est caché *derrière* les quatre enveloppes. À la fin, vous ne faites que prétendre sortir l'argent de votre enveloppe.

L'effet est facile à accomplir à cause de la présence d'une pince métallique qui tient les enveloppes (et l'argent) en place.

MATÉRIEL
Quatre enveloppes, une pince métallique, un crayon-feutre, quatre morceaux de papier et un billet de banque.

DIFFICULTÉ

PRÉPARATION On trouve le genre de pince utilisée ici dans les tiroirs-caisses de la plupart des bureaux. Si vous n'avez pas accès à un tiroir-caisse, vous pourrez vous en procurer une à moins d'un dollar dans les papeteries. Vous aurez besoin d'une pince d'une longueur d'environ 8 cm.

Vous aurez aussi besoin de quatre petites enveloppes de papier manille. Vous les trouverez facilement dans les bureaux, sinon n'importe quel type de petites enveloppes fera l'affaire.

❶ À l'aide d'un gros crayon-feutre, tracez un chiffre de 1 à 4 sur chacune des enveloppes.

❷ Insérez une prédiction dans chacune d'entre elles et réunissez les quatre enveloppes par une pince.

Suite à la page suivante

PRÉPARATION (SUITE)

3 Vous devrez fournir l'argent. La somme dépend à la fois de la nature et du succès de votre entreprise. Supposons que vous vous servirez d'un billet de 100 dollars. Pliez ce billet en quatre et glissez-le sous la pince, à l'arrière des enveloppes.

LA PRÉSENTATION

1 Exposez à la vue de tous les enveloppes retenues par la pince en les gardant suffisamment près de vous pour que personne n'aperçoive le billet caché derrière celles-ci. Vous pouvez tenir le tout avec la main gauche, les doigts devant et le pouce, à l'arrière. Demandez aux participants de choisir leur enveloppe numérotée.

2 Glissez hors de la pince l'enveloppe choisie par le participant et tendez-la-lui. Replacez les enveloppes restantes pour que le billet reste caché. Entre les sélections, glissez le billet de gauche à droite avec votre pouce pour qu'il demeure toujours bien caché à la vue.

Que se passe-t-il si un participant change d'idée? Vous n'avez qu'à réinsérer l'enveloppe dans la pince *avant* de lui remettre son nouveau choix. De cette manière, le billet de banque reste toujours caché derrière au moins une enveloppe.

3 Lorsque trois enveloppes auront été distribuées, il vous en restera une, avec le billet caché derrière, les deux toujours retenus par la pince. Demandez aux participants d'ouvrir leur enveloppe respective et de révéler son contenu. C'est le moment de passer votre message corporatif ou de jouer sur ce que contiennent ces messages.

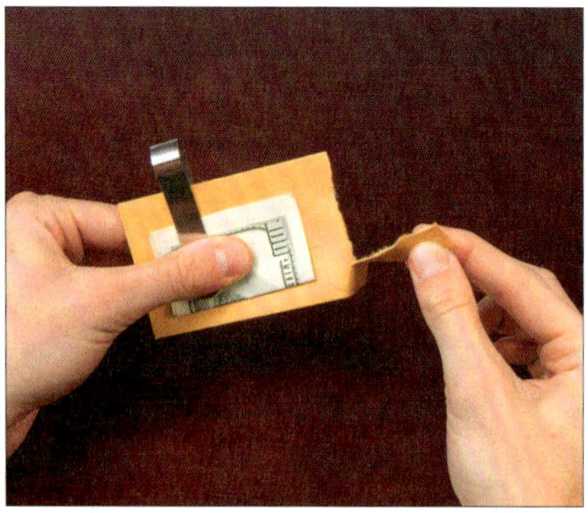

4 Lorsque vous serez prêt à conclure, déchirez le haut de votre enveloppe avec votre main droite.

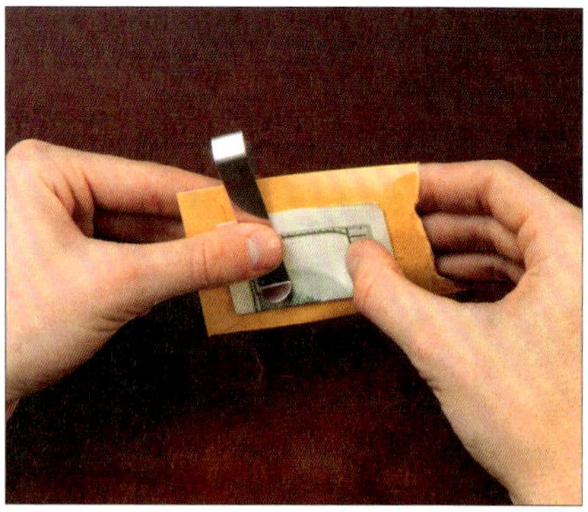

5 Insérez vos doigts dans l'enveloppe tout en laissant votre pouce droit glisser à l'arrière de l'enveloppe. Placez votre pouce sur le billet caché.

6 D'un seul mouvement, sortez votre main de l'enveloppe glissant du même coup le billet avec votre pouce droit (faites attention de ne pas sortir la feuille de papier à l'intérieur de l'enveloppe). Ce geste donne l'impression que vous retirez l'argent de l'enveloppe. Dépliez le billet de banque et empochez votre gain.

CLASSE DE MAÎTRE

Cet effet est fondé sur un classique appelé « Soirée bancaire » (*Bank Night*). Mais la plupart des magiciens ont une mauvaise perception de cet effet, surtout ceux qui l'enseignent dans les livres. Le risque, avec cet effet, est de faire naître de l'animosité chez ceux que l'on veut divertir. Personne n'aime perdre, et il faut regarder la vérité en face: les participants perdent dans ce tour.

Pour que les participants passent du statut de perdant à celui de gagnant, nous devons mettre tout le monde sur le même pied. Si vous relisez les pages qui précèdent, vous verrez qu'« Argent mental » n'est pas présenté comme un jeu ou un défi. Remarquez également que vous ne « gagnez » pas l'argent; tout le monde, votre équipe gagne l'argent, du moins de façon symbolique.

Vous pouvez utiliser toutes sortes de prédictions pour réaliser cet effet. Trouvez un thème qui s'adapte à l'assistance. Voici quelques suggestions:

Cadeaux. Offrez un cadeau aux trois participants. Dites-leur qu'ils pourront tous garder le cadeau qui se trouve à l'intérieur de l'enveloppe. Mettez dans les enveloppes des cadeaux amusants, comme une enveloppe de ketchup ou de sel, un coupon de réduction pour un assouplissant, etc. Ces cadeaux sont amusants, mais certainement pas autant que leur visage lorsque vous dévoilerez votre propre cadeau: un billet de 100 dollars!

Vous l'aviez prédit. Sur chacune des feuilles, écrivez: « Tu choisiras cette enveloppe. » Bien qu'il y ait de fortes chances pour qu'ils ne soient pas impressionnés par vos talents de devin, ils le seront tout de même par le fait que vous avez réussi à garder le billet de banque pour vous.

Motivation. La présentation proposée constitue un exemple sur la façon d'allier la magie à votre quotidien au travail. Peut-être êtes-vous à dévoiler de nouveaux slogans ou produits? Écrivez-les sur les messages qui accompagnent les enveloppes et expliquez que c'est « grâce à ces nouveaux produits que nous avons... de l'argent. »

Vous pouvez adapter la présentation et les messages proposés. Souvenez-vous que vous avez besoin de quatre messages – un dans chaque enveloppe. Les participants ne verront que trois de ces messages, et vous ne pouvez agir sur leurs choix. Placez chaque message dans une enveloppe, scellez-la et assemblez les enveloppes avec la pince. Celles-ci doivent être tenues légèrement en éventail pour que le public voie les numéros.

CRÉDIT Le scénario pour cette présentation a été conçu par Tom Sellers qui l'a publié en 1935, au Royaume-Uni, sous le nom de *It's Only Chance*. Aux États-Unis, Floyd Thayer a commercialisé le tour en 1936 sous le nom de *Bank Night*.

Ceinture noire du trombone

MATÉRIEL
Deux trombones.

PRÉPARATION : Insérez votre index droit dans l'espace vide d'un trombone. Selon la grosseur de votre doigt, vous devrez peut-être agrandir cette ouverture au centre du trombone.

Avant de vous approcher de votre public, pliez l'index droit vers l'intérieur de votre paume pour cacher le trombone. Assurez-vous d'avoir un trombone identique sous la main.

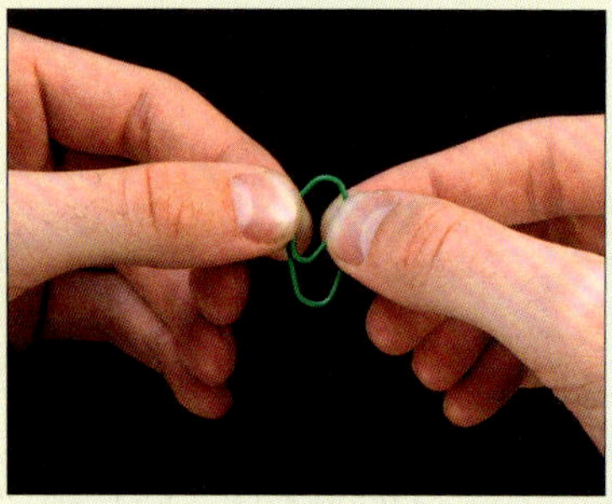

DIFFICULTÉ

L'EFFET « Si le football de papier vous ennuie et que jouer à piquer la queue de l'âne sur le comptable n'a plus d'attraits pour vous, essayez ce nouveau jeu. » Sur ce, saisissez un trombone sur un bureau près de vous et lancez-le dans les airs. **Pendant que le trombone effectue sa descente, vous plantez votre index au travers.**

LE SECRET Pour les magiciens, les démonstrations d'habiletés surhumaines comme celle-ci relèvent d'une pseudo-adresse, car elles sont le fruit d'un trucage, et d'ailleurs, ces démonstrations ne sont pas présentées comme de la magie comme telle. Ce tour de passe-passe suscite la confiance du public envers votre talent. Le secret ici n'est pas un long et épuisant entraînement, mais tout simplement la présence d'un second trombone.

LA PRÉSENTATION

1 Pour feindre de « harponner » le trombone en plein vol, ayez simplement un autre trombone dans votre main gauche. Assurez-vous de montrer que votre main gauche est, par ailleurs, vide. Histoire de vous « exercer », lancez le trombone dans les airs à quelques reprises et laissez-le atterrir dans votre paume gauche.

Lorsque vous êtes prêt à faire votre numéro, lancez le trombone dans les airs. Pendant qu'il redescend, vous effectuerez deux actions simultanément.

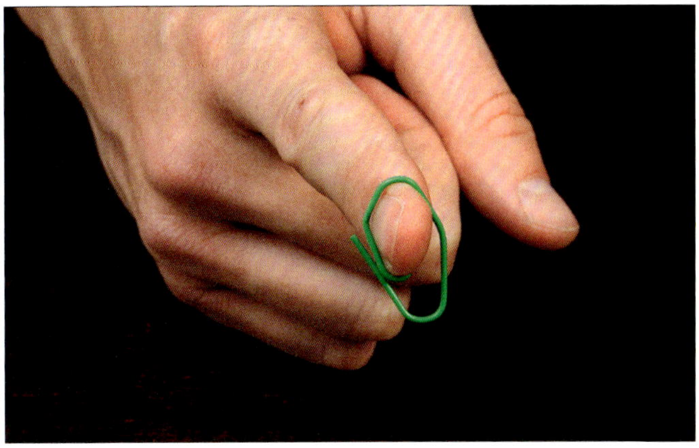

❸ Lorsque cesse le mouvement de vos doigts, un trombone est indéniablement empalé sur votre index. Les participants croiront que c'est le même trombone qu'ils vous ont vu lancer dans les airs et auront beaucoup de respect pour votre grande dextérité. Le plus important est de garder un visage impassible et même de feindre l'effort. Ce sont des effets comme celui-ci qui font les légendes.

❷ D'abord, vous pointez l'index droit dans la trajectoire du trombone qui retombe. Lorsqu'il arrive, attrapez-le avec les autres doigts de votre main droite. Le trombone lancé dans les airs se logera directement sur les jointures de votre main droite alors que vous fermez celle-ci.

Les actions consistant à attraper le trombone et à y planter l'index se déroulent si rapidement que l'assistance est incapable de distinguer l'échange qui se produit dans les airs.

CLASSE DE MAÎTRE

Ce tour est un tour anti-magique. Pour que ce tour de passe-passe soit crédible, vous devrez convaincre votre public (et vous-même pendant l'exécution) que de planter l'index dans un trombone en chute libre est une habileté acquise. Votre public ne doit jamais soupçonner qu'il y a un « truc » autre qu'un difficile entraînement.

Pour rendre l'illusion parfaite, répétez le geste de « harponner » à plusieurs reprises. Servez-vous du poids de votre corps et projetez votre main droite dans le vide comme si vous exécutiez un mouvement de karaté. Exercez-vous aussi à vous immobiliser *complètement* après avoir attrapé le trombone. Si vous étiez réellement capable de harponner un trombone du bout du doigt, vous feriez des gestes similaires.

CRÉDIT « Ceinture noire du trombone » (*Karate Clip*) est une variante d'un tour publié en 1835 par Jean-Nicholas Ponsin dans son ouvrage *Nouvelle magie blanche dévoilée* et que David Roth a adapté (*Karate Coin*) et publié dans les années 1980.

Magie virtuelle

MATÉRIEL
Un ordinateur avec accès à Internet.

PRÉPARATION Lorsque vous serez prêt à exécuter cet effet, connectez-vous au site <www.joshuajay.com/magicbook/virtualmagic> en compagnie de votre participant. Mais avant que vous ne le fassiez, j'aimerais vous enseigner comment « parler » à un ordinateur sans dire – ni taper – un seul mot.

DIFFICULTÉ 🗡🗡🗡

L'EFFET Vous invitez vos collègues dans votre bureau et leur demandez de se placer en cercle pour qu'ils puissent voir l'écran de votre ordinateur. Vous accédez à un site Web et demandez à quelqu'un – n'importe qui – de nommer une carte. Sans vous servir du clavier et sans parler, vous cliquez sur START sur la page Web et, en quelques secondes, la carte nommée apparaît à l'écran.

LE SECRET Ce programme informatique est plus sournois qu'il n'y paraît. Vous encodez la carte nommée par le participant selon l'endroit où vous placez le curseur et la manière dont vous le déplacez.

LA PRÉSENTATION

Vous effectuez le tour à partir du site <www.joshuajay.com/magicbook/virtualmagic>. L'adresse n'est un secret pour personne ; vous pouvez inviter le participant à vérifier le site plus tard. S'il ne sait comment encoder la carte dans le programme, il sera incapable de faire apparaître la carte nommée.

❶ Une fois sur le site, voici ce qu'affichera votre écran. Faites d'abord savoir que vous êtes magicien. Cette identification s'effectue en deux temps, ce qui évite qu'un participant curieux ne déclenche accidentellement le programme.

La première étape consiste à cliquer sur le bouton ENTER à un certain endroit. Les visiteurs ordinaires cliqueront n'importe où sur le mot ENTER, mais vous devez cliquer en dessous du mot, dans la forme noire en dessous du T.

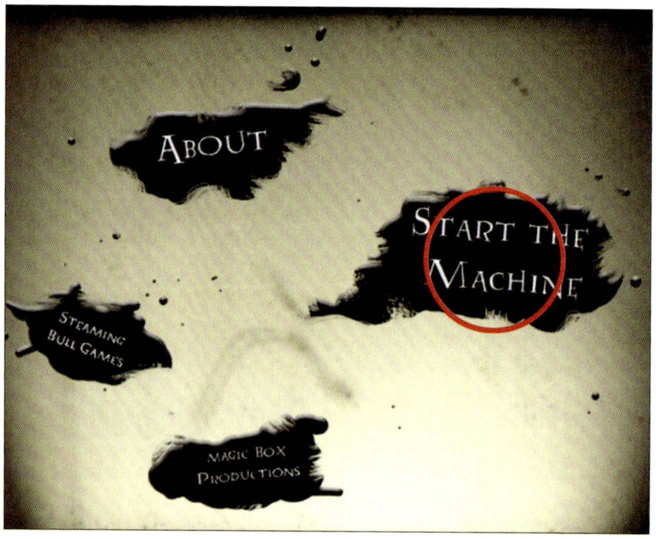

❷ Une nouvelle image apparaîtra à votre écran, qui indique plusieurs liens, dont START THE MACHINE. Cliquez n'importe où sur cette icône pour accéder à un écran dont l'arrière-plan est constitué de formes mouvantes.

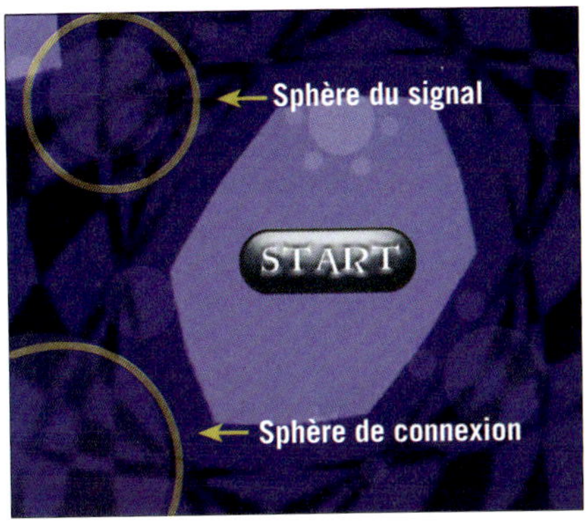

❸ Pour compléter la deuxième étape et ouvrir une session, placez le curseur sur la grande sphère, dans le coin inférieur gauche de l'écran, pendant quelques secondes. Il n'est pas nécessaire de cliquer dans la sphère. Le programme confirme votre présence lorsque six petits cercles apparaissent autour de la sphère du signal dans le coin supérieur gauche de l'écran.

Une fois que la machine vous aura reconnu comme un magicien utilisateur, elle est prête à recevoir l'information codée concernant la carte choisie par le participant. Ce dernier peut facilement continuer à observer la scène sans soupçonner vos manœuvres secrètes.

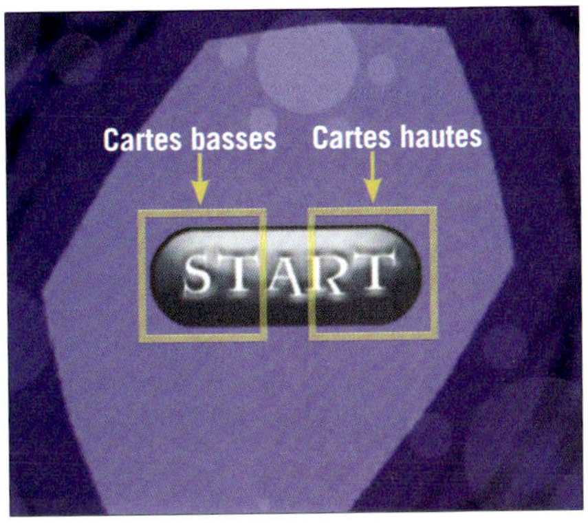

❹ Demandez au participant de vous nommer une carte. « Imagine un jeu complet de cartes étalées devant toi, lui direz-vous. Visualise les cartes, promène ton index à travers le jeu imaginaire et arrête quand tu veux. Quelle est la carte sur laquelle ton doigt s'est arrêté ? » Ce laïus est une façon recherchée de lui faire comprendre qu'il est entièrement libre de choisir n'importe quelle carte.

Une fois qu'il aura nommé une carte, vous devrez déterminer si cette carte est basse (as à six) ou haute (sept au roi). Si la carte est basse, cliquez sur le côté gauche du bouton START, si la carte est haute, cliquez sur le côté droit.

Aussitôt que vous aurez cliqué d'un côté ou de l'autre du bouton START, votre curseur devient invisible. Ne vous inquiétez pas, il est toujours là et il est toujours commandé par votre souris : vous ne pouvez simplement plus le voir. Un « faux » curseur le remplace sur l'écran. Ce faux curseur n'est rien d'autre qu'un film en boucle qui mime les mouvements discrets d'une souris au repos. Ceux qui regardent votre écran auront l'impression très nette que votre souris ne bouge pas beaucoup.

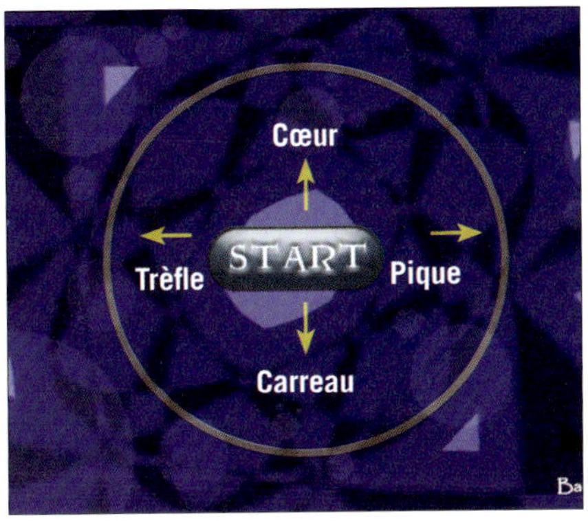

❺ Il est maintenant temps de coder la couleur et la valeur de la carte. Ces données sont transmises à l'ordinateur simultanément, par une action invisible.

La couleur se signale par la *direction* que prend le curseur, devenu invisible. Souvenez-vous de l'ordre, en partant de la gauche et dans le sens des aiguilles d'une montre : trèfle, cœur, pique et carreau. Si le participant nomme un trèfle, placez votre curseur à gauche, un cœur, placez le curseur en haut, un pique, à droite et un carreau, en bas. Vous ne verrez pas le curseur se déplacer, mais dites-vous qu'il se déplace quand même.

La valeur se signale par la *distance* parcourue par le curseur. Pour vous guider, observez la sphère clé dans le coin supérieur gauche de l'écran. Plus vous rapprochez le curseur du bord de l'écran et plus de points tournent autour de la sphère clé. Chaque petit cercle représente une valeur de carte (trois points égalent un trois, quatre points, un quatre, et ainsi de suite).

Suite à la page suivante ☞

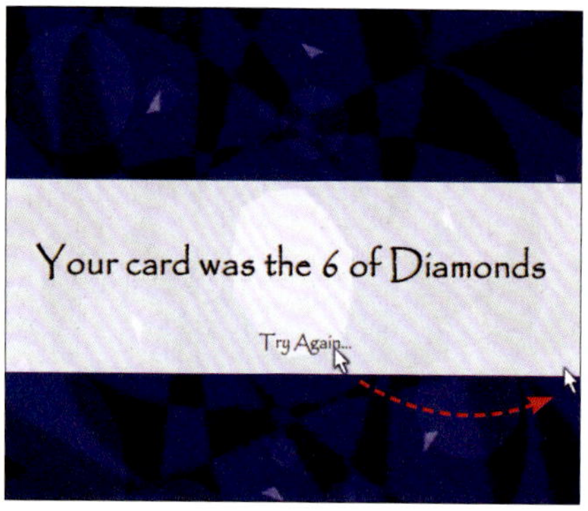

❻ Si, au début de la séquence de codage, vous avez cliqué à gauche du bouton START, l'information transmise est que la carte recherchée a une valeur basse, soit de l'as au six. En déplaçant le curseur à gauche jusqu'à ce que cinq points apparaissent autour de la sphère clé, donne l'information que la carte recherchée est le cinq de trèfle. Si vous cliquez à droite du bouton START, vous indiquez à l'ordinateur que la carte a une valeur haute, soit du sept au roi. Pour les cartes à valeur élevée, aucun point autour de la sphère clé indique un sept (7 + 0), un point indique un huit (7 + 1), deux points indiquent un neuf (7 + 2), et ainsi de suite.

Lorsque vous exécutez cet effet, un déplacement du curseur d'à peine 2 cm suffit à donner l'information complète sur une carte donnée. En quelques secondes, des messages apparaissent sur l'écran (« Fixez le centre de l'écran… Concentrez-vous sur votre carte… »), suivis d'un message qui nomme la carte choisie. Alors que ce message apparaît, votre curseur invisible et le faux curseur fusionnent. Votre curseur fonctionne normalement de nouveau.

❼ « Laisse-moi essayer », vous dira à coup sûr votre participant, vous donnant ainsi l'occasion d'épaissir le mystère.

L'effet terminé, deux options s'offrent à vous : « Essayer de nouveau » (*Try Again*) et « Retour » (*Back*). Lorsque le participant voudra essayer la machine à deviner, offrez-lui de changer de place avec vous et, avant de vous lever, cliquez sur « Essayer de nouveau » (*Try Again*), puis placez le curseur à l'extrême droite de l'écran. En laissant le curseur à cet endroit pendant quelques secondes, vous informez la machine à deviner qu'elle aura affaire à un utilisateur invité. Dans ce mode de fonctionnement, la carte ne sera pas indiquée à l'ordinateur en déplaçant le curseur, mais il se produira tout de même un résultat tout à fait magique !

❽ Le participant s'assied et prend le contrôle de l'ordinateur. « C'est à mon tour de penser à une carte », lui direz-vous en faisant semblant de choisir une carte de la même façon que le participant l'avait fait, c'est-à-dire en promenant l'index dans le vide et en sélectionnant une carte imaginaire. En fait, vous êtes en train de calculer à partir de la carte nommée par le participant. Disons que la carte choisie par ce dernier était le six de carreau. Vous ajoutez trois à cette valeur et utilisez la couleur qui suit dans la séquence trèfle, cœur, pique, carreau. Les magiciens connaissent cette formule sous le nom de *système Si Stebbins* pour déterminer l'ordre des cartes dans une pile ; l'idée date toutefois de plus de 400 ans. Ajoutez trois au six de carreau du participant, ce qui vous amène à une nouvelle valeur de neuf, et prenez la couleur qui suit le carreau, soit le trèfle. Vous déclarez que la carte que vous avez choisie est le neuf de trèfle.

Le participant clique sur START, un message apparaît qui dit que la carte choisie est le neuf de trèfle !

9 Si le participant désire faire un nouvel essai, il peut cliquer sur « Essayer de nouveau » (Try Again). Tout ce que vous avez à faire est de déclarer que votre choix se porte sur la dame de cœur qui, dans le système Si Stebbins, est la prochaine carte. Après qu'il aura cliqué sur le bouton START, le nom de cette carte apparaîtra dans le message. Il n'est pas recommandé de laisser le participant faire le magicien plus d'une ou deux fois, car il pourrait comprendre la séquence des cartes.

10 Pour reprendre les commandes de la machine à deviner les cartes, laissez votre curseur sur la grande sphère dans le coin inférieur gauche de l'écran et attendez que les six cercles apparaissent autour de la sphère du signal. Vous êtes de nouveau en mesure de programmer les cartes que vous voulez. Si votre participant insiste pour explorer le site lui-même, vous n'avez qu'à cliquer sur le bouton « Retour » (*Back*) avant de partir. Comme le participant ignore comment ouvrir une session, il sera incapable de découvrir les secrets de la machine à deviner les cartes.

CLASSE DE MAÎTRE

Le fonctionnement en mode magicien ou en mode invité de la machine à deviner les cartes peut être répété à l'infini pourvu que vous ouvriez chaque fois une nouvelle session. Même la magie virtuelle réclame un certain entraînement. Mais plus vous répéterez et exécuterez cet effet et plus vous renforcerez votre mémoire du code et de la procédure pour y arriver.

La méthode décrite plus haut étant assez prenante, il est facile d'oublier la partie la plus importante: la présentation. Ne vous contentez pas de simplement exécuter les gestes! Lorsque le programme vous demande de vous concentrer ou de fixer le centre de l'écran, faites-le avec enthousiasme. Même si votre ordinateur est le vrai magicien, vous êtes toujours celui qui donne le spectacle.

CRÉDIT Curtis Hickman est un développeur de logiciels et un magicien amateur. Seule une personne versée dans ces deux domaines pouvait concevoir un programme comme celui de la machine à deviner les cartes. « Je voulais fusionner les deux passions de ma vie, soit la magie et l'informatique, afin de laisser une impression durable sur les gens qui passent par nos bureaux », explique-t-il. Malgré toute cette technologie, nous rappelle Curtis Hickman, les principes suivants sont toujours de mise: les grands gestes cachent les petits gestes, le camouflage masque le secret et la magie continue à abasourdir et à impressionner les gens.

EXEMPLE

Dame de trèfle

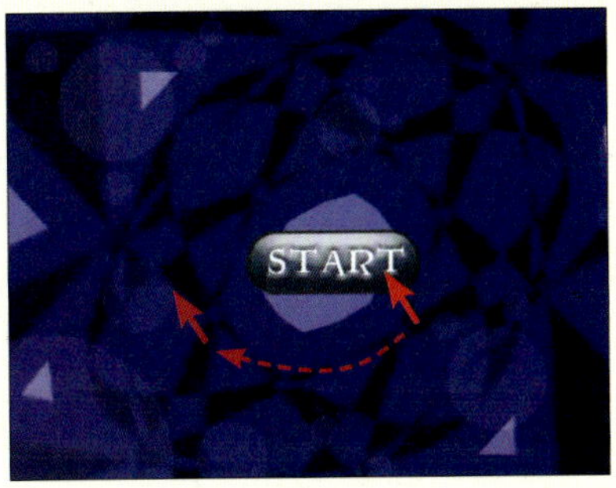

Supposons que le participant choisisse la dame de trèfle. Comme c'est une carte à valeur élevée, nous cliquerons alors du côté droit du bouton START.

Les trèfles étant codés à gauche, nous déplacerons donc le curseur vers la gauche.

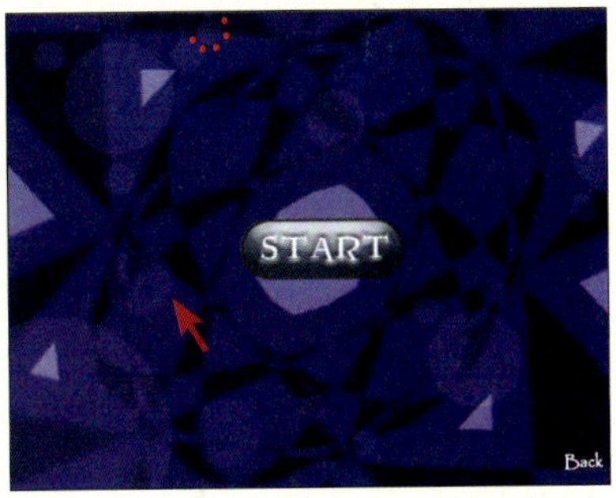

Le participant a choisi la dame, une carte de valeur élevée. Les points autour de la sphère clé indiquent les cartes de sept en montant. Ce qui signifie que deux points indiquent la valeur neuf (7 + 2) et cinq points, la dame (7 + 5 = 12, ou la dame).

Immobilisez le curseur lorsque les cinq points apparaissent autour de la sphère clé. Après quelques secondes, le nom de la carte, soit la dame de trèfle, apparaîtra à l'écran.

LE TURC

Les machines à penser ont de tout temps été liées à la magie. En 1783, Benjamin Franklin joue une partie d'échecs contre un adversaire bizarre surnommé le Turc, et perd la partie. En 1809, c'est au tour de Napoléon Bonaparte de jouer aux échecs contre le Turc, à Vienne, et il perd lui aussi la partie. Le fait que le Turc ne soit pas humain rend ces victoires encore plus impressionnantes. Le Turc était un mécanisme intelligent qui a captivé l'imagination des têtes couronnées et des lecteurs du monde entier.

Les inventeurs du XVIIIe siècle ont souvent construit des automates, de petites machines qui pouvaient accomplir des tâches comme cuire le pain, lancer une volée de flèches, ou réaliser des prouesses athlétiques.

Mais le Turc était sans conteste la machine la plus évoluée de son temps. Construite par le baron Wolfgang von Kempelen, elle était un savant assemblage de leviers, de roues, de poulies et… d'un opérateur humain. Le Hongrois von Kempelen commence la construction du Turc en 1769 et permet à des émules humains de jouer aux échecs contre sa merveille mécanique. Le Turc gagne la plupart des parties.

Le secret de cet automate ne réside pas dans la mécanique, mais dans l'adjonction secrète d'un opérateur humain. Quelqu'un (qui se devait d'être un as du jeu d'échecs !) commandait la machine de l'intérieur, mais, grâce à la conception ingénieuse du baron von Kempelen, il ne pouvait être vu.

CHAPITRE SEPT

MAGIE ET ARGENT

Dans ce chapitre

Le rêve de l'avare

Profits inattendus

Blanchiment d'argent

Problème de table

Sou écrasé

D'ordure à trésor

Pièce de monnaie au fond d'une bouteille

Rouleau de billets de banque

Cascade de pièce

Le tour de pièce de grand-papa

PRESTIDIGITATION AVEC DE L'ARGENT

Je touche votre coude droit et un bouchon de bouteille en surgit. Vous êtes passablement impressionné. Vous m'adresserez peut-être un grand sourire. Mais si je touche votre coude gauche et produis un billet de 100 dollars, vous aurez la chair de poule. Pourquoi ? Parce que, en magie comme ailleurs, l'argent parle aux gens.

Lorsqu'ils apprennent que vous êtes magicien, les gens réagissent souvent en vous demandant si vous pouvez faire apparaître de l'argent. Ce qui est assez révélateur. Les gens nous demandent rarement si nous pouvons scier une femme en deux ou faire sortir un lapin d'un chapeau. Dans la tête des gens, produire de l'argent est l'effet magique ultime.

Si on vous demande si vous êtes capable de faire apparaître de l'argent (et on vous le demandera à coup sûr), avec des effets comme « Rouleau de billets de banque » et « Le tour de pièce de grand-papa » à votre répertoire, répondez-leur sans hésiter que oui, vous le pouvez.

Avec l'effet « Problème de table », je vous propose une illusion étonnante où les participants verront et entendront une pièce de monnaie ordinaire pénétrer la table. Vous apprendrez comment restaurer un billet déchiré dans l'effet « D'ordure à trésor » et, avec le « Sou écrasé », vous aplatirez une pièce de monnaie empruntée.

L'argent, dans la magie, satisfait nos désirs de richesses : amasser de l'argent, le faire fructifier, le cacher, le dépenser. Ce chapitre vous transformera en banque ambulante. L'argent apparaîtra et disparaîtra au bout de vos doigts. Vous transformerez du vulgaire papier en billets de banque et ferez apparaître de l'argent dans les poches des gens. Il ne s'agit pas des tours de votre oncle qui sortait des 25 cents de son oreille, il s'agit de la magie de l'argent.

L'ÉCHAUFFEMENT

À peu près tous les effets faisant appel à des pièces de monnaie requièrent l'une ou l'autre, ou une combinaison, des manipulations décrites ici. Avec ces trois manipulations à votre arsenal, vous serez en mesure de produire ou de faire disparaître de l'argent à volonté.

L'empalmage des doigts

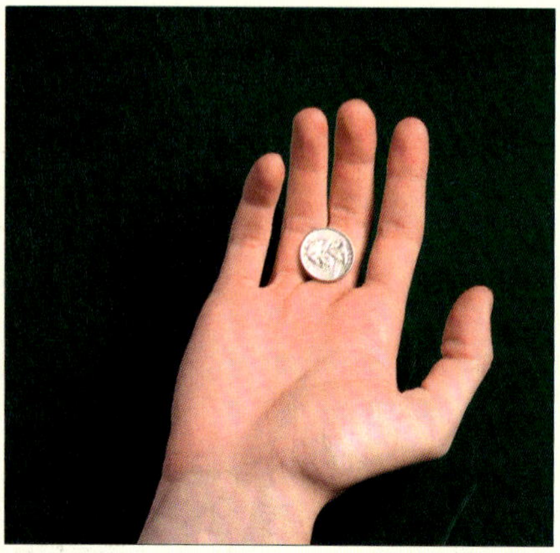

1 Bienvenue dans le monde de l'empalmage. Les magiciens ont mis au point diverses techniques pour empalmer à peu près tout, des pièces de monnaie aux cartes, en passant par les bouteilles de vin. Voici une de ces techniques, l'*empalmage des doigts,* à la fois simple, élégante et très efficace.

Commencez par tenir un 25 cents dans la main droite, en le plaçant dans la paume à la racine du majeur et de l'annulaire.

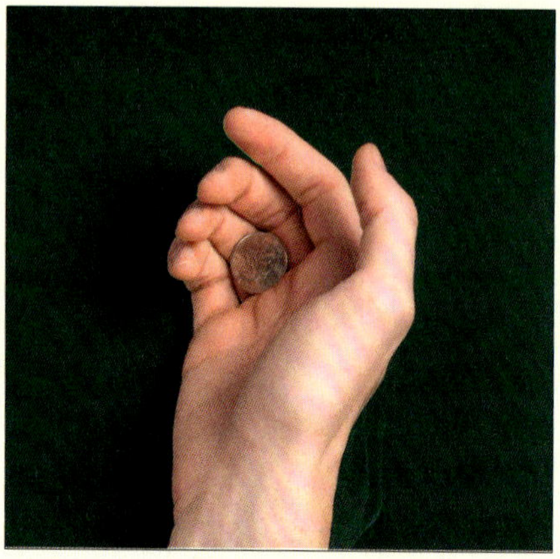

2 Repliez légèrement tous les doigts de la main droite, juste assez pour retenir la pièce entre les phalanges des doigts mentionnés.

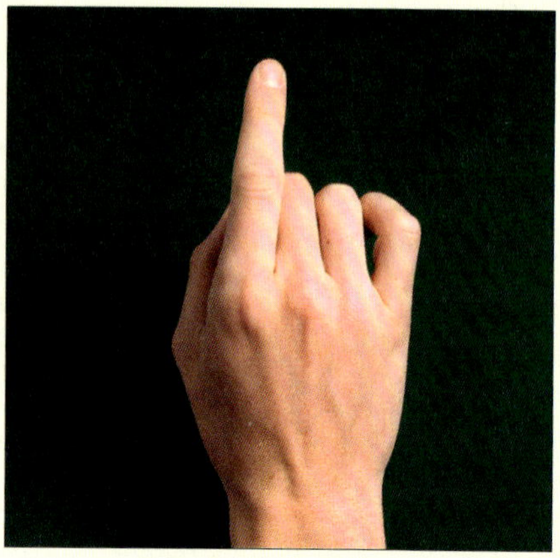

3 Vue de l'avant, votre main apparaît détendue et vide. Même si votre paume est dirigée vers le haut et orientée vers l'assistance, la pièce demeure hors de vue. Vous pourriez même tenir un autre objet comme une cuillère dans cette main sans que personne voie la pièce dissimulée au creux de votre paume.

Comme l'empalmage des doigts sera souvent utilisé dans ce chapitre, exercez-vous à tenir une pièce de monnaie dans votre main tout en gardant celle-ci détendue. Vous devez vous sentir à l'aise avec une pièce coincée dans votre paume ; la meilleure façon d'y arriver, c'est d'empalmer une pièce le plus souvent possible.

« Les gens ne seront-ils pas étonnés que je garde constamment une pièce dans la main ? » Non, parce que, si vous le faites de façon adéquate, personne ne s'en apercevra.

La production

Tout le monde compte, dans sa parenté, quelqu'un qui ne réussit jamais tout à fait le tour de la pièce de 25 cents qui sort de l'oreille. Mais lorsque l'art de produire de l'argent est maîtrisé, il n'y a rien qui impressionne le plus un auditoire.

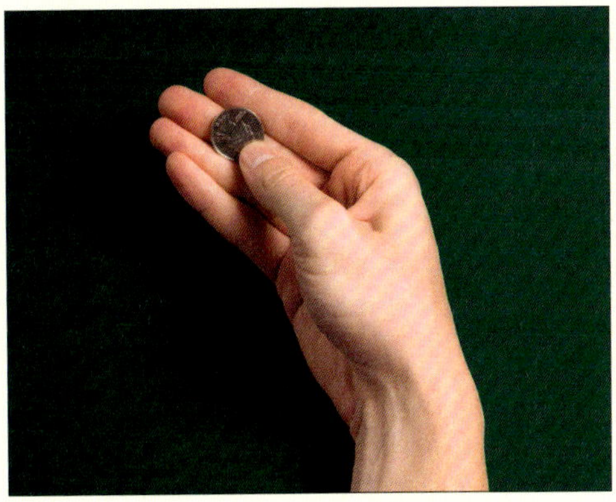

1 Pour produire un 25 cents, mettez en pratique la technique de l'empalmage des doigts et dissimulez la pièce dans votre main droite. Les deux côtés de votre main apparaîtront vides.

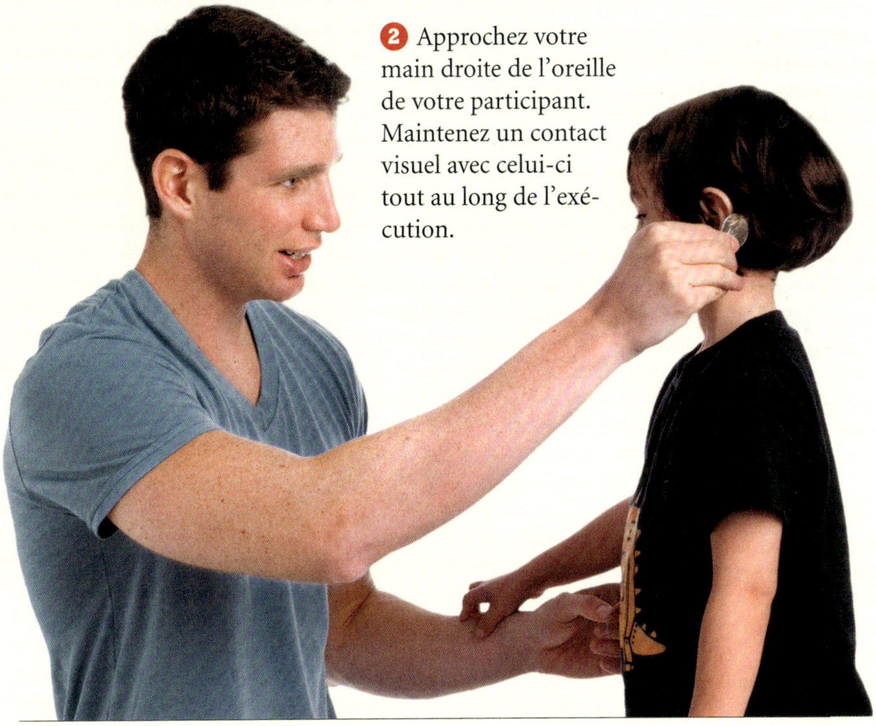

2 Approchez votre main droite de l'oreille de votre participant. Maintenez un contact visuel avec celui-ci tout au long de l'exécution.

3 Lorsque votre main n'est plus dans son champ de vision, servez-vous de votre pouce droit pour pousser la pièce jusqu'au bout de vos doigts. Étendez les doigts pendant que vous faites apparaître la pièce.

4 Ramenez la main droite vers vous, en montrant la pièce à votre participant.

La substitution

Le faux transfert remonte aux origines de la magie et constitue la base d'à peu près tous les tours de passe-passe qui existent, des vénérables « boules et gobelets » jusqu'à la pièce de monnaie qui se volatilise. Il existe plusieurs variantes, mais la substitution est une application particulièrement polyvalente du faux transfert.

1 Cachez, à l'insu de tous, un objet dans votre main gauche. Par exemple, repliez légèrement vos doigts de la main gauche sur un biscuit de chien (oui, un biscuit de chien). Exhibez à la ronde un autre objet – disons, une pièce de monnaie –, en le tenant entre le pouce et l'index de votre main droite. Le majeur, l'annulaire et l'auriculaire sont allongés sous la pièce. Demandez alors à un ami si vous pouvez nourrir son chien.

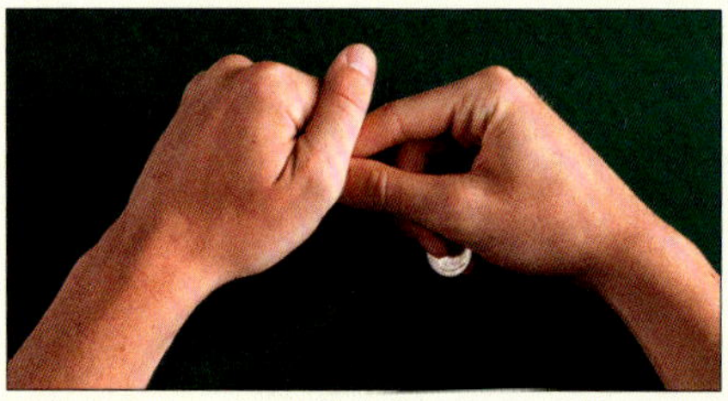

2 Avant qu'il n'ait le temps de vous répondre, exécutez la substitution : de votre main gauche, cachez la pièce et feignez de la faire passer dans la main gauche en fermant le poing gauche. En même temps, glissez subrepticement la pièce entre le majeur et l'annulaire de la main droite. Ces doigts vous servent de pince et doivent soutenir la pièce indépendamment de l'index et du pouce de la main droite.

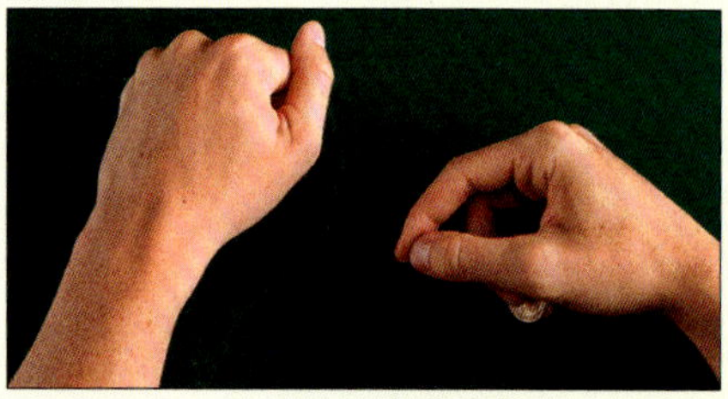

3 La main droite toujours soustraite aux regards grâce à la position de la main gauche, pliez le majeur et l'annulaire droits vers votre paume pour y maintenir la pièce. Éloignez votre main gauche toujours fermée, qui tient prétendument la pièce. Assurez-vous de fixer intensément votre poing gauche comme s'il contenait vraiment la pièce.

4 Ouvrez la main gauche pour montrer que la pièce s'est transformée en un biscuit pour chien. Votre ami aimera ce tour, mais jamais autant que son chien. Ramenez nonchalamment la main droite le long de votre corps et, quand personne ne regarde, laissez la pièce tomber sur vos doigts recourbés et gardez-la empalmée.

La disparition complète

Les magiciens parlent de « disparition complète » lorsqu'un tour de passe-passe se termine avec les deux mains complètement vides.

Comme décrit plus haut, le faux transfert ou la substitution vous laisse avec une pièce dans la main. Si vous êtes debout, vous devez simplement retenir la pièce par empalmage jusqu'à ce que vous puissiez la glisser nonchalamment dans votre poche. Si vous êtes assis, vous pouvez transformer cela en une « disparition complète ». Après avoir effectué le faux transfert, posez la main droite sur le bord de la table de façon que vos doigts puissent s'étirer sous la table. Laissez alors tomber la pièce sur vos genoux sans bouger la main droite. Montrez d'abord à l'assistance que votre main gauche est bel et bien vide ; *ensuite*, levez la main droite à la hauteur de votre poitrine pour montrer que vous n'avez rien dans cette main-là non plus.

Le rêve de l'avare

MATÉRIEL
Une tasse à café opaque (une tasse transparente est utilisée ici pour que les explications soient plus claires), une pièce de 25 cents et une poignée de pièces de monnaie (de 8 à 10 pièces).

PRÉPARATION Une grande tasse à café convient parfaitement, bien qu'il soit possible de réaliser cet effet avec un seau.

Le numéro débute avec la pièce de 25 cents empalmée dans la main droite.

Juste avant de commencer le numéro, rassemblez les pièces dans vos doigts de la main gauche, insérez cette main dans la tasse et plaquez les pièces contre la paroi de la tasse. Remarquez que les doigts gauches sont en extension et coincent les pièces en pile contre l'intérieur de la tasse tout en les dissimulant à la vue. Avec le pouce gauche, retenez la tasse de l'extérieur.

DIFFICULTÉ

L'EFFET C'est le tour classique de la pièce que l'on sort de l'oreille… complètement revisité. **Vous produisez des douzaines de pièces qui sortent de nulle part, faites se matérialiser des pièces invisibles et laissez même un participant produire une pièce.**

LE SECRET « Le rêve de l'avare » applique une foule de principes comme l'empalmage, la production, la substitution et la synchronisation.

LA PRÉSENTATION

« Le rêve de l'avare » est en fait la production constante de la même pièce (cachée entre les doigts de votre main droite). Chaque fois qu'elle est produite, vous l'échangez contre l'une des pièces dissimulées dans votre main gauche.

1 Tenez la tasse (et les pièces qui y sont dissimulées) par le rebord avec le pouce et les doigts de la main gauche et commencez l'effet en produisant la pièce que vous cachez dans votre main droite. Pour ce faire, poussez la pièce empalmée en vous servant de votre pouce droit jusqu'à ce qu'elle soit à la vue.

Suite à la page suivante

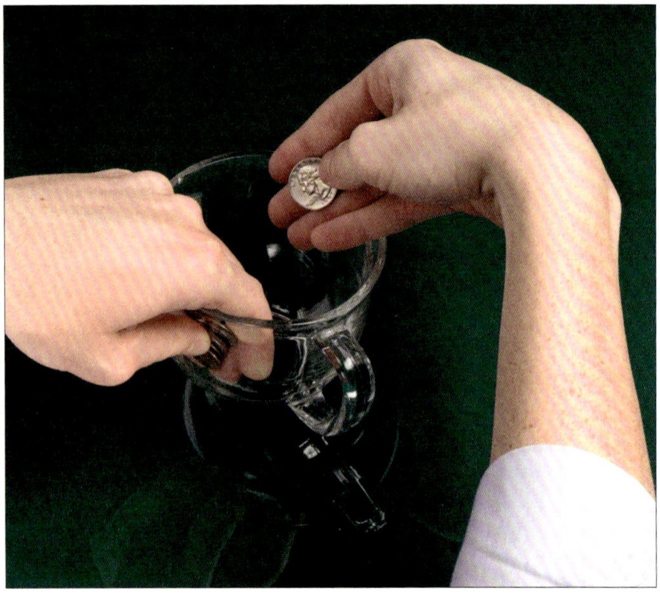

❷ Exhibez la pièce pendant quelques secondes avant de faire mine de la déposer dans la tasse. C'est à ce moment que vous exécutez la première substitution : plongez les doigts de la main droite dans la tasse comme si vous vouliez y déposer la pièce. Caché par la tasse, vous en profitez pour empalmer de nouveau la pièce en vous servant de votre pouce droit.

Entre-temps, desserrez la prise de vos doigts gauches et laissez tomber une des pièces dissimulées dans le fond de la tasse. Il n'y a pas de technique précise ; vous relâchez simplement votre étreinte jusqu'à ce que vous sentiez (et entendiez) l'une des pièces tomber. Lorsque ces deux mouvements sont bien synchronisés, les gens croient que c'est la pièce que vous venez de produire qui tombe au fond de la tasse.

Si plus d'une pièce tombe, ne désespérez pas. L'assistance ne voit pas à travers la tasse et il n'y a pas de différence audible entre le bruit produit par une pièce et le bruit produit par plusieurs pièces qui tombent. Sortez la main droite de la tasse avec la pièce cachée au creux de la paume.

❸ Répétez le processus pour toutes les pièces restantes qui sont dissimulées sous vos doigts gauches. Produisez la pièce cachée dans votre main droite en la faisant sortir de l'oreille du participant, de son genou…

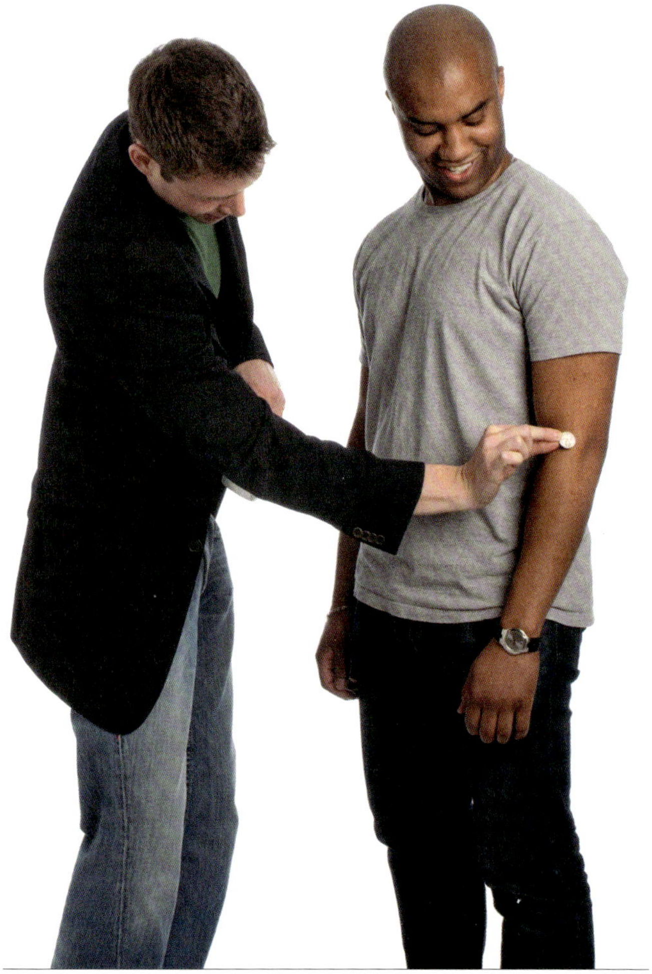

❹ … de ses coudes, de partout où vous le jugerez bon. Chaque fois que vous produisez une pièce, montrez-la en la tenant entre les doigts de la main droite. Faites semblant de la laisser tomber dans la tasse (alors qu'en fait vous relâchez une des pièces retenues de la main gauche) et éloignez de nouveau vos mains l'une de l'autre.

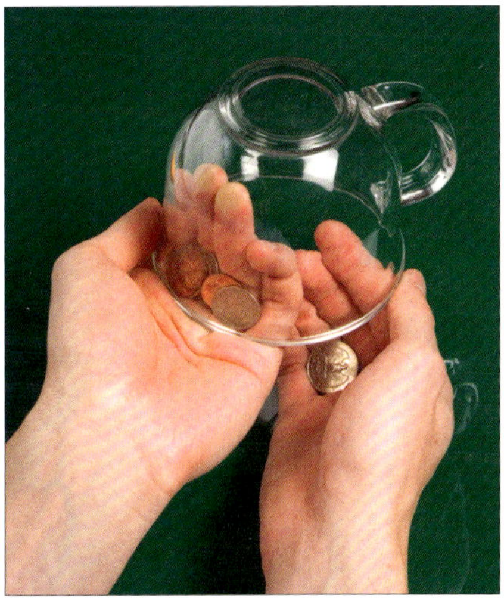

5 Une fois que vous aurez laissé tomber toutes les pièces, penchez le haut de la tasse vers l'assistance pour montrer toutes les pièces que vous avez « produites ». Faites semblant de les verser dans votre main droite, mais reprenez-les plutôt dans la main gauche.

Pour ce faire, rapprochez vos mains alors que vous renversez la tasse : notez bien que l'inversion de la tasse ne change rien au fait que vous reteniez toujours les pièces de la main gauche. En renversant la tasse, vous ferez glisser les pièces sous vos doigts gauches en extension.

6 Fermez la main droite et feignez de déposer votre prétendue poignée de pièces dans votre poche droite. En fait, vous n'avez qu'une seule pièce empalmée dans la main droite, le 25 cents. Remettez la tasse à l'endroit. Les pièces de monnaie étant retenues par les doigts de votre main gauche, elles ne feront aucun bruit.

Vous êtes maintenant prêt à recommencer à produire des pièces. La tasse paraît vide, mais vos doigts gauches retiennent les pièces en place contre la paroi de la tasse et la pièce de 25 cents est empalmée dans votre main droite.

Poursuivez jusqu'à ce qu'il ne reste plus qu'une pièce dans votre main gauche. Produisez la pièce au bout des doigts de votre main droite en la laissant cette fois-ci réellement tomber au fond de la tasse. Montrez à tous que votre main droite est bel et bien vide.

7 Pour la grande finale, invitez un participant à approcher sa main de votre oreille et à faire semblant de produire une pièce. Demandez-lui ensuite de lancer la pièce invisible dans les airs, en direction de la tasse. Suivez des yeux sa trajectoire vers la tasse et, au moment opportun, laissez tomber la dernière pièce dissimulée sous vos doigts gauches, qui fera… « clink ».

CLASSE DE MAÎTRE

Aucune présentation verbale n'est proposée, car l'intérêt, dans « Le rêve de l'avare », réside entièrement dans l'effet. Souvent accompagné d'un fond musical, le magicien devient mime alors qu'il se promène parmi l'assistance à la recherche d'argent invisible. Faire apparaître de l'argent de nulle part est un exploit très apprécié par l'assistance, et parler (si l'on excepte l'effet sonore occasionnel) ne servirait qu'à les distraire du mystère.

CRÉDIT L'effet remonte à aussi loin que l'époque de Robert-Houdin, en 1852, qui l'avait baptisé « La pluie d'argent » (*The Shower of Money*). L'effet a été connu ensuite sous le nom de « Trésor aérien » (*The Aerial Treasury*) jusqu'en 1895, alors que T. Nelson appelle sa version « Le rêve de l'avare » (*The Miser's Dream*).

PLEINS FEUX SUR AL FLOSSO

Al Flosso n'avait pas l'air d'un maître magicien. Il était petit, costaud et parlait avec un fort accent new-yorkais, mais il a atteint des sommets inégalés avec « Le rêve de l'avare ».

Al Flosso a peaufiné ce numéro tout au long de sa carrière, à Coney Island. Il invitait un enfant à monter sur la scène et sortait des pièces d'argent des oreilles, des coudes, du nez de l'enfant, complètement dépassé par les événements. Mais Flosso poussait les choses encore plus loin et l'enfant lui-même produisait des pièces d'argent, qu'il retirait de ses poches, de ses articulations et même de nulle part dans les airs ! Les gens n'avaient aucune idée d'où provenait l'argent, les jeunes volontaires de Flosso non plus.

Profits inattendus

MATÉRIEL
Deux pièces de 25 cents, une serviette de table ou un mouchoir en tissu et un élastique.

PRÉPARATION Placez un petit élastique dans votre poche droite. Ayez une serviette de table en tissu ou un mouchoir à portée de main. Ce sont les seuls accessoires dont vous aurez besoin pour la disparition.

Pour faire réapparaître la pièce, vous avez plusieurs choix. Vous pouvez simplement cacher la seconde pièce dans un endroit inattendu, comme sous une salière ou entre les pages d'un journal. Mais c'est beaucoup plus amusant de prendre des risques et de la cacher dans la poche du veston de votre patron ou dans la chaussure de votre assistant. Ce tour ne requiert qu'une touche légère de la main ou une démarche silencieuse.

DIFFICULTÉ

L'EFFET **Vous empruntez à quelqu'un une pièce que vous faites disparaître, puis réapparaître dans sa poche !**

LE SECRET Vous vous servez de deux pièces de 25 cents et vous en laissez tomber une dans la poche du participant sans qu'il s'en rende compte. Pour faire disparaître l'autre pièce, vous créez une pochette secrète dans la serviette de table ou dans le mouchoir à l'aide d'un élastique.

LA PRÉSENTATION

Empruntez un 25 cents à votre participant. Pendant qu'il cherche, mettez nonchalamment la main droite dans votre poche et passez les quatre doigts dans l'élastique. Sortez la main de votre poche, personne ne remarquera qu'un élastique entoure vos doigts.

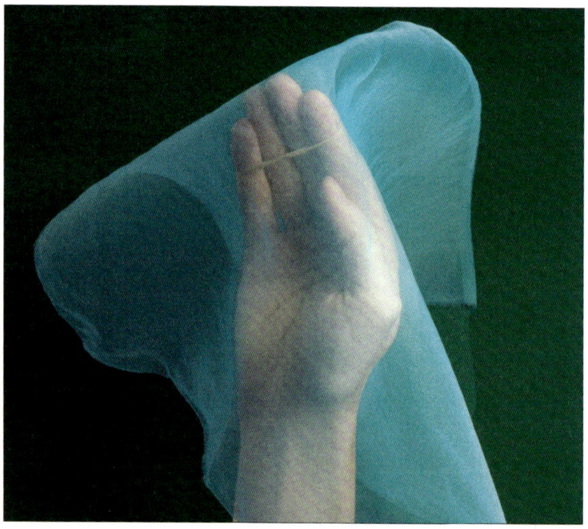

❶ Déposez le mouchoir en tissu par-dessus les doigts de votre main droite pour dissimuler l'élastique.

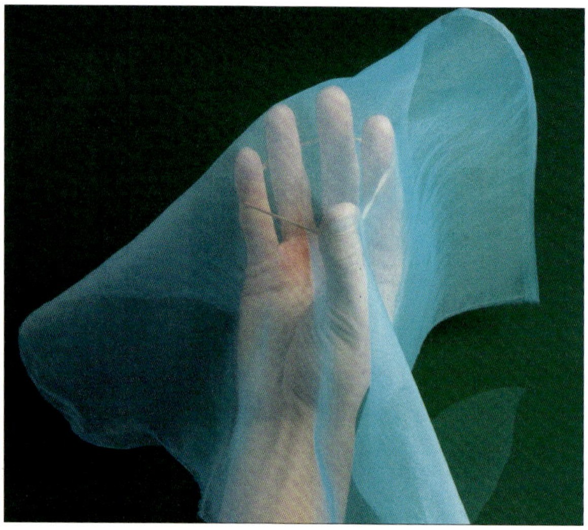

❷ Une fois que l'élastique est recouvert, insérez-y le pouce droit et étirez-le en éloignant tous vos doigts (afin de mieux illustrer les diverses manœuvres, j'utilise un bout de tissu transparent).

❸ Prenez le 25 cents du participant dans votre main gauche et placez-le ouvertement sur le mouchoir qui recouvre votre main droite, entre vos doigts dissimulés.

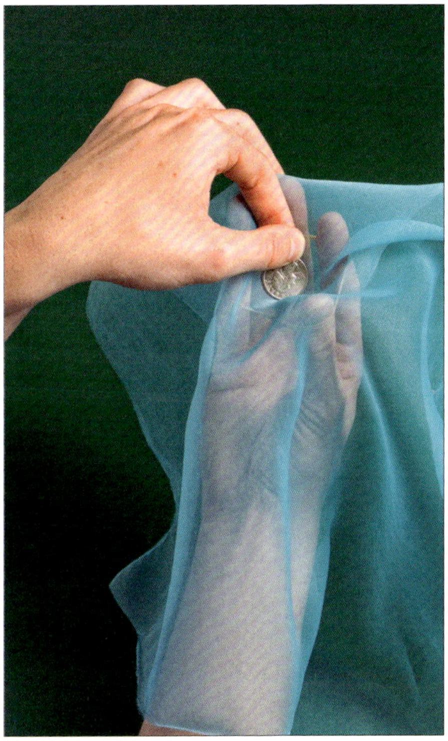

❹ Poussez d'environ 2 cm la pièce dans le mouchoir afin qu'elle passe dans l'ouverture de l'élastique. Relâchez l'élastique de façon qu'il entoure la pièce.

Tournez ensuite la paume de votre main droite vers le bas, en laissant retomber les bords du mouchoir.

❺ La pièce est à l'abri des regards dans la pochette formée par l'élastique. Vous pouvez retirer délicatement vos doigts de l'intérieur de l'élastique qui demeurera attaché au mouchoir.

❻ Saisissez le mouchoir avec vos deux mains et secouez-le légèrement. Du point de vue du participant qui est à l'avant, la pièce semble avoir disparu. De votre point de vue, elle est à l'abri des regards. Empochez le mouchoir après l'avoir montré à tous et commencez à attirer l'attention sur le participant, à l'un ou l'autre des endroits (poche, chaussure, etc.) où vous avez dissimulé le 25 cents. Laissez-lui le plaisir de découvrir la réapparition de « sa » pièce.

CLASSE DE MAÎTRE

Le magicien corporatif Paul Gertner est le plus connu de ceux qui exécutent cet effet. Il l'enseigne aux grands gestionnaires des entreprises. Sa présentation exploite l'idée de « trouver des profits à des endroits inattendus ».

Il sait fort bien que, sans une présentation adéquate, cet effet est à peine divertissant. Mais lorsque l'effet est relié à de l'argent perdu (la disparition de la pièce), puis retrouvé (la réapparition de la pièce), vous obtenez une magie qui prend un sens.

CRÉDIT Le magasin d'accessoires de magie Abbotts vend cet effet sous le nom de « Phantosphère » depuis les années 1960, mais les élastiques, inventés au milieu du XIXe siècle, sont utilisés en prestidigitation depuis 1911.

N'ESSAYEZ PAS CECI À LA MAISON

Le tour du revolver, ou la balle rattrapée (*Bullet Catch*), où un magicien est la cible d'un coup de feu et s'en sort indemne est sans aucun doute l'effet magique le plus meurtrier de l'histoire. Alors que quelques numéros présentant des variantes de cet effet ont été réalisés avec succès (Penn et Teller se servent d'une version modifiée de l'effet Banachek; en 1988, la grande dame de la magie, Dorothy Dietrich, est devenue la première femme magicienne à attraper une balle dans sa bouche), plus d'une douzaine de personnes sont mortes pendant l'exécution de ce tour.

Une des plus célèbres représentations fatales a eu lieu le 8 novembre 1829; Louis de Linsky était sur scène en train de donner un spectacle en l'honneur du prince de Schwarzbourg-Sondershausen (une ancienne principauté d'Allemagne).

Pour la finale, Mme de Linsky, sa femme, se tenait debout devant un peloton d'exécution de six soldats fournis par la cour royale d'Arnstadt.

Louis de Linsky s'était lui-même occupé d'entraîner les six cadets. Leurs armes étaient réelles, mais chacun avait reçu l'ordre de mordre la balle du mousquet pendant le processus de chargement. De cette façon, les armes seraient chargées avec de la poudre seulement – sans projectile – et les coups de feu seraient inoffensifs.

Mais un des soldats oublia de mordre la balle de son arme. Lorsque les soldats tirèrent, la pauvre Mme de Linsky fut atteinte à l'abdomen. Elle mourut le lendemain, à 23 ans et enceinte.

Une autre victime bien connue, Chung Ling Soo (William Ellsworth Robinson, 1861-1918), était un magicien américain qui donnait ses spectacles en personnifiant un prestidigitateur chinois. Dans la variante de Soo, la balle était censée tomber dans une chambre secrète de l'arme. Le 23 mars 1918, toutefois, la poudre accumulée entre les deux barillets de son fusil s'est enflammée et le coup de feu est parti, atteignant le magicien en pleine poitrine. Soo, qui prétendait depuis nombre d'années ne pas savoir parler anglais, s'écria dans la langue de Shakespeare: « Mon Dieu, j'ai été atteint! » Ainsi, ses premiers mots en anglais en public furent aussi ses derniers.

« L'art est long, la vie est courte », écrivait Harry Houdini dans le numéro de septembre 1906 de la revue *Conjurer's Monthly Magazine* en reprenant les mots du médecin grec Hippocrate. « La scène et les gens, à la lumière de l'Histoire, ont fait de ces mots une vérité. » Dans son style inimitable, Houdini raconte la disparition d'une autre victime de la magie – l'homme à l'épreuve des balles.

Au bénéfice de ceux qui n'auraient pas entendu parler de cette attraction sensationnelle – qui a été, en effet, une grande nouveauté pendant une brève période –, cet homme, un Allemand, clamait qu'il possédait un manteau à l'épreuve des balles. Une fois revêtu de ce manteau, il permettait à quiconque de tirer sur lui à bout portant. Hélas! Un jour, un tireur d'élite visa en dessous de l'ourlet du manteau et le toucha mortellement à l'aine. Il succomba quelques jours plus tard des suites d'une infection généralisée. Sa dernière volonté était que son invention adorée soit enterrée avec lui, ce qui ne lui a pas été accordé sous prétexte que le monde avait besoin d'une telle invention. Le manteau, a-t-on découvert, était rembourré avec de la vitre pilée.

Mme Clémentine, une prestidigitatrice célèbre du début du xxe siècle, décida, pour son interprétation du tour du revolver, de se servir de vraies balles et de renoncer à toute substitution. Cette décision s'avéra fatale, mais pas pour elle.

La présentation de Mme Clémentine consistait à faire feu en direction de son assistant à l'autre bout de la scène. Elle visait délibérément plus haut que sa cible et la balle sifflait au-dessus de la tête de l'assistant pour aller se loger dans les coulisses. Entre-temps, son assistant exhibait une balle entre ses dents. L'illusion était parfaite.

Lorsque le prestidigitateur chinois Chung Ling Soo a été mortellement blessé par balle, en 1918, sa plus grande illusion fut révélée.

Le numéro s'était parfaitement déroulé sur la scène du Canterbury Music Hall, à Westminster, en Angleterre, où Mme Clémentine le présentait deux fois par soir. Mais lorsqu'elle le transporta sur la scène du Middlesex Music Hall, dans sa tournée de spectacles, elle oublia de changer la visée de son arme. La scène du Canterbury était petite et intime, tandis que celle du Middlesex faisait plus que le double, tant en hauteur qu'en longueur. Comme les calculs étaient erronés, elle tua accidentellement son assistant d'une balle en plein front.

Le 14 juin 2007, le tour du revolver fait sa dernière victime, le Togolais Kofi Brugah. Brugah (son nom de scène était Zamba Powers), un des magiciens les plus sollicités, faisait alors une tournée au Ghana. Il avait donné des spectacles dans de nombreux villages, ainsi que dans la ville d'Asamankese. Ce jour-là, il présentait son spectacle dans la ville d'Adukrom, devant une foule enthousiaste.

Il exécuta des tours de prestidigitation traditionnels, incluant la production de pièces de monnaie et de bonbons, qu'il lançait immédiatement aux spectateurs. Pour sa dernière illusion, il offrit de se prêter au tir d'une arme à feu. Le journal *Daily Graphic* en fait ce compte rendu :

> *Après un moment de silence tendu, un homme se détacha de la foule et Brugah tendit l'arme au volontaire en lui demandant d'appuyer sur la détente. Boum ! Horreur ! Brugah gisait dans une mare de sang.*

Une cohue s'ensuivit et le « volontaire » qui avait fait feu sur Brugah en profita pour s'enfuir. L'assistant du magicien, Kwabla Ali, rassembla alors une équipe pour transporter Brugah à l'hôpital d'Adukrom. Brugah était mort à son arrivée.

En 1988, la grande dame de la magie, Dorothy Dietrich, a fait le tour de la balle rattrapée, un exploit que même Houdini n'a jamais tenté.

Sur place, tous ceux qui l'avaient accompagné s'éclipsèrent, sauf son assistant. Le propriétaire de l'endroit où le spectacle était présenté et le volontaire qui a fait feu sont toujours recherchés par la police. Il va sans dire que le tour du revolver n'est pas un tour à prendre à la légère.

Blanchiment d'argent

MATÉRIEL
Deux billets de banque et une carte professionnelle.

PRÉPARATION D'abord, vous devez « laver » de l'argent. Pour ce faire, pliez un billet de banque en quatre, puis enveloppez-le entre deux mouchoirs de papier (ce qui sera la source de peluches). Placez-le dans la poche de votre jean le plus sale. Lavez votre jean et faites-le sécher dans la sécheuse. Le résultat est un billet de banque durci couvert de peluches (et un jean bien propre). Si le billet n'est pas assez « lessivé », rincez-le et répétez l'opération.

Vous aurez également besoin, pour cette présentation, d'une carte professionnelle. Pensez à quelque chose de loufoque à inscrire sur cette carte, que vous pouvez créer à l'aide de votre ordinateur. Un exemple : Dewey, Cheatem and Howe Law Firm (jeu de mots signifiant : « Oui, nous les trompons et comment, cabinet d'avocats »).

Placez la carte de visite dans votre poche droite. Pliez un billet de banque bien propre en huit et placez-le dans votre poche gauche.

DIFFICULTÉ

L'EFFET Vous connaissez l'aspect d'un billet de banque oublié dans la poche d'un vêtement que l'on sort de la machine à laver ? Nous avons tous un jour repêché un billet de banque complètement ruiné – et nous nous en sommes voulu d'avoir oublié de vider nos poches avant de mettre le vêtement à la lessive. **Un tel billet est exhibé avant d'être restauré par magie !**

LE SECRET Cet exploit est accompli grâce à une simple substitution – une autre application du faux transfert. Dans le cas-ci, nous recourons au faux transfert pour réaliser un échange plutôt qu'une disparition.

LA PRÉSENTATION

1 « Je suis heureux de vous annoncer que le jean que je porte est… propre. » Saluez bien bas l'assistance. Personne n'est impressionné… jusqu'ici. « Je ne suis pas très fier de vous annoncer que j'ai oublié de retirer ceci de ma poche. »

Tout en parlant, mettez les mains gauche et droite dans vos poches et sortez le billet lessivé avec votre main droite une fraction de seconde avant de ressortir votre main gauche. Empalmez secrètement le billet normal dans votre main gauche. En sortant d'abord votre main droite et le billet chiffonné, l'attention des participants sera attirée par l'aspect étrange du billet et non par votre main gauche.

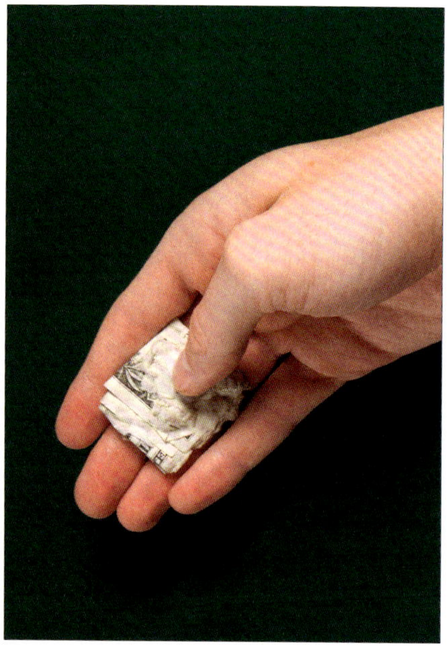

De votre main droite, dépliez et exhibez le billet délavé. Demandez aux participants de l'examiner s'ils le veulent. « Je ne peux parler très fort, leur direz-vous en chuchotant, car ceci est de l'argent blanchi. Je connais deux façons de régler un problème de blanchiment d'argent. Une nécessite une longue promenade sur les rives du fleuve Saint-Laurent et la seconde requiert la présence d'un avocat », direz-vous en reprenant le billet et en le pliant de nouveau en huit. Vous feignez de faire passer le billet dans votre main gauche. En réalité, vous le retenez avec les doigts de votre main droite. Pour ce faire, mettez votre pouce droit sur le billet délavé.

2 Rapprochez ensuite lentement vos mains l'une de l'autre. Tournez la paume de votre main droite vers le bas tandis que vous tournez la paume de votre main gauche vers le haut. À l'aide de votre pouce droit, gardez le billet délavé plaqué contre vos doigts.

Refermez votre main gauche autour du billet normal et placez votre main gauche à la hauteur de votre poitrine.

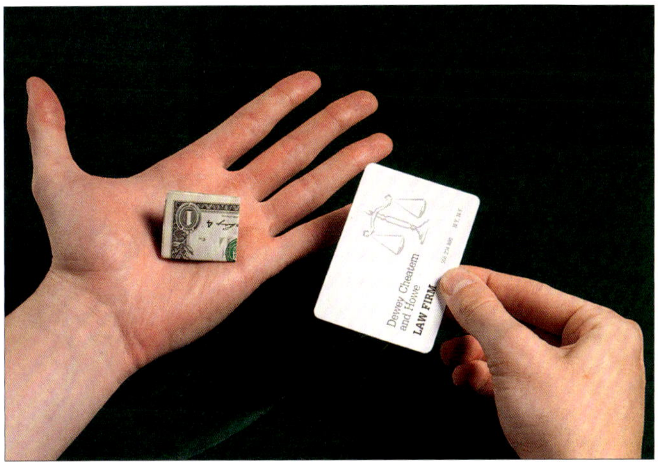

3 Mettez la main droite dans votre poche droite. Laissez-y le billet délavé et prenez la carte de visite. Montrez la carte aux participants et laissez-leur le temps de goûter la plaisanterie qui y est imprimée.

En vous servant de la carte de visite comme d'une baguette magique, secouez-la au-dessus de votre poing gauche en disant: « Je vais maintenant prononcer les mots magiques de l'avocat: 300 dollars de l'heure, payables d'avance… » Ouvrez votre poing gauche et montrez comment vous avez résolu ce problème de blanchiment d'argent.

CLASSE DE MAÎTRE

« Blanchiment d'argent » a tous les ingrédients d'un bon effet de magie rapprochée. Vous pouvez le réaliser n'importe où, entièrement entouré de vos participants, sans l'aide d'une table. Et sa présentation fusionne le blanchiment d'argent au sens propre et au sens figuré.

CRÉDIT Cette méthode est fondée sur la technique de la substitution du billet qui a été mise au point par des médiums peu scrupuleux à la fin du XIXe siècle.

MAÎTRE MODERNE

JADE

La magie de l'Asie diffère grandement de celle qui est pratiquée en Occident, et la magicienne Jade est connue mondialement pour son spectacle qui marie de façon unique les traditions occidentale et orientale. Elle fait carrière à San Francisco et s'inspire de ses racines chinoises pour faire de la magie typiquement asiatique: manipulation de l'eau, du parasol et des éventails ainsi que des changements de costumes somptueux, le tout étant effectué de manière élégante et gracieuse. Son spectacle comporte aussi des éléments de la comédie occidentale, notamment un numéro au cours duquel elle se libère des contentions mises en place par des volontaires masculins.

Le spectacle de Jade incorpore plusieurs éléments des arts de la scène et elle suggère aux autres magiciennes d'en faire autant. « Servez-vous des arts de la scène comme la danse, le théâtre et autres disciplines. Vous pourrez alors tirer profit de ce que ces autres formes d'art ont à offrir. Je recommande aussi de suivre des cours de danse pour apprendre à bouger sur scène. »

Problème de table

MATÉRIEL
Une pièce de monnaie et une table opaque.

DIFFICULTÉ

L'EFFET « Vous avez sûrement entendu des gens parler d'argent "en dessous de la table" », direz-vous en montrant une pièce de 25 cents que vous tenez dans la main droite, avant de poursuivre : « Mais je ne pense pas que ce soit exactement ce qu'ils avaient en tête. » **Ce disant, vous poussez de façon visible et audible une pièce à travers la table.**

LE SECRET Notre bon vieux faux transfert de nouveau à l'œuvre ! L'illusion sera renforcée par l'effet auditif.

LA PRÉSENTATION

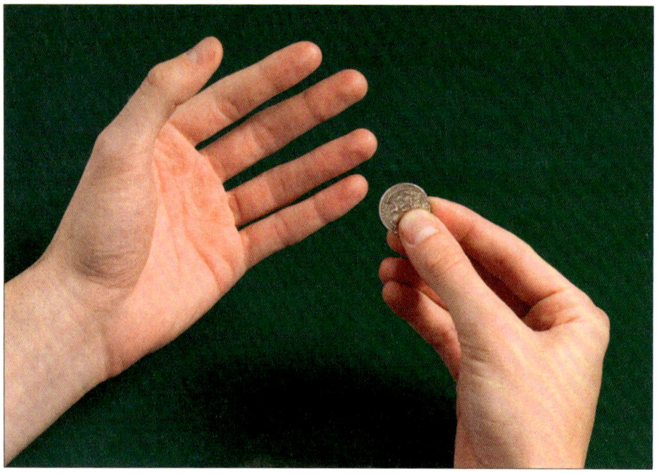

1 Exhibez une pièce de monnaie dans votre main droite et faites semblant de la prendre avec vos doigts gauches, alors qu'en fait vous la retenez dans votre main droite.

2 Approchez la main gauche vers l'avant sur la table en ayant l'air de tenir la pièce.

Juste après avoir fait ce mouvement de la main gauche, placez votre main droite sous la table, apparemment pour attraper la pièce qui vient de traverser la table. Pressez délicatement le bord de la pièce contre le dessous de la table.

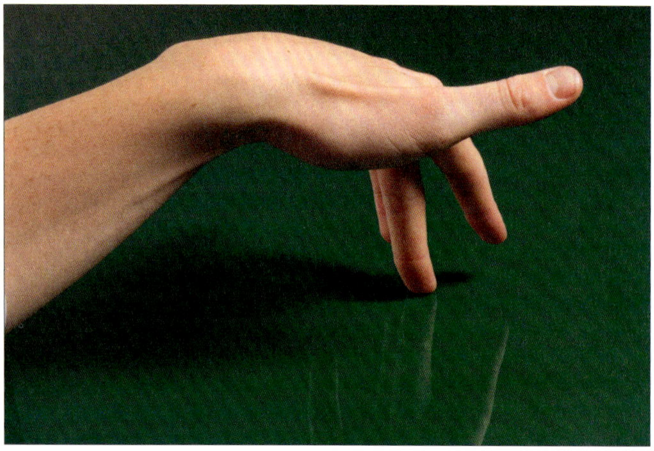

3 Deux actions se font simultanément. Vos doigts gauches pressent contre la surface de la table comme si vous poussiez une pièce à travers celle-ci. Poussez avec votre majeur gauche et étendez les autres doigts pour montrer que vous n'avez plus rien dans votre main gauche.

❹ Frappez en même temps la pièce que vous avez dans la main droite contre la table en vous servant de votre index et de votre pouce droits. Si ces deux actions sont parfaitement synchronisées, la pièce de monnaie semble passer à travers la table (et disparaître de la surface de la table) en faisant le bruit que tous entendent.

❺ Laissez la pièce retomber dans votre paume droite et ramenez votre main droite à la vue. Vous aurez l'air d'avoir attrapé la pièce qui vient de traverser la table.

CLASSE DE MAÎTRE

Nous avons déjà abordé l'analyse perspicace qu'a faite Robert-Houdin du rôle du magicien: « Un magicien est un acteur qui joue le rôle d'un magicien. » Pour jouer ce rôle, nous devons croire – jusqu'à un certain point – dans ce que nous faisons.

Vous devrez répéter la technique (le faux transfert dans ce cas-ci) jusqu'à ce qu'elle devienne une seconde nature. Vous ne devez jamais penser à la technique lorsque vous faites votre numéro; comme manger ou conduire, il faut que cela devienne un automatisme.

Pour apporter encore plus de crédibilité à cet effet, le légendaire magicien de salon Derek Dingle nous suggère de faire semblant de lire l'année d'émission de la pièce. Bien sûr, il n'y a pas d'année inscrite sur la pièce que vous tenez dans votre main gauche… puisque vous n'avez pas de pièce dans la main gauche. Mais cette feinte saura convaincre vos participants que vous tenez bel et bien une pièce dans votre main.

CRÉDIT Cet effet est mentionné la première fois dans l'ouvrage de John White, *A Rich Cabinet with a Variety of Inventions*, en 1668.

Sou écrasé

MATÉRIEL
Deux sous noirs identiques dont l'un a été aplati.

PRÉPARATION Les magiciens ont pendant longtemps eu recours aux rails pour aplatir les sous, mais cette pratique est dangereuse. Je vous recommande donc d'autres moyens. Les bonnes papeteries vendent des presses qui peuvent aplatir une petite pièce de monnaie ou vous pouvez toujours demander à un bijoutier d'aplatir quelques pièces de monnaie pour vous.

Si vous avez l'intention de donner les pièces après avoir fait votre numéro, faites-en aplatir plusieurs en même temps. Comme vous ne pouvez savoir d'avance si le sou que vous donnera votre participant sera brillant ou terne, assurez-vous d'aplatir quelques pièces à divers stades d'oxydation.

Juste avant de faire votre numéro, prenez le sou aplati par empalmage des doigts (entre le majeur, l'annulaire et l'auriculaire de la main droite).

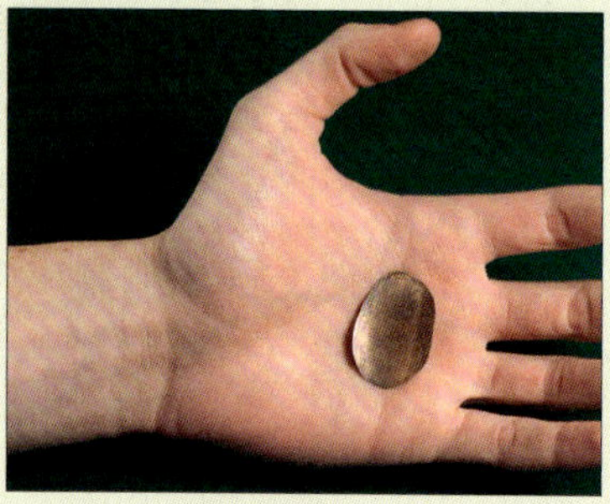

DIFFICULTÉ

L'EFFET **Montrez votre force herculéenne en aplatissant un sou emprunté.** Le sou aplati constitue un souvenir idéal pour votre participant.

LE SECRET À la fin du numéro, le sou du participant aura vraiment l'air d'avoir été aplati par un train.

LA PRÉSENTATION

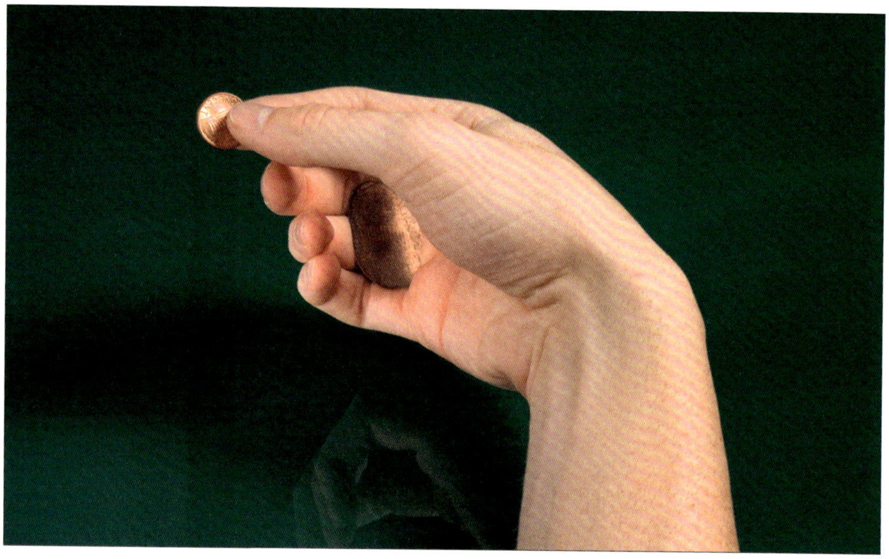

1 Empruntez un sou et tenez-le entre votre pouce et votre index droits. Notez que le sou aplati reste dans votre main droite : il est dissimulé par les autres doigts.

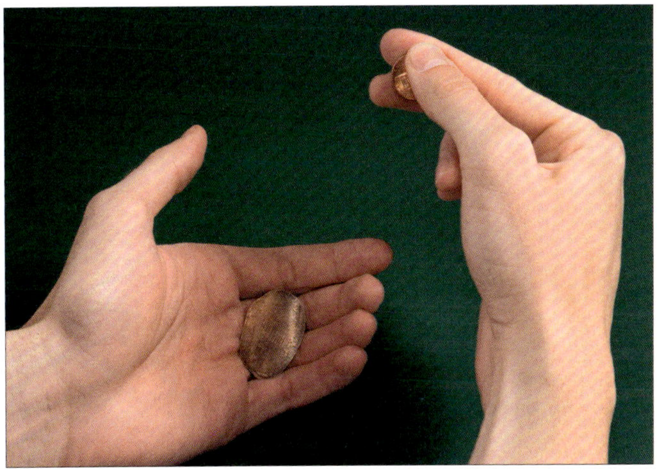

❷ Lancez le sou emprunté dans votre main gauche. Refermez vos doigts sur la pièce. Ouvrez la main gauche et reprenez le sou entre votre pouce et votre index droits. Répétez deux fois le geste de lancer et de reprendre la pièce.

Pendant que vous lancez la pièce, dites: « Je fais de l'exercice, ces temps-ci. Vous ne trouvez pas que ça paraît ? » Les gens vont sûrement rire. Poursuivez: « Je suis sérieux, regardez bien. »

Feignez de lancer le sou emprunté dans votre main gauche de nouveau. En fait, vous opérez un transfert appelé la substitution Bobo : pliez votre poignet droit juste avant de lancer le sou vers votre main gauche. Au lieu de lancer le sou emprunté, retenez-le entre votre pouce et votre index. En même temps, ouvrez vos doigts droits et laissez tomber le sou aplati dans votre main gauche.

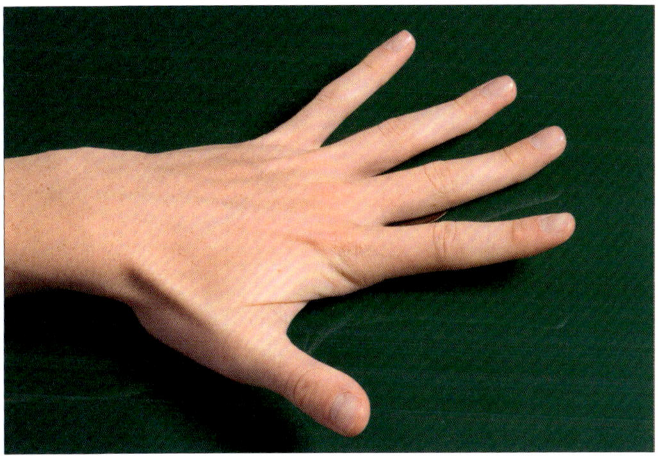

❸ Comme le sou aplati est constamment en mouvement, il est donc impossible à distinguer du sou normal que vous venez de montrer. Aussitôt que le sou aplati atterrit dans votre main gauche, fermez-la rapidement. Vous venez d'opérer la substitution.

Enchaînez en tournant votre poing gauche paume vers le bas et ouvrez les doigts en même temps que vous plaquez le sou sur la table. Faites semblant d'écraser le sou avec votre paume tout en mimant une très grande tension physique.

Ou encore, gardez votre poing fermé et agissez comme si vous étiez en train d'écraser le sou dans votre main tout en le laissant lentement passer entre votre majeur et votre annulaire (comme s'il passait entre les rouleaux d'une essoreuse). Abaissez nonchalamment votre main droite sans montrer le sou emprunté.

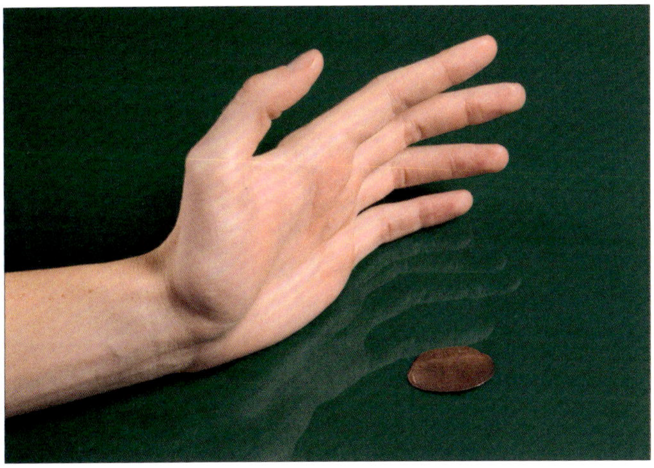

❹ Soulevez votre main gauche (ou ouvrez votre poing après avoir aplati le sou) pour que tous se rendent compte de votre force surhumaine. Redonnez le sou au participant à qui vous l'aviez emprunté et concluez en affirmant : « Je peux aussi aplatir un rouleau entier de 25 cents. »

CLASSE DE MAÎTRE

La substitution Bobo est une technique assez particulière ; le public *voit* l'objet substitué (le sou aplati dans ce cas-ci), mais il n'interprète pas correctement ce qu'il voit. En raison du mouvement, les gens ne voient qu'un sou aux contours flous, sensiblement de la même couleur que le sou original et visible pendant une fraction de seconde seulement.

Certains passages doivent être effectués avec grande finesse. Voici quelques conseils pour que l'illusion soit parfaite.

• Vous devez conditionner votre assistance au geste de lancer et de rattraper. C'est la raison pour laquelle vous lancez le sou à plusieurs reprises avant de procéder à la substitution. Cela habitue les participants à ce geste. N'oubliez pas de faire ce geste avant d'effectuer la substitution secrète.

Suite à la page suivante ☞

• Votre main gauche doit se tenir prête à recevoir le sou. Repliez vos doigts pendant que le sou aplati est en train de tomber. N'attendez pas que le sou atterrisse, sinon vous risquez de révéler le dénouement trop tôt.

• Vos yeux servent à diriger l'attention du participant. D'abord, jetez un œil sur le sou emprunté que vous tenez dans votre main droite. Fixez le participant dans les yeux pendant que vous lancez la pièce, de sorte que l'assistance ne se concentre pas sur ce mouvement. Reportez votre regard sur votre main gauche où est censé être le sou emprunté.

La substitution Bobo évoque une farce de clown, mais elle est loin d'en être une. C'est un outil magique très polyvalent. Voici quelques exemples d'utilisation :

La machine à menthe. Pour transformer une pièce de 25 cents en une pastille de menthe, empalmez d'abord une menthe dans votre main droite tout en exhibant une pièce de 25 cents que vous tenez entre le pouce et l'index droits. Lancez la pièce dans votre main gauche à quelques reprises en faisant le commentaire suivant : « Ma main gauche se double d'une machine à faire des bonbons et une menthe coûte 25 cents. »

Effectuez la substitution Bobo et montrez à tous que votre pièce de 25 cents s'est magiquement changée en un bonbon à la menthe. Lorsque vous empocherez l'emballage de la menthe, profitez-en pour vous débarrasser du 25 cents dissimulé.

De la monnaie pour un dollar. Aucun changeur de monnaie en vue ? Qu'à cela ne tienne, servez-vous de la magie ! Commencez le numéro en ayant quatre 25 cents empalmés dans votre main droite. Pliez à la vue, de tous, un billet d'un dollar en huit et lancez-le dans votre main gauche. Répétez ce geste à quelques reprises avant d'effectuer la substitution Bobo. L'assistance entend le tintement des pièces alors que vous libérez les 25 cents dans votre main gauche. C'est un effet particulièrement apprécié près des parcomètres et des machines distributrices.

Roches. « Certaines personnes cachent leur clé en dessous d'une roche », direz-vous à l'extérieur de votre maison. Vous ramassez un caillou et poursuivez : « Pour ma part, je déguise mes clés en roches. »

Pour effectuer ce numéro impromptu, gardez simplement votre clé cachée dans votre main droite par empalmage des doigts. Ramassez un caillou avec le pouce et l'index de la main droite et exécutez la substitution Bobo. L'assistance aura l'impression que vous venez de changer un caillou en clé.

CRÉDIT Appelé la substitution Bobo (*Bobo Switch*), l'effet a été publié par J. B. Bobo dans le premier numéro de la revue *Modern Coin Magic*, en 1952.

D'ordure à trésor

MATÉRIEL
Deux billets de banque de même valeur et une table.

PRÉPARATION Abîmer de l'argent est une offense fédérale et cet effet de magie est un cas limite. Déchirez un billet de banque en deux et une de ces moitiés, en deux. Vous aurez besoin de la « moitié » du billet ainsi que l'un des « quarts ». Vous devrez être assis pour exécuter cet effet.

DIFFICULTÉ

L'EFFET « J'ai trouvé ceci dans une poubelle publique alors que je cherchais quelque chose à manger », direz-vous en présentant un billet de banque déchiré en trois parties. Au fur et à mesure que vous parlez, vous placez les divers morceaux du billet entre différents doigts. « Mais les ordures de l'un sont le trésor de l'autre. » Et soudain, **vous restaurez magiquement les morceaux pour en faire un billet de banque entier.**

LE SECRET Un billet de banque plié fait office d'un des morceaux déchirés. Grâce à une illusion ingénieuse, il est possible de faire passer un billet entier pour trois morceaux distincts.

LA PRÉSENTATION

1 Pliez un billet de banque normal en deux sur la longueur.

2 Puis, pliez-le encore une fois en ramenant l'un de ses bouts près de l'autre bout, à environ un centimètre de cette extrémité. Placez les deux morceaux déchirés (la « moitié » et le « quart ») par-dessus ce billet plié. À première vue, vous semblez ne tenir que des morceaux déchirés dans votre main.

Suite à la page suivante

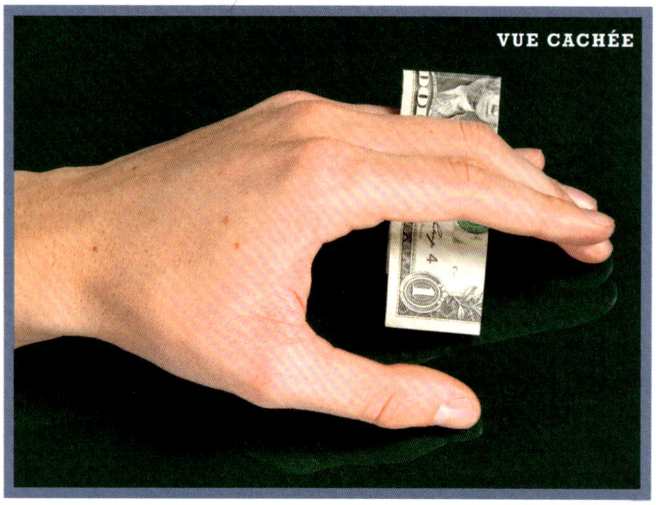

3 Exhibez les morceaux déchirés du billet de banque dans votre main gauche (prenez grand soin de ne pas montrer le dessous du billet plié). Pendant que vous parlez à l'assistance, laissez votre main gauche reposer sur le bord de la table, le plus près de vous. Votre paume doit faire face à votre corps. Laissez tomber les morceaux déchirés sur la table, en retenant de façon visible le billet plié dans votre main (l'assistance pensera que le billet n'est qu'un morceau déchiré de plus).

Insérez le billet plié entre votre majeur et votre annulaire de façon qu'il dépasse légèrement, d'environ un centimètre. Remarquez que les extrémités du billet sont dissimulées à la vue, cachées par votre main gauche.

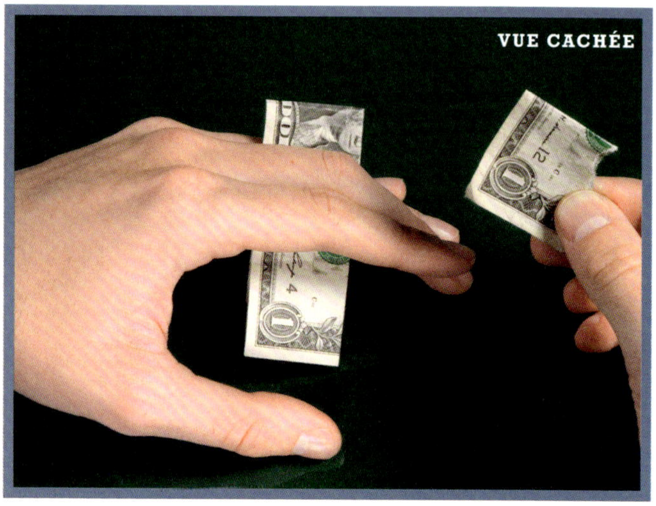

4 De votre main droite, ramassez le plus petit morceau du billet déchiré et pliez-le en deux. Vous pouvez vous servir de doigts gauches pour vous aider à plier le morceau déchiré. Ensuite, vous ferez semblant d'insérer le morceau entre votre annulaire et votre auriculaire gauches. En fait, vous allez échanger ce morceau pour l'extrémité du billet plié.

5 Pour faire la substitution, insérez le morceau déchiré en quatre dans le pli du billet complet, entre votre majeur et votre annulaire gauches.

6 Pincez immédiatement l'extrémité la plus basse et la plus courte du billet plié entre le pouce et les doigts de votre main droite.

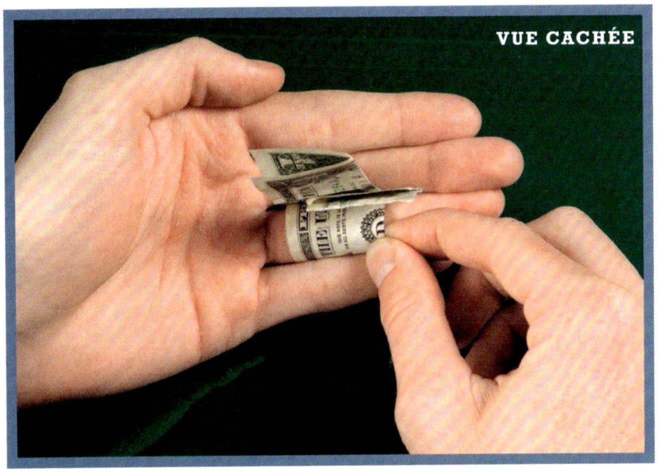

7 Insérez cette extrémité entre votre annulaire et votre auriculaire gauches.

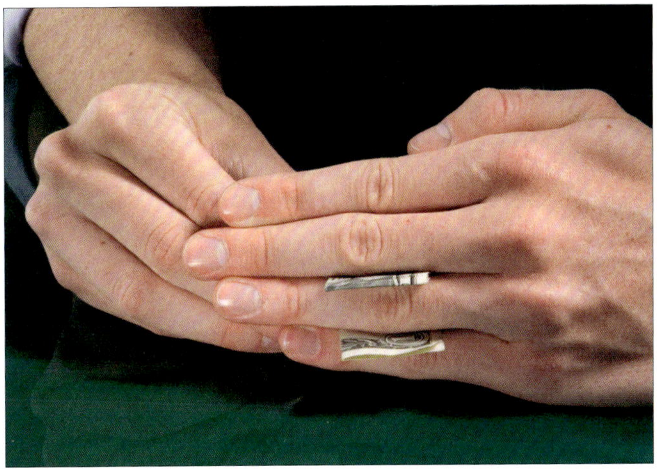

8 Elle dépassera ainsi du devant.

9 De votre main droite, prenez le morceau du billet déchiré en deux qui reste sur la table. Pliez-le en deux, puis encore en deux. Placez ce morceau dans le même pli que le morceau précédent, entre votre majeur et votre annulaire gauches. En enchaînant, courbez l'extrémité la plus longue du billet plié de façon que vous puissiez l'insérer entre votre index et votre majeur gauches.

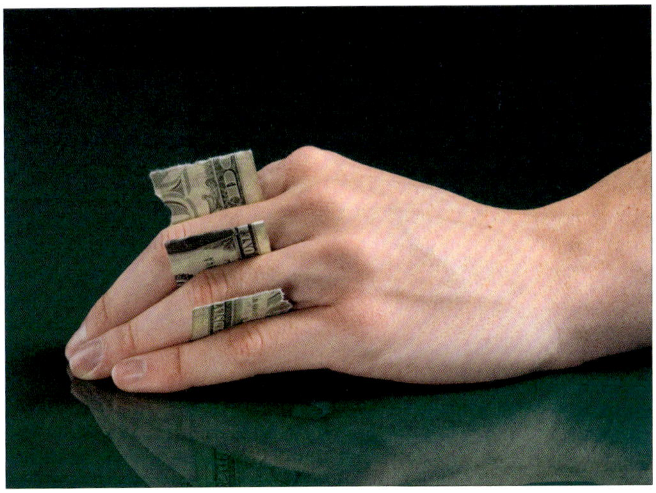

10 De face, il semble que vous montriez trois divers morceaux déchirés d'un billet de banque.

Suite à la page suivante ☞

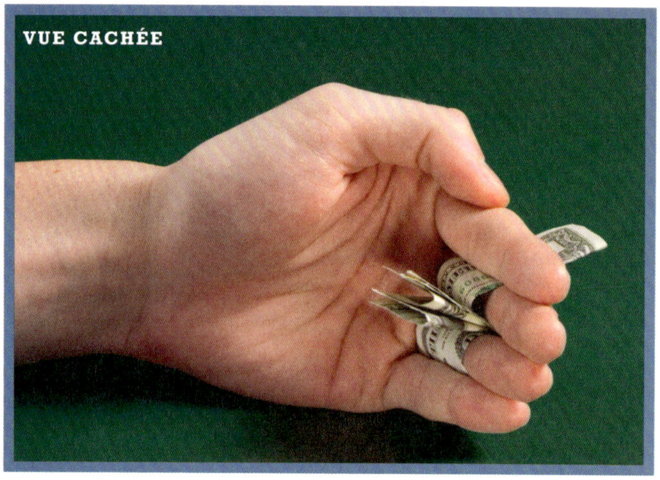

⓫ En fait, l'assistance voit le même billet qui serpente entre vos doigts. De votre point de vue, les morceaux déchirés dépassent des plis du billet complet.

⓬ La restauration est automatique et infaillible. « Les ordures de l'un sont le trésor de l'autre ! » direz-vous en tirant avec les doigts de votre main droite l'extrémité la plus haute du billet entier. Tirez le billet lentement entre vos doigts de la main gauche. Il semble les morceaux qui dépassent se rattachent l'un avec l'autre pour en arriver à former un billet complet.

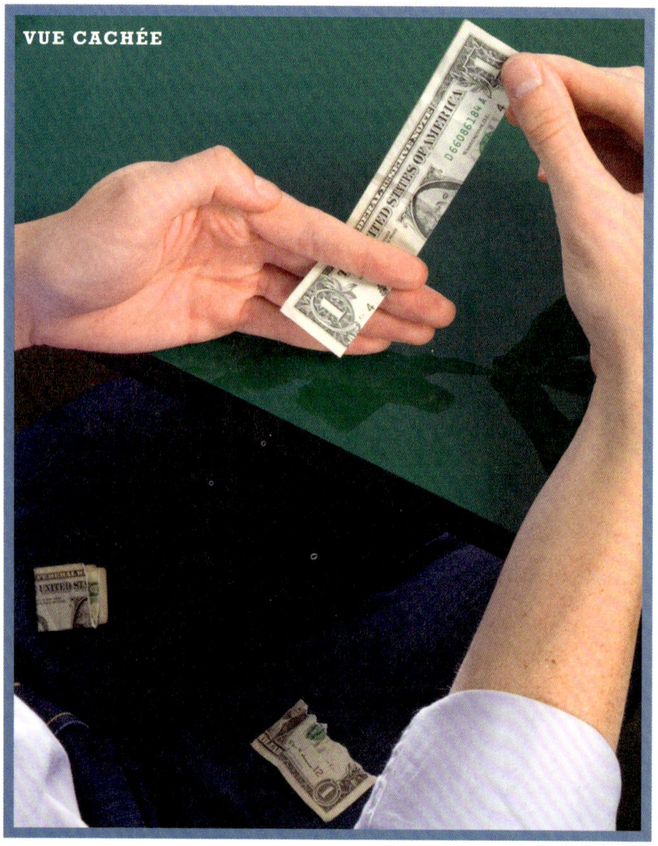

⓭ Simultanément, les morceaux déchirés tombent sur vos genoux, à l'insu de tous. Invitez un participant à examiner le billet et montrez que votre main gauche est vide.

CLASSE DE MAÎTRE

Lorsque nous voyons une boule de crème glacée fondre sur l'asphalte, nous avons tous la même réaction : « Quel gaspillage ! » C'est la même chose avec l'argent. La seule vue d'un billet déchiré suffit à troubler les gens. La restauration d'un billet de banque touche le public sur le plan des émotions. Vous avez pris quelque chose qui n'avait pas de valeur et l'avez transformé en un billet de nouveau monnayable. Votre magie compte !

CRÉDIT J'ai conçu cet effet lorsque j'avais 12 ans. À l'époque, mes mains étaient trop petites pour empalmer des pièces, j'ai donc mis au point une façon de restaurer le billet sans avoir à faire de l'empalmage.

Vieux singe, nouveau tour : se servir d'une pièce pliante

Pièce de monnaie au fond d'une bouteille

MATÉRIEL
Une pièce de monnaie pliante (un accessoire classique que l'on retrouve dans toutes les boutiques d'accessoires de magie) et n'importe quelle bouteille.

PRÉPARATION À l'insu de tous, déposez une pièce de monnaie pliante dans une bouteille vide, peut-être celle de quelqu'un d'autre. Repliez simplement les bords de la pièce et insérez-la dans le goulot de la bouteille sans que personne vous voie. La pièce doit rester coincée dans le haut du goulot. Si la bouteille est quelque peu opaque, la pièce est pratiquement indétectable. Les boutiques de magie vendent ces pièces de monnaie truquées par centaines, mais l'utilisation préconisée, selon laquelle le magicien croque dans la pièce, est, à mon avis, un peu trop évidente. Je vous expliquerai tout de même, par acquit de conscience, la façon de procéder (voir « Classe de maître », page 200). Une utilisation beaucoup plus subtile de cet accessoire est de pousser une pièce de monnaie empruntée dans le goulot d'une bouteille, comme suit.

DIFFICULTÉ

L'EFFET **Poussez une pièce de 25 cents, empruntée à un participant, au fond d'une bouteille.**

LE SECRET

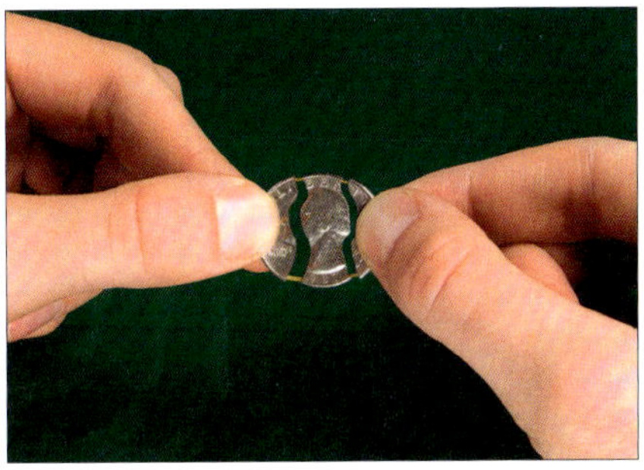

Une pièce pliante, habituellement un 25 cents, est en fait une pièce coupée en deux ou en trois.

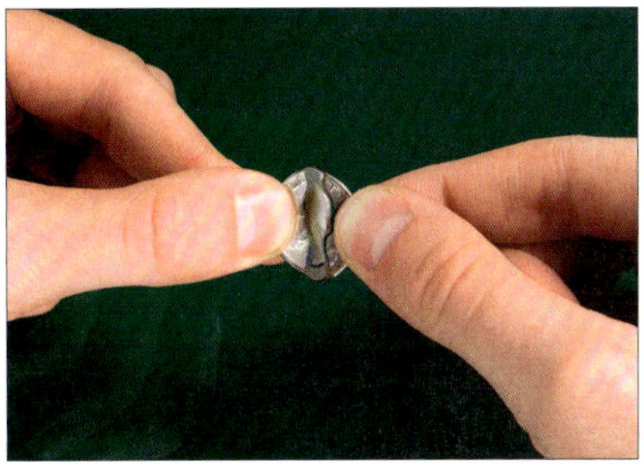

Les morceaux sont maintenus ensemble par un petit élastique placé sur le pourtour de la pièce. Les bouteilles en verre se prêtent bien à cet effet.

LA PRÉSENTATION

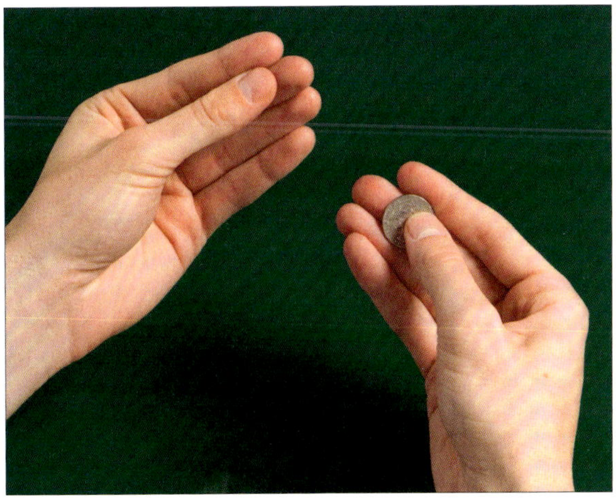

1 Empruntez un 25 cents et prenez-le du bout des doigts de la main droite. Effectuez un faux transfert (voir page 18) en faisant semblant de placer la pièce de monnaie dans votre main gauche, mais en la retenant, hors de vue, sur le bout de vos doigts de la main droite. Fermez ensuite votre main gauche comme si vous y teniez la pièce.

Suite à la page suivante

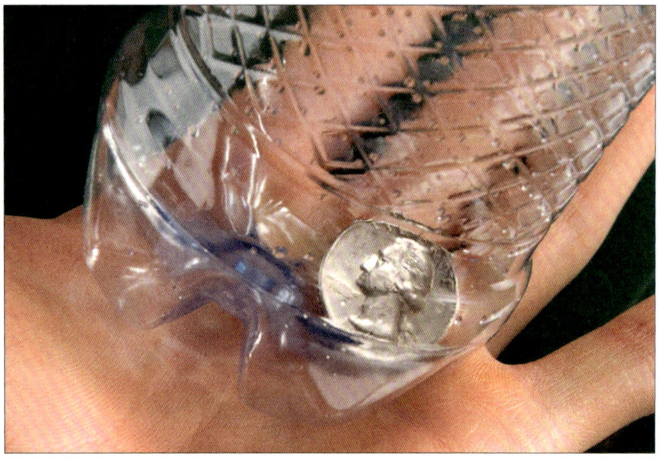

❷ Prenez la bouteille que vous avez préparée avec votre main droite en gardant la pièce du participant bien cachée pendant que vous faites ces mouvements. Vous aurez l'air de pousser la pièce au fond de la bouteille. Pour créer cette illusion, deux choses doivent se produire simultanément. Ouvrez la main gauche tout en l'approchant de la bouteille. En même temps, frappez le fond de la bouteille contre votre paume gauche. Ce geste brusque fait automatiquement tomber la pièce pliante qui se trouve dans le goulot jusqu'au fond de la bouteille.

C'est un moment merveilleux, car l'assistance voit et entend la pièce qui passe dans la bouteille. Votre main gauche est vide et les participants peuvent inspecter l'intérieur de la bouteille et y constater la présence de la pièce, une situation qui est impossible puisque le goulot est trop petit pour laisser passer une pièce de la grosseur d'un 25 cents.

Vous pouvez arrêter l'effet ici ou aller plus loin avec le retrait de la pièce de la bouteille.

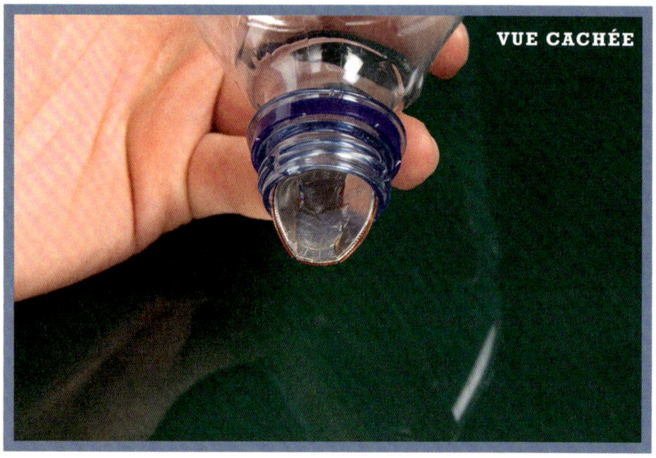

❸ Pour sortir la pièce de la bouteille, vous devez effectuer l'inverse des actions décrites plus haut. Le goulot de la bouteille orienté vers le plancher, donnez une bonne secousse pour y ramener la pièce pliante. Si la pièce ne se met pas en place du premier coup, secouez la bouteille jusqu'à ce que la pièce y soit logée. Faites attention : une secousse trop violente pourrait éjecter la pièce hors de la bouteille. En même temps, ouvrez votre main droite et montrez la pièce empruntée. Les participants auront l'impression que la pièce provient de la bouteille.

Après le spectacle, lorsque personne ne regarde, vous retirez la pièce pliante du goulot de la bouteille.

CRÉDIT Le numéro « Pièce au fond d'une bouteille » a été commercialisé en 1873, à New York, par la boutique de magie Hartz Magic Repository ; l'effet avec une pièce pliante date d'au moins un an plus tôt.

CLASSE DE MAÎTRE

Comme je le mentionnais dans la préparation, croquer dans une pièce pliante, puis recracher le morceau est une utilisation populaire – et grossière – de cet accessoire de magie. Mais si vous êtes intéressé par l'aspect visuel de l'effet, continuez à lire.

❶ Tenez la pièce pliante au bout de vos doigts, à la hauteur de votre visage. Assurez-vous que la coupure est placée à l'horizontale.

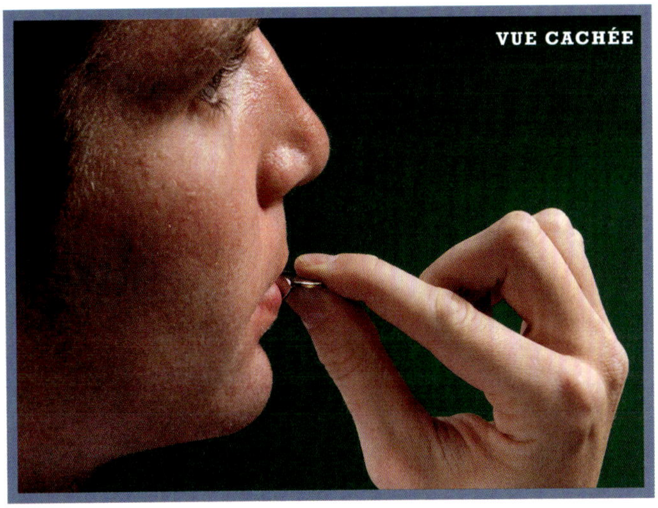

❷ Placez un rabat de la pièce truquée dans votre bouche. Une fois que le rabat est partiellement couvert par vos lèvres, pliez-le vers vous. Gardez-le dans cette position avec votre pouce droit.

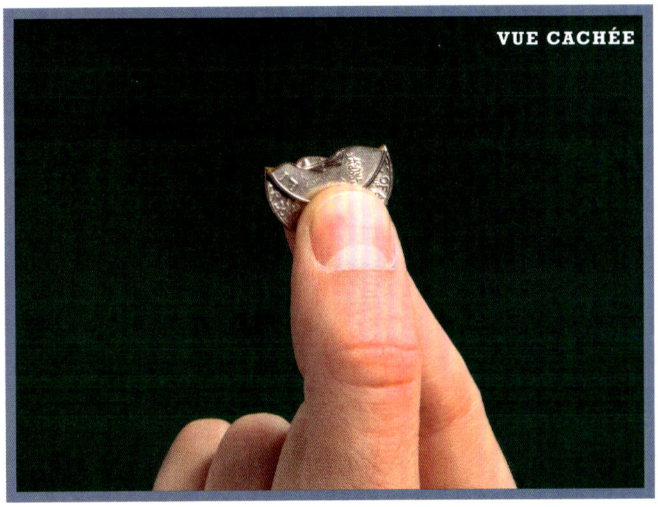

❸ Sortez la pièce de votre bouche en faisant semblant d'avoir mangé un morceau de la pièce. La pièce partielle que vous tenez au bout de vos doigts est très convaincante, surtout si votre pièce truquée a été coupée en courbes.

Recrachez maintenant le morceau que vous avez prétendument arraché avec vos dents de la pièce que vous tenez au bout de vos doigts. En même temps, laissez le rabat reprendre sa forme, à la vue de tous. Avec une bonne synchronisation, les gens auront l'impression qu'en crachant vous avez restauré la pièce. Vos parents seront si fiers de vous!

PRENDRE SOIN DE VOTRE PIÈCE PLIANTE

Les vendeurs d'accessoires de magie vous diront rarement comment prendre soin de votre pièce pliante. Que faire si l'élastique se brise? Voici un cours rapide de premiers soins.

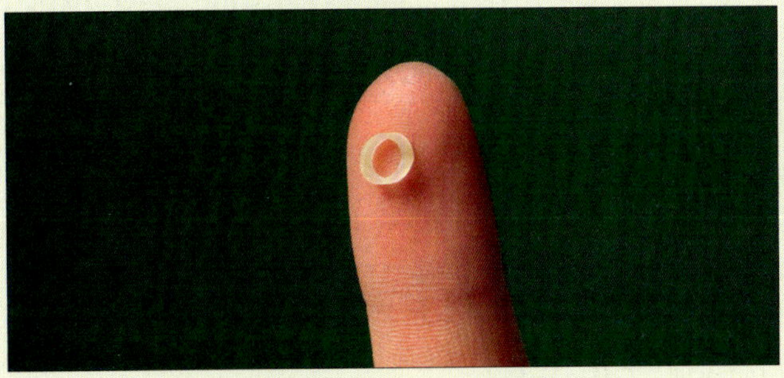

❶ Que votre pièce soit en deux ou trois parties, ces morceaux sont retenus par un élastique d'orthodontie pas plus gros que le bout du doigt. Avec le temps, cet élastique s'oxyde et s'effrite.

❷ Pour le remplacer, vous n'avez qu'à entourer la pièce d'un nouvel élastique. Un élastique devrait vous durer six mois.

Rouleau de billets de banque

MATÉRIEL
Une pile de morceaux de papier de la dimension d'un billet de banque, un élastique, une grosse liasse de billets de banque et un billet de même valeur séparé.

PRÉPARATION Gardez une liasse de 10 à 20 vrais billets de banque roulée et entourée d'un élastique pendant toute une nuit, puis retirez l'élastique le lendemain matin. Les billets conserveront une forme arrondie. Placez ce rouleau de vrais billets dans votre poche gauche.

Faites subir le même traitement à une pile de morceaux de papier de la même grandeur qu'un billet de banque et placez ce rouleau de papier dans votre poche droite. Placez également un billet de banque séparé ainsi qu'un élastique dans votre poche droite.

Vous devez être en mesure d'accéder facilement à vos deux poches. Les poches de veston ou de pantalon sont parfaites pour cet effet.

DIFFICULTÉ

L'EFFET Vous donnez à votre public quelques tuyaux sur la façon de contrefaire une grosse liasse de billets. Vous montrez un rouleau de papier et l'entourez d'un billet de banque. « De loin, on croirait vraiment que j'ai un gros rouleau de billets. Cela pourrait impressionner vos adversaires au poker, mais je vois bien que ça ne vous impressionne pas du tout. C'est sûrement parce que le rouleau n'est pas entouré d'un élastique. » **Vous entourez le rouleau de papier d'un élastique, faites claquer vos doigts, puis exhibez le rouleau de papier qui s'est changé en un rouleau de vrais billets de banque.**

LE SECRET Vous avez deux rouleaux de billets de banque ; un faux et un vrai. Vous exécutez une substitution audacieuse mais indiscernable durant l'effet.

LA PRÉSENTATION

1 « Tony Soprano ne se ferait jamais voir avec ceci, direz-vous en montrant votre portefeuille. N'importe quel mafieux qui se respecte dispose plutôt ses billets en rouleau. »

Plongez la main dans votre poche droite et sortez le rouleau de papier. Déroulez-le et montrez le papier. « Et lorsque vous n'avez pas assez d'argent pour en faire un rouleau, vous bluffez. » Sortez le billet de banque de votre poche droite et entourez-en le rouleau de papier.

2 « De loin, ce rouleau de papier pourrait passer pour un gros rouleau de billets de banque… » Regardez l'assistance. « Pas impressionnés ? C'est parce qu'il y manque la touche finale : un élastique ! »

3 Vous allez maintenant sortir l'élastique de votre poche droite. À la faveur de cette action, vous substituez secrètement le rouleau de vrais billets au rouleau de papier. Voici comment : faites passer le rouleau de papier dans votre main gauche. Regardez votre public et mettez vos mains dans vos poches.

4 Avec la main droite, récupérez l'élastique. Avec la main gauche, déposez le rouleau de papier dans votre poche et emparez-vous du rouleau de billets.

5 Sortez la main droite de votre poche une fraction de seconde avant la main gauche. Le rouleau qui se trouve dans votre main gauche semble inchangé parce que les billets de banque qui entourent chacun des rouleaux sont identiques.

Placez l'élastique autour du rouleau. « Comment vous apparaît ce rouleau ? Vraisemblable ? » Votre assistance sera bien peu impressionnée. « Je pense que cela semble assez réel ! » direz-vous en retirant l'élastique et en montrant que tous les billets sont de vrais billets de banque !

CLASSE DE MAÎTRE

Cela est une application de la théorie du sandwich au jambon. Vous souvenez-vous de la théorie du sandwich au jambon que nous avons abordée dans l'introduction ? Cette théorie soutient que la magie a plus de poids si elle comble un désir de l'assistance. Et transformer des feuilles de papier en billets de banque a vraiment tout pour plaire.

CRÉDIT **Cette technique est connue sous le nom de « substitution de rythme » (*Rhythm Switch*) et a été publiée la première fois en 1967, dans la revue *New Jinx*, par Max Maven.**

Cascade de pièce

MATÉRIEL
N'importe quelle pièce de monnaie fera l'affaire.

PRÉPARATION Aucune !

DIFFICULTÉ ††††

L'EFFET Bien que cette manipulation ne soit pas à proprement parler de la magie, aucun ouvrage sur ce sujet ne serait complet sans la fameuse « cascade de pièce », connue dans le monde entier et pratiquée au grand écran par les cowboys rebelles qui veulent conserver l'agilité de leurs doigts pour appuyer rapidement sur la détente. **Vous faites rouler une pièce de 25 cents sur le dos des doigts d'une main en passant par chacune de vos premières phalanges.**

LE SECRET Il n'y a pas de secret, seulement des heures et des heures d'entraînement.

LA PRÉSENTATION

Sachez que vous échapperez à de nombreuses reprises votre pièce avant de constater un certain progrès dans vos résultats. Bienvenue à la rubrique la plus difficile du livre *Magie*.

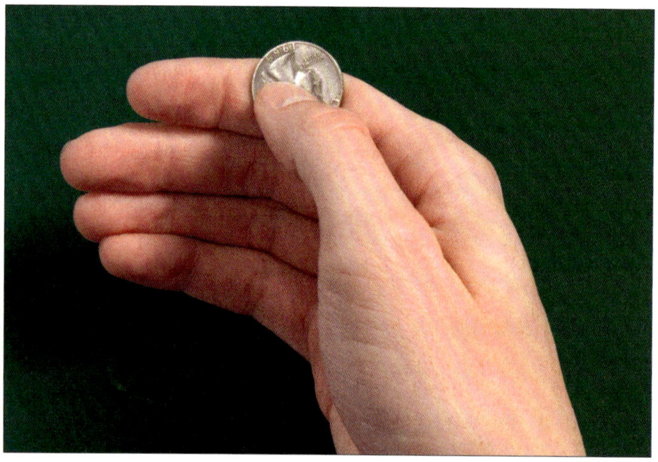

1 Tenez la pièce de 25 cents entre le pouce et l'index de la main droite de telle façon que le bout de votre pouce repose légèrement plus haut.

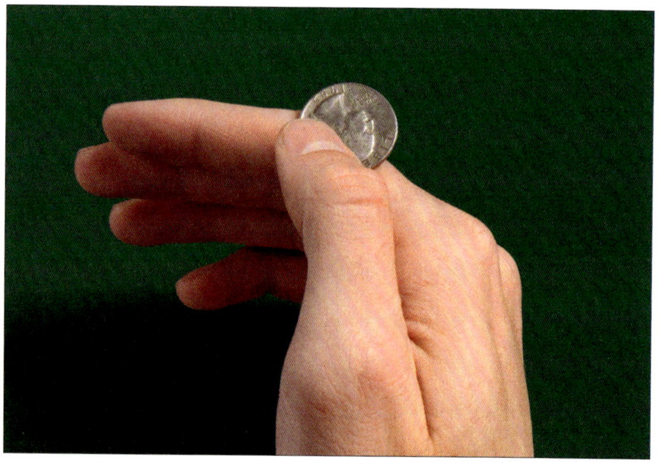

2 Avec votre pouce, glissez la pièce sur le côté de votre index.

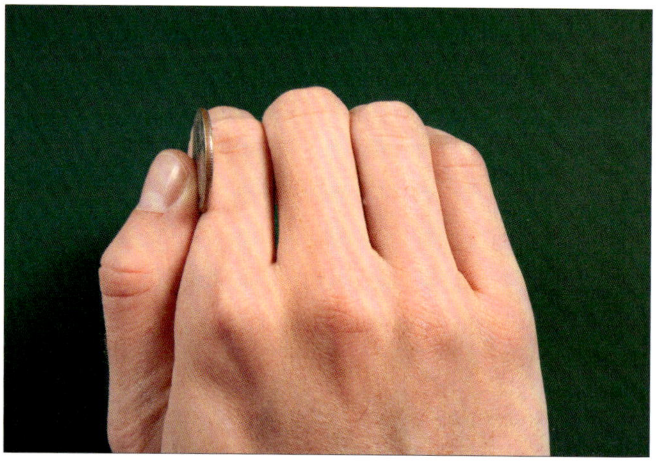

3 Tournez la paume vers le bas en maintenant la pièce en place entre le côté de votre index droit et le bout de votre pouce. La pièce devrait être en position verticale.

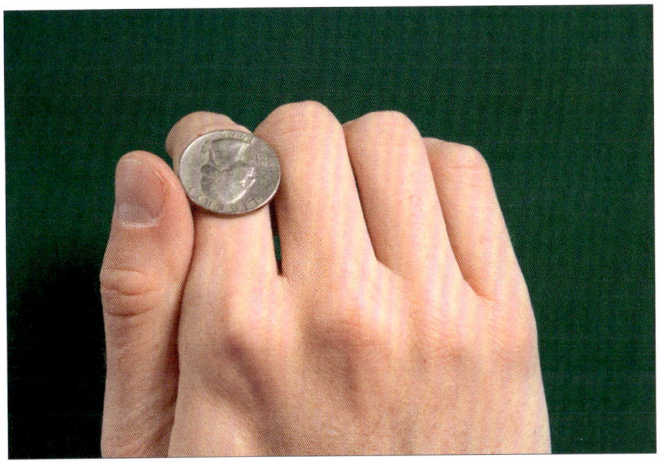

❹ Avec votre pouce, poussez la pièce autour de l'index et couchez-la sur le dos de votre index. Remarquez que la pièce repose sur la première phalange de l'index.

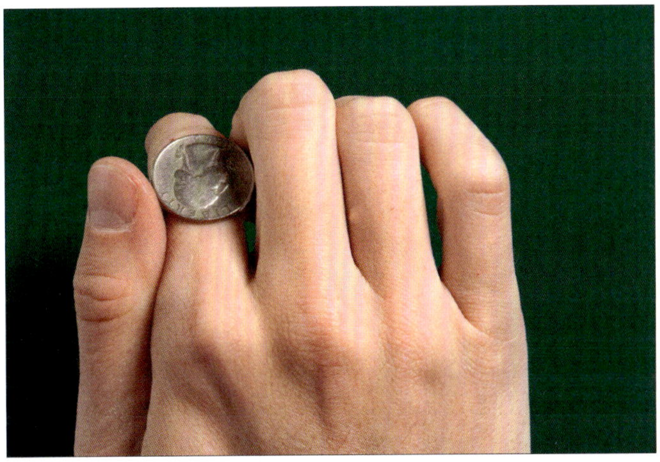

❺ Avec précaution, soulevez légèrement le majeur, l'annulaire et l'auriculaire droits. Pour faire « marcher » la pièce, abaissez successivement chacun des doigts, un à la suite de l'autre, comme si vous étiez en train de faire des gammes au piano.

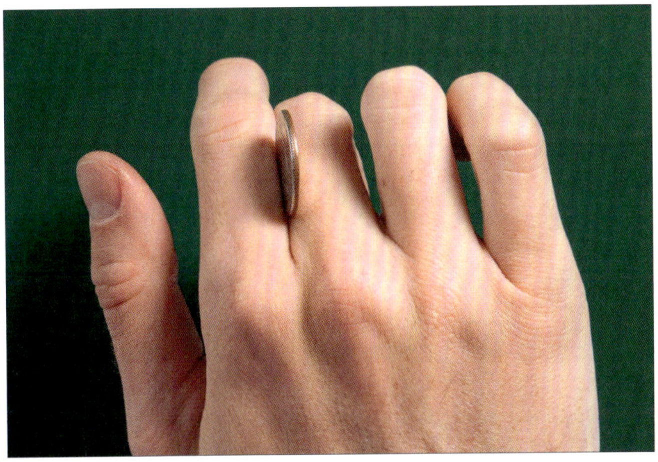

❻ Abaissez d'abord votre majeur droit de façon qu'il entre en contact avec la pièce et la fasse pivoter pour qu'elle revienne en position verticale entre votre index et votre majeur.

❼ En relâchant quelque peu votre emprise et en penchant légèrement la main, faites en sorte que la pièce reprenne une position horizontale, cette fois-ci sur le dos de votre majeur.

❽ Poursuivez de cette manière jusqu'à ce que la pièce soit coincée entre l'annulaire et l'auriculaire de votre main droite. La pièce ne peut aller plus loin. Repliez alors l'auriculaire et faites pivoter votre main de façon que votre paume soit orientée vers l'intérieur.

Suite à la page suivante ☞

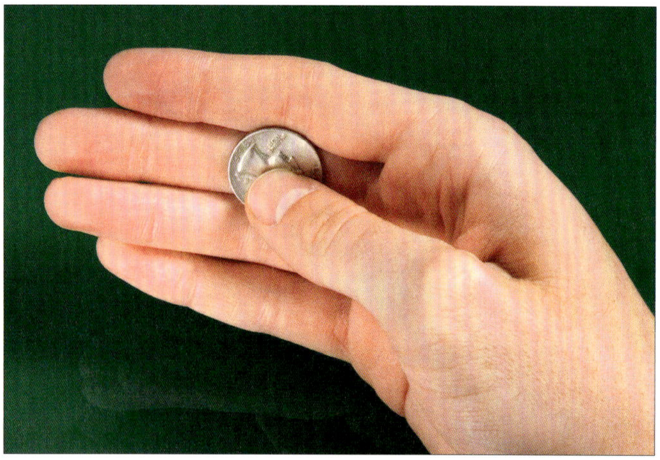

9 Attrapez la pièce avec votre pouce droit et glissez-la sur la paume de votre main. À partir d'ici, vous pouvez recommencer la cascade. C'est carrément hypnotique (pour vous et non pour l'assistance).

CLASSE DE MAÎTRE

Une fois que vous aurez maîtrisé cette cascade de base, essayez ces autres techniques :

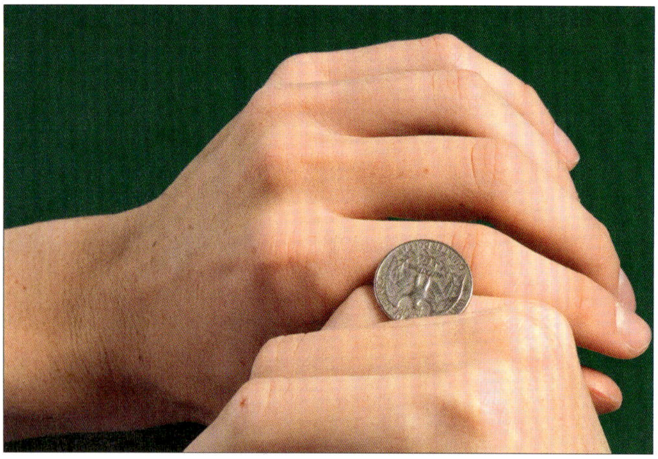

À deux mains. Plutôt que de replier l'auriculaire droit et de reprendre le cycle, exercez-vous à faire cascader la pièce sur les deux mains. Pour ce faire, rapprochez votre index gauche de votre auriculaire droit. La course à obstacles n'en devient que doublement plus intéressante !

Utilisation de la main non dominante. Tout ce que requiert cette technique est de l'entraînement et encore de l'entraînement. Les droitiers maîtrisent plus rapidement la cascade de la pièce de la main droite et vice versa pour les gauchers. Mais le vrai défi consiste à maîtriser cette technique avec votre main non dominante.

La cascade simultanée. Lorsque vous saurez faire la cascade de pièce d'une main et de l'autre, essayez de la faire simultanément. Vous découvrirez que faire la cascade de la pièce de chaque main n'est pas aussi difficile *dans la mesure où les mouvements sont parfaitement coordonnés.* C'est-à-dire que les majeurs des deux mains bougent en même temps, que chacune des pièces se retrouve dans la paume de chaque main en même temps, et ainsi de suite. Pourvu que les deux mains fassent la même chose, vous en viendrez, un jour, à exécuter toute la cascade sans même regarder.

Deux pièces, une main. Bien que la maîtrise de cette manipulation demande des centaines d'heures d'entraînement, il est possible de faire la cascade de deux pièces sur une même main. Commencez la cascade selon les instructions données plus haut, et, lorsque la première pièce a atteint la fin de son premier cycle (coincée entre l'annulaire et l'auriculaire droits), en vous servant de votre main gauche, placez une seconde pièce entre votre pouce et votre index droits.

Le pouce droit récupère la première pièce et lui fait recommencer le cycle pendant que les doigts de la main droite font rouler la seconde pièce le long des phalanges.

CRÉDIT Cette fioriture a été créée par Nate Leipzig, en 1902, et portait à l'origine le nom de « Course à obstacles » (*Steeplechase*).

Le tour de pièce de grand-papa

MATÉRIEL
Deux pièces de monnaie identiques. Vous devrez aussi porter une montre-bracelet.

PRÉPARATION Placez les deux pièces sous le boîtier de votre montre-bracelet. Les pièces de 25 cents sont idéales.

DIFFICULTÉ

L'EFFET Vous offrez d'effectuer le nec plus ultra en fait de jeu de devinette, sauf que vous offrez de le faire avec une pièce invisible au lieu d'une vraie: « Devinez dans quelle main se trouve la pièce », direz-vous sur le ton que l'on reconnaît partout pour être celui des grands-pères. Un jeu futile s'ensuit, puisque, à vrai dire, deviner dans quelle main se trouve une pièce invisible n'est pas très sérieux. **Mais lorsque vous ouvrez vos mains pour «montrer» la pièce invisible, une vraie pièce est apparue... dans chaque main.**

LE SECRET Les deux pièces sont cachées sous le boîtier de votre montre-bracelet.

LA PRÉSENTATION

1 « C'est grâce à mon grand-père si je m'intéresse à la magie. Il n'était pas magicien, mais il a exécuté un fameux tour. Il prenait une pièce... » En parlant, approchez votre pouce de votre index comme si vous teniez une pièce. « Ensuite, il mettait ses mains derrière son dos et ramenait ses deux poings devant en me demandant: "Devine dans quelle main se trouve la pièce?" » Sur ces mots, placez les deux mains derrière votre dos, ramenez les poings et demandez au participant de choisir une main.

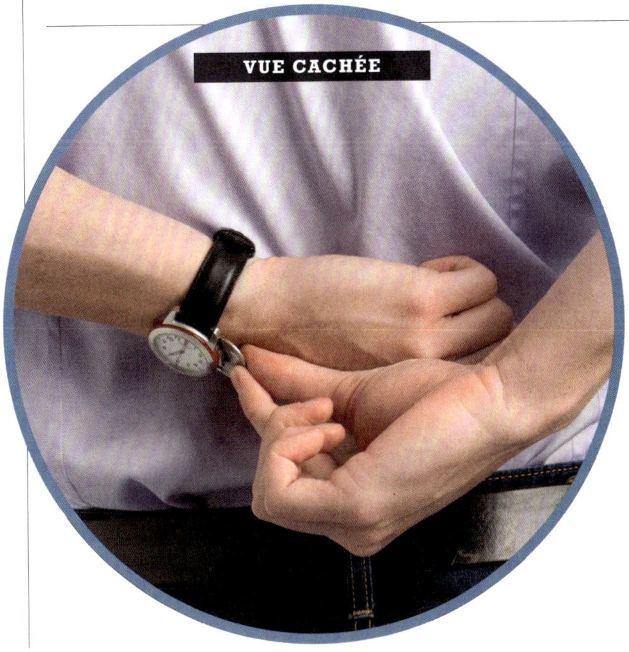

VUE CACHÉE

2 Quelle que soit la main choisie, ouvrez l'autre main et dites: « Non, la pièce se trouve ici. » Bien sûr, il n'y a pas de pièce, alors assurez-vous de lancer cette phrase avec entrain. Montrez à votre participant que vos deux mains sont vides et placez-les de nouveau derrière votre dos, en lui offrant de jouer le jeu encore une fois.

Suite à la page suivante

3 Cette fois-ci, emparez-vous des deux pièces qui se trouvent sous votre montre. Empalmez-les en les coinçant entre les premières phalanges de votre majeur et de votre annulaire gauches.

Ramenez vos deux poings vers l'avant et mettez la participante au défi de deviner une fois de plus dans quelle main se trouve la pièce « invisible ». Quelle que soit la main choisie, ouvrez votre poing droit et faites semblant de tenir une pièce. Si elle a indiqué la main droite, dites : « Exactement ! » et montrez à la ronde la pièce invisible. Si elle a choisi la main gauche, dites : « Mauvaise réponse ! » Peu importe la réponse, n'ouvrez que le poing droit. On présumera que votre poing gauche, même s'il demeure fermé, est vide.

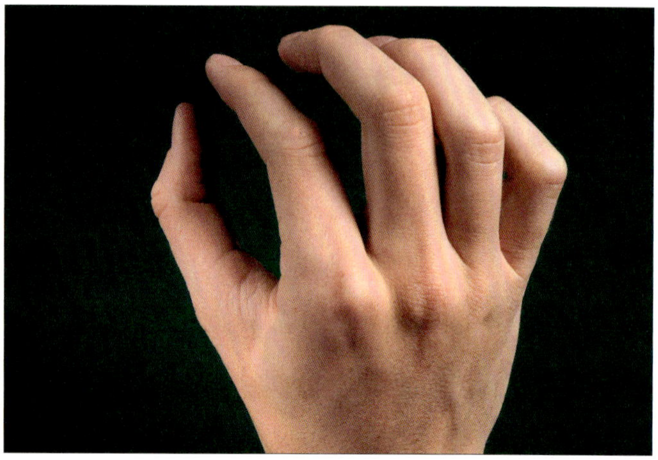

4 « Quelquefois, grand-papa apportait des variantes à ce jeu. Il montrait la pièce au bout de ses doigts, comme ceci, avant de fermer les deux poings en même temps. » Joignant le geste à la parole, « montrez » la pièce invisible qui se trouve dans votre main droite en la tenant entre le pouce et l'index comme votre grand-père l'aurait fait.

5 Étendez le pouce et l'index gauches et rapprochez la main gauche de la droite. Vous pouvez mettre le pouce et l'index en extension sans déranger les deux pièces que vous cachez au creux de votre paume gauche. Faites semblant d'attraper quelque chose avec vos deux mains avant de fermer les poings. « Dites-moi dans quelle main se trouve la pièce ? »

Une fois de plus, montrez d'abord que votre main droite est vide. Félicitez votre participante si elle a deviné que la pièce se trouvait dans votre main gauche. Puis, avec les doigts de votre main droite, emparez-vous de l'une des pièces empalmées dans votre poing gauche. Exhibez cette pièce à la vue de tous. Sous le couvert d'un jeu de devinette, vous avez réussi à transformer une pièce invisible en une pièce que tous peuvent voir.

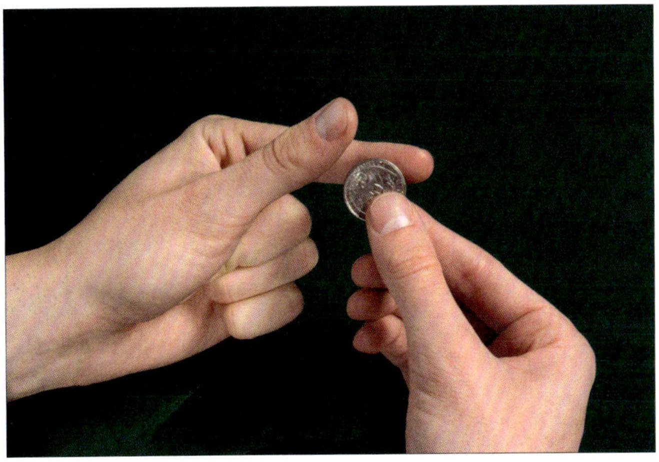

❻ Gardez votre poing gauche fermé après en avoir retiré une pièce. Positionnez la pièce visible entre le pouce et les doigts de votre main droite. Vous jouerez une fois encore le jeu de la devinette de votre grand-père, cette fois-ci avec une vraie pièce.

Rapprochez votre main gauche de la droite, en étendant l'index et le pouce comme auparavant.

Laissez tomber la pièce qui se trouve dans votre main droite dans le creux de votre paume alors que vous faites semblant, avec vos deux mains, d'attraper quelque chose. Fermez rapidement les poings, en tentant de cacher le mieux possible le point de chute de la pièce. « Pour la dernière fois, direz-vous, dans quelle main se trouve la pièce ? »

❼ Quel que soit choix du participant, ouvrez les deux mains en même temps. Dans chaque main, il y a une pièce. « Grand-papa trichait, il se servait de deux pièces. Moi aussi ! »

CLASSE DE MAÎTRE

Je vous ai donné les grandes lignes de la présentation, qui se prête très bien à des situations impromptues. Mais vous pouvez peaufiner le tour de votre grand-père si vous avez devant vous une plus grande assistance captive.

La production des deux pièces est très bien chorégraphiée dans le cadre d'un jeu de devinette et vous constaterez que ce jeu est une excellente façon pour vous d'oublier les pièces que vous cachez.

PRÉMISSE, POUVOIR ET PARTICIPATION

David Regal est un scénariste de séries télévisées et un magicien ; il se sert des habiletés de chacune de ses professions pour nourrir l'autre. « La plupart des gens pensent qu'une fois qu'ils connaissent le secret d'un tour il n'y a plus rien à apprendre, dit-il, mais le vrai secret est qu'il existe une foule d'éléments qui contribuent à la sensation de magie éprouvée par le public. Nous pouvons catégoriser ces éléments de façon précise : la prémisse, le pouvoir et la participation. »

Quelle est votre prémisse ? Une prémisse diffère du thème ou de l'effet d'un tour donné. L'effet du « Tour de pièce de grand-papa » consiste à faire apparaître deux pièces. Mais sa prémisse est un jeu charmant de devinette que la plupart des grands-pères jouent avec leurs petits-enfants. Tout effet a une prémisse qui vise deux objectifs. Premièrement, elle doit séduire le public. Deuxièmement, elle doit donner un sens à la magie. « Le tour de pièce de grand-papa » demande la participation active du public – à l'intérieur d'un jeu de devinette. Les participants doivent deviner à répétition : « Dans quelle main ? » La majorité des gens apprécient ce genre de jeu. Mais ce tour implique des pièces invisibles. Seul un vrai magicien peut rendre ces pièces visibles et réelles, et vous êtes un vrai magicien. La production de deux pièces est une notion assez abstraite, mais le jeu de devinette, limpide, rend l'apparition des deux pièces tout à fait logique.

Jean-Eugène Robert-Houdin qualifiait la prémisse d'un effet de « boniment », c'est-à-dire d'« habillement verbal ». Cela est une excellente façon d'appréhender ce concept. Comment « habillez-vous » vos effets magiques ?

Quel est votre pouvoir ? La question est utile si vous ne savez pas comment présenter un effet spécifique. Dans « Le tour de pièce de grand-papa », votre pouvoir est la capacité de rendre visibles les pièces invisibles. Votre pouvoir – que ce soit la télékinésie, la capacité de scier les gens en deux ou de sortir des lapins de hauts-de-forme – doit être clair pour votre public. Pour que cela devienne possible, vous devez d'abord définir le pouvoir qui vous convient.

Quelle est votre participation ? Tout bon effet de magie requiert la participation. Celle-ci est parfois directe, comme dans le jeu de devinette proposé plus avant.

Parfois, notre participation est indirecte. Lorsque David Copperfield a fait disparaître la statue de la Liberté, des millions de spectateurs partout dans le monde ont participé (indirectement) parce que la statue elle-même représentait une icône américaine ; sa brève disparition a été éprouvée de façon très intime : où est passée notre statue ? Comment a-t-il fait ce tour ?

CHAPITRE HUIT

PRESTIDIGITATION DE SALON

Dans ce chapitre

Comment faire une ovation

Méli-mélo de mains

Journal déchiré et restauré

Choisissez un mot

Caillou dans le soulier

Le seigneur des anneaux

Détournement de fonds

VAINCRE LE TRAC ET DONNER VOTRE SPECTACLE DEVANT UNE FOULE

Le trac est la peur numéro un de tous les êtres humains. Des sondages révèlent que, plus que la crainte de se noyer ou d'être frappé par la foudre, la peur de devoir prendre la parole ou s'exécuter devant un public habite la grande majorité des gens. Et pourtant, dans une certaine mesure, chacun d'entre nous est appelé, par son travail, à prendre la parole en public. Pour certains, c'est de présenter le rapport annuel des actionnaires devant des milliers de gens. Pour d'autres, c'est de se retrouver devant une classe. Quel que soit le scénario, la magie rend ces moments beaucoup plus amusants.

Ce chapitre s'intéresse à la magie que vous pourrez intégrer dans votre prochaine apparition publique. Que l'on retienne ou non vos services en tant que magicien, ces effets vont sûrement vous aider à étoffer vos prochaines présentations.

Imaginez que vous êtes sur une estrade en train de lire un rapport de dépenses. À un moment donné, vous toussez et vous chuchotez au micro que vous avez soif. Vous faites apparaître un verre d'eau dans l'instant qui suit. De la véritable magie? Non, mais cela y ressemble étrangement. Pour en savoir plus, lisez « Comment faire une ovation », à la page 215.

Ou imaginez-vous sur scène, en tenue de gala pour ce séminaire auquel vous êtes obligé d'assister. C'est à vous de présenter le prochain prix. Avant de commencer, vous vous adressez aux gens: « Pardonnez-moi cette interruption, mais je crois que j'ai un caillou dans mon soulier », direz-vous avant de retirer de votre chaussure une pierre plus grosse que votre pied! Le « Caillou dans le soulier » vous enseignera comment réaliser cet effet.

Vous apprendrez à déchirer et à restaurer un journal, à prédire un mot pris au hasard et à trouver de l'argent caché. Chacun des effets de cette série fait appel à un minimum d'accessoires pour un maximum de résultats. Ces effets comportent tous un côté visuel important et suivent des scénarios très simples. Même de loin, ils étonnent et font illusion.

L'ÉCHAUFFEMENT

La magie de salon dont il est question dans ce chapitre ne comporte pas de grandes combines secrètes ni de tours d'adresse, mais elle requiert vos talents de comédien. Pour les spectateurs qui ne pourront voir clairement vos accessoires ou vos effets, la magie réside entièrement dans la présentation. Voici quelques conseils que vous devrez garder à l'esprit:

Faites votre numéro à hauteur de poitrine

Le débutant aura tendance à exécuter ses numéros de la même façon qu'il les a appris, c'est-à-dire sur ses genoux. Lorsque vous donnez un spectacle devant des groupes importants, tenez vos accessoires à hauteur de poitrine afin que tous puissent les voir.

Remplissez l'espace que vous occupez

L'endroit où vous vous exercez est probablement votre sous-sol ou votre salon, mais souvenez-vous que la scène est autrement plus grande. Ne vous confinez pas à la scène ou à un coin de celle-ci. Déposez vos accessoires sur des tables près du public et, si possible, placez une table à chaque bout de la scène. Planifiez chaque effet, ou une partie de l'effet, pour votre public situé d'un côté ou de l'autre de la salle. Assurez-vous d'être immobile lorsque vous parlez ou exécutez un effet. C'est déstabilisant pour le public de voir quelqu'un parcourir la scène en parlant et en faisant de la magie. Si vous devez marcher sur scène, faites-le entre les effets ou pendant les applaudissements.

Projetez votre voix

S'ils ne vous entendent pas, ils n'apprécieront pas votre magie. Parlez lentement et clairement sans crier; projetez votre voix vers l'arrière de la salle. Si votre voix ne porte pas, servez-vous d'un micro-cravate (vous ne pouvez pas vraiment faire de la magie si vous devez tenir un micro à la main).

En exécutant les effets à la hauteur de la poitrine, vous vous assurez d'une visibilité maximale.

Comment faire une ovation

MATÉRIEL
Un verre rempli presque à ras bord d'eau. Quelques cubes de glace compléteraient bien l'ensemble. Et vous devez porter un veston ou un blazer et un pantalon ample avec une poche arrière.

PRÉPARATION
Juste avant de monter sur scène, installez le verre d'eau dans votre poche arrière droite. Tant que vous ne trébuchez pas, vous ne risquez pas que l'eau se répande. Le verre doit dépasser quelque peu. Votre veston empêchera le public de le voir.

DIFFICULTÉ †††

L'EFFET Quel que soit l'objet de votre allocution publique (magie ou autre), cet effet est idéal pour briser la glace. Vous vous présentez aux gens et leur proposez de leur enseigner comment vous applaudir pendant votre numéro. Vous leur enseignez « Comment faire une ovation ». À la fin, **vous leur portez un toast avec un verre d'eau… que vous venez de faire apparaître.**

LE SECRET Le verre d'eau est dissimulé dans votre poche arrière !

LA PRÉSENTATION

Après avoir été annoncé, montez rapidement sur scène et saluez la foule. « Je dois vous avouer que j'ai l'épiderme chatouilleux. J'ai besoin de beaucoup de soutien et il semble que je n'en aie jamais assez. Cela doit être un défaut, mais j'ai la sensibilité à fleur de peau. Vous savez que vous venez de me blesser ? Vos applaudissements étaient si mesurés, et je suis une personne qui ne carbure qu'aux ovations. » Vous aurez droit ici à quelques applaudissements polis. Levez les mains pour faire cesser ces encouragements charitables. « Non, je ne veux pas de votre pitié. Je viens de me rendre compte de deux choses. La première est que vous êtes tous des courtiers et que vous êtes habitués à récompenser les gens pour leurs prouesses et non pour leur seule présence, n'est-ce pas ? » (Adaptez votre discours si vous donnez votre spectacle selon le genre de public.)

« L'autre chose dont je me suis rendu compte, c'est que personne ne vous a appris à faire une ovation. » Rires.

1 « Je vais vous montrer. Placez vos mains comme ceci. » Tenez les mains à environ 25 cm l'une de l'autre, les paumes se faisant face. Puis rapprochez vos mains et frappez-les l'une contre l'autre avec enthousiasme. Poursuivez en disant que, lorsque tout le monde le fait en même temps, cela crée une ovation.

« Tout le monde en position de départ. Et c'est parti ! Bravo ! Arrêtez une seconde. Je veux faire quelque chose pour mériter cette ovation. Je vais réciter l'alphabet… à l'envers. Et lorsque j'en serai rendu à la dernière lettre, ce sera pour vous le signal pour commencer à applaudir ! » Pause.

« Je constate que vous n'êtes pas impressionnés. Je vais rendre la chose plus difficile. En même temps que je récite l'alphabet à l'envers, je vais retirer mon veston. » Passez vos mains sur votre veston et vos manches comme si vous vouliez en faire remarquer la coupe et l'élégance. En fait, vous montrez que vous ne dissimulez rien dans vos manches.

« Vous serez si impressionnés que vous allez m'applaudir à tout rompre. Pensez-y un instant ! Vous retournerez chez vous et direz à vos amis que vous avez vu Joshua Jay en chair et en os faire deux choses en même temps : il a récité l'alphabet à l'envers et a retiré son veston. Incroyable ! »

Suite à la page suivante ☞

VUE CACHÉE

VUE CACHÉE

❷ « En position de départ, prêt à faire une ovation », direz-vous en reprenant votre sérieux. L'assistance au complet se prépare à applaudir de toutes ses forces. Fermez les yeux et commencez à réciter, presque comme une incantation, l'alphabet à l'envers : « Z, Y, X, W, V, U, T, S, R, Q, P... ». Arrêtez-vous un instant comme si vous réfléchissiez.

Glissez votre bras gauche hors de la manche du veston sans vous aider de votre main droite. C'est un peu ardu, au début, mais vous y arriverez avec de l'entraînement (exercez-vous seul, car les gens pourraient se faire des idées à vous voir glisser à répétition votre bras hors de votre veston devant un miroir). Amenez votre épaule gauche vers le bas et vers l'arrière dans un mouvement visant à dénuder l'épaule.

❸ Une fois que votre main gauche émerge de la manche, le veston retombe vers la droite. Vu d'en arrière, votre veston continue à cacher votre poche arrière droite et le verre qu'elle contient.

❹ Poursuivez : « ... O, N, M, L, K, J, I, H, G, F, E, D... » Tout en parlant, vous allez saisir le verre en catimini. Avancez la main gauche vers votre poitrine pour atteindre le revers droit de votre veston. Avec votre main droite, prenez le verre qui est dans la poche arrière droite de votre pantalon. Le pan de votre veston camoufle ce mouvement. Prenez le verre entre le pouce et les doigts de votre main droite.

VUE CACHÉE

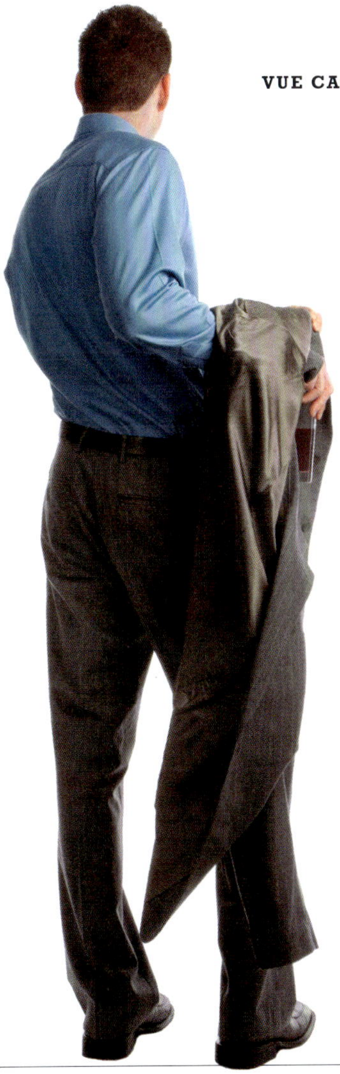

5 Avec votre main gauche, faites glisser le veston de votre épaule droite. En même temps, engagez le verre d'eau dans votre manche droite.

6 Ce faisant, vous tournerez automatiquement votre manche à l'envers. C'est parfait; ainsi, personne ne peut apercevoir le verre d'eau. Continuez à pousser le verre d'eau à travers la manche.

7 «… C, B, A!» Coordonnez vos gestes pour que, au moment où vous finirez de réciter l'alphabet à l'envers, votre main droite retire de votre veston un rafraîchissement inattendu. Portez un toast à votre assistance. Prenez une gorgée, vous la méritez bien. «C'est ce qu'on appelle une ovation?»

CLASSE DE MAÎTRE

Nous avons parlé de l'importance d'exécuter des effets simples et concis, qui sont faciles à comprendre. À une échelle plus réduite, même certains mouvements sont plus faciles à comprendre que d'autres. Intensifiez votre voix, tenez-vous bien droit, levez votre verre d'eau comme si on allait vous prendre en photo. Votre voix, votre corps et vos gestes, tout en vous dit que le numéro est terminé et qu'il est temps d'applaudir.

Scénariser la magie est essentiel. Comme ce numéro est simple, chaque mot du scénario est utile à l'effet. Dans ce cas-ci, le public est encouragé à répondre de la façon désirée. Vous incitez les participants à applaudir, apparemment selon leur bon vouloir, et vous en récoltez les fruits tout au long de votre spectacle. Cela donne lieu à un divertissement bon enfant et tout à fait inattendu.

Sur le plan technique, la première fois que j'ai réalisé cet effet, j'avais la hantise que l'eau se renverse. Se trouver sur scène avec une tache humide sur son pantalon peut certes prêter à équivoque!

Réduire la quantité de liquide dans le verre n'est pas une bonne solution, car il est beaucoup plus impressionnant de produire un verre d'eau plein qu'un verre à moitié plein.

Barrie Richardson, qui a écrit le scénario de « Comment faire une ovation », suggère l'usage d'un contenant à balles de tennis. Vous savez ces contenants en plastique juste un peu plus grands que les bouteilles d'eau. L'avantage de ces contenants est qu'ils possèdent un couvercle. En supposant que votre poche arrière soit suffisamment grande pour accueillir ce contenant, vous pouvez simplement le remplir d'eau et fermer le couvercle. Vous pouvez donc vous promener dans les coulisses et faire votre entrée en toute quiétude. Juste avant de commencer votre numéro, glissez la main derrière votre dos et retirez le couvercle, que vous mettrez au fond de votre poche. Problème réglé.

Devant un public plus nombreux, vous voudrez peut-être vous servir d'un verre contenant un liquide coloré comme du thé ou du cola. L'eau n'est pas visible de loin.

De plus, pour ceux qui ne sont pas encore célèbres, cet effet est un excellent moyen d'amener les gens à retenir votre nom. Ce scénario en particulier a le mérite de citer votre nom pendant toute la durée du numéro : « Vous pourrez dire à vos amis qu'un tel (insérez votre nom) s'est produit devant vous et a pu faire deux choses en même temps ! »

CRÉDIT Barrie Richardson, qui a créé « Comment faire une ovation » (*Ovation Position*) est un conférencier spécialiste de la motivation qui voyage partout dans le monde. Il se sert de la magie comme d'une métaphore pour inspirer son public. Comme vous avez pu le constater à la lecture de ce scénario bien pensé et divertissant, Barrie est aussi l'un des plus distingués écrivains du domaine de la magie. Il faut souligner aussi la participation du public, l'humour et la simplicité de ce numéro.

Barrie Richardson est le doyen émérite de la Frost School for Business du Centenary College et l'un des penseurs les plus respectés dans le domaine de la magie. Le magicien britannique Pat Page lui a enseigné ce tour classique de rue et, depuis, il ne cesse de peaufiner sa présentation.

MÉMORISER L'ALPHABET… À L'ENVERS

La partie la plus difficile de « Comment faire une ovation » est sans contredit l'apprentissage de l'alphabet à l'envers. Barrie Richardson vient une fois de plus à la rescousse, avec une histoire mnémotechnique qui vous aidera à mémoriser l'alphabet à l'envers en moins de 30 minutes. (Richardson enseigne ce moyen mnémotechnique à ses étudiants du niveau collégial.) Comme la plupart des trucs mnémotechniques, c'est juste une béquille pour apprendre. Avec le temps et l'entraînement, les images folles s'effacent et vous pouvez réciter l'alphabet à l'envers sans vous tromper.

Imaginez les séquences suivantes. Chacune d'entre elles comporte une image visuelle mémorable et insensée. Mémorisez chaque étape individuellement, puis étoffez l'image au fur et à mesure que vous ajoutez les nouvelles étapes.

1. Z, Y, X, W, V, U,
La phrase à mémoriser est : À **Z**urich, **Y**an a bu un e**X**cellent **W**hisky et a été **VU** en état d'ébriété.

2. T, S, R, Q, P
Imaginez maintenant ce type qui est **T**rès **S**oûl à la **R**enverse sur le **Q** les **P**ieds en l'air.

3. O, N, M, L, K, J
La phrase à retenir est : Sur les **ON**des, une **M**usique de po**LK**a **J**oue. Visualisez Yan qui se relève et se met à danser sur l'air d'une polka.

4. I, H, G, F, E
Cette étape est facile : L'**I**diot arrac**H**e les **G**iro**F**l**É**es. Imaginez le gars qui, dans son ivresse, arrache les giroflées dans la plate-bande.

5. D, C, B, A
« Il **D**écampe ave**C** son **B**ard**A** » est la phrase à mémoriser. Visualisez le gars ivre qui part avec ses affaires sans demander son reste.

Méli-mélo de mains

MATÉRIEL Vos mains.

PRÉPARATION Aucune.

DIFFICULTÉ

L'EFFET **Faites avec vos bras les contorsions les plus inimaginables.** D'abord, invitez le public à vous imiter: « Étendez les bras comme ceci. » Laissez aux participants le temps de le faire. Puis, vous leur demandez de placer les mains comme vous et de faire pivoter leurs poignets de 180 degrés dans le sens contraire des aiguilles d'une montre. Lorsqu'ils essaient de faire comme vous, ils s'aperçoivent rapidement qu'ils en sont incapables.

LE SECRET Bien qu'il semble que vous ayez, vous et les membres de l'assistance, la même position de départ, la vôtre est légèrement différente et permet une rotation dans le sens contraire des aiguilles d'une montre.

LA PRÉSENTATION

1 « S'il vous plaît, tout le monde, tendez les mains et remuez les doigts comme ceci. » Tenez vos mains à la hauteur de votre poitrine et remuez vos doigts pour leur donner l'exemple. « Tournez les mains pour faire en sorte que le dos de chaque main soit face à face et que le petit doigt de chaque main soit en haut. »

2 Demandez aux participants de croiser le bras droit par-dessus le bras gauche (les paumes des mains doivent se faire face).

« Joignez les doigts comme ceci », poursuivez-vous en leur faisant la démonstration.

Suite à la page suivante

3 « À présent, remuez le majeur gauche. » Remuez le vôtre, puis observez les membres de l'assistance qui essaient de faire de même.

L'arnaque consiste à montrer, avec votre main droite, quelqu'un à votre gauche en passant le commentaire suivant : « Non, c'est votre majeur droit. » Lorsque vous pointez de la main droite, laissez votre main gauche en extension.

4 Vous allez apparemment ramener votre main droite à sa position antérieure. En fait, la position différera quelque peu, vous permettant d'exécuter la manœuvre suivante – une rotation dans le sens contraire des aiguilles d'une montre –, que les participants ne pourront en aucun cas réussir. Ramenez votre main droite vers la gauche en tournant la paume de votre main droite vers la paume de votre main gauche. Joignez les doigts dans cette position, avec le bras droit *en dessous* du bras gauche. (Observez bien les photos et vous découvrirez que vous ne pouvez effectuer la rotation que lorsque votre poignet droit est placé sous le poignet gauche.)

« Gardez vos doigts bien imbriqués. Remuez les deux pouces comme ceci et tournez lentement vos poings. » Remuez vos deux pouces et faites pivoter vos poings dans le sens contraire des aiguilles d'une montre jusqu'à ce que vos pouces soient en haut. Le truc pour réussir cette illusion est de tourner les poignets très lentement.

Gardez cette position et observez le grand nombre de jointures en train de blanchir et qui ne bougent pas d'un iota.

CLASSE DE MAÎTRE

Ce livre propose des stratégies pour faire participer l'assistance. Bien que le « Méli-mélo de mains » soit un effet plutôt léger pour un spectacle de magie, il constitue un excellent intermède qui a le mérite de faire participer tout le monde. C'est facile, visuel et amusant. Et même si vous êtes à 20 rangées et deux balcons plus loin, votre public appréciera le fait que vous placiez de la magie *entre leurs mains*.

Journal déchiré et restauré

L'EFFET Vous prenez la première page d'un journal et la montrez à la ronde. « Je vous propose un petit test de mathématique, direz-vous. Si je déchire la page au milieu, combien vais-je avoir de morceaux ? » Vous déchirez la page en deux.

« Oui, c'est ça, deux. Et si je déchire ces morceaux en deux, combien vais-je en avoir ? Quatre ! Et si je déchire encore chacun de ces morceaux en deux, j'en aurai… ? » Vous joignez, bien sûr, le geste à la parole et vous vous retrouvez avec huit morceaux de journal.

« Et si je déchire ces huit morceaux en deux, et ces morceaux en deux encore une fois, j'obtiens… (vous hésitez)… beaucoup de morceaux ! Je n'ai jamais eu la bosse des mathématiques et je suis bien meilleur magicien que mathématicien. » Sur ces mots, **vous dépliez les morceaux de journal et présentez la page restaurée.**

LE SECRET Vous avez deux pages identiques et substituez la page que vous avez au préalable pliée à la page déchirée.

MATÉRIEL
Deux pages de journal identiques (choisissez des journaux dont les pages sont de format tabloïde) et une table.

DIFFICULTÉ

PRÉPARATION Vous devez avoir deux journaux identiques et, de préférence, de format tabloïde. On trouve souvent de ces journaux gratuits à l'entrée des supermarchés ou des écoles. Souvent, ce sont des guides culturels, des répertoires de propriétés à vendre. Le contenu n'a aucune importance.

1 Pliez la page couverture d'un journal. Avec ce pliage, vous donnez l'impression que les coins sont un assemblage de morceaux pliés. Le pliage n'a pas besoin d'être précis, l'important est que le résultat final ressemble à la photo 4. Repliez la page à sa « pliure » de telle sorte que la page du haut soit légèrement de travers et qu'à partir du côté ouvert on puisse apercevoir les quatre coins.

2 Pliez le journal en deux une deuxième fois en rabattant la bordure du bas sur celle du haut, camouflant ainsi la première page.

Suite à la page suivante

PRÉPARATION (SUITE)

❸ Pliez le papier en deux une troisième fois.

❹ Pliez le papier en deux en diagonale de telle sorte que les coins demeurent visibles au sommet de votre paquet somme toute assez triangulaire.

❺ Placez ce paquet entre l'avant-dernière et la dernière page du second journal, près des bords.

❻ Pliez ce second journal en deux. De tous les angles, le double secret reste bien caché.

LA PRÉSENTATION

VUE CACHÉE

1 Prenez le journal avec vos deux mains. Faites glisser la page couverture en plaquant avec les doigts de la main droite le double plié contre le reste des pages. Pourvu vous teniez le journal face à l'assistance, personne ne verra le double qui est caché derrière.

2 Pliez le reste des pages en deux tout en maintenant en place le double secret. Tenez la page couverture dans votre main droite et le journal (ainsi que le double plié) dans votre main gauche. Glissez le journal et l'élément caché sous votre bras droit alors que vous vous tournez légèrement vers la gauche. Tant que vous gardez votre corps légèrement tourné vers la gauche, l'élément secret demeurera hors de la vue, caché sous les pages du journal sous votre bras.

3 Ouvrez la page couverture et tenez-la entre vos mains. « Si je déchire ce journal en deux, combien de morceaux vais-je avoir ? »

Suite à la page suivante ☞

❹ Déchirez la page en deux. Chaque fois que vous déchirez, demandez à l'assistance de calculer le total de morceaux. Cet exercice de mathématique rudimentaire vous donne l'occasion de faire de l'humour (vous serez surpris par le temps inouï que mettent certains groupes à calculer ; vous pouvez jouer sur ce fait). Ces questions ont en outre l'avantage de bien ancrer l'idée chez vos participants que le journal est mis en pièces.

❺ « Si je déchire ces deux morceaux en deux… » Superposez les deux moitiés et déchirez-les. « … combien vais-je avoir de morceaux ? » Superposez ces pièces et déchirez-les encore. Continuez ainsi à superposer et à déchirer (et à demander à l'assistance de calculer) jusqu'à ce que vous ayez environ 16 morceaux à peu près égaux.

❻ Pliez la pile en une forme triangulaire ressemblant à celle du double plié. « Si j'ai huit morceaux et que je les déchire en deux et que je déchire la moitié de ceux-ci en deux… » Ici, vous voulez semer la confusion. Jusqu'à maintenant, vos questions avaient été d'une facilité presque offensante. Ce bref moment de confusion est le moment idéal pour effectuer une substitution. Faites passer le paquet de papier déchiré dans votre main gauche.

❼ En tenant le paquet de papier déchiré entre le pouce et les doigts de votre main gauche, déplacez-le vers votre bras droit et plaquez-le sur l'extérieur du journal sous votre bras (contre l'intérieur de votre bras).

Cela est la première étape de la manœuvre qui vise à donner l'impression que vous allez déposer le journal que vous tenez sous votre bras sur la table à côté de vous. La gestuelle doit être nonchalante et naturelle.

8 En plaçant les morceaux déchirés contre le journal avec les doigts de votre main gauche, assurez-vous que vous saisissez aussi le double plié avec le bout de votre pouce gauche.

Tirez le journal qui est sous votre bras et abaissez-le en le tenant parallèlement au plancher. Votre pouce gauche (et le double) doit être en haut. Placez le journal avec le paquet de morceaux de papier déchirés caché en dessous sur la table alors que vous gardez le paquet à la vue de tous.

9 C'est la substitution. Elle se fait alors que vous approchez le journal de la table. Comme les deux paquets se ressemblent vus d'une certaine distance, la substitution passera inaperçue. Pendant que vous substituez les papiers, apprêtez-vous à asséner votre réplique finale: « Apparemment, vous n'êtes pas plus doués en maths que moi. » Exhibez la page pliée et faites claquer vos doigts. Dépliez lentement la page et faites remarquer « que l'on peut toujours voir les lignes où chaque morceau s'est recollé ». Ces lignes ne sont que des plis, mais elles ont l'air de coutures magiques vues d'une certaine distance.

CLASSE DE MAÎTRE

Le « Journal déchiré et restauré » est un classique de la magie, et avec raison: il est effet visuel pour 5 ou 50 personnes. L'effet est facile à comprendre et utilise un objet universellement familier.

L'avantage de cette version est qu'elle ne demande pratiquement pas de préparation. Si vous mettez la main sur deux journaux identiques, vous pourrez exécuter cet effet!

La dernière remarque démontre une subtilité, minime mais cruciale. Lorsque vous avez déplié la page, les plis étaient visibles. Vous avez attiré l'attention des gens sur ces plis en disant « que l'on peut toujours voir les lignes où chaque morceau s'est recollé ». Vous avez intégré cet élément à l'effet magique. Cela permet au participant de se faire une image mentale très vive de cet effet.

CRÉDIT Il existe une myriade de variantes du « Journal déchiré et restauré ». J'ai conçu cette version pour ce livre à partir de trois critères: la version devait être relativement simple, facile à préparer et devait avoir une aura de magie.

MAÎTRE MODERNE

GENE ANDERSON

Gene Anderson se distingue des autres magiciens en donnant un spectacle où il ne se sert que d'un seul accessoire: le journal! Au cours de sa carrière, il a donné ce spectacle dans 21 pays sur 6 continents et son livre *Newspaper Magic* en est à sa onzième édition.

Gene est une autorité incontournable dans le domaine de la prestidigitation avec des journaux. Il a d'ailleurs agi à titre de conseiller pour *Magie* pour l'inclusion de ce classique. « Les journaux ont un grain, explique-t-il, et ils se déchirent tout naturellement soit contre le grain, soit de haut en bas. Exploitez cette propriété et déchirez le papier les trois premières fois dans le sens du grain. Vous pourrez déchirer la quatrième fois (pour avoir 16 morceaux) en diagonale; cela n'a plus tellement d'importance si les déchirures ne sont pas très droites. »

Choisissez un mot

MATÉRIEL
Un stylo et du papier, un livre de poche et une pièce de monnaie (de préférence un 25 cents).

PRÉPARATION Feuilletez rapidement n'importe quel livre en regardant uniquement le premier mot sur les pages de gauche (les pages paires). Choisissez un mot à forcer relativement significatif ; évitez les mots comme « de », « et » ou « le ». Un mot de quatre lettres ou plus est idéal. Placez votre pièce de monnaie sur la page à forcer, près du dos du livre. Notez que, lorsque vous feuilletez les pages, vous arrêtez automatiquement à la page à forcer à cause de la pièce que vous y avez insérée.

Si le livre appartient à une amie, insérez la pièce de monnaie sans être vu et replacez le livre dans la bibliothèque. Si vous vous servez d'un de vos livres, vous voudrez peut-être préparer plusieurs livres avec une pièce de monnaie et un mot à forcer. De cette façon, un participant pourrait avoir le choix entre plusieurs livres.

DIFFICULTÉ

L'EFFET « Il y a environ 300 mots par page dans un livre de poche, direz-vous en retirant un livre de la bibliothèque d'une amie. Multipliés par des centaines de pages, voilà qui fait des dizaines de milliers de mots, et vous devez prendre un mot au hasard dans n'importe quelle page de ce livre. Sans même avoir lu ce livre, je vais lire dans vos pensées. » Vous choisissez un livre dans la bibliothèque de votre amie et elle doit mémoriser un mot d'une page de son choix ; **vous la fixez des yeux alors que vous épelez le mot qu'elle a choisi.**

LE SECRET Le mot est forcé.

LA PRÉSENTATION

« Il y a environ 300 mots par page dans un livre de poche et celui-ci compte 400 pages. Ce qui nous donne en gros 120 000 mots. Vous devez choisir un mot dans n'importe quelle page de ce livre. Et nous ferons ensemble une petite expérience de télépathie. »

Vous devez donner l'impression d'avoir pris un livre au hasard. Ce qui va de soi si vous avez préparé un livre à l'insu de sa propriétaire. Ne soyez pas trop conscient de vos gestes lorsque vous prendrez le livre. Faites-le nonchalamment comme si vous vouliez illustrer ce que vous dites.

1 Avec la main gauche, tenez le livre par son dos, la couverture vous faisant face. Feuilletez les pages avec les doigts de votre main droite en commençant par la fin et en allant vers vous. « Nous pouvons nous servir de n'importe quelle page. Dites-moi simplement quand je dois arrêter. »

2 Feuilletez lentement jusqu'à ce que la participante vous dise d'arrêter. Aussitôt qu'elle ouvre la bouche, feuilletez jusqu'à l'interstice créé par la présence de la pièce que vous avez insérée. Cela se produira automatiquement. Peu importe à quel moment elle vous dit d'arrêter, empressez-vous d'atteindre cette page. Si elle ne vous a pas dit d'arrêter et que vous avez dépassé la page en question, lancez-lui, à la blague: « Quelque part entre les deux couvertures, s'il vous plaît! » Recommencez à feuilleter jusqu'à ce que vous réussissiez à forcer la page en question.

« J'aimerais que vous preniez un mot de cette page », lui direz-vous en lui montrant la page de gauche avant d'ajouter: « Quel est le premier mot? » Demandez-lui de le mémoriser. Assurez-vous de regarder ailleurs pendant ce processus. Comme vous connaissez déjà le mot qu'elle choisira, vous n'avez pas besoin de jeter un œil.

3 Baissez le livre et ouvrez-le un peu plus grand. Vous pourrez ainsi déloger la pièce de monnaie et la faire tomber subrepticement dans votre main. Déposez le livre sur une table et mettez les mains dans vos poches, pour vous débarrasser de la pièce.

Empruntez un stylo et du papier et demandez à la participante de vous regarder dans les yeux. Tout ce qui suit n'est que de la présentation, ce qui ne veut pas dire que vous devez vous hâter. Faites-en un événement. « Vous pensez donc à un mot – n'importe quel mot – tiré de ce livre. Vous avez choisi la page et le mot. Pensez très fort à ce mot. »

VUE CACHÉE

Supposons que le mot forcé est « mouche ». Retirez le capuchon du stylo et apprêtez-vous à écrire. « Je ne vois pas encore le mot, mais certaines lettres s'imposent à moi. Est-ce que le mot contient un D? un F? un O? Oui, je vois un O ».

Et voici le scénario classique du mentalisme: « Y a-t-il un N? Ah, c'est un M, mais un M minuscule qui ressemblait à un N. » Écrivez maintenant le mot forcé sur le papier, en faisant en sorte que la participante ne puisse le lire.

« Pour la première fois, quel est le mot auquel vous pensez? » Laissez-lui le temps de répondre avant de lui montrer le mot que vous avez écrit: le même mot qu'elle vient de prononcer!

CLASSE DE MAÎTRE

L'assistance aura l'impression que vous lisez réellement dans les pensées. Bien sûr, vous en êtes incapable. Vous ne pourriez même pas le simuler. Et pourtant, c'est ce que retiendront les gens qui ont assisté à ce numéro.

La raison tient autant au scénario qu'à la technique. Vous demandez à une participante de vous dire d'arrêter pendant que vous feuilletez les pages d'un livre. Ce n'est pas la même chose que de lui demander de choisir elle-même une page. Et pourtant, c'est ainsi que vous décrivez le processus: « Vous pouvez choisir la page que vous voulez. Vous n'avez qu'à me dire quand je dois m'arrêter… »

Vous lui demandez de retenir le premier mot de la page – ce qui est loin d'être la même chose que de *penser* à un mot. Et un peu plus tard, vous faites référence à ce mot comme si c'était le mot auquel elle pensait. Vous façonnez – et influencez – sa mémoire pour rendre l'effet encore plus stupéfiant.

CRÉDIT **Voilà un exemple de ce que les magiciens appellent l'effet du livre (*Book Test*), dont la prémisse remonterait à 1607. Toutefois, Girolamo Scotto di Piacenza aurait présenté un tel numéro devant l'empereur d'Autriche bien avant, soit en 1572.**

Caillou dans le soulier

MATÉRIEL
Des chaussures, un veston ou un blazer, un pantalon avec une poche arrière profonde ainsi qu'un long caillou lisse un peu plus petit que votre pied. Le caillou doit être plus effilé à un bout.

PRÉPARATION Placez le caillou dans la poche arrière droite de votre pantalon.

DIFFICULTÉ ††††

L'EFFET C'est un gag d'une irrésistible drôlerie. Vous dites que vous pensez avoir un caillou dans votre soulier, vous enlevez votre chaussure droite et en retirez une roche énorme. Elle tombe sur le plancher en faisant un bruit que seule une vraie roche peut faire. **Vous avez retiré de votre soulier et laissé tomber par terre une roche aussi grosse que votre pied !**

LA PRÉSENTATION

À un moment donné pendant votre spectacle, mettez-vous à boiter et à vous plaindre que vous avez un caillou dans votre soulier. Faites une rotation de 45 degrés vers la droite (de telle façon que votre côté gauche soit orienté vers l'assistance), mais gardez votre tête face à l'assistance.

1 Levez votre jambe droite et placez votre pied par-dessus votre jambe gauche. Penchez légèrement le tronc vers l'avant. Avec votre main gauche, retirez votre chaussure droite. Tenez-la par le dessous, en agrippant le talon avec votre paume gauche. Pendant que vous retirez votre chaussure, concentrez-vous sur ce geste. Entre-temps, vous devrez retirer la pierre qui se trouve dans votre poche arrière droite. Dans cette position, votre main droite doit être complètement hors de vue et les gens devant vous auront l'impression qu'elle vous sert à maintenir votre équilibre.

2 Portez votre main droite vers votre poche arrière, entre votre veston et votre pantalon, et retirez la pierre.

Plaquez la roche sur l'arrière de votre cuisse droite pendant que vous finissez de retirer votre soulier. D'un seul mouvement, glissez vers le bas votre main droite (avec la roche) le long de votre cuisse tandis que vous ramenez la main gauche (avec le soulier) vers le haut, le long de votre tibia droit.

3 Alors que vos mains se rapprochent, ramenez votre main droite (et la pierre) vers l'ouverture de votre chaussure. Dans la mesure où vos deux mains bougent ensemble et rapidement, l'assistance ne remarquera pas que vous tenez une pierre dans votre main.

4 Aussitôt que vos mains se touchent, glissez le bout effilé de la roche dans le soulier. Éloignez votre main droite pendant que vous abaissez votre pied droit. Tournez-vous maintenant pour faire face à l'assistance. Restez un moment sans bouger, le temps que les gens se rendent compte qu'une pierre dépasse de votre chaussure. Puis, sortez la roche de votre soulier en la faisant tomber sur le plancher (faites attention à vos orteils).

CLASSE DE MAÎTRE

Vous craignez que l'assistance ne pense que vous avez utilisé une pierre ponce ? Le bruit que fera la pierre en tombant sur le plancher prouvera hors de tout doute que c'est une vraie roche.

« Caillou dans le soulier » est le deuxième effet dans ce chapitre qui requiert de placer un gros objet lourd dans la poche arrière droite de votre pantalon. Si vous voulez exécuter, au cours du même spectacle, « Comment faire une ovation » (page 215) et « Caillou dans le soulier », adaptez les manipulations de l'un ou l'autre de ces effets pour accommoder une poche arrière *gauche*.

Par ailleurs, le fait que cet effet est décrit dans un chapitre consacré à la magie de salon ne veut pas dire qu'il n'aura pas de succès en magie rapprochée. L'effet a d'abord été conçu comme un tour devant être exécuté à l'extérieur, par exemple à côté de votre auto.

CRÉDIT « Caillou dans le soulier » (*Earth Shoes*) a été créé par Looy Simonoff, un professeur de mathématiques à la retraite de l'Université du Nevada, à Las Vegas. Il a publié cet effet la première fois dans le livre de Paul Harris, *Super Magic*, en 1977.

VUE CACHÉE

2

VUE CACHÉE

3

4

Vieux singe, nouveau tour : se servir des anneaux chinois

Le seigneur des anneaux

MATÉRIEL
Un ensemble d'anneaux chinois que vous trouverez dans toutes les boutiques d'accessoires de magie et souvent inclus dans les trousses de magie. (Si votre mère n'a pas jeté la vôtre à votre départ pour l'université, elle est toujours dans votre placard, à côté de vos lunettes rayons X.)

PRÉPARATION Plusieurs des meilleurs numéros n'utilisent que trois ou quatre anneaux chinois. Ce numéro fait appel à quatre : deux anneaux enclavés non détachables, un anneau normal (unique) et un anneau porteur. Laissez les autres de côté.

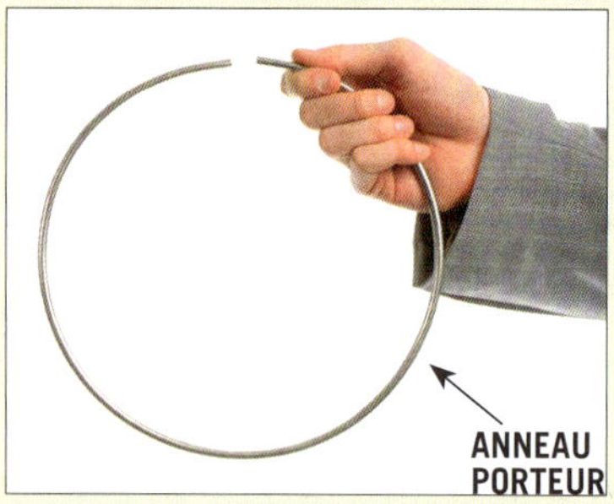

Avant de faire votre numéro, empilez les anneaux sur votre surface de travail comme suit, de bas en haut : les deux anneaux enclavés, l'anneau normal et l'anneau porteur. Vous pouvez prendre cette pile et la faire passer d'une main à l'autre ; évitez seulement que les anneaux se chevauchent ou s'emmêlent.

DIFFICULTÉ

L'EFFET

Vous enchaînez ou séparez des anneaux en acier solide à volonté ; ce classique revisité est un pur plaisir pour les yeux. Nous avons tous vu un magicien à l'œuvre en train de massacrer un numéro d'anneaux chinois ; les numéros sont toujours trop longs. Mais voir ce classique exécuté avec art est un ravissement ; lorsqu'ils sont manipulés avec adresse, les anneaux chinois étonnent. Les instructions qui accompagnent un ensemble d'anneaux chinois tiennent habituellement sur une seule page, sans aucune illustration. Personne ne peut apprendre les anneaux chinois dans ces conditions – c'est un peu comme si on voulait enseigner à un éléphant comment surfer. Ce qui suit est une technique de calibre professionnel dont vous vous servirez.

LE SECRET

Les anneaux chinois sont vendus en assemblage de huit anneaux. Certains de ces anneaux sont vraiment enclavés (et ce, de façon permanente), et un des anneaux, l'anneau porteur, possède une petite ouverture. Par une série de manipulations et d'étalages, vous cachez l'ouverture secrète de l'anneau porteur tout en y engageant les autres anneaux, et tous s'enchaînent comme par magie.

LA PRÉSENTATION

Une des raisons pour lesquelles les anneaux chinois ont une si mauvaise réputation est que peu de magiciens ont des présentations qui fascinent l'assistance. J'ai l'impression que les anneaux d'acier sont trop abstraits pour passer pour des objets normaux, évocateurs (est-ce que ce sont d'immenses boucles d'oreilles, de mini hula-hoops ?). La meilleure façon de présenter ce numéro est au rythme de la musique.

Le décompte

Même si trois anneaux sur quatre sont truqués, vous allez démontrer que ce sont des anneaux normaux et indépendants les uns des autres. Ce décompte mystifie l'œil et l'oreille.

1 Tenez la pile d'anneaux dans votre main droite fermée, paume vers le haut. Votre pouce droit est placé sur l'ouverture de l'anneau porteur (celui-ci était l'anneau le plus près de votre poignet droit).

❷ Insérez votre main gauche, paume vers le haut, au milieu des anneaux.

❸ Inclinez votre main droite légèrement vers le bas et, à l'aide de vos doigts de la main droite, laissez tomber chaque anneau individuellement de votre main droite à votre main gauche.

❹ Un cliquetis métallique se fera entendre chaque fois qu'un des anneaux tombera et heurtera les autres. Ce décompte est paradoxal – comment des anneaux enclavés peuvent-ils se mouvoir indépendamment les uns des autres? Mais, comme vous le constaterez, chaque anneau (y compris ceux qui sont enclavés) semble tomber séparément dans vos doigts gauches. Assurez-vous de maintenir l'ordre des anneaux pendant le décompte.

Le premier maillon

❺ Avant d'enclaver visuellement les deux premiers anneaux, reprenez l'anneau porteur et l'anneau normal dans votre main droite. Il vous reste donc, au bout des doigts de la main gauche, les deux anneaux enclavés. Lancez-les dans les airs de quelques centimètres et passez votre bras gauche à travers leurs centres. Conservez les anneaux autour de votre coude pendant quelques instants.

Suite à la page suivante ☞

6 Dans un geste similaire, reprenez l'anneau normal dans votre main gauche et amenez l'anneau porteur jusqu'à votre coude droit. Dans la mesure où l'ouverture dans l'anneau porteur repose contre votre bras, elle passera inaperçue. Montrez à la ronde l'anneau normal que vous avez entre les mains. Soulevez-le à la hauteur de votre poitrine et regardez à travers.

7 Avec les doigts des deux mains repliés sur l'anneau normal, faites coulisser celui-ci entre vos doigts pour montrer qu'il ne s'ouvre pas. Pour ce faire, tenez l'anneau avec vos doigts de la main gauche et faites-le glisser entre vos doigts de la main droite qui sont légèrement fléchis.

8 Faites glisser l'anneau normal sur votre avant-bras gauche et délogez l'anneau porteur de votre coude droit. Agrippez l'anneau porteur avec vos doigts gauches en gardant votre main repliée sur l'ouverture pour la camoufler. Montrez l'anneau porteur de la même façon que vous avez montré à tous l'anneau normal, mais, alors que vous semblez faire glisser l'anneau entre vos doigts, gardez les doigts gauches bien arrimés à l'ouverture secrète.

9 Passez l'anneau porteur à votre main droite en prenant soin de cacher l'ouverture avec vos doigts droits pendant et après le déplacement. Vous avez montré à la ronde les quatre anneaux séparément et prouvé, semble-t-il, qu'aucun d'entre eux ne comporte d'ouverture.

10 Reprenez l'anneau normal (qui est sur votre avant-bras gauche) et exhibez-le en le tenant entre les doigts de votre main gauche. Pour enclaver les deux anneaux séparés, manœuvrez l'anneau porteur de telle sorte que l'ouverture se situe dans votre poing droit, juste derrière votre index.

11 Tenez les anneaux à la hauteur de votre poitrine et faites-les se chevaucher légèrement pour que l'anneau normal repose entre l'anneau porteur et votre corps; le tout ressemble à un diagramme de Venn.

12 Faites glisser les anneaux l'un contre l'autre en rapprochant vos mains et en les éloignant de nouveau. Tandis que vous bougez les anneaux, faites pivoter vos poignets l'un vers l'autre…

13 … avant de les éloigner l'un de l'autre comme si chaque main tenait un volant d'auto. Durant ce mouvement, laissez l'anneau normal glisser dans l'ouverture de l'anneau porteur. Une fois que c'est fait, continuez à faire glisser les anneaux.

Suite à la page suivante ☞

⓮ De face, les gens dans l'assistance ne peuvent voir si les anneaux sont enclavés ou non (même s'ils sont très près). Dévoilez le premier maillon en éloignant lentement les mains jusqu'à ce que les gens voient que les anneaux sont bien enclavés.

⓯ Ouvrez votre main gauche pour relâcher votre prise sur l'anneau normal et laissez-le se balancer au bout de l'anneau porteur que vous tenez de l'autre main. Laissez tomber votre main gauche et rattrapez ensemble les deux anneaux enclavés que vous gardiez coincés au coude gauche. Ils tomberont ensemble ; l'assistance suppose que ces anneaux sont séparés même si ce n'est pas le cas.

Le second maillon

⓰ Le second maillon est très simple ; vous ne ferez que dévoiler les anneaux enclavés non détachables. Voici comment le faire avec brio. Frappez les anneaux de votre main gauche contre ceux de votre main droite.

⓱ Concentrez-vous pendant quelques instants, puis libérez l'un des deux anneaux de vos doigts gauches. Il tombera en suspension, enchaîné à l'autre anneau. Offrez-les immédiatement à quelqu'un de l'assistance pour qu'il les examine. À moins que Merlin en personne ne soit dans la première rangée, il n'y a aucune chance pour que ces anneaux se désenclavent.

18 Pour désenclaver les deux anneaux de la main droite, vous allez faire la manœuvre d'enclavement, mais à l'envers. Tenez l'anneau porteur dans votre main droite en couvrant l'ouverture de votre pouce et de votre index. Tenez l'anneau normal dans votre main gauche. Vos mains doivent travailler en parfaite symétrie pour éviter d'attirer l'attention sur votre main droite. Cette fois, tenez doucement les anneaux en les balançant de l'avant vers l'arrière pendant que vous rapprochez vos deux poignets l'un de l'autre. Comme tantôt, ressortez l'anneau normal par l'ouverture de l'anneau porteur aussitôt que vos mains se touchent, puis poursuivez le mouvement de balancement tandis que vous les éloignez de nouveau très lentement, donnant une impression étrange de désengagement – comme si les anneaux étaient en train de fondre.

De nouveau enclavés

19 Voici la plus belle séquence du numéro. Vous tenez toujours l'anneau porteur dans la main droite, l'anneau normal dans la gauche. Faites basculer les anneaux vers l'arrière de vos mains de façon qu'ils reposent sur vos avant-bras.

20 Faites en sorte que l'ouverture de l'anneau porteur soit cachée dans le creux de votre pouce droit.

21 Une fois les anneaux dans cette position, vous pourrez ouvrir complètement les mains, paumes vers l'assistance.

Suite à la page suivante ☞

❷❷ Déplacez ensuite vos pouces l'un vers l'autre et enchaînez les anneaux ensemble. Ce geste est caché par la base de vos pouces.

❷❸ Dès que les anneaux sont engagés l'un dans l'autre, fermez les poings. Dans un mouvement continu, faites basculer les anneaux sur vos mains et montrez que les anneaux sont enclavés. Pour un meilleur effet, cette séquence est exécutée en une succession rapide.

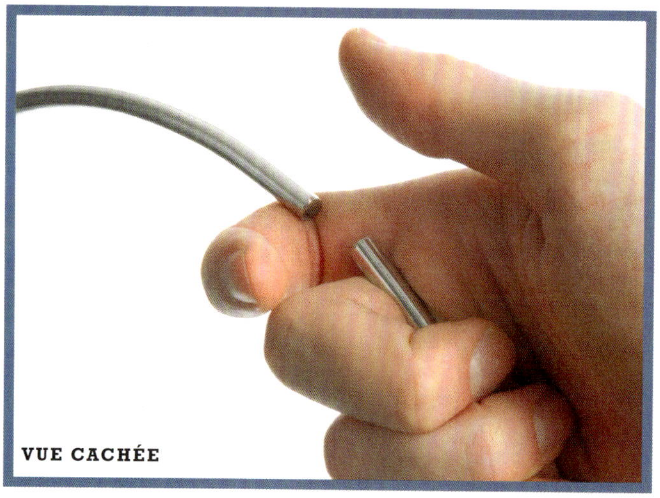

La grande finale: les quatre anneaux enclavés

❷❹ Récupérez les deux anneaux enclavés de l'assistance et tenez-les dans votre main gauche. Votre main droite tient l'anneau porteur et l'anneau normal pend en dessous de ce dernier.

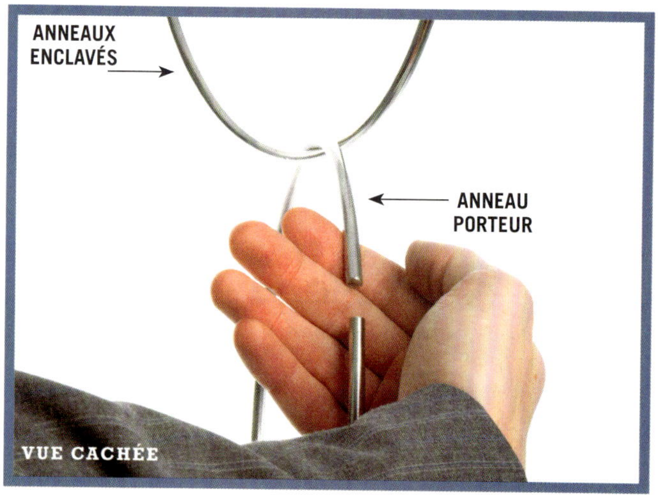

❷❺ Placez les anneaux que vous tenez de la main gauche juste en dessous de l'anneau normal. Relevez votre main gauche et effleurez les deux anneaux dans votre main droite. Alors que l'anneau le plus bas de votre main gauche touche votre poing droit, faites-le passer dans l'ouverture de l'anneau porteur. Vous n'avez pas à vous préoccuper du bruit, car il est normal d'entendre des cliquetis métalliques lorsque les anneaux s'entrechoquent. Et le mouvement vers le haut de votre main gauche cache la manœuvre.

26 Continuez à lever votre main gauche afin de montrer à tous les quatre anneaux enclavés.

CLASSE DE MAÎTRE

Les anneaux chinois ne sont pas des objets avec lesquels votre public est familier et cela va à l'encontre des principes énoncés dans cet ouvrage; mais, dans ce cas-ci, leur usage se justifie par leur simplicité. Quoi de mieux pour démontrer que le solide pénètre le solide que de grands anneaux bien visibles faits d'acier? Pour rendre ce numéro plus court et succinct, j'ai supprimé beaucoup de manipulations pour ne garder que les deux ou trois effets les plus visuels. Son exécution suit une progression naturelle qui culmine dans la grande finale des quatre anneaux enclavés.

Ces anneaux n'ont pas en soi une grande valeur de divertissement (contrairement aux effets qui utilisent des accessoires, comme l'argent ou les cartes, qui intriguent et stimulent l'intérêt du public). C'est pour cette raison que je crois qu'il faut accompagner ce numéro de musique.

Mais il existe d'autres manières de jouer avec les anneaux. Vous pouvez inviter un participant à vous rejoindre sur scène pour vérifier que les anneaux sont bien enclavés. Vous pouvez même lui demander d'enclaver les anneaux en modifiant légèrement votre numéro. Au lieu d'exhiber vous-même les deux anneaux enclavés de façon permanente, chargez votre assistant de le faire et dites-lui de les enclaver. À la surprise de l'assistance (et au ravissement de votre participant), il réussit à enclaver les anneaux.

CRÉDIT Vous venez d'accomplir un miracle vieux de 500 ans. Bien qu'on les appelle « anneaux chinois », les anneaux enclavés auraient été utilisés en magie d'abord en Europe, au XVIe siècle.

MAÎTRE MODERNE

TOM FRANK

Tom Frank est une sorte de ménestrel des temps modernes qui donne des spectacles dans les rues, à l'occasion de festivals. Les anneaux chinois font tout naturellement partie du répertoire du magicien de rue parce que cet effet convient autant à la magie rapprochée qu'à la magie devant un vaste public. C'est un classique que plusieurs s'attendent à voir dans des spectacles de magie.

Tom a conçu une présentation unique et mémorable pour ce numéro. Alors qu'il exécute la chorégraphie des mouvements, il récite *Le corbeau*, un poème d'Edgar Allan Poe. Dans son numéro, Tom demande au public, comme dans le poème, si ce qu'il voit est réel (les anneaux s'enclavent) ou si ce n'est qu'une illusion (les anneaux se désenclavent).

« Depuis vingt-cinq ans, je termine mon spectacle par les anneaux, dit-il. Cet effet combine les sens de la vue, de l'ouïe et du toucher. »

Détournement de fonds

MATÉRIEL Quatre petites enveloppes, des ciseaux, quatre feuilles de papier vierges et un crayon.

PRÉPARATION Servez-vous de quatre enveloppes de format et de couleur identiques. Dessinez un point au crayon au dos d'une de ces enveloppes. Cette marque devra être suffisamment visible pour que vous puissiez reconnaître cette enveloppe, mais assez pâle pour ne pas être remarquée par les participants.

Coupez quatre morceaux de papier de la grandeur d'un billet de banque et placez-en un dans chaque enveloppe.

DIFFICULTÉ ††††

L'EFFET Vous empruntez une somme importante d'argent à votre participant et vous l'insérez dans une enveloppe que vous cachetez et placez avec les trois autres enveloppes identiques. **Vous devez deviner dans quelle enveloppe se trouve l'argent du participant.**

LE SECRET L'enveloppe d'argent porte une marque qui vous permet de la reconnaître.

LA PRÉSENTATION

« Lorsque j'étais petit, je voulais être soit pirate, soit magicien. D'une part, les pirates portent des habits colorés ainsi qu'une épée. D'autre part, les magiciens n'ont pas à porter un bandeau sur un œil. Nous voici donc, vous et moi, à un spectacle de magie. J'aimerais satisfaire mes fantasmes de piraterie. Buvons jusqu'à l'ivresse et pillons cet édifice !

« Je blague. Partons à la recherche d'un trésor enfoui ! » Sortez les quatre enveloppes. « D'abord, nous avons besoin d'enfouir un trésor. Monsieur ? » Invitez un homme à monter sur scène et empruntez-lui un billet de 20, 50 ou 100 dollars. Disons que le participant s'appelle David. « Plus la somme est importante et plus l'effet final sera amusant », lui direz-vous. Tout le monde trouve ça drôle, tout le monde sauf David.

Pliez le billet de David et insérez-le dans l'enveloppe marquée, par-dessus la feuille de papier vierge. « Votre billet est dans l'une des quatre enveloppes. Les trois autres ne contiennent qu'une feuille de papier vierge. » Sortez les feuilles de papier de ces trois enveloppes pour montrer à l'assistance qu'elles ne contiennent rien d'autre que ces papiers. En tenant chaque enveloppe à contre-jour, vous pouvez expliquer qu'avec les papiers dans les enveloppes il est impossible de savoir laquelle contient l'argent ou une simple feuille de papier.

Tendez les enveloppes à David et demandez-lui de les mêler de telle sorte que ni lui ni vous ne sachiez dans quelle enveloppe se trouve l'argent.

1 Demandez-lui de vous donner une enveloppe à la fois. Tenez chaque enveloppe près de votre tempe comme si vous vous concentriez sur son contenu. Vérifiez subrepticement si l'enveloppe est marquée d'un point au dos.

« Ce n'est pas le trésor enfoui », direz-vous chaque fois que vous avez une enveloppe non marquée entre les mains. Lorsque David vous donnera l'enveloppe marquée, concentrez-vous sur cette dernière, puis remettez-la-lui en disant : « Je ne suis pas certain à propos de celle-ci. »

❷ Chaque fois que vous recevez une enveloppe non marquée, dites que ce n'est pas le trésor que vous recherchez et déchirez l'enveloppe.

❸ Jetez les morceaux par terre en lançant des termes de flibustier que vous connaissez.

❹ Reprenez la dernière enveloppe, celle qui est marquée, et ouvrez-la avec assurance. Sortez-en seulement la feuille de papier vierge. Prenez un air bouleversé en jetant un œil aux morceaux de papier qui jonchent le sol. « Je pense que je devrai tâter du supplice de la planche ! dites-vous en regardant David avec appréhension. J'aurais mieux fait de laisser tomber la piraterie et de m'en tenir à la magie. »

❺ Claquez vos doigts, puis sortez de l'enveloppe le trésor enfoui de David et remettez-lui son billet.

Suite à la page suivante ☞

CLASSE DE MAÎTRE

En empruntant ainsi une importante somme d'argent, vous suscitez immédiatement l'intérêt de l'assistance, sans parler de celui de votre participant, qui vous aura vraiment à l'œil tout au long du numéro.

L'effet, vers la fin, comporte des moments forts de comédie et de drame. Lorsque vous aurez déchiré trois enveloppes, tout le monde pensera que l'argent de David se trouve dans la quatrième enveloppe. Mais lorsque vous retirez de cette dernière enveloppe une simple feuille de papier vierge, c'est assez drôle. Et comme David pense que vous venez de déchirer son billet de 50 dollars, il sera assez inquiet. Ce qui rend la situation encore plus drôle.

Tout le monde se met à plaindre David et ce dernier devient rapidement l'objet de la sympathie du public. « A-t-il vraiment déchiré son billet de banque ? » se demandent les gens. Vous mettez un terme à leurs doutes en produisant le billet et en le remettant à son propriétaire.

Si la prémisse du « Détournement de fonds » vous semble trop banale, voici d'autres suggestions :

Détecteur de mensonge. Invitez trois personnes à écrire des vérités sur autant de feuilles de papier. Invitez une quatrième à écrire un mensonge. Les déclarations sont insérées dans quatre enveloppes, qui sont ensuite scellées et bien mêlées. Vous serez capable de reconnaître l'enveloppe contenant le mensonge.

Divination d'objet. Invitez trois personnes à insérer un objet qui leur appartient dans autant d'enveloppes. Désignez une quatrième personne comme la personne « cible » ; elle doit, elle aussi, placer un objet personnel dans une enveloppe. Les enveloppes sont mêlées et pourtant vous devinez dans quelle enveloppe se trouve l'objet de la personne cible.

Carte dans l'enveloppe. Une participante choisit une carte, qu'elle place dans une enveloppe. Elle insère ensuite trois autres cartes dans autant d'enveloppes et les mêle. Vous déterminez dans quelle enveloppe se trouve sa carte.

CRÉDIT **Ce scénario a été présenté en 1935 par l'Écossais Tom Sellers sous le nom de *Just Chance*.**

CHAPITRE NEUF

MYSTIFICATION TÉLÉPHONIQUE

Dans ce chapitre

Le mélange australien

Sorcellerie cellulaire

Prédire un numéro de téléphone

Vacances de rêve

Whatisyourcard.com («Quelleestvotrecarte.com»)

Osmose téléphonique

Code Da Vinci décodé

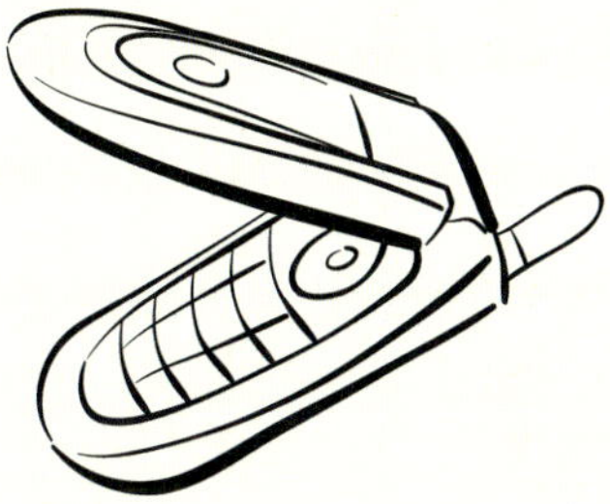

MAGIE SANS FRONTIÈRES

Vous téléphonez à un ami et lui demandez de prendre un jeu de cartes. Vous lui offrez de faire un numéro de magie au téléphone. Il brasse les cartes, en mémorise une, et les brasse de nouveau pour que vous ne sachiez pas quelle carte il a choisie ni son emplacement. Vous lui dites d'éliminer les cartes jusqu'à ce qu'il ne lui en reste plus qu'une dans la main. Vous lui demandez de la retourner. C'est la carte qu'il avait choisie. Impossible ? Cela pourrait bien le paraître.

Mais les choses ne sont pas toujours telles qu'elles nous paraissent. Lisez « Le mélange australien ». En moins de 10 minutes, vous serez en mesure de duper un ami… au téléphone.

Envisageons un autre scénario : demandez à la personne qui est en votre compagnie quel est l'endroit au monde qu'elle aimerait le plus visiter. Aruba ? La Finlande ? Le Botswana ? Elle peut nommer n'importe quel endroit sur terre et doit vous préciser le temps qu'elle aimerait y séjourner. Lorsque c'est fait, demandez-lui de téléphoner à votre agent de voyages « magique ». Le téléphoniste qui lui répond lui décrit sans aucune hésitation les vacances de ses rêves. « Vacances de rêve » a un secret si retors, si étonnant, que vous avez envie de le révéler à votre participant aussitôt l'effet achevé.

Ne le faites surtout pas.

Créer des effets de magie à présenter au téléphone est passablement difficile. La bonne nouvelle ? Aucun tour d'adresse, aucun mouvement secret ni trucage. Les effets s'appuient sur des instructions subtiles, des principes mathématiques et des détournements d'attention oraux. Une autre bonne nouvelle : vous pouvez exécuter ces effets en sous-vêtements.

Mais si les effets proposés dans ce chapitre ne sont pas tous exécutés au téléphone, chacun d'entre eux nécessite un téléphone. Laissez vos doigts se reposer et faites travailler votre cerveau. Place à la magie sans frontières.

Le mélange australien

MATÉRIEL
Un téléphone. Votre participant aura besoin d'un jeu de cartes.

PRÉPARATION Aucune.

DIFFICULTÉ

L'EFFET

Vous identifiez la carte choisie par votre ami… au téléphone ! Vous téléphonez à un ami et lui demandez d'aller chercher un jeu de cartes. Il brasse les cartes, coupe le jeu en quatre piles et doit mémoriser la carte au-dessus de n'importe laquelle des quatre piles. Vous lui suggérez une nouvelle façon de battre les cartes. Il élimine les cartes au hasard jusqu'à ce qu'il ne lui en reste plus qu'une – celle qu'il avait choisie !

LE SECRET

Nous avons affaire à un effet brillant de mathémagie qui marche à tout coup.

LA PRÉSENTATION

Téléphonez à un ami et dites-lui : « Va donc chercher un jeu de cartes. Je voudrais t'apprendre une nouvelle méthode de brasser les cartes. Cela s'appelle le mélange australien et cette méthode possède une étrange propriété : trouver une carte choisie. C'est vraiment étonnant. » Patientez jusqu'à ce qu'il revienne avec le jeu de cartes.

1 « Bon, tu as le jeu en main ? Parfait. D'abord, tu dois mélanger le jeu. Coupe ensuite le paquet en quatre piles à peu près égales. Les piles n'ont pas à être parfaites, mais tu peux prendre une ou deux cartes d'une pile et les mettre sur une autre, pour les égaliser. »

2 « Choisis maintenant une pile, n'importe laquelle. » Une fois qu'il vous aura confirmé qu'il a suivi vos instructions, demandez-lui de prendre cette pile et de battre de nouveau les cartes. « Il est évident que je ne peux savoir quelle pile tu as choisie et quelles sont les cartes qui s'y trouvent, lui direz-vous, et comme je ne connais pas les cartes qui composent cette pile, je ne sais certainement pas quelle est la carte qui est au-dessus, n'est-ce pas ? » Disons qu'il a choisi la deuxième pile à partir de la droite.

3 Demandez à votre interlocuteur de retourner la carte du dessus de la pile choisie et de la mémoriser. Disons que cette carte est le dix de carreau. « Maintenant, je voudrais t'apprendre le mélange australien. La méthode la plus folle de brasser les cartes que je connaisse. »

4 « Je veux que tu apprennes ce mélange afin que tu puisses le refaire devant tes amis. D'abord, tu dois te rappeler le nom, épelle-le avec moi. Tandis que tu épelles le nom, passe une carte pour chaque lettre du dessus de la pile en dessous de la pile. » Il doit épeler M-É-L-A-N-G-E, puis A-U-S-T-R-A-L-I-E-N (cette action subtile met à la bonne place la carte choisie).

5 « Je vais te montrer comment faire le mélange australien. Comme l'Australie est un pays qui se situe en bas de la carte du monde, en dessous de nous, tu devras distribuer les cartes ainsi : une en bas, c'est-à-dire sur la table, puis la suivante en dessous du paquet que tu tiens. Commence en plaçant la carte du dessus, face vers le bas, sur la table.

« Prends la carte suivante et place-la sous le paquet dans ta main. Prends la nouvelle carte qui se trouve au-dessus et dépose-la sur la table. Place la carte suivante sous le paquet et continue de cette manière jusqu'à ce qu'il ne te reste plus qu'une seule carte dans la main. Et il est interdit d'y jeter un œil ! »

Tandis que le participant procède à la distribution des cartes, dites-lui : « Récapitulons les étapes. Tu as d'abord brassé les cartes avant qu'on commence. Puis, tu as coupé le jeu en quatre piles à ton gré. Tu as ensuite choisi une pile, brassé les cartes de cette pile et tu as mémorisé une carte. Comme je n'ai aucun moyen de savoir combien il y a de cartes dans ta pile, il est impossible que je puisse prévoir la carte qui restera en dernier. Aurais-tu coupé une carte de plus ou de moins que le résultat aurait été différent.

6 « Tu as éliminé toutes les cartes sauf une. Quel était le nom de la carte que tu avais choisie ? Le dix de carreau ? Retourne la carte qui te reste dans la main. N'est-ce pas étonnant ? Bien que je sois à des kilomètres de toi, j'ai trouvé ta carte grâce au mélange australien ! »

CLASSE DE MAÎTRE

Comment est-ce possible ? Ne vous interrogez pas trop, soyez simplement reconnaissant que ce soit possible. Pourvu que votre correspondant coupe le jeu en quatre piles *à peu près* égales, tout baigne dans l'huile. S'il coupe moins de 8 ou plus de 16 cartes, l'effet ne marchera pas. Mais il faudrait votre interlocuteur ait vraiment des problèmes d'estimation pour que cela se produise – et la petite phrase qui lui demande d'égaliser les paquets après avoir coupé réduit ce risque.

CRÉDIT Alex Elmsley (1929-2006) a conçu quelques-uns des effets les plus puissants du XXe siècle. Son génie créatif tenait à la fois des mathématiques, de la technique et de la finesse d'esprit. Connu à l'origine sous le nom de « Guide australien » (*Australian Self Help*), cet effet est l'un de ses petits bijoux cachés.

Sorcellerie cellulaire

MATÉRIEL
Un jeu de cartes et deux téléphones cellulaires (l'un d'entre eux étant le vôtre).

PRÉPARATION Pour réaliser cet effet, placez d'abord le deux de trèfle à la dixième position du paquet, en partant du dessus.

Vous devez ensuite « emprunter » le téléphone de votre participante à son insu. C'est facile à faire dans les bars, car les gens laissent souvent traîner leur téléphone cellulaire sur la table ou sur le comptoir. Sinon, choisissez un moment où personne ne regarde et prenez-le dans son sac à main. Note: pour éviter de vous faire arrêter, il est préférable d'être un proche de la personne en question.

Au lieu de programmer votre nom à côté de votre numéro de téléphone, programmez votre carte forcée. J'utilise le deux de trèfle parce que le nom de cette carte s'écrit en peu de lettres.

Assurez-vous seulement de le faire subrepticement, sans attirer l'attention.

DIFFICULTÉ

L'EFFET **Le téléphone cellulaire de votre participante trouve un numéro choisi.** Vous offrez de faire une expérience avec des chiffres. Vous invitez une participante à distribuer un nombre secret de cartes et de mémoriser une de celles-ci. Lorsque vous vous rendez compte que vous êtes incapable de trouver la carte qu'elle a choisie, vous lui téléphonez. Sur l'écran de son cellulaire, un message apparaît à côté de votre numéro, qui dit: « Tu as choisi le deux de trèfle ! »

LE SECRET Vous avez programmé son cellulaire en y inscrivant la carte forcée et vous avez exécuté un forçage mathématique classique appelé le *forçage dix vingt*.

LA PRÉSENTATION

« Les chiffres me fascinent, direz-vous d'entrée de jeu. Même s'ils sont intangibles, ils ont une relation les uns avec les autres qui a quelque chose de magique. »

1 Pour le démontrer, vous demandez à votre participante de prendre le jeu de cartes que vous lui tendez, face vers le bas.

Tournez-lui le dos pour lui montrer que vous ne trichez pas et dites-lui: « Pense maintenant à un chiffre qui se situe entre, disons, 10 et 20. » Ayez l'air indécis, mais cette fourchette est très importante. « Distribue ce même nombre de cartes, face vers le bas, sur la table et fais-le sans que je t'entende. » Laissez-lui le temps nécessaire. Elle distribue, disons, 17 cartes.

2 Demandez-lui de prendre la pile de cartes distribuées et de la remettre sur le jeu. « J'aimerais que tu trouves un autre chiffre, basé sur le premier que tu as choisi. Additionne les deux chiffres qui le composent et distribue le nombre correspondant de cartes sur la table. » Si le chiffre qu'elle avait choisi était 17, elle additionne le 1 et le 7, ce qui donne 8. Elle devra donc distribuer huit cartes, face vers le bas.

« Tous ces calculs ont mené à la carte qui se trouve sur le dessus de la pile de la table. Retourne-la et mémorise-la. » Bien que ce que vous venez de lui dire soit vrai, il n'en reste pas moins que la carte qui est sur le dessus de la pile est toujours votre carte forcée (la dixième carte à partir du dessus). C'est le forçage dix vingt.

3 Vous venez de forcer le deux de trèfle. Demandez à votre participante de mémoriser cette carte et de se concentrer sur celle-ci. (Vous êtes en train de la conditionner à penser à cette carte comme à une carte qu'elle a activement choisie – les cartes choisies sont plus impressionnantes que les cartes que l'on prend au hasard.) Plus tard, lorsque vous lui demanderez le nom de la carte qu'elle a choisie, elle vous répondra sans hésiter que c'est le deux de trèfle.

Demandez-lui de battre toutes les cartes.

4 Reprenez le jeu et frappez sur le paquet ou remuez vos doigts au-dessus et retournez la première carte. Il est plus que probable que cette carte n'est pas la carte qu'elle a choisie. Feignez la déception. Brassez les cartes et retournez la nouvelle carte qui se trouve sur le dessus du paquet. Feignez de nouveau la déception lorsqu'elle vous dira que ce n'est pas la carte qu'elle a choisie.

5 « Peut-être que le secret est dans les chiffres. Est-ce que tu as ton téléphone cellulaire ? » Vous connaissez bien sûr la réponse à cette question, mais elle ignore que vous le savez. « Est-ce que je peux composer ton numéro de cellulaire ? »

Sortez votre cellulaire et composez son numéro. Demandez-lui de se concentrer sur la carte qu'elle a choisie. Lorsqu'elle prendra votre appel, elle aura la surprise de voir le nom de sa carte s'afficher en toutes lettres sur son écran.

CLASSE DE MAÎTRE

Comme je l'ai mentionné à l'étape de préparation, j'utilise le deux de trèfle à cause de la concision du nom, mais vous pouvez taper un message un peu plus long comme: « Pensais-tu au deux de trèfle ? » ou encore « Je savais que tu choisirais le deux de trèfle. »

Si vous voulez donner une dimension encore plus hallucinante, servez-vous de la fonction caméra du téléphone cellulaire de votre participante et prenez une photo de la carte en question. Votre participante verra, en plus du message, une image de sa carte.

Dans de bonnes circonstances, le texte doublé d'une photo produit un effet très puissant. Vous devez donner l'impression de faire le tout à brûle-pourpoint, sans aucune préparation.

CRÉDIT Le premier tour de magie téléphonique connu remonte à John Northern Hilliard, en 1905. Évidemment, il ne faisait pas appel à un téléphone cellulaire.

Prédire un numéro de téléphone

MATÉRIEL
Un jeu de cartes et deux téléphones portables (l'un d'entre eux étant le vôtre).

PRÉPARATION Placez votre téléphone portable en mode silencieux, puis partez à la recherche d'une belle inconnue souriante dans une fête. Empruntez-lui à son insu son téléphone portable et composez votre propre numéro de téléphone. Elle ne doit pas vous voir avec son téléphone.

Demeurez suffisamment longtemps en ligne pour que l'appel s'enregistre dans le journal des appels de votre portable. Vous avez donc maintenant le numéro de téléphone d'une personne que vous ne connaissez pas. Remettez le téléphone à sa place et éloignez-vous. (Si le téléphone de la personne est en mode blocage, l'effet ne fonctionnera pas.)

Sortez votre bon vieux jeu de cartes et retirez-en les cartes qui correspondent à son numéro de téléphone (sans l'indicatif régional). Par exemple, si son numéro est le 555-9713, vous pourriez retirer les cartes suivantes : le cinq de trèfle, le cinq de pique, le cinq de carreau, le neuf de trèfle, le sept de cœur, l'as de pique, le trois de carreau. L'as représente le 1 tandis que la dame représente le 0.

Placez ce paquet de cartes en dessous du jeu de telle sorte que la carte correspondant au dernier chiffre de son numéro de téléphone soit la dernière carte.

DIFFICULTÉ ††††

L'EFFET

Prédisez le numéro de téléphone d'une parfaite inconnue. Vous abordez une inconnue qui vous semble sympathique et lui offrez d'exécuter un effet magique absolument époustouflant. « Si je réussis, vais-je pouvoir vous téléphoner ? » lui demanderez-vous. Elle accepte.

Vous lui demandez de couper le jeu de cartes en deux. En commençant par la carte qu'elle a coupée, elle distribue les cartes en sept piles. Vous lui demandez de tourner la carte du dessus de chaque pile face vers le haut. Elle fixe les chiffres sans comprendre. « Dites les chiffres tout haut, seulement les chiffres », lui suggérez-vous.

Elle récite les chiffres à voix haute et se rend compte qu'après avoir coupé et distribué les cartes elle obtient son numéro de téléphone. « Puis-je vous appeler ? » lui demanderez-vous de nouveau.

LE SECRET

Vous vous êtes d'abord procuré le numéro de téléphone de la participante, puis vous contrôlez la façon dont elle distribue les cartes.

LA PRÉSENTATION

Abordez l'inconnue et présentez-vous. Faites connaissance et dites-lui que vous êtes magicien. Offrez-lui de le lui démontrer, puis proposez-lui un marché. « J'exécuterai le tour de cartes le plus incroyable que vous n'avez jamais vu. Si je réussis, pourrais-je vous appeler ? » Les gens qui ont de l'humour adorent cette façon d'être abordé. (Et les personnes qui ne trouveraient pas ça drôle ne valent pas vraiment la peine que vous les appeliez.)

1 Tendez-lui votre jeu de cartes et demandez-lui de couper en deux. Mettez les cartes coupées (la moitié du dessus) à l'écart en lui disant : « Vous auriez pu couper n'importe où, mais vous avez coupé à cet endroit exact. Ce qui détermine où vous commencerez à distribuer les cartes. »

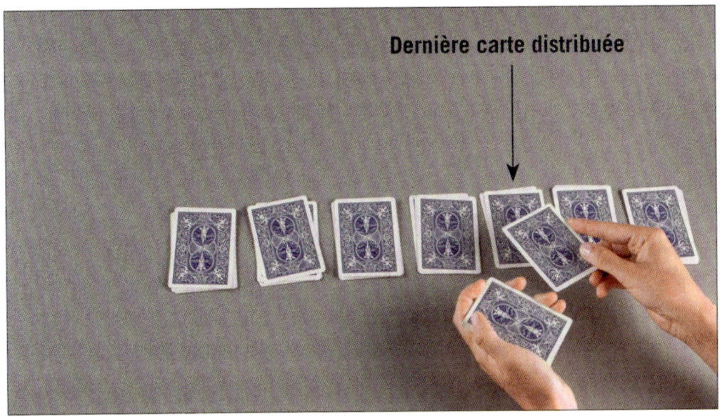

2 Demandez-lui de diviser les cartes en sept piles. Elle distribue les cartes, face vers le bas. Elle doit distribuer toutes les cartes qu'elle a en main.

Tandis qu'elle distribue les cartes, rappelez-lui les circonstances: elle a coupé elle-même les cartes, elle les distribue, vous ne vous connaissez pas. Remarquez la pile où elle dépose la dernière carte et souvenez-vous-en.

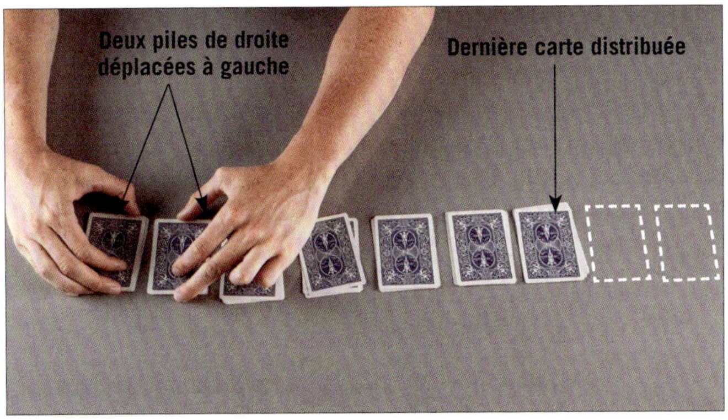

3 Observez comment les sept dernières cartes sont distribuées – vous devrez peut-être apporter un léger ajustement. La dernière carte qu'elle a distribuée correspond au dernier chiffre de son numéro de téléphone et vous voulez que ce paquet se retrouve au bout de la rangée. Si la dernière carte a été déposée sur la troisième pile à partir de la droite, vous devrez faire en sorte que ce paquet soit le dernier de la rangée. Il vous faudra par conséquent déplacer toutes les piles qui se trouvent à droite de la pile en question et les placer au début de la rangée. Cette opération ne devrait pas vous poser de problème, vous n'aurez qu'à dire que vous voulez mélanger un peu les paquets.

4 Invitez votre participante à retourner la carte au-dessus de chaque pile, face vers le haut. Elle ne comprendra probablement pas sur le coup, prenez donc tout votre temps pour le lui faire comprendre. « Ces cartes ne vous disent vraiment rien ? Et qu'en est-il des chiffres sur les cartes ? » Demandez-lui de lire les chiffres à voix haute. Elle se rendra alors compte qu'elle est en train de réciter son numéro de téléphone !

CLASSE DE MAÎTRE

Faire apparaître le numéro de téléphone d'une parfaite inconnue est un effet qui frappe l'esprit. Trouver la carte qu'une personne a sélectionnée est une chose, mais trouver son numéro de téléphone, c'est de la magie à l'état pur !

CRÉDIT Max Maven a été le premier à se servir d'une suite de cartes pour révéler un numéro de téléphone. Le forçage utilisé a probablement été conçu par Al Leech, qui l'a publié pour la première fois dans son livre *Cardmanship*, en 1959.

Vacances de rêve

MATÉRIEL
Un téléphone sans fil (ou un portable) et un ami très bon comédien.

PRÉPARATION En guise de préparation, expliquez à votre ami le plus exubérant les règles du jeu. Vous lui dites que vous lui téléphonerez à l'insu de votre participante (en composant son numéro dans une autre pièce), puis que vous rejoindrez la participante avec le téléphone à la main. Personne ne se doutera qu'il y a quelqu'un au bout du fil qui écoute sans rien dire la description que donne la participante des vacances de ses rêves.

Votre ami devra noter l'*endroit*, les *activités* et la *durée* de ses vacances de rêve. Aussitôt qu'il a toutes ces informations, il doit raccrocher et attendre l'appel de la participante. Lorsque celle-ci aura terminé de décrire ses vacances idéales, tendez-lui le téléphone en lui disant de composer le numéro de votre agent de voyages magique. Votre ami devra répondre en disant : « Bonjour. Agence de voyages magique ; nous vous disons où vous voulez aller. » Ensuite, il n'aura qu'à répéter ce qu'il a entendu.

DIFFICULTÉ

L'EFFET Nommez n'importe quel endroit dans le monde que vous désirez visiter, téléphonez à l'agent de voyages magique qui sait où vous voulez aller. Vous commencez par donner le numéro de téléphone de votre agent de voyages à la participante, puis vous la faites parler des vacances de ses rêves. **Lorsqu'elle téléphonera à votre agent de voyages, il lui décrira par le menu détail le voyage dont elle rêve.**

LE SECRET Comme votre « agent de voyages » est au bout du fil, il entend toute la conversation. Lorsque la participante lui téléphone, il n'a qu'à lui répéter ce qu'il vient d'entendre.

LA PRÉSENTATION

Voici un scénario possible pour votre présentation.

1. Vous êtes en ligne avec votre ami sans que la participante soit au courant. Vous abordez cette dernière et amenez la conversation sur le sujet des voyages.

« Voyagez-vous souvent ? lui demandez-vous.

– Pas autant que je le voudrais, vous répond-elle.

– J'ai un agent de voyages tout à fait extraordinaire. Je vais vous donner son numéro. »

Griffonnez le numéro de téléphone de votre ami sur un bout de papier et donnez-le-lui.

2 Puis, vous commencez à recueillir les informations qui vous intéressent : l'endroit qu'elle aimerait visiter, son activité favorite et la durée idéale de son séjour.

« Donc, si vous pouviez aller n'importe où – vraiment n'importe où –, où iriez-vous ?

– Dans les îles Fidji, je suppose. Si la question d'argent ne se posait pas, bien sûr.

– Super ! Moi aussi, j'aimerais visiter les îles Fidji. Et qu'est-ce que vous y feriez ?

– Je fais de la plongée sous-marine et j'aimerais en faire aux îles Fidji. » (Vous avez déjà recueilli deux informations sur trois. Continuez.)

« Il paraît que les îles Fidji sont un lieu extraordinaire pour faire de la plongée. Combien de temps resteriez-vous là-bas ?

– Deux semaines, si je le pouvais.

– Deux semaines à faire de la plongée. Fantastique ! Vérifions les possibilités avec mon agent de voyages.

– Quoi ? À cette heure-ci, il me semble qu'il est un peu tard pour lui téléphoner.

– Ne vous inquiétez pas, l'agence de voyages magique ne ferme jamais. Composez le numéro que je vous ai donné. »

Vous lui donnez votre téléphone et elle appelle votre ami. (Assurez-vous que le numéro de votre ami n'est pas programmé ; vous risquez d'être démasqué si elle voit apparaître *Marc S.* sur l'écran.) Vous pouvez toujours lui suggérer d'utiliser son propre téléphone portable.

3 Votre ami répond de sa voix la plus enjouée :

« Agence de voyages magique ; nous vous disons où vous voulez aller. Comment allez-vous ce soir ?

– Heu…

– Parfait ! J'aimerais vous faire part de notre promotion de la semaine : un forfait plongée sous-marine de deux semaines aux îles Fidji ! »

CLASSE DE MAÎTRE

« Vacances de rêve » est un exemple de magie de situation à son meilleur. Un effet idéal pour votre prochaine soirée, si, bien sûr, l'un de vos amis accepte de rester chez lui pour prendre votre appel.

CRÉDIT Joel Givens et moi-même avons concocté « Vacances de rêve » (*Dream Vacation*) afin de produire ce qui est, à notre avis du moins, l'effet idéal pour une soirée entre amis. Cette méthode est fondée sur un numéro de Steve Fearson.

JOSEPH DUNNINGER, MAGICIEN DE LA RADIO

Le grand Dunninger (1892-1975) pouvait lire dans vos pensées… à la radio. Dans les années 1940, des millions d'auditeurs écoutaient Joseph Dunninger, qui disait, de sa voix harmonieuse : « Pour ceux qui croient, aucune explication n'est nécessaire, mais pour ceux qui ne croient pas, aucune explication ne sera jamais suffisante. »

Beaucoup d'auditeurs ont participé à ce qui était devenu sa marque de commerce : lire au téléphone dans les pensées des gens. Il était si populaire qu'il a servi de modèle à *The Shadow*, l'un des justiciers les plus célèbres de la radio. Grâce aux effets que nous vous proposons dans ce chapitre, vous aussi pourrez lire à distance dans les pensées des gens.

Whatisyourcard.com («Quelleestvotrecarte.com»)

MATÉRIEL
Un jeu de cartes et un accès Internet.

PRÉPARATION Le site est conçu pour révéler le quatre de cœur. Donc, tout ce que vous avez à faire est de forcer cette carte. Placez-la en dessous du jeu de cartes.

DIFFICULTÉ ††

L'EFFET **Un site Web devine la carte choisie par le participant.**

LE SECRET Le quatre de cœur est forcé. Le site Web dévoile cette carte d'une manière mystérieuse.

LA PRÉSENTATION

Le forçage de Sid Lorraine convient parfaitement parce que, vous ne voyez pas la carte sélectionnée par le participant. Voici une brève récapitulation de ce forçage qui vous permettra de réaliser un numéro technologique très impressionnant.

1 Tenez le paquet face vers le bas, étalez les côtés de façon à former une ligne oblique d'environ 5 cm vers la gauche. Tenez le jeu de la main droite, les doigts et le pouce placés à chacun des bouts.

2 Pincez la carte du dessous sur son côté gauche entre le pouce et les doigts de votre main gauche, la séparant ainsi des autres cartes du jeu. Poussez cette carte du dessous d'environ 2,5 cm vers la droite de façon qu'elle soit soutenue par le bout de vos doigts de la main droite.

Distribuez les cartes à partir de ce qui semble être le dessous du paquet avec vos doigts gauches, en prenant les cartes de la portion située à l'extrême gauche du paquet. Distribuez les cartes une à une à partir du dessous sans toucher à la carte forcée que vous retenez à l'écart, soit le quatre de cœur.

3 Continuez à distribuer les cartes et demandez à un participant de vous dire d'arrêter quand il le jugera bon. Lorsqu'il vous donnera le signal, vous lui tendrez ce qui semble être la carte du dessous suivante. En fait, vous aurez étendu les doigts de votre main gauche pour saisir la carte forcée, le quatre de cœur. Tendez-lui cette carte, face vers le bas.

« Souvenez-vous de votre carte, direz-vous, et ne me dites pas laquelle vous avez choisie. » Approchez-vous de votre ordinateur et dites-lui : « L'avènement de l'Internet nous a grandement simplifié la vie, nous pouvons faire des opérations bancaires, des achats et rencontrer l'âme sœur. Il existe même des sites où l'on peut trouver les cartes sélectionnées par diverses personnes. »

4 Si le participant semble sceptique, rajoutez-en : « Je vais vous montrer. Concentrez-vous sur votre carte. Parfait, tapez maintenant le nom du site : W-W-W-point-W-H-A-T-I-S-Y-O-U-R-C-A-R-D-point-C-O-M. Vous n'avez plus qu'à suivre les directives. »

Après une courte intro où on lui demande de se concentrer sur sa carte, des images de cartes apparaîtront à l'écran et en disparaîtront – ce qui constitue un écran de fumée.

5 L'image d'une main finira par apparaître et le participant se verra inviter à plaquer sa main sur l'image.

6 Lorsqu'il retirera sa main, ce sera pour découvrir une illustration du quatre de cœur !

CLASSE DE MAÎTRE

L'Internet rend une foule de choses plus faciles, y compris la cartomagie. Ici, nul n'est besoin d'une longue présentation, vous n'avez qu'à forcer le quatre de cœur et laisser le site Web faire le reste.

CRÉDIT Joel Givens et moi avons collaboré à ce projet. Je pense que tout a commencé avec nos discussions sur le film *2001 : Odyssée de l'espace* (j'adore ce film ; il le hait). Nous voulions inclure un effet « technologique » de cartomagie dans lequel l'ordinateur lui-même lirait dans les pensées.

Osmose téléphonique

MATÉRIEL
Ce livre et un téléphone.

PRÉPARATION Servez-vous du scénario proposé dans la rubrique « L'effet » et du schéma de l'anagramme progressive à la page suivante.

DIFFICULTÉ

L'EFFET « Sais-tu ce qu'est l'osmose? demanderez-vous à votre interlocuteur au téléphone. Pour les besoins de la cause, disons que le concept se définit comme le fait d'apprendre sans étudier. Tentons une expérience d'osmose.

« Pense à ta matière favorite à l'école – à l'exception de la récréation, de la gymnastique et des activités parascolaires. Je sais que c'est à cela que tu pensais ! » lui direz-vous. **Vous lisez ensuite dans ses pensées, lettre par lettre... pendant que vous êtes au téléphone.**

LE SECRET Vous vous servez de ce que les magiciens appellent une anagramme progressive. C'est un diagramme particulier qui vous aidera à deviner n'importe quelle matière scolaire, lettre par lettre.

LA PRÉSENTATION

Parlons d'abord de la façon de se servir du schéma de l'anagramme progressive. Vous demandez à votre participant de penser à sa matière scolaire préférée. Tout le monde essaiera de se montrer spirituel en vous répondant la récréation ou la gymnastique. Prenez les devants et éliminez ces deux sujets.

Votre participant doit penser à l'une des matières suivantes: histoire, anglais, arts, français, informatique, géographie, mathématique, science, sociologie, économie. C'est un bel assortiment et, comme vous précisez que vous voulez qu'il pense à une matière scolaire, la plupart des gens pensent aux maths et à la science. De temps à autre, on vous soumettra quelque chose d'exécrable comme « le film noir et le western ».

Dans ces cas-là, vous serez ravi de ne pas être dans la même pièce. Demandez-lui alors de recommencer et de vous soumettre une matière enseignée à l'élémentaire.

1 Bon, le participant a choisi une matière scolaire. C'est probablement l'une des disciplines déjà mentionnées, mais vous ignorez toujours laquelle il a choisie. Vous procéderez par élimination grâce au schéma de l'anagramme progressive qui se trouve sur la page suivante. Vous devinerez son choix lettre par lettre. Vous pourriez vous tromper sur deux lettres, mais chacune de ces erreurs vous aidera à circonscrire votre recherche. Consultez le schéma tout au long de la démarche. Commencez à l'icône « Début ».

CLASSE DE MAÎTRE

Lire dans les pensées de quelqu'un est un grand exploit; lire dans les pensées de quelqu'un au téléphone est inconcevable. Mais pour donner l'impression que vous lisez dans les pensées du participant, vous devez conserver un air d'autorité.

Vous ne devez pas vous appesantir sur vos erreurs. Vous ne devinez pas les lettres, vous les « voyez ». Lorsque vous faites une erreur, ne montrez pas de déception. Jouez plutôt la carte de la surprise et servez-vous du dialogue proposé pour expliquer vos erreurs.

MAÎTRE MODERNE

ANDI GLADWIN

Andi Gladwin est un magicien britannique qui a publié ses effets originaux dans les plus grandes revues de magie, y compris le magazine *MAGIC*.

« Tous les numéros de magie, dit-il, doivent comporter un élément humain et un élément de pouvoir. Ici, l'élément humain, c'est l'école ; tout le monde se sent concerné puisque nous avons tous dormi pendant les cours. Quant au pouvoir, il prend la forme ici de l'osmose, une sorte de lecture de la pensée. »

SCHÉMA DE L'ANAGRAMME PROGRESSIVE

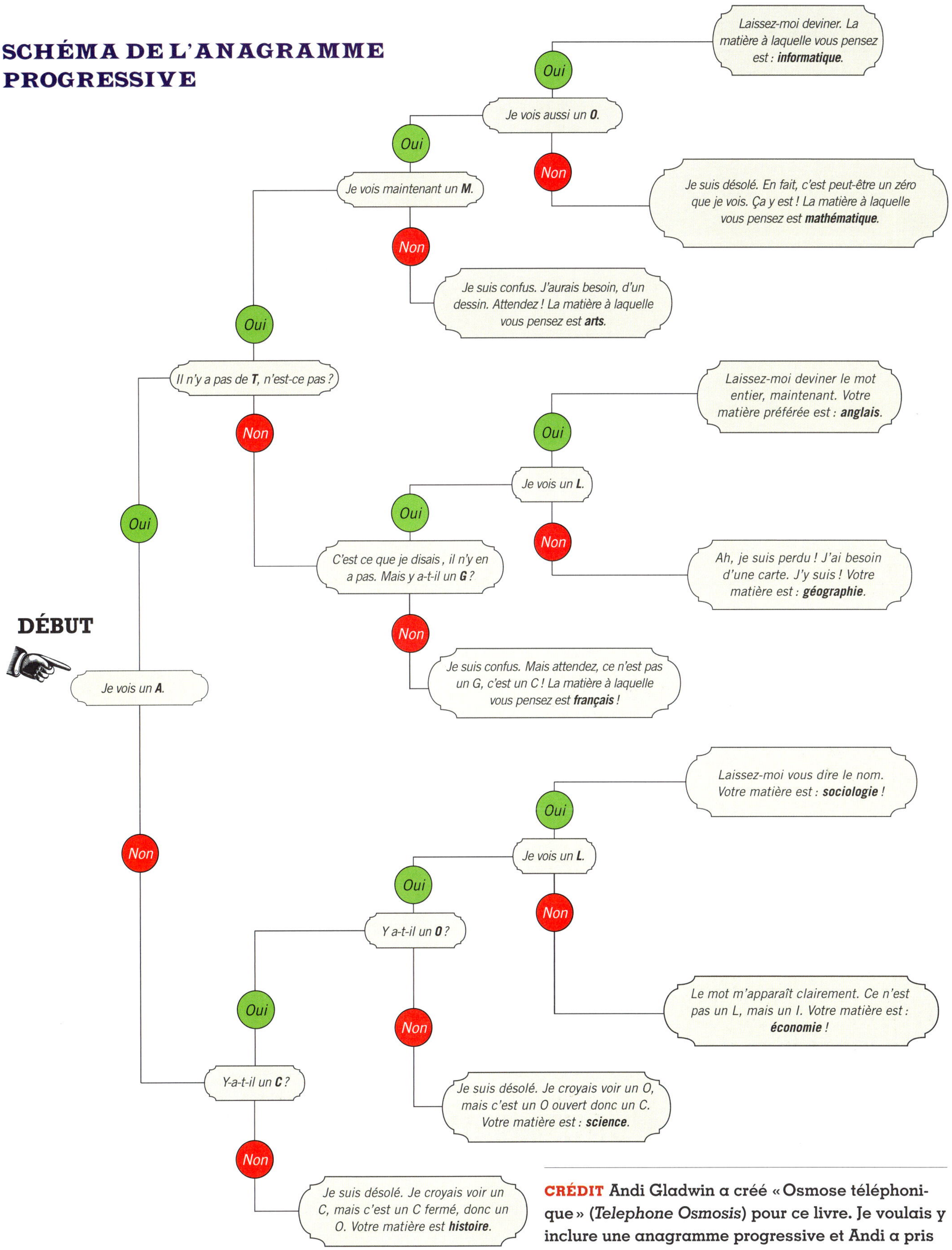

CRÉDIT **Andi Gladwin a créé « Osmose téléphonique » (*Telephone Osmosis*) pour ce livre. Je voulais y inclure une anagramme progressive et Andi a pris les matières scolaires comme point de départ et a construit l'organigramme.**

Code Da Vinci décodé

MATÉRIEL Vous pouvez réaliser cet effet au téléphone si votre ami possède le livre de Dan Brown, *Da Vinci Code*, un crayon et du papier.

PRÉPARATION Pendant votre conversation téléphonique avec votre ami, vous forcerez le chiffre 1089. Il ne saura pas que vous connaissez le chiffre qu'il a choisi et vous pourrez donc vous en servir contre lui.

Vous lui demanderez, à un moment, de se servir du chiffre 1089 pour trouver un mot dans le livre de Dan Brown. Vous l'invitez à se rendre à la page 10, la huitième ligne et le neuvième mot. Pour réussir cet effet, vous devez savoir quelle édition il possède : livre relié ou livre broché.

S'il possède le livre relié, le mot recherché est *blah*.

S'il a le livre broché, le mot est *which*.

Retenez bien cela, et vous êtes fin prêt.

DIFFICULTÉ

L'EFFET Vous vous servez de cet immense succès de librairie – que beaucoup de gens possèdent dans leur bibliothèque – comme d'un accessoire dans un polar de votre cru. Une incroyable démonstration de synchronisme avec le chiffre choisi par un participant.

LE SECRET Vous forcez les formes et les numéros de pages en vous servant d'un peu de psychologie et d'un principe mathématique peu connu.

LA PRÉSENTATION

Téléphonez à un ami et demandez-lui s'il a lu le *Da Vinci Code*. Il vous répondra oui ou non ; j'espère qu'il ne se lancera pas dans un discours à saveur biblique. Disons que la réponse obtenue est oui.

1 « Parfait, lui répondrez-vous, dépose le téléphone, va chercher le livre et attrape un crayon et du papier. Est-ce que la couverture du livre est suffisamment rigide pour que tu puisses t'en servir pour écrire ? » Cela semble bien délicat de votre part, mais vous lui demandez en fait (indirectement) si son livre est cartonné ou broché. Aussitôt qu'il vous aura répondu, vous saurez quel mot vous devrez utiliser. Supposons qu'il ait le livre broché.

« Ce que j'aime à propos du *Da Vinci Code* est la façon dont Dan Brown a inséré des petits casse-tête et des jeux de mots dans l'histoire. Il y avait des codes, des chambres cachées et – revenons à nos moutons : j'aimerais te montrer quelque chose d'encore plus troublant dans ce livre. Fais exactement ce que je te dis de faire et tu seras complètement renversé. »

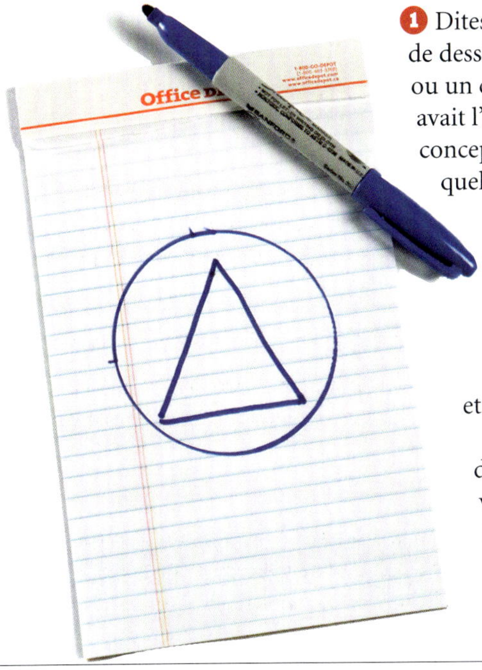

1 Dites à votre ami de se tenir prêt à écrire. « Pour commencer, je vais te demander de dessiner deux formes géométriques. Des formes pas compliquées, comme un cœur ou un carré, un dans l'autre. » Poursuivez pendant qu'il dessine : « Léonard de Vinci avait l'habitude de se servir de formes géométriques bien simples pour illustrer des concepts fabuleux et complexes. Et tu peux réduire à peu près tous ses dessins à ces quelques formes de base. » Demandez à votre ami de se concentrer sur son dessin.

Bien qu'il n'existe pas de statistiques à ce sujet, la plupart du temps, les gens dessinent un triangle à l'intérieur d'un cercle. Tentez votre chance.

« Je vois un triangle à l'intérieur d'un cercle, n'est-ce pas ? » Vous allez être étonné de constater combien de fois vous frapperez en plein dans le mille.

Et que dites-vous si votre participant a dessiné quelque chose d'autre ? « Oh, et qu'as-tu dessiné ? »

« J'ai dessiné une étoile dans un trapèze, vous dit-il. – Parfait, je te demandais de dessiner parce que, pour cette expérience, je dois faire appel à ton cerveau gauche. » Si vous n'avez pas la bonne réponse, cela ne fait pas partie de l'effet. Souvenez-vous que vous êtes le meneur de jeu et que vous seul connaissez les tenants et les aboutissants de cet effet.

2 « C'est à mon tour de réfléchir, je pense à l'avenir et aux décisions que tu n'as pas encore prises. Je vois une vieille femme sur un balai… une sorcière (*witch*) ! Attends. Ça, c'est une image », direz-vous. Marquez une pause avant de poursuivre : « Mais lorsque je visualise le mot, je vois *w-h-i-c-h*. Veux-tu écrire le mot *which* au verso de ta feuille ? Assurez-vous qu'il le fasse, car c'est la chute de votre histoire.

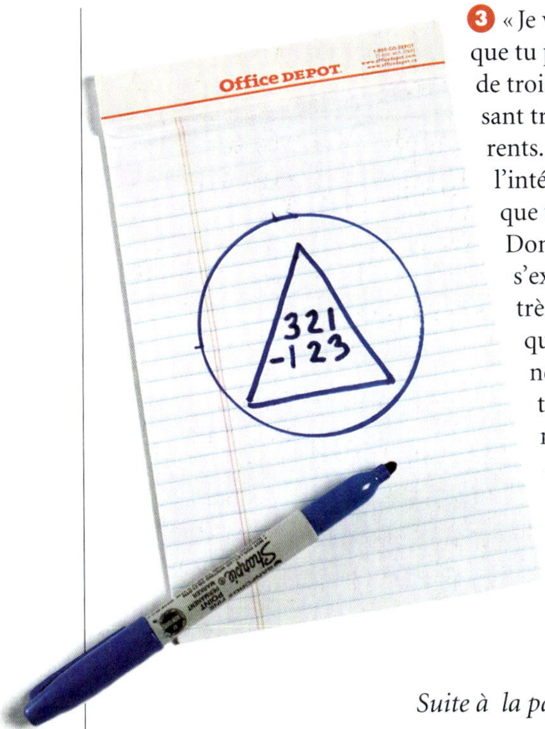

3 « Je veux maintenant que tu penses à un nombre de trois chiffres, en utilisant trois chiffres différents. Inscris-le à l'intérieur des formes que tu as dessinées. » Donnez-lui le temps de s'exécuter. Note : il est très important qu'aucun des chiffres ne soit pareil. « Maintenant, écris le nombre que tu as choisi à l'envers, en dessous du premier nombre. » Par exemple, 321 devient 123.

Suite à la page suivante ☞

❹ Demandez à votre interlocuteur de soustraire le plus petit nombre du plus grand et laissez-lui le temps d'effectuer cette soustraction. « Je ne suis pas certain, mais je sens une vibration de doute à propos de la soustraction. Veux-tu la vérifier ? » Vous seriez étonné de savoir combien de gens doutent de leurs calculs et font effectivement des erreurs. Cette phrase aidera à réduire les erreurs.

❺ « Sous la différence obtenue, je veux que tu écrives l'inverse de ce nouveau nombre et que tu additionnes les deux. »

« As-tu obtenu un nombre à quatre chiffres ? » lui demanderez-vous. S'il vous répond oui, ce nombre est toujours 1089. S'il vous dit que le total est un nombre de trois chiffres, demandez-lui d'inverser les chiffres et d'additionner de nouveau ces nombres. Le résultat sera 1089.

❻ Ramenez son attention sur le livre : « Nous utiliserons ton nombre pour trouver une page et un mot. Quel est le nombre que tu as choisi ? » Après qu'il vous a répondu 1089, dites-lui d'ouvrir le *Da Vinci Code* à la page 10. Assurez-vous qu'il est bien à la page numérotée 10 et non à la dixième page physique du livre. « Rends-toi à la huitième ligne et compte les mots jusqu'à neuf. Quel est le mot ? »

❼ Son doigt sera sur le mot *which*. Rappelez-lui que vous aviez prédit ce mot (la preuve étant écrite au verso de sa feuille) avant que l'expérience ne débute. Hallucinant !

CLASSE DE MAÎTRE

J'adore faire de la magie sur des sujets d'actualité. Le *Da Vinci Code* est un livre qui soulève la controverse, ce qui en fait l'accessoire idéal. Et si le « Code Da Vinci décodé » est plus impressionnant au téléphone, ne sous-estimez pas son efficacité en personne. La prochaine fois que vous participerez à une soirée entre amis, vérifiez si votre hôte n'a pas le livre *Da Vinci Code* dans sa bibliothèque ; il est fort probable qu'il y soit.

Et s'il n'y était pas ? J'ai prévu le coup. Voici quelques titres de livres à succès que les gens sont susceptibles d'avoir dans leur bibliothèque. Le forçage 1089 reste le même, seul le livre (et le mot) change.

Harry Potter and the Prisoner of Azkaban (livre broché) : *on* ;

Tuesdays with Morrie (livre broché) : *frozen* ;

Men are from Mars, Women are from Venus (livre broché) : *can't*.

CRÉDIT Le forçage 1089 est un casse-tête mathématique classique. Joel Givens, conseiller en chef de *Magie*, a combiné plusieurs effets classiques dans cet exploit mentaliste ; cet effet apparaît ici pour la première fois.

CHAPITRE DIX

MONTEZ VOTRE SPECTACLE

Dans ce chapitre

Magie rapprochée

Cartomagie

Magie de salon

Spectacle pour enfants

Spectacle sur scène

CINQ SPECTACLES COMPLETS POUR ÉPATER LA GALERIE

Les magiciens sont souvent défavorisés lorsqu'ils montent un spectacle à cause des innombrables chapeaux qu'ils portent : artiste, scénariste, chorégraphe, directeur, costumier et accessoiriste. Sans oublier qu'il existe un monde de différence entre la *magie* et un *acte magique*. Je vous explique.

Si vous retirez une pièce de monnaie de l'oreille d'un participant et que vous poussez un bouchon de bouteille à travers une table, vous venez de faire deux effets, mais pas un spectacle de magie. Mais si vous produisez une pièce et que vous poussez cette même pièce à travers une table, vous venez de mettre au point un numéro – deux effets qui *coulent*. (Voir « Le tour de pièce de grand-papa », à la page 207, et « Problème de table », à la page 190.)

Les accessoires ne sont pas les seuls éléments qui confèrent un thème à un spectacle ; vous pouvez aussi choisir votre matériel en fonction du genre. Le mentalisme, la cartomagie, la piécomagie, la magie de la scène, les effets à table : vous retrouverez tous ces genres dans *Magie.* Vous pouvez faire une recherche par « effets » dans le livre et préparer un numéro fondé sur une prémisse. Par exemple, vous pourriez constituer un spectacle entièrement consacré aux « mystères de l'esprit ».

Peut-être avez-vous aimé des effets comme « Actions psychiques » et « Osmose téléphonique » (page 158 et page 254). Si vous arrivez à prédire le sigle d'une entreprise et que vous deviniez la matière scolaire préférée d'un participant, vous avez accompli deux effets de magie distincts – des effets merveilleux mais distincts. Faisons de ces effets un numéro.

Ce que ces deux effets ont en commun est la lecture des pensées, prenons donc ce lien comme point de départ. « Je viens de prédire le nom d'une société choisi par un participant, direz-vous entre les deux effets, mais j'aimerais accomplir quelque chose d'encore plus difficile. Je veux lire dans la mémoire d'une personne et retrouver une pensée qui remonte à l'école secondaire. Vous, monsieur, concentrez-vous sur votre matière favorite à l'école… » Entre ces deux effets, un lien existe. Vous êtes donc en train de donner un vrai spectacle.

Pour vous aider à démarrer, voici cinq spectacles entiers de magie, chacun fait sur mesure et rodé pour un public précis. Que vous fassiez de la magie avec des cartes ou des spectacles pour enfants, pour 2 ou 200 personnes, vous trouverez un spectacle qui répond à vos besoins.

Magie rapprochée

Un spectacle d'une durée de 15 minutes… juste avant le dîner !

LISTE DE VÉRIFICATION

- ✔ Vous devez être assis pour ce spectacle.
- ✔ Assurez-vous qu'il y a une salière et des couverts sur la table.
- ✔ Préparez un carton d'allumettes et une paille pour « La baguette allumagique ». Placez-les dans la poche droite de votre pantalon.
- ✔ Gardez un faux pouce dans la poche droite de votre pantalon.
- ✔ Pliez d'avance un billet de banque et placez-le dans la poche gauche de votre pantalon avec deux morceaux d'un billet de même valeur déchiré.
- ✔ « Rouleau de billets de banque » requiert un rouleau de billets, un rouleau de papier et un élastique. Placez-les dans la poche droite de votre veston.
- ✔ Gardez les accessoires pour la « Disparition d'un animal de compagnie » dans la poche gauche de votre veston.
- ✔ Placez deux pièces de 25 cents sous le boîtier de votre montre-bracelet.
- ✔ Logez une pièce pliante dans le goulot d'une bouteille, que vous placerez près de vous, hors de vue.

Vous aurez besoin : d'allumettes, d'une bouteille d'eau en plastique, d'une salière, de pailles pour boire, de plusieurs billets de banque, de photos, d'un faux pouce, de deux 25 cents, d'un couteau et d'une fourchette, ainsi que du papier pour écrire vierge.

PRÉSENTATION

LA BAGUETTE ALLUMAGIQUE
2 MINUTES 30 SECONDES
Page 22
Commencez votre spectacle en mettant la participante en vedette. Un carton d'allumettes apparaît dans sa main.

D'ORDURE À TRÉSOR
1 MINUTE
Page 195
« La magie peut aussi être pratique, direz-vous. L'autre jour, j'ai trouvé ceci. » Vous montrez les morceaux d'un billet de banque déchiré… avant de le reconstituer !

UNE PINCÉE DE SEL
1 MINUTE
Page 52
Roulez le billet de banque de l'effet précédent en un cône que vous remplirez de sel. Claquez les doigts et faites disparaître le sel !

ROULEAU DE BILLETS DE BANQUE
1 MINUTE
Page 202
Remarquez que vous réutilisez le même billet de banque. Cet accessoire récurrent vous aide à passer d'un effet à l'autre avec fluidité. Ici, le billet sert de catalyseur pour changer le papier en vrais billets.

INCRÉDULITÉ EN SUSPENS
1 MINUTE
Page 57
Vous embrayez maintenant sur un autre sujet. « Laissons de côté l'aspect dextérité et abordons la question du pouvoir de l'esprit. » En disant cela, vous suspendez une cuillère dans les airs.

LE JEU
1 MINUTE
Page 35
Une occasion en or de faire participer le public. Invitez plusieurs personnes à monter sur scène afin de jouer à un jeu, dont vous prédirez l'issue avant même qu'il ne commence.

DISPARITION D'UN ANIMAL DE COMPAGNIE
2 MINUTES
Page 128
Tout le monde aime montrer des photos. Mais vous seul êtes capable de faire disparaître votre animal de compagnie.

LE TOUR DE PIÈCE DE GRAND-PAPA
2 MINUTES
Page 207
« Mon grand-père m'a initié à la magie. Voici ce qu'il m'a enseigné. » Vous produisez par magie deux pièces de 25 cents.

PROBLÈME DE TABLE
30 SECONDES
Page 190
Vous êtes assis et vous venez de terminer un effet de piécomagie. Le moment est idéal pour cette illusion auditive et visuelle.

PIÈCE DE MONNAIE AU FOND D'UNE BOUTEILLE
1 MINUTE
Page 199
Votre effet final doit être vraiment spectaculaire. Servez-vous de ce qui semble être la pièce de monnaie de l'effet précédent et poussez-la à l'intérieur d'une bouteille.

Cartomagie

Environ 15 minutes avec, pour seul accessoire, un jeu de cartes.

LISTE DE VÉRIFICATION

- ✔ Insérez le trois de trèfle en double dans un petit pain comme décrit dans « La carte dans le pain » à la page 63.
- ✔ Assurez-vous qu'il y a des couverts sur la table.
- ✔ Placez les cartes comme suit (de la dernière à la première) : trois de trèfle, quatre as, tous les trèfles et les piques, tous les carreaux. Arrangez les cœurs pour « L'ordre après le chaos » (page 81) de la façon suivante, en allant de la dernière à la première : dame, valet, deux, six, as, cinq, roi, dix, neuf, quatre, trois, sept, huit. Répartissez ces cartes parmi les cartes noires dans la moitié inférieure du jeu de cartes. L'ordre exact n'a pas d'importance, mais les cœurs devraient être dans cet ordre précis avec un assortiment de trèfles, de carreaux et de piques intercalé entre chacun.
- ✔ Pour finir, préparez la boîte de rangement des cartes comme il est expliqué dans « La carte montante », page 103.

Voici cinq des effets de cartes les plus forts du livre, dans un ordre qui dénote une progression dramatique. Il y a une bonne variété d'effets « choisissez une carte » et d'interaction avec le participant. Préparez simplement votre jeu de cartes selon les indications et vous êtes prêt à donner votre spectacle.

PRÉSENTATION

À LA RECHERCHE DES QUATRE AS
2 MINUTES
Page 78

Vous pouvez exécuter cet effet comme il est décrit, en permettant au participant de trouver les quatre as. Placez les cartes que vous distribuez face vers le haut, sur la table. L'effet terminé, replacez la portion distribuée en dessous du jeu de cartes. De cette façon, l'ordre est maintenu.

L'ORDRE APRÈS LE CHAOS
4 MINUTES
Page 81

Placez les cartes en éventail vers vous et retirez les cartes de cœur dans l'ordre qu'elles vous apparaissent. Malgré le premier effet, l'ordre est intact. Une fois que vous aurez retiré les cœurs, mettez le jeu de côté. Le jeu est secrètement séparé en cartes rouges et noires, en vue de votre prochain effet.

UN MONDE À PART
4 MINUTES
Page 76

Placez les cœurs au-dessus du paquet et, tout en maintenant l'ordre, faites semblant de battre les cartes. Vous pouvez brasser les cartes pourvu que vous ne dérangiez pas la séparation des couleurs. Exécutez cet effet tel qu'il est décrit, et notez l'emplacement de la dernière carte, le trois de trèfle. Cette carte sera la carte du dessus de l'un des deux paquets distribués.

LA CARTE MONTANTE
2 MINUTES 30 SECONDES
Page 103

Assemblez les paquets distribués en veillant à ce que le trois de trèfle demeure sur le dessus du jeu. Forcez maintenant cette carte selon les indications dans « La carte dans le pain » et faites en sorte qu'elle se retrouve sur le dessus du paquet tel qu'il est expliqué dans « La carte montante ». Placez les cartes à l'intérieur de la boîte truquée et faites monter le trois de trèfle.

LA CARTE DANS LE PAIN
2 MINUTES 30 SECONDES
Page 63

Remettez le trois de trèfle dans la boîte et annoncez à tous qu'il a disparu. Sortez toutes les cartes de la boîte *sauf* le trois de trèfle, qui est sur le dessus du jeu. Laissez les spectateurs inspecter le jeu de cartes à la recherche du trois de trèfle. Finalement, retirez le double du trois de trèfle qui se trouve dans le petit pain.

Magie de salon

Dix-huit minutes de mentalisme, de magie et de désordre !

LISTE DE VÉRIFICATION

✔ Placez un verre rempli d'eau dans la poche arrière droite de votre pantalon.

✔ Gardez un carton d'allumettes truqué dans la poche gauche de votre pantalon.

✔ Écrivez « 2♢ » sur votre avant-bras avec du baume pour les lèvres.

La magie de salon se situe quelque part entre la magie rapprochée et la magie sur scène. Elle s'exécute devant un public de plus de 20 personnes, mais moins de 100. La magie de salon est mémorable parce qu'elle est suffisamment intime pour vous permettre d'interagir avec votre public et suffisamment formelle pour effectuer des entrées et des sorties théâtrales et soulever les applaudissements.

PRÉSENTATION

COMMENT FAIRE UNE OVATION
2 MINUTES
Page 215

Le salon est l'endroit idéal pour la production de ce liquide.

LE JEU DE CARTES INVISIBLE
3 MINUTES
Page 85

Gardez le rythme en exécutant « Le jeu de cartes invisible » avec l'aide d'un participant. La présentation vous permet de tisser des liens avec votre auditoire au tout début du spectacle.

LES ALLUMETTES PHÉNIX
2 MINUTES
Page 19

Cet effet demande peu d'accessoires, mais frappe l'imagination. Cette histoire du phénix qui renaît de ses cendres est intrigante.

LE JEU
3 MINUTES
Page 35

Invitez ensuite plusieurs participants à se joindre à vous pour jouer à un jeu de hasard. Vous connaissez d'avance toutes les décisions qu'ils vont prendre !

OSMOSE TÉLÉPHONIQUE
3 MINUTES
Page 254

« Prédire les choix qu'une personne fera est une chose, mais lire dans les pensées d'une personne est autrement plus compliqué », dirèz-vous. Mais avec « Osmose téléphonique », vous serez en mesure de le faire !

LA COORDINATION DE LA MAIN ET DE L'ŒIL
2 MINUTES
Page 31

« Je sais ce que vous êtes en train de penser, direz-vous. Ce n'était pas de la lecture de pensée. Ses mains sont plus rapides que l'œil. » Avec cette transition, vous avez l'entrée en matière parfaite pour exécuter cet effet au cours duquel vous déchirez et restaurez une serviette de table.

CENDRES SUR LE BRAS
2 MINUTES
Page 94

Pour votre numéro final, vous réutiliserez la serviette restaurée. Imposez par forçage le deux de carreau à un participant. Puis, demandez-lui d'écrire le nom de sa carte sur la serviette. Brûlez la serviette dans un cendrier en vous servant des allumettes « phénix ». Étalez les cendres sur votre bras comme il est expliqué dans la description de l'effet. Le nom de la carte choisie, 2♢, apparaîtra sur votre avant-bras.

Spectacle pour enfants

Captivez un groupe d'enfants pendant 16 minutes!

LISTE DE VÉRIFICATION

✔ Placez un verre d'eau dans la poche arrière gauche de votre pantalon.

✔ Placez deux boules de gomme et un faux pouce dans la poche droite avant de votre pantalon.

✔ Installez deux pièces de 25 cents sous le boîtier de votre montre et une pièce écrasée dans la poche avant gauche de votre pantalon.

✔ Placez une grosse roche dans la poche arrière droite de votre pantalon.

✔ Rangez les rubans préparés pour l'effet « Couper un enfant en deux » dans la poche droite de votre veston.

Faire de la magie devant un public d'enfants tient plus du spectacle que de la magie. Les numéros doivent être visuels et interactifs. Voici un spectacle entier gorgé de rires, convenant à une classe pleine d'enfants ou à un sous-sol plein de petits cousins.

PRÉSENTATION

BOULES DE GOMME SORTANT DE LA BOUCHE 1 MINUTE *Page 123*	Commencer un spectacle en expulsant de votre bouche un nombre infini de boules de gomme est une façon amusante, visuelle, de mettre tout le monde dans l'ambiance. L'effet n'a pas besoin de scénario, je vous conseille donc de mettre de la musique en arrière-fond.
MANCHES ET MOUCHOIRS 3 MINUTES *Page 131*	Poursuivez sur le même air de musique et faites apparaître des mouchoirs, des gazous, des confettis et tout ce qui peut faire rire votre public.
COMMENT FAIRE UNE OVATION 1 MINUTE *Page 215*	Oubliez la récitation de l'alphabet à l'envers et ne gardez que la production du verre d'eau pour son aspect visuel. Buvez une gorgée à la santé de l'assistance avant de continuer votre spectacle.
MÉLI-MÉLO DE MAINS 1 MINUTE *Page 219*	Présentez-vous et offrez à tous de participer à votre premier effet. Demandez à tous de suivre vos instructions à la lettre dans ce méli-mélo de mains.
LE TOUR DE PIÈCE DE GRAND-PAPA 3 MINUTES *Page 207*	Invitez un enfant à monter sur la scène et exécutez ce jeu de devinette avec lui, pour finir par produire deux pièces. Gardez-le sur scène pour l'effet suivant.
SOU ÉCRASÉ 30 SECONDES *Page 192*	Au lieu d'un sou, servez-vous d'une pièce de 25 cents aplatie afin de poursuivre sur la même lancée qu'avec « Le tour de pièce de grand-papa ». Donnez à votre participant cette pièce aplatie qui constituera pour lui un souvenir unique.
CAILLOU DANS LE SOULIER 30 SECONDES *Page 228*	Sous une salve d'applaudissements, remerciez votre participant, puis plaignez-vous d'avoir un caillou dans votre soulier. Amusez-vous à grossir cet effet visuel, en laissant tomber cette grosse pierre sur la scène.
OSMOSE TÉLÉPHONIQUE 2 MINUTES 30 SECONDES *Page 254*	Demandez à un enfant plus âgé de penser à sa matière favorite à l'école. Devinez la matière choisie, lettre par lettre. Si vous ne pouvez mémoriser le tableau, tournez le dos pour le consulter.
POUCE À TRAVERS LA CHEMISE 30 SECONDES *Page 126*	Les choses se corsent: invitez un enfant à monter sur scène et, avant d'exécuter l'effet suivant, allez-y avec le « Pouce à travers la chemise ». L'effet est amusant et sa réaction l'est encore plus.
COUPER UN ENFANT EN DEUX 1 MINUTE *Page 120*	Entourez le participant de vos rubans truqués. Et, après la montée dramatique de rigueur, tirez les rubans à travers son corps. On applaudit et vous saluez pour conclure votre spectacle.

Spectacle sur scène

Vingt-trois minutes sous le projecteur !

LISTE DE VÉRIFICATION

- ✔ Placez un verre rempli d'eau dans la poche arrière gauche de votre pantalon.
- ✔ Préparez un tableau blanc pour « Mathémagie ».
- ✔ Placez une grosse roche dans la poche arrière droite de votre pantalon.
- ✔ Placez quatre enveloppes (dont l'une est marquée) dans la poche droite de votre veston.
- ✔ Rangez les anneaux chinois en ordre sur une table ou une chaise près de vous.

Que vous présentiez un prix, que vous en receviez un ou que vous soyez celui qui anime le gala, la magie est un moyen admirable de vous distinguer. Le spectacle que je vous propose a du mordant tout en ne requérant pas une technique à tout casser. Le plus important est que le spectacle puisse être vu de loin, même de la dernière rangée de la salle.

PRÉSENTATION

COMMENT FAIRE UNE OVATION
2 MINUTES
Page 215

La plupart des gens commencent leur spectacle en prenant une gorgée d'eau. Faites apparaître votre verre d'eau !

MATHÉMAGIE
7 MINUTES
Page 146

Expliquez à votre public qu'avant de commencer vous devez vous réchauffer en faisant quelques calculs.

CAILLOU DANS LE SOULIER
30 SECONDES
Page 228

Les spectacles de magie sont constitués de moments forts entrecoupés de moments plus calmes. Après une démonstration magistrale comme « Mathémagie », exécutez « Caillou dans le soulier », un effet à la fois rapide, visuel et amusant.

DÉTOURNEMENT DE FONDS
5 MINUTES
Page 238

Invitez un homme à monter sur scène et empruntez-lui une importante somme d'argent. Pendant un instant, le participant croira que vous avez déchiré son argent. Tout est bien qui finit bien : l'argent sera restitué et vous passerez pour un devin !

MÉLI-MÉLO DE MAINS
1 MINUTE
Page 219

Demandez aux gens de participer et de suivre vos instructions à la lettre.

OSMOSE TÉLÉPHONIQUE
3 MINUTES
Page 254

Choisissez quelqu'un dans l'assistance et lisez dans ses pensées…

LE SEIGNEUR DES ANNEAUX
5 MINUTES
Page 230

Il n'y a pas de meilleure façon de clore un spectacle de magie qu'avec ce grand classique. Avec un accompagnement musical, ce numéro convient tout particulièrement aux grands groupes.

En guise de conclusion

Un magicien est un comédien qui joue le rôle d'un magicien.

— Jean-Eugène Robert-Houdin

La vraie magie n'existe pas, mais les magiciens s'en approchent de façon remarquable. Même si nous ne pouvons accomplir de la vraie sorcellerie, nous en donnons l'impression à notre public. Comme le dit si bien Jean-Eugène Robert-Houdin, le magicien doit jouer le rôle d'un magicien. Et je dirais que cette affirmation a une signification encore plus profonde.

Il ne suffit pas de jouer le rôle du magicien – ce magicien archétypal avec sa moustache aux bouts enduits de cire et au large ceinturon trop petit. Je me permets de vous donner le conseil suivant: oubliez le haut-de-forme, vous ne voulez pas être ce type de magicien. Mettez plutôt en scène la partie de vous-même qui est dotée de pouvoirs magiques.

Les gens intéressants font des magiciens intéressants; vos champs d'intérêt, vos passions et votre sens de l'humour doivent transparaître dans vos spectacles de magie. Tâchez de «jouer» le moins possible.

Prenons l'exemple du magicien de Las Vegas, Michael Close. Les domaines qui le passionnent sont, notamment, l'enseignement, la musique et les voyages, et tous ces éléments se retrouvent dans son spectacle. Pour lui, la magie est une forme d'expression de soi. C'est une prestation. «La magie, dit-il, et la façon dont vous la pratiquez doivent être l'expression de votre vie et non un substitut de celle-ci.»

Alors que vous montez votre spectacle, gardez à l'esprit ces trois questions que se posera votre assistance et auxquelles votre spectacle devra apporter des réponses:

1. Qui est cette personne?
2. Quelle histoire veut-elle me raconter?
3. Est-ce que cela vaut la peine?

Le mentaliste Max Maven se pose ces questions-là chaque fois qu'il assiste à un spectacle de magicien, tout comme les gens qui assisteront à votre spectacle se poseront ces trois mêmes questions à votre sujet. Découvrez votre style personnel en adaptant le matériel proposé dans cet ouvrage à votre personnalité et les réponses viendront tout naturellement.

Vous venez de terminer un cours complet sur la magie. Et j'ai rempli ma promesse envers vous et les associations de magie auxquelles j'appartiens: j'ai enseigné la magie sans faire de débinage. J'espère aussi que ce livre aura eu pour effet d'accroître le respect que vous portez aux magiciens.

Je vais vous demander de faire deux promesses à vos confrères magiciens. La première est de promettre de garder ces secrets. Selon un récent article paru dans le *National Geographic* (intitulé «The Joy of Shoes» [«La joie des chaussures»], mais cela n'a pas d'importance): «Les secrets bien gardés ont du pouvoir, les secrets révélés n'en ont pas.» Nous sommes sur les épaules de géants et nos prédécesseurs ont publié ces secrets afin que vous et moi puissions nous en servir pour impressionner notre public. Et la magie n'impressionne que si le public a été abusé. Donc, vous promettez de vous taire!

La seconde promesse que vous devez faire est de respecter la magie, et plus particulièrement cet ouvrage. Inévitablement, il y aura des magiciens qui seront scandalisés par la qualité sans précédent et la richesse des détails explicatifs de *Magie*. «Trop bon pour les débutants», diront-ils. Mais ils devraient se rappeler qu'eux aussi ont été des néophytes et qu'ils doivent d'avoir appris la magie grâce à la générosité de leurs professeurs. Après tout, si tous les gens pensaient comme eux, il n'y aurait plus de nouveaux magiciens.

Impressionnez-les, étonnez-les, et vous aurez le dernier mot. Tout ce que vous avez à faire… c'est de la magie. Lorsque vous faites de la magie, vous contribuez à conserver cet art vivant.

Félicitations. Vous êtes un magicien. Faites de la magie!

PLEINS FEUX SUR JEAN-EUGÈNE ROBERT-HOUDIN

Jean-Eugène Robert-Houdin est considéré, et à juste titre, comme le père de la magie moderne. Ses illusions ne faisaient pas qu'impressionner le public, elles ont mis fin à des guerres.

En 1856, Napoléon III demande à Jean-Eugène Robert-Houdin de reprendre du service. Les fondamentalistes islamiques appelés les Marabouts étaient en rébellion contre les colonialistes français en Algérie. Les Marabouts, auxquels on prêtait des pouvoirs magiques, étaient devenus incontrôlables.

Jean-Eugène Robert-Houdin entre alors en scène. Il exécute deux effets qui démontrent la puissance de la France. Il demande à un Arabe de faire feu sur lui. Non seulement il survit à ce coup de feu, mais il attrape le projectile au vol *entre ses dents*. L'implication de cet effet était, bien sûr, qu'on ne pouvait le tuer par balle.

Il invite ensuite un rebelle – le plus fort de tous les Marabouts – à monter sur scène afin de soulever un coffre d'aspect bien ordinaire. Malgré tous ses efforts, il est incapable de soulever le coffre. Jean-Eugène Robert-Houdin se penche alors et soulève le petit coffre avec seulement deux doigts. Non seulement il est capable d'arrêter les balles, mais il peut également priver un homme vigoureux de sa force physique.

L'illusion, baptisée « Le coffre léger et le coffre lourd », comprend un coffre en acier et un électro-aimant placé sous la scène. Et bien sûr, Jean-Eugène Robert-Houdin avait remplacé la vraie balle par une balle en cire. La magie n'était pas réelle, mais elle *semblait* vraie, et elle a mis fin à la révolte arabe.

La combinaison de science et de mécanique (il était horloger de métier) jumelées à son adresse et à ses présentations a fait de Jean-Eugène Robert-Houdin le magicien le plus puissant de son époque. Un jeune immigrant hongrois, Ehrich Wess, a été si

impressionné par ce dernier qu'il s'est choisi un nom de scène qui lui rend hommage, celui d'Harry Houdini.

Jean-Eugène Robert-Houdin est mon magicien favori et, en 2006, j'ai fait un pèlerinage dans sa ville natale de Blois, en France. Un monument érigé à sa mémoire dit ceci :

> Il y a un « avant » et un « après » Jean-Eugène Robert-Houdin.

Et notre petit jeu se termine;
Les cartes sont tirées,
Et le prix, gagné.
Mon quatre de pique
Appartient à…
Mais en échange, son âme
désormais m'appartient.

Crédits et références

Vous ne serez pas surpris si je vous dis que les magiciens forment un groupe assez secret. Mais la magie est aussi une confrérie et, bien que les conceptions d'effets ne soient pas connues comme telles du public, il n'en demeure pas moins que les magiciens honorent leurs sources d'inspiration de façon systématique. Plusieurs des effets décrits dans *Magie* sont des originaux ou des variantes sur des thèmes existants. Tous les effets ont été utilisés avec la permission des auteurs et toute omission serait entièrement accidentelle.

Introduction

Le lapin sorti du chapeau Voir Engstrom, A. B., *The Humorous Magician Unmasked*, 1836.

Dawes, Edwin, *The Magic Circular*, janvier 1987, p. 60.

CHAPITRE PREMIER

L'école de magie

Mots magiques « Getting the Mis out of Misdirection » (L'attention est dirigée plutôt que détournée) est un essai original de Tommy Wonder. Voir Minch, Stephen, et Tommy Wonder, *The Books of Wonder*, Hermetic Press, 1996, p. 9-34.

Tommy Wonder

« Spectators Don't Exist » (Les spectateurs n'existent pas). Le magicien britannique John Allen a publié une vidéo didactique portant le même titre et sa thèse principale est que nous devons repenser les mots « spectateurs » et « participants ».

CHAPITRE 2

Magie impromptue

La baguette allumagique (*Match-ic Wand*). Cet effet a été publié pour la première fois dans la revue *Magic*, décembre 2003, p. 99-100.

Coup fourré (*Trick Shot*). Cet effet apparaît pour la première fois dans la vidéo de Jay Sankey, intitulée Sankey Very Much, 1996. Nous l'avons utilisé avec la permission de l'auteur.

Michael Close

Michael Close est l'auteur d'un essai brillant sur les suppositions, aux pages 3 à 6 de *Workers Five*, 1991, et les extraits cités l'ont été avec la permission de l'auteur. L'entière série *Workers* de Michael Close a eu une forte influence sur la façon dont je conçois la magie.

Martin Gardner

La citation de Martin Gardner – dans « L'ampoule qui disparaît » (*Blister Vanish*) – provient de son livre, *The Whys of a Philosophical Scrivener*, St. Martin's Press, 1983, p. 340.

Les quatre éléments (*Four Elements*), voir Daniels, Martin, « Rising Damp », *Cunning Stunts*, 1995, p. 42-43. J'ai publié une version plus théâtrale. Voir Jay, Joshua, *Session: The Magic of Joshua Givens*, 2007, p. 105-107.

CHAPITRE 3

Déception à dîner

Machine à changer (*Change Machine*). Cet effet est inspiré de celui de Ross Bertram intitulé « My Favorite Drink ». Voir Bertram, Ross, *The Magic and Methods of Ross Bertram*, 1978, p. 115.

Banachek

Sorcellerie et ustensile (*Silverware Sorcery*). Banachek, l'un des mentalistes les plus réputés au monde, a réussi à convaincre les scientifiques de l'Université de Washington, dans les années 1980, qu'il pouvait *vraiment* plier du métal par sa seule volonté.

CHAPITRE 4

Les dix meilleurs tours de cartes de tous les temps

Le jeu de cartes invisible. Le principe de la carte « lisse » (*smooth card*) évoqué remonte à une carte spéciale (*slick card*) utilisée par les tricheurs aussi tôt qu'en 1530. Les cartes « rugueuses » (*rough cards*) ont probablement été introduites par Johann Hofzinser, au XIXe siècle.

Simon Aronson

Fais comme moi. La citation de Simon Aronson est extraite de son livre fabuleux pour magiciens expérimentés, *Shuffle-bored*, 1980.

Dai Vernon

Les quatre rois (*Mixed-up Kings*). Lorsque Dai Vernon a exécuté sa version de cet effet, il racontait l'histoire d'un participant un peu soûl qui avait brassé les cartes face vers le haut dans le reste du paquet dont les cartes étaient face vers le bas.

Tenkai Ishida

Les quatre rois (*Mixed-up Kings*). Le magicien japonais Tenkai Ishida a inventé la manœuvre secrète utilisée dans cet effet.

Jim Steinmeyer

Cinq cartes sur demande (*Five Cards by Touch*). Cet effet, publié pour la première fois dans *The Real Magic Souvenir Program*, a été créé par Jim Steinmeyer.

Max Maven

Pacte avec le diable (*Wagers of Sin*). Bien que Max Maven soit connu du public comme un maître du mentalisme, ses confrères magiciens le considèrent comme un érudit dans le domaine de la magie. Dans cet effet, il combine un forçage subtil à une présentation qui donne froid dans le dos.

CHAPITRE 5

Prestidigitation pour enfants

Couper un enfant en deux (*Cutting a Child in Two*). Jim Steinmeyer, le légendaire inventeur, a publié cet effet la première fois dans *The Real Magic Souvenir Program*.

Gregory Wilson

Pouce à travers la chemise (*Poked*). Gregory Wilson est un voleur à la tire de calibre international, mais, dans cet effet, rien n'est volé. Cependant, vous devez penser comme un pickpocket et vous approcher avec calme et lenteur. Le numéro de Gregory Wilson avec un faux pouce m'a donné l'idée d'intégrer cet effet dans le livre.

La disparition d'un animal de compagnie (*The Vanishing Pet*). L'idée de tailler la carte pour faciliter la substitution est attribuée à Dai Vernon, qui a créé ce concept pour faciliter la donne et éviter de devoir exécuter un tour de passe-passe classique.

CHAPITRE 6

Miracles au travail

Daniel Garcia

Télékinésie et trombone (*Telekineticlip*). Daniel Garcia, un jeune magicien professionnel originaire du Texas, a inventé cet effet alors qu'il était à l'école primaire.

Disparition du stylo (*Disappearing Ink*). Voir Lorayne, Harry, *Tarbell Course in Magic : Volume Seven*.

Alain Nu

Le feuillet autocollant plié (*Post Bent*). Alain Nu, le créateur de cet effet, anime une émission sur la chaîne The Learning Channel.

Magie autour d'un café (*Coffee Conjuring*). Cet effet a été publié pour la première fois dans la revue *Minotaur*, vol. 8, n° 6, p. 6-7. Une version plus poussée a été publiée dans une publication professionnelle appelée *Session*, où je parle de la magie de Joel Givens. Voir Jay, Joshua, « Cup O'Joel », *Session*, 2007, p. 17-22.

Ceinture noire du trombone (*Karate Clip*). Voir Roth, David, « Karate Coin », dans Richard Kaufman, *Coinmagic*, 1981, p. 24-28. L'inventeur de ce scénario est inconnu, mais les premiers comptes rendus écrits semblent se référer au livre de Will Goldston, *The Young Conjuror;* Part 2, 1921, p. 75.

Curtis Hickman

Magie virtuelle (*Virtual Magic*). Connu d'abord sous le nom de « Hickman's Amazing Card Engine », cet effet est une fusion parfaite des deux passions de Curtis Hickman : la magie et l'informatique.

CHAPITRE 7

Magie et argent

Paul Gertner

Profits inattendus (*Unexpected Profits*). Paul Gertner est un des plus grands magiciens corporatifs et l'un des adeptes les plus doués de la magie avec de l'argent. Il s'est illustré avec plusieurs effets comme celui-ci à la FISM, la plus grande compétition de magie au monde, où il a obtenu la première place.

Rouleau de billets de banque (*Bank Roll*). Max Maven a publié la technique de « substitution de rythme » (Rhythm Switch) pour la première fois dans la revue New Jinx, 1967.

Barrie Richardson

CHAPITRE 8

Prestidigitation de salon

Comment faire une ovation (*Ovation Position*). Barrie Richardson dit que sa présentation doit beaucoup à Pat Page et à Eric Mason. Le scénario provient de la première édition en couverture rigide de Barrie. Voir Richardson, Barrie, *Theater of the Mind*, 1999, p. 5-9.

Barrie a publié en 1986, à des fins pédagogiques, une méthode mnémotechnique. Jocelyne Dorion s'en est inspirée pour concevoir la version française.

Le seigneur des anneaux (*The Linking Rings*). Le numéro présenté dans ce livre est un mélange de mouvements et d'enchaînements classiques. Whit Haydn est le premier magicien que j'ai vu faire un numéro avec quatre anneaux et il est aussi celui qui a popularisé l'idée de mettre les anneaux entre les mains d'un participant.

Le numéro et le poème de Tom Frank sont un remodelage du numéro des anneaux enclavés de Jack Miller. Miller a créé une variante sur le poème *Le corbeau* qui convient parfaitement à son numéro.

CHAPITRE 9

Mystification téléphonique

Sorcellerie cellulaire (*Cell Sorcery*). John Northern Hilliard a publié « Twentieth Century Telepathy » dans la revue *The Sphynx* du mois de février 1905. Le biographe d'Houdini, Bill Kallush, a récemment trouvé la preuve qu'Houdini s'était servi du téléphone pour effectuer des effets 10 ans avant cette date.

Prédire un numéro de téléphone (*Predicting a Phone Number*). Voir « Pacte avec le diable » au chapitre 4.

Osmose téléphonique (*Telephone Osmosis*). L'expert en tours d'adresse Andi Gladwin a conçu plus d'une centaine d'effets originaux, dont celui-ci. Le principe qui sous-tend l'anagramme progressive remonte à Stanley Collins. Voir *The Nonpareil Book Mystery*, publié en 1920. Max Maven a été le premier à explorer la possibilité de laisser au participant une complète liberté de choix. Jocelyne Dorion a adapté l'organigramme pour le texte français.

Andi Gladwin

En guise de conclusion

J'ai cité Michael Close, passage du volume 3 de *Workers*.

Cathy Newman est l'auteure de « The Joy of Shoes », paru dans le numéro de septembre 2006 de *National Geographic*.

Index

A

Abbotts, 185
Accessoire(s), 12
  contexte, 34
  magie de salon, 264
  magie de scène, 266
  magie rapprochée, 262
  objets usuels comme, 15
  projet de classe, 132
  spectacle pour enfants, 265
  Voir aussi Allumettes; Argent; Baume; Cartes; Serviettes de table; Téléphones
« acte criminel », 127
Actions psychiques, 158-161
Addition qui se change en argent sonnant, 51
Alan, Alan, 110
À la recherche des quatre as, 78-80, 263
Allumettes, 19-24, 35-38, 262
Alphabet, méthode mnémotechnique, 218
Ampoule qui disparaît, 29-30
Anagramme progressive, 254-255
Anatomie d'un tour de cartes, 72
Anderson, Gene, 225
Angel, Criss, 65
Anneaux chinois, 237, 266
  Voir aussi Seigneur des anneaux, le
Annemann, Theodore, 67
Argent
  émotions, 198, 240
  magie, 130, 165-167, 177-210, 238-240, 266
  mental, 165-167
A Rich Cabinet with a Variety of Inventions, 191
Aronson, Simon, 93
Asie, 189
Assistance
enfants en tant que, 117-132
  grande, 213-214
  Voir aussi Participant; Spectateur
Assurance, 157
  Voir aussi Osmose téléphonique

B

Baguette allumagique, 22-24, 262
Baird, Paula, 12
Baker, Roy, 36
Baker's Bonanza, 36
Balle rattrapée, 161
  Voir aussi Tour du revolver
Balles éponge, 34
Banachek, 62, 186
Banane ensorcelée, 66-67
Baume pour les lèvres, 94-96, 158-159
Bellachini, 125
Berg, Joe, 87
Bertram, Ross, 47
Blaine, David, 65, 125
Blanchiment d'argent, 188-189
Bobo, J. B., 194
Bonaparte, Napoléon, 174
Boules de gomme sortant de la bouche, 123-124, 265
Brandon, Arthur, 145
Brooks, Lew, 84
Brown, Dan, 256-258
Brugah, Kofi (Zamba Powers), 187
« Brûlure », 29-30
Burton, Lance, 155

C

Cadeau, Le, 36
Cadeaux, 167
Caillou dans le soulier, 228-229, 265, 266
Camouflage des gestes, 136-137
  Voir aussi Lapping Cardmanship
Carré magique, 146-149
Carte dans l'enveloppe, 240
Carte dans le pain, 63-65, 263
Carte montante, 103-105, 263
Cartes
  « clé », 91
  forçage PATEO pour, 36
  Houdini et les, 99
  lancer des, 90
  magie avec les, 36, 63-65, 72-113, 240, 248-249, 252-253
  mélange à queue d'aronde sur table, 73, 81, 84
  non pertinentes, 81
  Voir aussi Mélange; Prédire un numéro de téléphone
Carte trouée par balle, 106-110
Cartomagie, 263
Cascade de pièce, 204-206
Cascade simultanée, 206
Ceinture noire du trombone, 168-170
Cendres sur le bras, 94-96, 264
Chiffres
  Voir Code Da Vinci décodé; Mathémagie
Choisir son moment (*timing*), 47
Choisissez un mot, 226-227
Christopher, Milbourne, 21
Chung Ling Soo (William Ellsworth Robinson), 186
Cinq cartes sur demande, 100-102
Cinq dagues (coefficient de difficulté) Cascade de pièce, 204-206
Clémentine, Mme, 186
Close, Michael, 28, 267
Code Da Vinci décodé, 256-258
Coefficient de difficulté, 11
Comment faire une ovation, 215-218, 264-266
Commercial, 145
Communication, 11
Compliment
  Bien ficelé en tant que, 62
  Silence en tant que, 77
Conjurer's Monthly Magazine, 186
Contexte
  accessoires, 34

crédibilité, 93
présentation, 80
Coordination œil/main, 31-34, 264
Copperfield, David, 65, 102
statue de la Liberté, 10, 210
Costumes, 34
Couper un enfant en deux, 120-122, 265
Coup fourré, 26-28
Crawford, Harry, 153
Cummings, Clare, 130
Curry, Paul, 77
Craie de billard, 26
Crédibilité
contexte pour, 93
scepticisme contre, 141
Voir aussi Détecteur de mensonge ; Incrédulité en suspens
Cuillère en suspension, 57
Culpabilité et empalmage, 17

D

Dangy, Jules, 132
Danger
Voir Tour du revolver
Dans la main de la reine, 80
Da Vinci Code, 256-258
Démélange, 83, 84
Disparition d'un animal de compagnie, 128-130, 262
Distribution, 88-89
Voir aussi Cartes
Débinage, 3
Degré d'habileté technique, 11
De la monnaie pour un dollar, 194
Dernier homme debout, 36
Désir, satisfaction du, 49, 203
Des tonnes d'argent, 130
Détails et perfection, 105
Détecteur de mensonge, 240
Détournement d'attention, 10-11, 47, 153
Détournement de fonds, 238-240, 266
Deux dagues (coefficient de difficulté)
Argent mental, 165-167
Blanchiment d'argent, 188-189
Ceinture noire du trombone, 168-169
Cendres sur le bras, 94-96
Choisissez un mot, 226-227
Code Da Vinci décodé, 256-258
Couper un enfant en deux, 120-122
Détournement de fonds, 238-240
Disparition du stylo, 150-153
Fais comme moi, 91-93
L'ampoule qui disparaît, 29-30
La carte dans le pain, 63-65
Le jeu de cartes invisible, 85-87
Le rêve de l'avare, 181-183
Le tour de pièce de grand-papa, 207-209
Magie autour d'un café, 162-164
Mathémagie, 146-149
Pouce à travers la chemise, 126-127
Prédire un numéro de téléphone, 248-249
Problème de table, 190-191, 262
Profits inattendus, 184-185
Rouleau de billets de banque, 202-203
Sa carte, son nom, 88-89
Sorcellerie cellulaire, 246-247
Sorcellerie et ustensile, 61-62
Sou écrasé, 192-194
Un monde à part, 76-77
Whatisyourcard.com, 252-253
Deux pièces, une main, 206
Diable
Voir Pacte avec le diable
Dietrich, Dorothy, 186
Dingle, Derek, 191
Dircks, Henry, 68
Direction, 10-11
Direction, détournement d'attention, 10-11
Discoverie of Witchcraft (« Révélation sur la sorcellerie »), Scot, 21
Disneyland, 68
Disparition du stylo, 150
Divination d'objet, 240
Down, T. Nelson, 183
Down Under Deal, 84
Voir aussi Mélange australien
Dunninger, Joseph, 251
Duplicité, supposition, 28

E

Échange de cuillères, 50-51
Échauffement
L'anatomie d'un tour de cartes, 72
L'empalmage des doigts, 178-179
La flexibilité des doigts, 16
Le *lapping,* 42-43
Les grands gestes cachent les petits gestes, 136-137
Magie de salon, 214
Produire un objet, 118-119
Échelle de difficulté, 11
Effet(s)
commercial, 145
de magie, 10
mots, 122
prémisse, 210
secret, 51
visuel, 145
Voir aussi Supposition ; Papillon, effet
Einstein, Albert, ix
Élimination, 35-36
Voir aussi Forçage
Ellis, Bob, 130
Elmsley, Alex, 245
Émotions
mathématique, 149
perdants/gagnants, 167
ravissement, 38
restauration de l'argent, 198, 240
Voir aussi Assurance ; Culpabilité ; Désir ; Trac
Empalmage, 17
Voir aussi Boules de gomme sortant de la bouche ; Empalmage des doigts ; Le tour de pièce de grand-papa
Empalmage des doigts, 178-179
Enfants, 117-132
assistance, 117-132
interaction, 118
spectacle pour, 265
Voir aussi Couper un enfant en deux
Entraînement, 17-18
Équivoque, 27
Exposé, 60

F

Fais comme moi, 91-93
Faro inversé, 83
Fausse mémoire, 10
Faux pouce, 52-53, 126-127
Faux transfert, 18, 180, 188-189
Voir aussi Empalmage
Fayne, Chuck, 24
Fearson, Steve, 141, 251
Femmes, 12
Voir aussi Clémentine, Mme
Feuillet autocollant plié, 154-155
Fields, Eddie, 87
Fleur qui apparaît, 51
Flosso, Al, 183
Forçage 1089, 256-258
Forçage, 35
Voir aussi Code Da Vinci décodé ; Équivoque ; Forçage 1089 ; Forçage de carte ; Forçage en croix ; Forçage glissé de Sid Lorraine

Forçage de carte, 74-75, 94-96
Voir aussi Dans la main de la reine ; Jeu de cartes radio ; Pacte avec le diable ; Whatisyourcard.com
Forçage dix vingt, 246-247
Forçage en croix, 94-95
Forçage glissé de Sid Lorraine, 74-75, 252
Voir aussi Whatisyourcard.com
Forçage PATEO, 35-36
actions psychiques, 158-161
choisissez un mot, 226-227
distribution, 88-89
Voir aussi roll force ; Sorcellerie cellulaire
Fou du village, 130
Frank, Tom, 237
Franklin, Benjamin, 174

G

Garcia, Daniel, 143, 145
Gardner, Martin, 30
Geller, Uri, 51, 62, 145, 154, 155
Gertner, Paul, 149, 185
Givens, Joel, 24, 161, 164, 251, 253, 258
Gladwin, Andi, 254, 255
Glissé (*The Glide*), 80
Goldin, Horace, 122
Goshman, Al, 145
Green, Lennart, 51
Groves, Tom, 80
Guérison psychique, 138-141

H

Harkey, David, 141
Harris, Paul, 229
Hartz Magic Repository, 200
Henning, Doug, 102
Herrmann, Adélaide, 161
Herrmann, Alexander, 102, 161
Herwin, professeur, 53
Hickman, Curtis, 173
Hilliard, John Northern, 247
Hirose, Johnny, 141
Hofzinser, Johann Nepomuk, 71
Holden, Max, 96
Homme à l'épreuve des balles, 186
Houdini, Harry (Ehrich Weiss)
cartes, 99
homme à l'épreuve des balles, 186
mort, 25
Robert-Houdin, 268
spiritualisme, 141
Hugard's Magic Monthly, 72
Hull, Burling, 110

I

Impossible, improbable, 93
Voir aussi Crédibilité
Incrédulité en suspens, 57-60, 262
Interaction, 118
Voir aussi Participation
International Brotherhood of Magicians (IBM), 12
Internet, 170-173
Voir aussi Whatisyourcard.com
Ireland, Laurie, 77
Ishida, Tenkai, 99

J

Jade, 189
Jacques Ier, 21
Jay, Ricky, 90
Jean-Baptiste, 21
Jeu de cartes
invisible, 85-87, 264
marquage, 110
mémoire, 80
radio, 106-110
truqué, 100
Jeu du miroir, 91-93
Jeu, le, 35-36, 262, 264
Jordan, Charles, 77
Journal déchiré et restauré, 221-225

K

Kallush, Bill, 25
Kardyro, Tony, 65
Kempelen, Wolfgang von, 174

L

Lancer des cartes, le, 90
Lapin sortant du chapeau, x
Lapping, échauffement, 42-43
Larsen, William, 130
Le corbeau (Poe), 237
Leech, Al, 249
Leipzig, Nate, 206
Linsky, Louis de, 186
Lisse et rugueux, principe du, 85
Livres, magie avec les, 256-258
Lorayne, Harry, 153
Lorraine, Sid, 80, 89
Voir aussi Forçage glissé de Sid Lorraine
Lybarger, Jesse L., 34

M

Machine à changer, 44-47
Machine à menthe, 194
Magie
acte magique, 261
au repas, 41-67, 262
avec de l'argent, 130, 165-167, 177-210, 238-240, 266
avec des allumettes, 19-24, 35-38
avec des cartes, 36, 63-65, 72-113, 240, 252-253
avec des livres, 256-258
avec sens, 185
Bourse, 161
de salon, 213-240, 264
de situation, 164, 251
échelle de difficulté, 11
effets, 10
éléments, 210
enseignement de la, 267
femmes et, 12
gestes, 145
impromptue, 15-38
Internet, 12
motivation, 167
mots, 10
secrets, 267
sorcellerie, 21
thèmes pour la, 261-266
tour, 10, 148-149
MAGIC (magazine), 24
Magicien(s), 261, 267
attente, 47
communication entre, 11
costume, 34
politiques, 268
radio, 251
ravissement, 38
Robert-Houdin, 85
trac, 213
Magie
autour d'un café, 162
bizarre, 113
de salon, 213-240, 264
de scène, 266
rapprochée, 262
virtuelle, 170-173
Malini, Max, 47
Manches et mouchoirs, 131-132, 265
Math, 146-149, 266
Mathémagie, 146-149, 266
Maven, Max, 111, 113, 114, 203, 249, 267
Mélange
à queue d'aronde sur table, 73, 81, 84

démélange, 83
du gamin, 82, 84
Faro inversé, 83
français, 82, 84, 104
Voir aussi Mélange australien ; Mélange de Laurie Ireland
Mélange australien, 84, 244-245
Mélange de Laurie Ireland, 77
Méli-mélo de mains, 219-220, 265, 266
Mémoire
« musculaire », 100-102
fausse, 10
inconsciente, 78-80
jeu de cartes, 80
scénario, 227
souvenir, 89
Voir aussi Code Da Vinci décodé
Mémoire inconsciente, 78-80
Michel-Ange, 105
Milo et Roger (Brandon), 145
Modern Coin Magic, 194
Mort, d'Houdini, 25
Voir aussi Tour du revolver
Mots
effet, 122
forçage, 226-227
magiques, 10
présentation sans, 125, 183
Musique, 132, 183

N

Napoléon lll, 268
New Invocation, The, 113
New Jinx, 203
Newspaper Magic, 225
New York, 4-5, 8-9
Nouvelle magie blanche dévoilée, 169
Nu, Alain, 155

O

O'Brien, Dominic, 80
Opération Crayon, 138-141
Ordinateur
Voir Magie virtuelle
Ordre après le chaos, 81-84, 263
Osmose téléphonique, 254-255

P

Pacte avec le diable, 111-113
Page, Pat, 218
Paille dans sa gaine de papier, 22-24
Papillon, effet, 81
Paris de bar, 37-38
Participant, 11
anecdote à raconter, 155
implication, 21
ravissement, 38
spectateur, 11
Voir aussi Inversion des rôles
Participation, 210, 220
Voir aussi Sens
Patience, 47
Paume, 17, 72
Penn et Teller, 141, 186
Pensée de groupe, 156-157
Pepper, John, 68
Phénix, allumettes, 19-21, 264
Photos
Voir Disparition d'un animal de compagnie
Pièce de monnaie au fond d'une bouteille, 199-201, 262
Pièce(s)
cascade, 204-206
empalmage, 17
faire « la vague », 16
faux transfert, 18
soins, 201
Voir aussi Cascade de pièce ; Pièce de monnaie au fond d'une bouteille ; Problème de table ; Profits inattendus ; Le rêve de l'avare ; Sou écrasé ; Substitution Bobo ; Le tour de pièce de grand-papa
Perfection et détails, 105
Poe, Edgar Allan, 237
Pouce à travers la chemise, 126-127, 265
Pouvoir, 210
Pouvoir et inversion des rôles, 24
Prédire un numéro de téléphone, 248-249
Prémisse, 210
« Preoction », effet, 113
Présentation
contexte, 80
classe de maître, 93
musique, 132, 183
sans prononcer un mot, 125, 183
Prévost, 96, 161
Prendre la parole en public, 213
Problème de table, 190-191, 262
Procédé *Pepper's Ghost*, 68
Production d'objets, 118-119
Profits inattendus, 184-185
Puces en fait d'assistants, 103-105

Q

Quatre dagues (coefficient de difficulté)
Boules de gomme sortant de la bouche, 123-124
Caillou dans le soulier, 228-229
Coup fourré, 26-28
D'ordure à trésor, 195-198
Échange de cuillères, 50-51
Journal déchiré et restauré, 221-225
La baguette allumagique, 22-24
Machine à changer, 44-47
Télékinésie et trombone, 142-145
Une pincée de sel, 52-53
Quatre rois, 97-99

R

Radio, 251
Ramsay, John, 47
Randi, James, 141
Ravissement, 38
Regal, David, 210
Rêve de l'avare, 181-183
Richardson, Barrie, 218
Robert-Houdin, Jean-Eugène
costume, 34
crédit, 93, 183
prémisse de l'effet, 210
magiciens, 85, 191
œuvre, 267-268
Roches, 194
Roll force, 64
Roth, David, 169
Rouleau de billets de banque, 202-203, 262

S

Sa carte, son nom, 88
Sandwich au jambon, théorie, ix, 203
Sankey, Jay, 28, 141
Scénario
divertissement, 217-218
classe de maître, 62, 87
mémoire, 227
Scepticisme, 141
Scot, Reginald, 21
Secret
effet, 51
débinage, 3
magie, 267
Secret Life of Houdini, The, 25
Seigneur des anneaux, le, 230-237
Seinfeld, Jerry, ix

Selbit, P. T., 122
Sellers, Tom, 36, 167, 240
Sens, 141
Serviettes de table, 56
Siegfried et Roy, 102
Silence, 65
Simonoff, Looy, 229
Sloman, Larry, 25
Slydini, 47
Smith, Rick, fils, 90
Société des magiciens américains/ Society of American Magicians (SAM), 12
Sorcellerie cellulaire, 246-247
Sorcellerie et ustensile, 61-62
Sorcellerie, magie, 21
    Voir aussi Banane ensorcelée; Magie bizarre
Sou écrasé, 192-194, 265
Souplesse des doigts, 16
    Voir aussi Cascade de pièce
Spackman, Albert, 161
Spectateur (participant), 11
Spiritualisme, 141
Statue de la Liberté, 10, 210
    disparition, 102
Statue qui disparaît, 130
Steinmeyer, Jim, 102, 117, 122
Style de spectacles, 267
Substitution Bobo, 193-194
Suites entrelacées, 84
Super Magic, 229
Supposition, duplicité, 28
    Voir aussi Crédibilité

T

Tannen, Lou, 153
Tarbell Course in Magic, 30
Télékinésie, 154-155
et trombone, 142-145
Télépathie, 226-227
Téléphone et magie, 243-258, 264-266
Test d'observation, 3-10
Thayer, Floyd, 167
Théorie du chaos, 81
The Real Magic Souvenir Program, 102, 122
Thirty Card Mysteries, 77
Thumbing, 72
Thurston, Howard, 90
Tillar, Jack Kent, 30
Tour de pièce de grand-papa, 207-209, 262, 265
Tour du revolver, 186-187
Tour sensationnel de la salière, 54-56
Tours de magie, 10, 148-149
Trac, 213
Transfert
    Voir Empalmage; Faux transfert; Substitution Bobo
Transformer le sucre en sel, 48-49
Trois dagues (coefficient de difficulté)
    À la recherche des quatre as, 78-80
    Actions psychiques, 158-161
    Comment faire une ovation, 215-218
    Disparition d'un animal de compagnie, 128-130
    Incrédulité en suspens, 57-60
    La carte montante, 103-105
    La carte trouée par balle, 106-110
    Le seigneur des anneaux, 230-237
    Les allumettes phénix, 19-21
    Les quatre rois, 97-99
    Magie virtuelle, 170-173
    Opération Crayon, 138-141
    Pacte avec le diable, 111-113
    Pièce de monnaie au fond d'une bouteille, 199-201
    Tour sensationnel de la salière, 54-56
    Transformer le sucre en sel, 48-49
Turc, le, 174

U

Une dague (coefficient de difficulté)
    Cinq cartes sur demande, 100-102
    L'ordre après le chaos, 81-84
    La banane ensorcelée, 66-67
    Le feuillet autocollant plié, 154-155
    Le jeu, 35-36
    Le mélange australien, 244-245
    Les quatre éléments, 37-38
    Manches et mouchoirs, 131-132
    Méli-mélo de mains, 219-220
    Osmose téléphonique, 254-255
    Pensée de groupe, 156-157
    Vacances de rêve, 250-251
Une pincée de sel, 52-52, 262
Un monde à part, 76-77, 263
Utilisation de la main non dominante, 206

V

Vacances de rêve, 250-251
Vaudou, 66
Vedette du jour, 36
Vernon, Dai, 99, 105
Verre plein, 51
Vous l'aviez prédit, 167
Vous scier vous-même en deux, 122

W

Weiss, Ehrich
    Voir Houdini, Harry
Welles, Orson, 114
Whatisyourcard.com, 252-253
White, Jack, 12
White, John, 191
Whitehead, J. Gordon, 25
William, C. O., 84
Wilson, Gregory, 127
Wonder, Tommy, 11

Remerciements

Écrire un livre et donner un spectacle de magie sont deux expériences similaires. Toutes deux sont perçues comme exigeant un effort individuel, et pourtant, elles requièrent toutes les deux une équipe loyale et dévouée. Cachés derrière le rideau de la scène se trouvent les nombreux amis et collègues, ainsi que les membres de ma famille. C'est à leur tour d'être applaudis.

Merci à David Pogue, impeccable dans le numéro de l'agent qui apparaît. Je remercie également le magicien littéraire James Levine et son assistant, Lindsay Edgecombe, pour leurs efforts incessants en vue d'amener ce livre sur le marché, en transformant un processus réputé difficile en un exercice parfaitement indolore. Mes remerciements à Suzie Bolotin et à Peter Workman, qui m'ont apporté un grand soutien. Tous deux adorent la magie, ce qui a rendu les réunions encore plus intéressantes. Merci aussi à Anne Kerman, Janet Parker, Kate Lin, Aaron Clendening et Barbara Peragine qui ont donné à ce livre une apparence si magique. J'aimerais remercier également Felipe Abreu et son équipe, Tina Laterano, David Arky, Rafael Fuchs, Matthew Benjamin et Tom Boyce.

Merci aux collaborateurs et lecteurs suivants : Gene Anderson, Banachek, Denis Behr, Rod Doiron, Gabe Fajuri, Trisha Ferruccio, Daniel Garcia, Paul Gertner, Andi Gladwin, Curtis Hickman, John Lovick, Raj Madhok, Barrie Richardson, Jay Sankey, Looy Simonoff, Jim Steinmeyer, et au conseiller en magie, Joel Givens. À Max Maven, le magicien le plus érudit de la planète, qui a été assez généreux pour agir en tant que conseiller pour Magie – merci pour ton souci de garder vivante la riche contribution des magiciens qui continuent à inspirer les nouvelles générations.

Merci à Simon Aronson et à Gregory Wilson pour votre magie et votre amitié.

Merci à Michelle Herman, Cameron Filipour et Christopher Coake : tous trois sont mes professeurs et tous trois sont mes amis. Un gros merci à toute ma famille, en particulier à mon oncle David pour ses sages conseils. Et merci à Sarah qui a été d'une grande aide et d'une grande patience à toutes les étapes de ce projet.

Et finalement, j'aimerais remercier mes parents. Merci maman, toujours parmi nous, et papa, qui n'est plus. Je vous aime.

À propos de l'auteur

Joshua Jay est un magicien, auteur et conférencier de réputation internationale. Il a donné des spectacles dans plus de cinquante pays et est régulièrement à l'affiche du prestigieux Magic Castle d'Hollywood. En 1998, Joshua Jay remportait le premier prix du World Magic Seminar, à Las Vegas.

Joshua est l'auteur de quatre ouvrages sur la magie et est l'éditeur des tours pour *MAGIC*, la plus importante revue indépendante pour les magiciens. Il réside actuellement dans la ville de New York.